COMENTARIOS AL TEXTO REFUNDIDO DE LA LEY DE SUELO

(Real Decreto Legislativo 2/2008, de 20 de junio)

LUCIANO PAREJO ALFONSO
Catedrático de Derecho Administrativo
Universidad Carlos III de Madrid

GERARDO ROGER FERNÁNDEZ
Arquitecto urbanista
Instituto Pascual Madoz del Territorio, Urbanismo
y Medio Ambiente de la Universidad Carlos III de Madrid

COMENTARIOS AL TEXTO REFUNDIDO DE LA LEY DE SUELO

(Real Decreto Legislativo 2/2008, de 20 de junio)

Estudio preliminar de
Marcos VAQUER CABALLERÍA
Subsecretario del Ministerio de Vivienda

iustel

1.ª edición, 2009

Iustel
Portal Derecho, S. A.
www.iustel.com
Princesa, 29. 28008 Madrid
ISBN: 978-84-9890-026-2
Depósito legal: M. 47.874-2008
Composición e impresión en Sociedad Anónima de Fotocomposición
Talisio, 9. 28027 Madrid
Printed in Spain - Impreso en España

ÍNDICE

Abreviaturas utilizadas 21

Presentación 23

ESTUDIO PRELIMINAR

CONSTITUCIÓN, LEY DE SUELO Y ORDENAMIENTO TERRITORIAL Y URBANÍSTICO

MARCOS VAQUER CABALLERÍA

1. La regulación del suelo, en el marco de la Constitución ambiental . 27
2. La centralidad del principio de desarrollo territorial y urbano sostenible 36
3. Mayor transparencia y eficiencia en los mercados de suelo 45
4. Bases novedosas de la protección medioambiental 52
5. Estatuto de ciudadanía y cohesión social del medio urbano . . . 60
6. Renovación institucional: entre el Derecho europeo y el autonómico 64

I. LA OPERACIÓN DE REFUNDICIÓN 69

REAL DECRETO LEGISLATIVO 2/2008, DE 20 DE JUNIO, POR EL QUE SE APRUEBA EL TEXTO REFUNDIDO DE LA LEY DE SUELO

Preámbulo 69

Artículo único. ***Aprobación del Texto Refundido de la Ley de Suelo*** 79

Disposición adicional única. ***Remisiones normativas*** 79

Disposición derogatoria única. ***Derogación normativa*** 80

Disposición final única. ***Entrada en vigor*** 80

1. El Real Decreto Legislativo aprobatorio del TRLdS08 . . . 80
1.1. Consideraciones generales. 80
1.2. El efecto derogatorio y la determinación de la entrada en vigor 92
2. El texto refundido. 93

II. EL TEXTO REFUNDIDO 99

TÍTULO PRELIMINAR

DISPOSICIONES GENERALES

Artículo 1. ***Objeto de esta Ley*** 99

Artículo 2. ***Principio de desarrollo territorial y urbano sostenible***. 116
1. Introducción. 118
2. El fin común de las políticas públicas relativas a la regulación, ordenación, ocupación, transformación y uso del suelo (apdo. 1) . 118
3. La desagregación del principio de desarrollo sostenible en objetivos, directrices y criterios para el orden en la ocupación y utilización del territorio y el suelo (apdo. 2) 123
4. La otra cara del principio de desarrollo sostenible: el mandato a y el deber de los poderes públicos para la efectividad del estatuto del ciudadano (apdo. 3) 125

Artículo 3. ***Ordenación del territorio y ordenación urbanística***. . . 125
1. El contenido dispositivo del precepto. 126
2. La naturaleza de la ordenación territorial y urbanística y sus consecuencias (apdo. 1) 127
3. La regulación por Ley autonómica de la ordenación territorial y urbanística (apdo. 2). 132
4. La gestión pública urbanística y de las políticas de suelo (apdo. 3) 135

TÍTULO I

CONDICIONES BÁSICAS DE LA IGUALDAD EN LOS DERECHOS Y DEBERES CONSTITUCIONALES DE LOS CIUDADANOS

Artículo 4. ***Derechos del ciudadano*** 137
1. Introducción. 138

2. Derechos ambientales de libertad [letra a)] 140
3. Los derechos ambientales de prestación [letra b)] 143
4. Derechos de participación [letras c) a f)]. 144

Artículo 5. ***Deberes del ciudadano*** 146

Artículo 6. ***Iniciativa privada en la urbanización y la construcción o edificación*** 149
1. Introducción. 152
2. Iniciativa privada en la urbanización [letras a), b) y c)] 160
3. Iniciativa privada en la edificación [letra d)] 167

Artículo 7. ***Régimen urbanístico del derecho de propiedad del suelo*** . 168

Artículo 8. ***Contenido del derecho de propiedad del suelo: facultades***. 170
1. Facultades contenidas en el derecho (apdo. 1) 173
2. Objeto del derecho (apdo. 2) 175

Artículo 9. ***Contenido del derecho de propiedad del suelo: deberes y cargas*** 176
1. Deberes generales de uso y conservación (apdo. 1) 179
2. Deberes específicos en el suelo rural no sometido a transformación (apdo. 2) 181
3. Deberes específicos en el suelo rural sometido a transformación (apdo. 3) 182

TÍTULO II
BASES DEL RÉGIMEN DEL SUELO

Artículo 10. ***Criterios básicos de utilización del suelo*** 183
1. Introducción; el sentido y alcance de las bases del régimen del suelo en el sistema legal 186
2. Los criterios básicos de utilización del suelo (apdo. 1) 188
3. La norma de aplicación directa de adaptación al ambiente de las instalaciones, construcciones y edificaciones (apdo. 2) . . . 206
4. El específico régimen básico de protección de las zonas verdes y los espacios libres (apdo. 3) 208

Artículo 11. ***Publicidad y eficacia en la gestión pública urbanística*** . 208
1. El sentido y alcance del precepto 212
2. Las reglas procedimentales: el trámite de información pública (apdos. 1 y 3) 213

3. El régimen de los actos y los instrumentos: publicación y publicidad (apdos. 1, inciso final, 2 y 4) 215
4. Las reglas procedimentales: el incumplimiento del plazo máximo para resolver en los procedimientos de iniciativa particular como demora injustificada desencadenante de responsabilidad patrimonial (apdo. 5) 218
5. Las reglas procedimentales: el plazo máximo para resolver y el efecto de su transcurso sin resolución expresa en los procedimientos bifásicos iniciados de oficio en que intervengan dos Administraciones Públicas (apdo. 6) 221
6. Las reglas procedimentales: el trámite de audiencia a las Administraciones afectadas (apdo. 7) 225

Artículo 12. ***Situaciones básicas del suelo*** 225

1. Introducción. El sentido y alcance de la distinción y sus consecuencias para la ordenación territorial y urbanística. 226
2. Las situaciones básicas y la colocación de todo el suelo en una de ellas (apdo.1) 230
3. La situación básica de suelo rural (apdo. 2) 232
4. La situación básica de suelo urbanizado (apdo. 3) 238

Artículo 13. ***Utilización del suelo rural*** 240

1. Introducción. El sentido y alcance del régimen de utilización del suelo rural 243
2. La utilización del suelo rural con las características propias del medio rural, comprensivo, en todo caso, del innecesario e inidóneo para satisfacer las necesidades de transformación urbanística (apdos. 1 y 2) 244
3. La utilización del suelo rural para el que los instrumentos de ordenación territorial y urbanística permitan su paso a la situación de suelo urbanizado (apdo. 3) 246
4. La utilización del suelo rural preservado de su transformación urbanística por la concurrencia de valores dignos de protección (apdo. 4) 249

Artículo 14. ***Actuaciones de transformación urbanística*** 252

1. El tratamiento de las actuaciones de transformación urbanística; el juego en ellas, en particular, de la técnica de los actos consensuales 253

2. La categoría básica de actuación de transformación urbanística y las clases, asimismo básicas, de actuaciones (apdo. 1) 256
3. La iniciación y la terminación de las actuaciones subsumibles en la clase de las actuaciones de urbanización (apdo. 2) 262

Artículo 15. ***Evaluación y seguimiento de la sostenibilidad del desarrollo urbano*** 265

1. Introducción. 267
2. La preceptiva evaluación de todos los instrumentos de ordenación territorial y urbanística (apdo. 1) 268
3. Las reglas especiales de evaluación de los instrumentos de ordenación de actuaciones de urbanización (apdos. 2, 3, 4 y 6) . 269
4. El preceptivo informe de seguimiento de la actividad de ejecución urbanística (apdo. 5) 277

Artículo 16. ***Deberes de la promoción de las actuaciones de transformación urbanística*** 279

1. La principal novedad: la titularidad de los deberes ligados a la promoción de las actuaciones (apdo. 1, inciso inicial) 281
2. Los deberes legales inherentes a las actuaciones de transformación urbanística [apdo. 1, letras a) a f)] 282
   2.1. El deber relativo a las dotaciones públicas [letra a)]. 283
   2.2. El deber relativo a la participación de la comunidad en las plusvalías generadas por la acción pública [letra b)]. 284
   2.3. El deber de costeamiento y, en su caso, ejecución de obras [letra c)] 290
   2.4. El deber de entrega de las obras e infraestructuras a que se refiere el deber anterior, junto con el suelo correspondiente [letra d)]. 292
   2.5. El deber de garantía del realojamiento y retorno [letra e)]. . 292
   2.6. El deber de indemnización [letra f)] 293
3. La afectación real de los terrenos al cumplimiento de los deberes legales (apdo. 2, inciso inicial) 294
4. La presunción legal del cumplimiento de los deberes legales inherentes a las actuaciones de transformación urbanística y sus consecuencias (apdo. 2, inciso final) 294
5. El régimen básico de validez de los convenios o negocios jurídicos celebrados en relación con una actuación (apdo. 3) . . . 296

Artículo 17. ***Formación de fincas y parcelas y relación entre ellas*** . 297
1. La definición legal de finca y de parcela y el supuesto especial del complejo inmobiliario (apdos. 1, 3 y 4) 299
2. El régimen básico de la división o segregación de fincas; su extensión a la enajenación de participaciones indivisas que confieran derechos de utilización exclusiva de porciones (apdos. 2 y 5) 303

Artículo 18. ***Operaciones de distribución de beneficios y cargas*** . . 305
1. La subrogación y el reparto de fincas como efecto típico de la distribución de beneficios y cargas (apdos. 1 y 6) 309
2. Las reglas asociadas al efecto de subrogación legal (apdos. 2, 3, 4 y 5) 311
3. El tratamiento fiscal de las operaciones de equitativa distribución de beneficios y cargas (apdo. 7) 313

Artículo 19. ***Transmisión de fincas y deberes urbanísticos*** 314
1. Introducción. 315
2. La no modificación por la transmisión de las fincas de la posición de quien sea en cada momento el propietario del suelo (apdo. 1) 315
3. Los datos de obligatoria consignación en el título de la transmisión de fincas; la consecuencia de su omisión (apdos. 2, 3, 4 y 5) 316

Artículo 20. ***Declaración de obra nueva*** 319

TÍTULO III
VALORACIONES

Artículo 21. ***Ámbito del régimen de valoraciones*** 325
1. Consideraciones generales y antecedentes legislativos 326
2. La determinación del ámbito objetivo del sistema de valoración (apdo. 1) 327
3. La referencia temporal de las valoraciones (apdo. 2) 331

Artículo 22. ***Criterios generales para la valoración de inmuebles*** . 332
1. Consideraciones generales y antecedentes legislativos 334
2. Metodología de valoración 335
   2.1. La correspondencia del valor del suelo (apdo. 1) 335

2.2. La forma de tasación del suelo (apdo. 2) 336
2.3. La tasación independiente de las edificaciones, construcciones e instalaciones, sembrados y plantaciones (apdo. 3). . . 339
2.4. La valoración de las concesiones y los derechos reales sobre inmuebles (apdo. 4) 341

Artículo 23. ***Valoración en el suelo rural*** 342
1. Consideraciones generales y antecedentes legislativos 343
2. Metodología de valoración 344
2.1. La tasación de terrenos [apdo. 1.a)] 345
2.2. La tasación independiente, si procede, de las edificaciones, construcciones e instalaciones [apdo. 1.b)] 349
2.3. La tasación de las plantaciones y los sembrados y las indemnizaciones por razón de arrendamientos rústicos u otros derechos [apdo. 1.c)] 357
2.3.1. La valoración de plantaciones y sembrados 358
2.3.2. La valoración de arrendamientos 359
2.3.3. La valoración del derecho de realojo y retorno . . . 361
2.3.4. La valoración de derechos reales sobre inmuebles . . 361
2.3.5. La valoración de las concesiones administrativas . . . 363

Artículo 24. ***Valoración en el suelo urbanizado*** 364
1. Consideraciones generales y antecedentes legislativos 365
2. Metodologías de valoración 369
2.1. La valoración del suelo no edificado (apdo. 1) 369
2.2. La valoración del suelo edificado o en curso de edificación (apdo. 2) 378
2.3. La valoración del suelo sometido a actuaciones de reforma o renovación de la urbanización (apdo. 3) 380

Artículo 25. ***Indemnización de la facultad de participar en actuaciones de nueva urbanización*** 381
1. Consideraciones generales y antecedentes legislativos 382
2. Método de valoración 387
2.1 La valoración de la facultad de participar en la ejecución de actuaciones de nueva urbanización (apdo. 1) 387
2.2. La indemnización por impedimento del ejercicio de la facultad de participación (apdo. 2) 389

Artículo 26. ***Indemnización de la iniciativa y la promoción de actuaciones de urbanización o de edificación*** 392

1. Consideraciones generales y antecedentes legislativos 393
2. Metodología de valoración 396
   - 2.1. Los gastos indemnizables y su tasación (apdo. 1) 396
   - 2.2. La valoración de las actuaciones de urbanización en curso de ejecución (apdo. 2) 399
   - 2.3. La indemnización del promotor retribuido en metálico (apdo. 3) 407
   - 2.4. La indemnización de los propietarios de suelo que no estén al corriente en el cumplimiento de deberes y obligaciones (apdo. 4) 408

Artículo 27. Valoración del suelo en régimen de equidistribución de beneficios y cargas 408

1. Consideraciones generales y antecedentes legislativos 409
2. La valoración de las aportaciones de suelo de los propietarios (apdo. 1) 411
3. La valoración de participaciones en la actuación insuficientes para la participación en la adjudicación de parcelas resultantes (apdo. 2) 412

Artículo 28. ***Régimen de la valoración*** 415

TÍTULO IV
EXPROPIACIÓN FORZOSA Y RESPONSABILIDAD PATRIMONIAL

Artículo 29. ***Régimen de las expropiaciones por razón de la ordenación territorial y urbanística*** 417

1. Introducción 419
2. La función de la expropiación forzosa por razón de la ordenación territorial y urbanística (apdo. 1) 421
3. La legitimación de la expropiación (apdo. 2) 424
4. El efecto de mutación o desafectación de bienes de dominio público (apdo. 3) 425
5. El beneficio de la expropiación (apdo. 4) 428

Artículo 30. ***Justiprecio*** 428

1. La fijación del justiprecio y su pago en especie (apdo. 1) . . . 429
2. El procedimiento expropiatorio: los interesados necesarios y beneficiarios de la indemnización (apdos. 1, 2, 3 y 4) 430
3. El pago del justiprecio (apdos. 3 y 4) 431

Artículo 31. ***Ocupación e inscripción en el Registro de la Propiedad*** 432

1. La ocupación de fincas o bienes y su inscripción en el Registro de la Propiedad (apdos. 1 y 2) 433
2. Acceso al Registro de la Propiedad de la constitución, modificación o extinción por acto administrativo de servidumbres (apdo. 3) 434

Artículo 32. ***Adquisición libre de cargas*** 435

1. La regla principal: la presunción legal de adquisición libre de cargas como consecuencia de la expropiación y sus efectos (apdo.1) 436
2. Las reglas derivadas referidas a la aparición de interesados o fincas o derechos no tenidos en cuenta (apdos. 2, 3 y 4) . . . 436

Artículo 33. ***Modalidades de gestión de la expropiación*** 438

Único. La habilitación para la delegación del ejercicio de la potestad expropiatoria y del empleo de las modalidades asociativas de gestión autorizadas legalmente 438

Artículo 34. ***Supuestos de reversión y de retasación*** 439

1. Introducción. 440
2. Los supuestos de reversión [apdos. 1, 2.a) y 3] 442
3. El supuesto de retasación [apdo. 2, letra b)] 450

Artículo 35. ***Supuestos indemnizatorios*** 451

TÍTULO V

FUNCIÓN SOCIAL DE LA PROPIEDAD Y GESTIÓN DEL SUELO

CAPÍTULO I

Venta y sustitución forzosas

Artículo 36. ***Procedencia y alcance de la venta o sustitución forzosas*** 467

1. La determinación directa del incumplimiento de la función social básica de la propiedad como *causa expropiandi* o, en su caso, de venta o sustitución forzosas (apdo. 1) 468
2. La venta y la sustitución forzosas; sus diferencias y régimen (apdo. 2) 469
3. La garantía básica frente a la expropiación y sus alternativas de venta o sustitución forzosas (apdo. 3) 469

Artículo 37. Régimen de la venta o sustitución forzosas . . 470

CAPÍTULO II

Patrimonios públicos de suelo

Artículo 38. ***Noción y finalidad*** 473

Artículo 39. ***Destino*** 476

1. El destino básico y necesario y los destinos posibles y complementarios (apdo. 1) 477
2. Las garantías del destino básico (apdos. 2, 3 y 4) 478

CAPÍTULO III

Derecho de superficie

Artículo 40. ***Contenido, constitución y régimen*** 481

1. La determinación del derecho de superficie (apdo. 1) 482
2. Constitución y régimen del derecho (apdos. 2 y 3) 483

Artículo 41. ***Transmisión, gravamen y extinción*** 483

TÍTULO VI

RÉGIMEN JURÍDICO

CAPÍTULO I

Actuaciones con el Ministerio Fiscal

Artículo 42. *Infracciones constitutivas de delito o falta* 488

CAPÍTULO II

Peticiones, actos y acuerdos

Artículo 43. *Peticiones* 491

Artículo 44. *Administración demandada en subrogación* 492

Artículo 45. *Ejecución forzosa y vía de apremio* 493

Artículo 46. *Revisión de oficio* 495

CAPÍTULO III

Acciones y recursos

Artículo 47. *Carácter de los actos y convenios regulados en la legislación urbanística* 497

Artículo 48. *Acción pública* 498

Artículo 49. *Acción ante Tribunales ordinarios* 500

Artículo 50. *Recurso contencioso-administrativo* 501

CAPÍTULO IV

Registro de la Propiedad

Artículo 51. *Actos inscribibles* 505

Artículo 52. *Certificación administrativa* 508

Artículo 53. *Clases de asientos* 509

Artículo 54. *Expedientes de distribución de beneficios y cargas* . . 510

DISPOSICIONES ADICIONALES

Disposición adicional primera. ***Sistema de información urbana*** . 515

1. La conveniencia del sistema de información sobre suelo y urbanismo 515
2. Las características del sistema de información sobre suelo y urbanismo 516

Disposición adicional segunda. ***Bienes afectados a la Defensa Nacional, al Ministerio de Defensa o al uso de las fuerzas armadas*** . 517

Disposición adicional tercera. ***Potestades de ordenación urbanística en Ceuta y Melilla*** 518

Disposición adicional cuarta. ***Gestión de suelos del patrimonio del Estado*** 521

1. Colaboración del patrimonio del Estado con las políticas de vivienda (apdos. 1, 4 y 5) 523
2. Participación del Estado en la equidistribución urbanística de beneficios y cargas (apdos. 2 y 3) 525

Disposición adicional quinta. ***Modificación del artículo 43 de la Ley de Expropiación Forzosa de 16 de diciembre de 1954*** 526

Disposición adicional sexta. ***Suelos forestales incendiados*** 528

Disposición adicional séptima. ***Reglas para la capitalización de rentas en el suelo rural*** 531

1. Consideraciones generales 531
2. La capitalización de la renta anual (apdo. 1) 532
3. El tipo de capitalización y los valores mínimos del suelo rural (apdo. 2) 533

Disposición adicional octava. ***Participación del Estado en la ordenación territorial y urbanística*** 534

Disposición adicional novena. ***Modificación de la Ley Reguladora de las Bases del Régimen Local*** 537

1. Introducción: sentido y alcance de las modificaciones de la LrBRL 541

2. La alteración de la distribución interna, en los Municipios, de las atribuciones en materia de ordenación territorial y urbanística y de enajenación de bienes municipales (modificación del art. 22.2 LrBRL) 543
3. La publicidad de determinados datos relativos al tráfico jurídico previo de los bienes afectados por una modificación de la ordenación territorial y urbanística a ellos aplicable y, en general, de los instrumentos de dicha ordenación (nuevo art. 70 ter) 544
4. Régimen de incompatibilidades y limitación en las actividades, así como declaración de bienes y actividades, de miembros de los órganos de gobierno y personal al servicio de las entidades locales (apdos. 7 —modificado— y 8 —nuevo— del art. 75 y nueva disp. ad. 5.ª) 546

Disposición adicional décima. ***Actos promovidos por la Administración General del Estado*** 549

Disposición adicional undécima. ***Realojamiento y retorno*** . . . 553

DISPOSICIONES TRANSITORIAS

Disposición transitoria primera. ***Aplicación de la reserva de suelo para vivienda protegida*** 556

Disposición transitoria segunda. ***Deberes de las actuaciones de dotación*** 558

Disposición transitoria tercera. ***Valoraciones*** 562

1. Consideraciones generales y antecedentes legislativos 563
2. Aplicación por razón del tiempo de las reglas de valoración (apdo. 1) 564
3. La valoración de los terrenos con condiciones de desarrollo fijadas a la entrada en vigor de la LdS (apdo. 3) 565
4. Los criterios y método de cálculo de la valoración hasta el desarrollo reglamentario de la Ley (apdo. 3) 566

Disposición transitoria cuarta. ***Criterios mínimos de sostenibilidad*** 566

Disposición transitoria quinta. ***Edificaciones existentes*** 567

DISPOSICIONES FINALES

Disposición final primera. ***Título competencial y ámbito de aplicación*** 569

Disposición final segunda. ***Desarrollo*** 573

ABREVIATURAS UTILIZADAS

AGE	Administración General del Estado.
CE	Constitución Española de 1978.
FJ	Fundamento Jurídico.
LdS	Ley 8/2007, de 28 de mayo, de Suelo.
LEF	Ley de 16 de diciembre de 1954, de Expropiación Forzosa.
LIONDAU	Ley 51/2003, de 2 de diciembre, de igualdad de oportunidades, no discriminación y accesibilidad universal de las personas con discapacidad.
LITP	Real Decreto Legislativo 1/1993, de 24 de septiembre, por el que se aprueba el Texto Refundido de la Ley del Impuesto sobre Transmisiones Patrimoniales y Actos Jurídicos Documentados.
LPAAPP	Ley 33/2003, de 3 de noviembre, del Patrimonio de las Administraciones Públicas.
LrBRL	Ley 7/1985, de 2 de abril, Reguladora de las Bases del Régimen Local.
LRJPAC	Ley 30/1992, de 26 de noviembre, de Régimen Jurídico de las Administraciones Públicas y del Procedimiento Administrativo Común.
LRSV	Ley 6/1998, de 13 de abril, sobre Régimen del Suelo y Valoraciones.
PGOU	Plan General de Ordenación Urbana.
PPS	Patrimonios Públicos del Suelo.
RD	Real Decreto.
RITP	Reglamento del Impuesto sobre Transmisiones Patrimoniales y Actos Jurídicos Documentados.
STC	Sentencia del Tribunal Constitucional.
TCE	Tratado de la Comunidad Europea.

TRLS76	Real Decreto 1346/1976, de 9 de abril, por el que se aprueba el Texto Refundido de la Ley sobre Régimen del Suelo y Ordenación Urbana.
TRLS92	Real Decreto Legislativo 1/1992, de 26 de junio, por el que se aprueba el Texto Refundido de la Ley sobre Régimen del Suelo y Ordenación Urbana.
TRLdS08	Real Decreto Legislativo 2/2008, de 20 de junio, por el que se aprueba el texto refundido de la Ley de Suelo.

PRESENTACIÓN

La difícil coyuntura por la que atraviesa el sector de la promoción inmobiliaria, que ha venido a unirse a la insatisfactoria evolución general de la ordenación territorial y agravar el deficiente estado de la gestión de la ordenación urbanística, aconseja evitar la caída en el descuido o siquiera la disminución de la atención doctrinal prestada a la materia. Constituye más bien ocasión para el mantenimiento, si no el reforzamiento, del esfuerzo de reflexión sobre ella desde las distintas perspectivas que la naturaleza de la política territorial y urbanística implica, incluida desde luego la jurídica. Este esfuerzo es requerido, en efecto y para su plena efectividad, por la regeneración que de las bases orientadoras y fundamentos portantes de aquella política —las potencialmente diversas políticas de las instancias territoriales del Estado de las autonomías— inspira la actual legislación marco estatal.

El nuevo planteamiento de la actual legislación estatal precisamente como marco definitorio de las condiciones mínimas del espacio social para la realidad del ejercicio, por todos los ciudadanos y en igualdad, de los derechos y el cumplimiento de los deberes constitucionales implica, en cualquier caso, una nueva lógica de la integración del ordenamiento específico de la materia, especialmente por lo que hace a sus dos piezas internas fundamentales, la estatal-marco y la autonómica propia y plenamente de ordenación territorial y urbanística. Basta la simple referencia a la heterogeneidad de las respuestas de los legisladores autonómicos a la referida legislación marco general y sus mínimas exigencias de adaptación, para hacer presente, además de que no pueden darse por supuestos la comprensión y el manejo correctos de la referida lógica, la importancia de estos extremos para la plena efectividad del sistema derivado de aquella legislación marco.

Aunque siga perviviendo en el texto refundido aprobado por el Real Decreto Legislativo 2/2008 en vigor, determinándola, la actual

Ley de suelo no es ya la aprobada por la Ley 8/2007 sin más. Más allá de la corrección de la operación de refundición, el impacto de la incorporación de los preceptos subsistentes del texto refundido (de 1992) de la Ley sobre régimen del suelo y ordenación urbana plantea inevitablemente múltiples cuestiones, en sede interpretativa y para la recuperación de la coherencia interna del texto legal, que no pueden ser descuidadas.

Todas estas razones, sumadas a la buena acogida que merecieron los comentarios de los autores a la Ley de 2007, publicados por la propia Iustel, han aconsejado la continuación de la iniciativa ahora respecto del texto refundido. Sin perjuicio de la conservación de aquellos elementos cuyo objeto no ha experimentado variación, la obra es de nuevo cuño y en modo alguno de mera actualización.

Respondiendo el planteamiento y la filosofía del actual texto, no obstante y como es obvio, a los de la referida Ley de 2007, se ha considerado de todo punto conveniente —obviamente con el permiso del autor— conservar, por su valor interpretativo y en su versión original, el estudio preliminar del Prof. Dr. Marcos Vaquer, Director General responsable de la iniciativa legal al tiempo de la tramitación parlamentaria de la Ley 8/2007 y actual Subsecretario del Ministerio de la Vivienda.

No obstante la responsabilidad solidaria por la obra en su conjunto, también en esta ocasión se ha distribuido la tarea de redacción de los comentarios entre los autores de la forma siguiente:

— A Luciano Parejo Alfonso, la de los artículos incluidos en los títulos preliminar, primero, segundo, cuarto, quinto y sexto y las disposiciones adicionales primera, segunda, tercera, cuarta, quinta, sexta, octava, novena, décima y undécima; transitorias primera, segunda, cuarta y quinta; y las finales primera y segunda.

— A Gerardo Roger, la de los artículos incluidos en el título tercero y las disposiciones adicional séptima y transitoria tercera.

En la medida en que la regulación referida a las valoraciones no ha experimentado modificación significativa alguna, los autores han continuado beneficiándose de la colaboración y el consejo prestados, respectivamente, en su día (a propósito de la Ley 8/2007) y en todo lo relativo a dichas valoraciones, por Pablo Fernández Monedero, Economista, y María Dolores Aguado, Arquitecta, y Josep Roca Cladera, Catedrático de Arquitectura Legal, Derecho Urbanístico y Valoraciones de la Universidad Politécnica de Cataluña.

Getafe (Madrid), septiembre de 2008.

LOS AUTORES

ESTUDIO PRELIMINAR: CONSTITUCIÓN, LEY DE SUELO Y ORDENAMIENTO TERRITORIAL Y URBANÍSTICO *

Marcos Vaquer Caballería
Profesor Titular de Derecho Administrativo
Universidad Carlos III de Madrid
Subsecretario del Ministerio de Vivienda

1. La regulación del suelo, en el marco de la Constitución ambiental

En su artículo 47, la Constitución española manda a los poderes públicos regular «la utilización del suelo de acuerdo con el interés general para impedir la especulación».

El sometimiento que hace el precepto de la utilización del suelo al interés general nada tiene de especial: el suelo es un recurso económico y «toda la riqueza del país en sus distintas formas y sea cual fuere su titularidad está subordinada al interés general», de conformidad con lo previsto en el artículo 128.1 de la Constitución. Siendo así, el interés general determina la función social que cumplen los diversos bienes económicos y dicha función, en consecuencia, delimita el contenido del derecho de propiedad (art. 33.2) y de los demás derechos y facultades patrimoniales que puedan ostentarse sobre esos bienes.

Lo singular del artículo 47 es, en primer lugar, que de esta subordinación al interés general extraiga un mandato regulador expreso y específico para los poderes públicos. Y, en segundo lugar, que fije los fines de la regulación: el primero y más inmediato, impedir la especu-

---

* Se reproduce, con autorización del autor y en su versión original, el texto elaborado para los comentarios a la Ley 8/2007, de suelo, publicados por esta misma editorial, que no ha perdido actualidad en cuanto dicha Ley sigue determinando, en lo sustancial, el texto refundido de cuyo comentario ahora se trata.

lación. El segundo, y más mediato o menos evidente, hacer efectivo el derecho a disfrutar de una vivienda digna y adecuada [1].

El significado y alcance del fin de impedir la especulación es controvertido. La especulación, entendida como el comercio con un bien con el objeto de obtener una plusvalía generada sólo con el paso del tiempo por cambios ajenos a su transformación productiva u otra inversión en su mejora [2], tiene atribuida cualidades benéficas por la ciencia económica, ya que suele tener un efecto anticíclico. ¿Por qué entonces mandar impedirla?

---

[1] El derecho a la vivienda y la sujeción de la utilización del suelo al interés general ya figuraban en el Anteproyecto de la Constitución, en cuya versión formaban parte del artículo 40. La participación de la comunidad en las plusvalías se incorporó en el texto de la Ponencia del Congreso de los Diputados en aceptación, curiosamente, de una enmienda (la n.º 35) de Alianza Popular firmada por D. Licinio de la Fuente y que justifica en su voluntad de reforzar la significación social de la política de vivienda y de suelo. Otras enmiendas, la n.º 140 de Minoría Catalana y la n.º 693 de Ramón Tamames, pretendían adscribir o atribuir directamente las plusvalías urbanísticas a la comunidad.

Por lo que hace al mandato de impedir la especulación, queda incorporado al texto por primera vez en el dictamen de la Comisión del Congreso por unanimidad de todos los grupos parlamentarios y su origen se encuentra en un voto particular del Grupo Socialista en el Congreso.

Véase *Constitución española. Trabajos parlamentarios,* 2.ª ed., Madrid, Cortes Generales, 1989, vol. I: págs. 14, 53, 149, 167, 207, 371, 416, 531-532, 608, 1168, y vol. II: págs. 1810 y 2582. Para un análisis más detallado de la tramitación parlamentaria de este precepto constitucional, puede verse Jesús GONZÁLEZ SALINAS, «Las plusvalías urbanísticas: sistematización del alcance del artículo 47 de la Constitución española», en VV.AA., *Estudios sobre la Constitución española. Homenaje al Profesor García de Enterría,* Tomo II, Madrid, Civitas, 1991, págs. 1644-1655.

[2] El diccionario de la Real Academia Española define el término, entre otras acepciones, como «efectuar operaciones comerciales o financieras, con la esperanza de obtener beneficios basados en las variaciones de los precios o de los cambios». Según Javier GARCÍA-BELLIDO, «a diferencia de las plusvalías (...) que se generan en el proceso productivo intrínseco a la elaboración o transformación del bien, (...) la especulación sólo se puede realizar en el mercado, cuando se intercambia el producto precisamente acumulando sobre los plusvalores anteriores un sobrebeneficio no debido al productor o vendedor, sino motivado por la demanda externa» («Plusvalías públicas y especulación privada: Análisis del mandato constitucional para participar en las primeras e impedir las segundas», *Catastro,* n.º 23, enero 1995, pág. 36).

La clave se encuentra en el objeto de la especulación prohibida, habida cuenta que la Constitución sólo llama a impedir la especulación con el suelo y no con cualquier otro bien económico. Son las singularidades del suelo como bien económico y de sus mercados las que explican el mandato de impedir la especulación con él.

Y es que el suelo es el bien inmueble por naturaleza: salvo mediante obras costosísimas, no puede ser desplazado, lo que inevitablemente aboca al localismo de sus mercados: la oferta no puede desplazarse allí donde se produce la demanda y ésta es asimismo eminentemente local (sobre todo si hablamos de demanda de vivienda). A esta fragmentación espacial se une su lenta maduración temporal: la transformación urbanística del suelo —desde la finca rústica al solar urbano— requiere de obras e infraestructuras complejas, que tardan años en ser provistas en el mejor de los casos. El resultado es claro: la especulación con el suelo, lejos de corregir los ciclos, contribuye a exacerbarlos. En tercer lugar, hay que tener presente que los mercados de suelo tienen fortísimas externalidades, tanto ambientales como sociales, a las que se hará referencia más adelante. Baste aquí recordar que el suelo es un recurso necesario para promover la efectividad del derecho constitucional a la vivienda y que ésta es un bien de primera necesidad. De ahí el mandato regulador al servicio del interés general contenido en el artículo 47, que es una afirmación implícita de la ordenación territorial y urbanística como una función pública [3]. Pero los fines de la regulación pueden frustrarse por la especulación, que supone un ejercicio antisocial o abusivo del derecho de propiedad sobre un bien que tiene una función social tan singularmente intensa, lo que explica a su vez el mandato expreso de impedirla.

Esta inquietud del legislador español por subordinar la utilización del suelo al interés general e impedir la especulación viene de lejos. Sin ir más allá, late fuertemente en la Ley de Régimen del Suelo y Ordenación Urbana de 12 de mayo de 1956, cuyo preámbulo afirma que «la especulación del suelo, que malogra toda ordenación urbana,

[3] El artículo 3 de la Ley de Suelo hace explícita esta afirmación, la refuerza con la calificación de que esta función pública no es susceptible de transacción y exige su ejercicio motivado con indicación expresa de los servicios generales a los que sirve.

sustrae prematuramente terrenos a la agricultura y, al exigir por los todavía no urbanizados precios de solar, coloca a los adquirentes en difíciles condiciones de contribuir a la obra urbanizadora».

Pero, como decía, el fin mediato y último que la Constitución atribuye a la regulación de la utilización del suelo es hacer efectivo el derecho a disfrutar de una vivienda digna y adecuada. Evidentemente, los usos que pueden atribuirse al suelo son muchos: usos forestales, agrícolas, ganaderos, industriales, etc. Y sin embargo, la Constitución vincula de forma expresa la regulación de su utilización sólo con uno de ellos: la vivienda, porque ésta es un bien que conecta íntimamente con el valor de la dignidad de la persona y, en consecuencia, es objeto de uno de los derechos que le son inherentes (art. 10.1).

Por esa misma razón, hay que advertir que la vivienda a que se refiere el artículo 47 de la Constitución no es la vivienda como cosa sino la vivienda como hábitat. Dicho en otros términos, el bien constitucionalmente protegido no es la vivienda como bien de inversión sino como bien de uso, en particular para residencia habitual. No es que una y otra sean incompatibles, pero sí tienen características diferenciales como bienes económicos y jurídicos y es necesario, en consecuencia, diferenciarlos. De lo contrario, uno corre el riesgo de sorprenderse por el hecho de que, en años anteriores, la oferta de vivienda haya aumentado espectacularmente, mucho más que la población y que la creación de nuevos hogares y, sin embargo, los precios hayan subido de forma igualmente espectacular, mucho más que la renta disponible de los hogares, como muestra el cuadro de la página siguiente. Y es que buena parte de esa oferta, por su tipología, por su localización y por su precio, ha estado orientada a la demanda de inversión, turística o de segunda residencia. Mientras tanto, la oferta de vivienda protegida —que tiene su uso y su precio tasados para dirigirse derechamente a dar efectividad al derecho a disfrutar de una vivienda— no ha hecho más que caer notablemente hasta hace poco.

Este entronque de la regulación de los usos del suelo con la vivienda como hábitat nos lleva a otra consideración importante sobre el tratamiento constitucional de la materia: la Constitución considera al suelo no sólo como un bien socioeconómico sino tam-

	Precio vivienda (€/m²)	Vivienda terminada			Hogares (núm.)	Población (hab.)
		Libre	Proteg.	Total		
		(núm.)				
1991					*11.852.075*	*39.433.942*
1996	670	194.871	81.580	276.451	12.133.800	39.669.394
1997	666	224.332	75.263	299.595	12.195.600	39.852.651
1998	707	226.631	72.152	298.783	12.367.800	40.202.160
1999	775	296.250	60.531	356.781	12.859.300	40.499.791
2000	842	362.940	53.244	416.184	13.280.600	41.116.842
2001	954	452.252	53.019	505.271	*14.187.169*	*41.837.894*
2002	1.164	480.729	38.599	519.328	14.264.600	42.717.064
2003	1.303	462.730	45.538	508.268	14.687.800	43.197.684
2004	1.593	509.293	55.985	565.278	14.731.700	44.108.530
2005	1.869	528.754	61.877	590.631	15.264.600	44.708.964
Variación	178,96%	171,34%	–24,15%	113,65%	25,80%	12,70%

Fuente:	Precios:	Banco de España
	Viviendas:	Ministerio de Vivienda
	Hogares y población:	INE - Padrón (cifras en cursiva: 1991 y 2001) Resto - Anuarios estadísticos

bién, y sobre todo, como un bien ambiental. Un bien que refiere primaria y directamente al disfrute del hábitat más inmediato y más íntimamente conectado a la dignidad de la persona: la vivienda (art. 47), pero sin olvidar que las viviendas integran un medio o entorno más amplio, el medio ambiente del que tenemos asimismo derecho a disfrutar (art. 45.1), y del que forman parte tanto el medio natural (del que el suelo es uno de los recursos por excelencia: art. 45.2) como también el medio artificial, la ciudad [4], y que en ambos, pero sobre

[4] A esta conexión entre la vivienda y el medio urbano o rural como bienes constitucionales ya se refirió tempranamente Martín BASSOLS COMA, «Consideraciones sobre el derecho a la vivienda en la Constitución española de 1978», *Revista de Derecho Urbanístico,* n.º 85, octubre-diciembre 1983, págs. 20-21.

todo en la ciudad, se encuentran los bienes culturales que constituyen un patrimonio colectivo (art. 46).

La incardinación de la regulación de los usos del suelo dentro de lo que, conforme a lo expuesto, podemos calificar como la Constitución ambiental [5], debería inspirar la legislación positiva, de acuerdo con el mandato del artículo 53.3 de la propia Constitución. Y sin embargo, no parece que haya sido así hasta ahora. Las sucesivas leyes estatales sobre suelo han sido leyes animadas por una orientación manifiestamente socioeconómica, donde la perspectiva ambiental, más allá de la tutela de los suelos especialmente protegidos, quedaba postergada tras la voluntad ya fuera intervencionista, ya liberalizadora, pero en todo caso económica [6].

La lectura aquí propuesta de la parte dogmática de la Constitución en relación con la regulación de los usos del suelo tiene consecuencias, también, en lo que atañe a la parte organizativa de la Constitución. Porque, hasta ahora y por las razones ya expuestas, nuestra legislación estatal de suelo ha hecho un uso mucho más intenso de los títulos competenciales económico-patrimoniales que de los ambientales u otros asimismo invocables [7], lo que es una anomalía que hay que corregir.

---

[5] Acerca del bloque ambiental de la Constitución española formado por sus artículos 45 a 47, véase L. PAREJO ALFONSO, A. JIMÉNEZ BLANCO y L. ORTEGA ÁLVAREZ, *Manual de Derecho administrativo,* 4.ª ed., Barcelona, Ariel, 1998, vol. 2.

[6] Martín BASSOLS ha destacado que «uno de los déficits más manifiestos de capacidad estructuradota del ordenamiento jurídico urbanístico y, por lo tanto, elemento de perturbación y desorden en el actual panorama es la falta de integración actual con la Ordenación del territorio y el Medio Ambiente», déficit que atribuye sobre todo a nuestra legislación posterior a la reforma de 1976 e imputa en alguna medida al «equívoco sistema de distribución constitucional de competencias» («Panorama del Derecho urbanístico español: balance y perspectivas», *Revista de Derecho Urbanístico y Medio Ambiente,* n.º 166, 1998, pág. 78).

[7] Basta repasar, en el debate de constitucionalidad sustanciado en las Sentencias 61/1997 y 164/2001, cuántos de los preceptos de la Ley hallan cobertura en títulos competenciales de naturaleza patrimonial o económica (el tándem formado por el título del art. 149.1.1.ª en relación con el derecho de la propiedad y por el título del art. 149.1.13.ª, bases de la ordenación económica), frente a cuántos lo hacen en títulos de naturaleza ambiental (el 149.1.1.ª en relación con los derechos a

El suelo es un recurso natural tan esencial como el agua o el aire. Es, además, un recurso escaso (su escasez se agrava por su carácter inmueble, ya mencionado más atrás) y no renovable (la transformación urbanística es difícilmente reversible), cuya urbanización se ha acelerado sensiblemente en España en las últimas décadas [8]. Y ello por no mencionar los efectos que su uso tiene sobre los otros recursos: la alteración de ecosistemas, los consumos de agua que demandan los nuevos desarrollos urbanos, el «efecto sellado» que tiene la urbanización del suelo sobre el ciclo del agua, la contaminación del aire que genera el transporte urbano y metropolitano [9], etc.

Esta reorientación, lógicamente, debe tener no sólo en cuenta la jurisprudencia constitucional pronunciada hasta ahora sobre suelo, sino también la más amplia —y, en lo que aquí importa, más progresiva y moderna— dictada sobre medio ambiente. Porque las Senten-

---

disfrutar del medio ambiente y de una vivienda y el 149.1.23.ª, bases de la protección del medio ambiente).

[8] No está de más recordar, a estos efectos, que España tiene una densidad de población de 80 habitantes por km^2, inferior a la media europea (de 120 habitantes/km^2 en la UE-15) y que sus superficies artificiales representaban en 2000 un 2,10% del territorio nacional, pero que está experimentando un proceso de urbanización acelerada, que ha permitido que sólo entre 1987 y 2000 se incrementasen en 240.000 hectáreas (un 29,5%) las superficies artificiales y se perdieran 250.000 hectáreas de suelos forestales (un 1%). Observatorio de la Sostenibilidad en España, *Cambios de ocupación del suelo en España: Implicaciones para la sostenibilidad,* Madrid, 2006, págs. 77 y 90.

Esta expansión de la urbanización por encima del crecimiento que han experimentado la población y el parque de viviendas, apunta además a un patrón de desarrollo urbanístico más extensivo y disperso, que es patente en algunas áreas metropolitanas y del litoral mediterráneo. En el área metropolitana de Madrid, por ejemplo, entre 1987 y 2000 la población se incrementó un 6,06%, las viviendas lo hicieron un 25,97% y las superficies artificiales un 49,39%, mientras que en la de Alicante-Elche lo hicieron un 13,34, 20,23 y 67,76%, respectivamente. En ambos casos, además, predomina claramente el tejido urbano discontinuo. *Atlas estadístico de las áreas urbanas de España 2006,* Madrid, Ministerio de Vivienda, 2007, en prensa.

[9] Según el Plan Estratégico de Infraestructuras y Transporte (PEIT) del Ministerio de Fomento, «se estima que cerca del 40% de las emisiones de CO_2 debidas al transporte son generadas por el transporte urbano y metropolitano, y es el grupo que más aumenta sus emisiones dentro del sector» (pág. 27).

cias 61/1997 y 164/2001, por ejemplo, se ciñen a sentar doctrina constitucional sobre los concretos contenidos de las Leyes 8/1990 y 6/1998 conforme a la lectura que de los títulos competenciales hicieron en su momento sus respectivos legisladores y, en consecuencia, comparten su mismo sesgo. Si las tomáramos como única referencia, quedaríamos capturados en un círculo vicioso que impediría todo progreso metodológico en la materia.

De una lectura apresurada de las citadas SSTC 61/1997, de 20 de marzo (F.J. 16.º), y 164/2001, de 11 de julio (F.J. 32.º), podría pretender extraerse que el título competencial de legislación básica sobre protección del medio ambiente sólo habilita al Estado a regular el suelo no urbanizable de especial protección. Esa concepción territorial del medio ambiente como un conjunto de *«reservas Sioux»* aisladas está ampliamente superada y no es ya sostenible. En realidad, lo que afirma el Tribunal Constitucional en esas Sentencias es que dicho título y, por ende, la perspectiva estrictamente medioambiental «es la que únicamente puede amparar» la regulación de esa categoría del suelo, es decir, que le da plena cobertura sin necesidad de otro título para la regulación de la materia, mientras que la regulación de los usos de las demás categorías de suelo «excede en mucho de lo estrictamente ambiental», pues tiene también una perspectiva económica o patrimonial que le encuentra encaje prevalente en el título de las condiciones básicas de la igualdad en la propiedad urbana *ex* artículo 149.1.1.ª CE. Dicho de otra forma, la perspectiva ambiental es mucho más intensa o incluso excluyente de cualquier otra cuando se trata del suelo no urbanizable de especial protección, pero eso no significa que quede excluida de la regulación de las restantes clases y categorías de suelo.

Como tiene dicho el Tribunal Constitucional en su capital Sentencia 102/1995, de 26 de junio, la determinación del concepto constitucional de medio ambiente no puede quedarse en una «mirada descriptiva, en la cual predominen los componentes sobre el conjunto» (y entre esos componentes identifica claramente al suelo como también al paisaje), sino que exige concebir al medio ambiente como un «concepto estructural», lo que a su vez «nos lleva de la mano a la ecología», concepto que «hoy por hoy tiene como objeto los seres vivos desde el punto de vista de sus relaciones entre sí y con el ambiente, que se condensa a su vez en el concepto de ecosistema (1935), cuyo ámbito comprende no sólo el rural sino *también el urbano»* (la cursiva es mía). Posteriormente, fallos como los relativos a la contaminación acústica han confirmado, asimismo, esta clara inserción del medio urbano en el concepto de medio ambiente del artículo 45 CE (STC 119/2001, de 24 de mayo).

Este concepto estructural de medio ambiente —que integra necesariamente el medio ambiente urbano, en permanente interacción con el rural— es, además, el único científica y políticamente vigente a nivel internacional y europeo. Valga como ejemplo de lo primero la conceptuación que del medio ambiente hizo ya la Conferencia de Naciones Unidas de Estocolmo en 1972 y de nuevo la de Río de 1992; y de lo segundo la Comunicación de la Comisión al Consejo y al Parlamento Europeo *Sobre una estrategia temática sobre el medio ambiente urbano* [COM(2005) 718 final], cuya introducción se encabeza afirmando que «las zonas urbanas desempeñan un importante papel en el cumplimiento de los objetivos de la estrategia de la Unión Europea para un desarrollo sostenible», pues «cuatro de cada cinco europeos viven en ciudades y su calidad de vida depende directamente del estado del entorno urbano».

No cabe olvidar que esta Estrategia temática se formula en cumplimiento del Sexto Programa de Acción de la Comunidad Europea en materia de Medio Ambiente (Decisión n.º 1600/2002/CE del Parlamento Europeo y del Consejo, de 22 de julio de 2002) y, por ende, en ejercicio de las competencias comunitario-europeas sobre medio ambiente al amparo del Título XIX del Tratado de la Comunidad Europea (versión consolidada), título que habilita expresamente en su artículo 175.2 para adoptar «medidas que afecten a la ordenación territorial» y «la utilización del suelo». Es esto importante porque, como ya ha declarado también nuestro Tribunal Constitucional, las competencias de la Comunidad Europea respecto de esta materia se articulan con un claro paralelismo del esquema que nuestra Constitución utiliza para el reparto competencial entre el Estado y las

Comunidades Autónomas (STC 102/1995, cit., F.J. 14.º). Eso no permite avocar al Estado las competencias para su desarrollo, claro está, pero sí permite argumentar que, si la Comunidad Europea es competente para establecer bases y principios ambientales sobre el medio urbano, conforme al principio de subsidiariedad y habida cuenta del paralelismo que hay en el reparto competencial en los niveles español y europeo, el Estado español también deberá serlo con mayor motivo.

Esta consideración estructural y, por tanto, transversal de la materia medio ambiente explica que «la competencia estatal sobre esta materia converja o concurra poliédricamente con otras muchas autonómicas sobre ordenación del territorio y urbanismo, (...). Esa incidencia no puede ser tal que permita, al socaire de una protección del medio ambiente más aparente que real, la merma de competencias autonómicas exclusivas y su invasión más allá de lo básico» (STC 102/1995, F.J. 7.º). Pero no es éste, a mi juicio, el caso de la nueva Ley 8/2007, de 28 de mayo, de Suelo, que enuncia de forma muy abierta principios estrictamente ambientales de las políticas territoriales y urbanísticas, sentando un «común denominador» de «carácter nuclear», como quiere el TC, lo que deja un amplio margen para su desarrollo y para las normas adicionales de protección a la legislación aplicable en cada caso, a la que las más de las veces remite expresamente.

2. La centralidad del principio de desarrollo territorial y urbano sostenible

Durante la década pasada, el *boom* inmobiliario ha coincidido con un paradigma legislativo pretendidamente liberal consistente en aumentar la oferta de suelo urbanizable, desprogramar su proceso urbanizador y garantizarle a su propietario no ya el derecho a promover su transformación, sino además el valor expectante que resultará de ella (descontados, claro está, los gastos previsibles) desde el momento mismo en que estuviera administrativamente aprobada dicha transformación.

Digo que este paradigma es pretendidamente liberal porque así se afirma en el preámbulo de la Ley 6/1998, de 13 de abril, aunque puede dudarse que lo sea realmente, sobre todo después del proceso de rectificaciones parciales que le sobrevinieron hasta 2003. El contraste entre preámbulo y articulado se pone en evidencia con un ejemplo: en el primero se afirma que «se elimina la actual dualidad de valores, inicial y urbanístico, (...) de forma que, a partir de ahora, no habrá ya sino un valor, el valor que el bien tenga realmente en el mercado del suelo...». Pues bien, el artículo 27 de la Ley manda valorar el suelo urbanizable no delimitado o sectorizado exactamente igual que el suelo no urbanizable, «sin consideración alguna de su posible utilización urbanística». Mientras que el suelo urbanizable sectorizado o delimitado se tasa aplicando al aprovechamiento urbanístico el valor básico de repercusión en polígono de la ponencia catastral o, en su defecto, por el método residual dinámico. Es decir, el aprovechamiento urbanístico se excluye hasta la sectorización del suelo urbanizable y se patrimonializa plena y anticipadamente a partir de dicho momento: nunca una ley liberal había concedido tanto valor económico a una «barrera» o «frontera» administrativa discrecional.

Este esquema valorativo ni se acerca de lejos al mercado, ni contribuye a que los mercados del suelo sean eficientes y productivos, sino más bien especulativos, ni tampoco es justo, ya que atribuye un enriquecimiento sin causa a quien ni ha generado la plusvalía (recordemos que hablamos del momento de la sectorización del suelo por una decisión administrativa) ni ha hecho nada todavía para realizarla.

Se ha llegado a afirmar que la Ley de 1998 «permanece inédita» [10] nueve años después de su entrada en vigor. Si así fuera, sería un mordaz epitafio, pues recordemos que las reformas que la Ley introducía fueron precedidas primero y después completadas por sendos Decretos-leyes de *medidas urgentes* de liberalización en el sector inmobiliario: ¿Unas medidas urgentes que no han empezado siquiera a surtir efectos en una década?

[10] Tomás-Ramón FERNÁNDEZ, «El Proyecto de Ley estatal del Suelo de 2006», *Actualidad Jurídica Aranzadi,* n.º 722, pág. 1.

Más bien parece que la Ley 6/1998 ha tenido un desarrollo y aplicación desigual. No cabe duda de que reformas tan importantes como la desprogramación del suelo urbanizable, la reducción de la participación de la comunidad en las plusvalías o el régimen de valoraciones, por ejemplo, empezaron a ser aplicadas desde su misma entrada en vigor, conforme a lo previsto en sus disposiciones transitorias primera, cuarta y quinta, respectivamente.

Sí es cierto que la suerte de otra de esas medidas centrales —aquella justamente a la que el legislador atribuía mayor capacidad liberalizadora— ha sido más irregular. Me refiero a los nuevos criterios para la clasificación y categorización urbanísticas del suelo, que sólo se exigía que se traspusieran al planeamiento con ocasión de la revisión de éste (disposición transitoria segunda) y que algunas leyes autonómicas posteriores han manipulado, haciendo uso de la competencia de desarrollo legislativo que les reconoce el Tribunal Constitucional.

Pero no es menos cierto que ya se ha revisado mucho planeamiento general desde entonces [11] y que otras leyes autonómicas han asumido esta atribución de carácter residual al suelo urbanizable y la han incorporado a sus propios criterios de clasificación, algunas incluso con un entusiasmo nada disimulado. La Ley 1/2001, de 24 de abril, del Suelo de la Región de Murcia, hoy refundida en el Decreto Legislativo 1/2005, de 10 de junio, afirma en su preámbulo que la Ley 6/1998 «ha supuesto la incorporación de un nuevo concepto en el régimen y tipos de suelo, en una clara evolución y modernización de nuestro Derecho, más adecuado a las exigencias de liberalización del mercado del suelo, que nos vienen impuestas por mor de la globalización y de nuestra integración europea».

Esta supuesta y peculiar liberalización operada mediante la técnica —nada liberal, por cierto— de la clasificación urbanística de los sue-

---

[11] Entre 1998 y 2006, se han aprobado o revisado los Planes Generales o Normas Subsidiarias de un total de 2.224 Municipios españoles y, en particular, de 71 capitales de Provincia o Municipios de más de 50.000 habitantes, según la base de datos de planeamiento urbanístico de la Dirección General de Urbanismo y Política de Suelo del Ministerio de Vivienda.

los sí está plenamente vigente y eficaz, al menos en parte de nuestro territorio. Sus presupuestos lógicos y sus supuestos efectos benéficos llevan siendo discutidos desde antes de que se pusiera en práctica [12] y los datos empíricos disponibles no permiten concluir que haya conseguido abaratar el precio de solares y viviendas, como se pretendía [13].

---

[12] Me refiero al debate ya clásico, pero todavía recurrente, entre los informes del Tribunal de Defensa de la Competencia y de la Comisión de Expertos conocida como *Comisión Borrell,* por el Ministro que la creó. El primero concluía que este camino *a la liberalización por la clasificación del suelo* contendría los precios al aumentar la oferta. El segundo cuestionaba esta conclusión y apuntaba más bien a mejoras en la ordenación y gestión del suelo. Para tratar de confirmar su tesis, esta Comisión encargó un estudio sobre suelo vacante a la Dirección General competente, estudio que fue concluido en diciembre de 1995 pero que nunca llegó a ser publicado. De él se extraen dos conclusiones relevantes: La primera, que el planeamiento entonces vigente permitiría urbanizar 185.000 Ha, lo que suponía incrementar en un 40% el suelo ocupado por las ciudades en España y 3,4 veces las necesidades medias estimadas de suelo urbanizado hasta 2011. Luego había suficiente suelo urbanizable con carácter general, si bien había excepciones (en 12 de las 56 áreas urbanas de más de 50.000 habitantes, las previsiones se estimaban inferiores a las necesidades, aunque ello puede deberse también a factores insoslayables por ejemplo geográficos). La segunda conclusión era que no hay correlación estadística entre disponibilidad de suelo urbanizable y precios del suelo, ya que los mayores precios del suelo se daban en áreas urbanas donde el suelo clasificado superaba en tres veces las necesidades previstas hasta 2011. Dirección General de la Vivienda, Arquitectura y Urbanismo, *Disponibilidad de suelo urbanizable en los Municipios de más de 20.000 habitantes,* Madrid, 1995.

[13] Téngase presente que, según el Banco de España, entre 1998 y 2005 los precios de la vivienda se han incrementado un 150% y los del suelo urbano han subido un 500%. Según Analistas Financieros Internacionales, no hay «escasez estructural de oferta», sino por el contrario una «extraordinaria capacidad de respuesta de la oferta, que fue capaz de duplicar su producción en un período de apenas tres años» (Análisis Bancario. Análisis Económico y de Mercados, 13 de octubre de 2003, *La «burbuja inmobiliaria» y sus mitos,* págs. 2, 6). Según ésta y otras autorizadas opiniones, las tensiones de precios de nuestro *boom* las causan más factores de demanda que el estrangulamiento de la oferta (véase José A. HERCE, M. A. LÓPEZ GARCÍA, J. RODRÍGUEZ LÓPEZ y P. TALTAVULL, «El papel del suelo en el mercado de viviendas», *Economistas,* n.° 103, 2005, pág. 83). También la OCDE apunta más bien a factores de demanda como tipos de interés, inmigración, etc., para explicar el último auge del mercado de vivienda en España (OCDE, «Recent house price developments: the role of fundamentals», en *OECD Economic Outlook No. 78,* diciembre de 2005).

Y, desde luego, no viene impuesta por mor de nuestra integración europea: más bien expresa la distancia creciente que hasta ahora hemos marcado en nuestras leyes respecto de las tendencias más actuales en Europa.

Porque hasta ahora, cuando la Unión Europea se ha ocupado de la materia suelo y urbanismo, lo ha hecho eminentemente desde la perspectiva ambiental, como se ha apuntado ya en el apartado anterior. Así es desde los Tratados hasta los instrumentos de Derecho derivado y los no normativos [14]. Y cuando se ha acercado al urbanismo desde la perspectiva económica, no se ha fijado en la clasificación de los terrenos y la ordenación de su uso y destino por el planeamiento, sino en la apertura a la libre competencia con sujeción al Derecho de la contratación pública de la iniciativa privada para ejecutar dicho planeamiento [15].

Josep ROCA y Malcolm BURNS ya observaron prontamente que el problema no era la escasez de suelo clasificado ni, por tanto, la solución podía ser la clasificación masiva o residual de suelo urbanizable, que incidiría más bien en el modelo de ocupación del territorio y en la creación de un «mercado virtual» con inflación de expectativas («La liberalización del mercado de suelo en España. Reforma de la legislación urbanística de 1998», *Catastro,* n.º 33, septiembre 1998, págs. 19-25). Análogamente, Javier GARCÍA-BELLIDO le atribuye un impacto inflacionario sobre el suelo rústico, porque su potencialidad urbanística tiene un efecto diseminador de rentas expectantes (renta de anticipación, *floating value*) («La cuestión rural: patología urbanística del espacio rústico», en *Ciudad y Territorio. Estudios Territoriales,* n.º 132, verano 2002, pág. 313).

[14] Son los casos del artículo 175 del Tratado de la Comunidad Europea, que como sabemos integra la ordenación territorial y la utilización del suelo dentro del título competencial sobre medio ambiente; de la *Estrategia Territorial Europea,* acordada en la reunión informal de Ministros responsables de ordenación del territorio en Potsdam, mayo de 1999, subtitulada justamente «Hacia un desarrollo equilibrado y sostenible del territorio de la UE»; de la Comunicación de la Comisión Europea *Hacia una estrategia temática sobre el medio ambiente urbano,* ya citada; o de la *Carta de Leipzig sobre la Ciudad Europea Sostenible* aprobada en la reunión informal de Ministros sobre desarrollo urbano y cohesión territorial de Leipzig el 24 de mayo de 2007. En el marco del Consejo de Europa, pueden verse los *Principios Directores para el Desarrollo Territorial Sostenible del Continente Europeo* adoptados por la Conferencia Europea de Ministros responsables de ordenación del territorio (CEMAT) en Hannover, 7 y 8 de septiembre de 2000.

[15] Me refiero, claro está, a la Sentencia del Tribunal de Justicia de las Comunida-

Por el contrario —como se ha advertido ya—, nuestras leyes estatales del suelo han sido hasta hoy eminentemente socioeconómicas, ya estuvieran animadas por un ánimo intervencionista o liberalizador. Más aún, su principal objeto ha sido la configuración del estatuto de la propiedad inmobiliaria, tanto privada como pública en el caso de los patrimonios públicos de suelo, y desde ella incidir sobre la ordenación y gestión urbanísticas [16], lo que permite calificar incluso a nuestra tradición como patrimonialista [17] más propiamente que económica, ya que ha permanecido alejada de las más modernas inquietudes de la economía urbana, que no sólo nos habla de las rentas del suelo, sino que también se interroga por la eficiencia de los distintos modelos de ocupación del territorio y por la competitividad de las ciudades e integra el discurso de la sostenibilidad [18].

El escoramiento descrito suele explicarse por razones competenciales, pero ya hemos visto cómo el ámbito competencial del Estado admite otra aproximación distinta, conforme a la propia doctrina del Tribunal Constitucional, por lo que su explicación es más bien cultural: las alzas de los precios de los productos inmobiliarios en general, pero sobre todo de la vivienda, que han acompañado el fuerte proceso de desarrollo económico y de urbanización de nuestro país duran-

des Europeas *Scala de Milán* de 12 de julio de 2001, dictada en el asunto C-399/98, y al más reciente dictamen motivado de la Comisión Europea de 18 de octubre de 2006 sobre la Ley 16/2005, de 30 de diciembre, Urbanística Valenciana.

16 Rafael GÓMEZ-FERRER ya ha denunciado la «confusión entre las funciones públicas y la función social de la propiedad privada» (en VV.AA., *Comentarios a la Ley Reguladora de la Actividad Urbanística,* Valencia, Generalitat Valenciana, 1995, pág. 204) y el «riesgo de que se regule el urbanismo desde la perspectiva del derecho de propiedad, y de los derechos y deberes del propietario» (en GÓMEZ-REINO y CARNOTA, dir., *Ordenamientos urbanísticos. Valoración crítica y perspectivas de futuro,* Marcial Pons, 1998, pág. 189).

17 Un sesgo similar se observa en la principal crítica doctrinal lanzada hasta hoy contra el entonces Proyecto de Ley: el artículo de Tomás-Ramón FERNÁNDEZ citado en la nota n.º 10 centra, en efecto, sus críticas en torno al tratamiento de la propiedad y las valoraciones, y despacha todo lo demás como «retórica, que, como la hojarasca, hay que apartar de inmediato».

18 Inquietudes que se reflejan por ejemplo en Roberto CAMAGNI , *Economía urbana,* trad. de Vittorio Galletto, Barcelona, Bosch, 2005.

te la segunda mitad del siglo XX, han alimentado un animado debate de economía inmobiliaria que ha ensordecido en España otros debates territoriales y urbanos, igualmente críticos pero menos aparentes, que hasta hace poco no trascendían de los círculos profesionales y académicos a los medios y la opinión pública [19].

Esta postración del valor del suelo como recurso natural a su consideración como recurso económico y, más concretamente, como bien patrimonial, viene de atrás pero se ha elevado hasta el paroxismo en la Ley 6/1998, andando en la dirección contraria tanto a la de Europa como a la de otras parcelas de nuestro Derecho ambiental. El daño territorial, ecológico y paisajístico atribuible a este sesgo histórico de nuestra legislación estatal del suelo, acentuado en la última década por la concurrencia de la Ley 6/1998 y el *boom* inmobiliario, es evidente y empieza a ser motivo de escándalo en la opinión pública.

La recomposición de este panorama pasa por un nuevo equilibrio entre el orden económico, social y ambiental en la determinación del interés general a que debe estar subordinada la utilización del suelo por imperativo constitucional. Este equilibrio, como en la Constitución misma, debe estar basado en la ponderación antes que en la jerarquización de estos órdenes diversos. Para ello, debe perseguir el objetivo de disociar las presiones ambientales [y las sociales, hay que añadir] del crecimiento económico, como recuerda insistentemente la OCDE [20].

El concepto que mejor expresa este complejo equilibrio es el de desarrollo sostenible. Un concepto muy abierto y manido que, si no se maneja y define con rigor, arriesga caer en el campo de lo políticamente correcto pero científica y técnicamente insignificante.

La más clásica definición del desarrollo sostenible, la de la *Comisión Brundtland* de Naciones Unidas, lo enuncia como «el desarrollo

---

[19] Sobre la importancia de estas cuestiones, postergadas en España por el debate sobre la situación del mercado de la vivienda, puede verse Consejo Económico y Social, *Memoria sobre la situación socioeconómica y laboral en España en 2004,* Madrid, 2005, págs. 483 y ss.

[20] Véase OCDE, *Estrategia medioambiental,* 2001 y *Análisis de los resultados medioambientales. España,* 2004.

que satisface las necesidades de la generación presente sin comprometer las capacidades de las generaciones futuras para satisfacer sus propias necesidades». Esta noción pone el énfasis en la solidaridad intergeneracional y, por tanto, en el largo plazo: sólo es sostenible el desarrollo capaz de perdurar. Esto último, a su vez, aboca al carácter holístico e integrador del desarrollo sostenible: sólo es sostenible el desarrollo que integra la eficiencia económica con la calidad ambiental (del medio natural y cultural) y la cohesión social. Economía, ecología y sociedad son las tres dimensiones más convencionales de la sostenibilidad, a las que a veces se añade cultura y gobernanza. Sin embargo, si por cultura se quiere aludir al problema de la diversidad cultural, puede englobarse dentro del macroconcepto de cohesión social, y si se alude al patrimonio cultural, encuentra encaje dentro del concepto amplio de medio ambiente aquí utilizado. Y la «gobernanza» no es un valor final sino instrumental, que refiere a la gestión —coordinada, participativa— de las políticas públicas, por lo que no está en línea con los conceptos anteriores, lo que no cuestiona su utilidad, o aun su necesidad, para contribuir a la sostenibilidad, como a otros fines posibles de las políticas públicas. Por eso me centraré en esas tres dimensiones clásicas de la sostenibilidad, sin ánimo de excluir ni desmerecer las otras dos.

Si hay un campo de prueba relevante y aun esencial para la sostenibilidad es justamente el desarrollo territorial y urbano [21]. Y no ya sólo porque el suelo sea en sí mismo un recurso natural escaso y no renovable, sino también por las consecuencias que su urbanización tiene sobre los otros recursos naturales (consecuencias a las que ya se ha hecho alusión más atrás) y por su trascendencia para el disfrute de derechos ciudadanos (derecho al medio ambiente y a la vivienda, por ejemplo) relevantes para nuestra calidad de vida y la de las próximas generaciones. Por eso mismo, la ordenación territorial y urbanística expresa —debería expresar— una síntesis entre política económica,

---

[21] Lo había apuntado ya Luciano PAREJO, «Estado social y Estado de bienestar a la luz del orden constitucional», en Santiago MUÑOZ MACHADO, José Luis GARCÍA DELGADO y Luis GONZÁLEZ SEARA, dirs., *Las estructuras del bienestar. Propuestas de reforma y nuevos horizontes,* Madrid, Escuela Libre/Civitas, 2002, págs. 822-823.

social, cultural y ecológica similar a la que inspira la noción de desarrollo sostenible [22].

La nueva Ley de Suelo configura el concepto indeterminado de desarrollo territorial y urbano sostenible como un principio jurídico [23] que preside toda su arquitectura, de manera que lo enuncia ya en su Título preliminar (art. 2) y lo perfila —hasta donde lo permiten las competencias básicas estatales— mediante reglas en otros posteriores, muy singularmente los artículos 10, 12, 13 y 15 [24]. En ellos, se da entrada en la legislación estatal de suelo a temas ya convencionales en el discurso del desarrollo sostenible: la eficiencia en la ocupación de suelo, la cohesión social, la mezcla de usos y la mezcla social, la movilidad, la eficiencia energética, la prevención de la erosión, el incendio y la contaminación de los suelos o la garantía en el suministro de agua. La sostenibilidad territorial y urbana no podrá seguir siendo concebida como una opción válida de las leyes autonómicas más avanzadas y una invocación puramente nominativa de otras, sino que es una imposición directa de la Constitución, desarrollada por primera vez de forma básica en la nueva Ley estatal.

Repasaré a continuación las principales realizaciones del principio de desarrollo sostenible en la Ley desde el punto de vista económico, ambiental y social.

---

[22] En este sentido, Ángel Menéndez Rexach, «Urbanismo sostenible, clasificación del suelo y criterios indemnizatorios: estado de la cuestión y algunas propuestas», *Revista de Derecho Urbanístico y Medio Ambiente,* n.º 200, marzo 2003, pág. 136.

[23] Sobre la dimensión jurídica del desarrollo sostenible, pueden verse José Luis Piñar Mañas, «El desarrollo sostenible como principio jurídico», en VV.AA., *Estudios de Derecho público económico. Libro homenaje al Profesor Dr. D. Sebastián Martín-Retortillo,* Madrid, Civitas, 2003, págs. 185-203, y Ángel Menéndez Rexach, «Urbanismo sostenible...», *op. cit.* en nota anterior.

[24] Para un primer análisis del alcance y los contenidos del principio de desarrollo territorial y urbano sostenible en la Ley de Suelo, puede verse Lorenzo Mellado Ruiz y Fátima Pérez Ferrer, «Algunas reflexiones sobre el "nuevo" derecho urbanístico en el Proyecto de Ley estatal del Suelo: desarrollo urbanístico sostenible y protección penal», *Revista de Derecho Urbanístico y Medio Ambiente,* n.º 232, marzo 2007, págs. 91-149.

3. Mayor transparencia y eficiencia en los mercados de suelo

En el plano económico, la Ley no está concebida sólo en clave de economía inmobiliaria, sino que se preocupa más ampliamente por la economía urbana. Por eso, al enunciar el principio de desarrollo territorial y urbano sostenible, apela a un consumo eficiente de suelo por el medio urbano y a su adecuada dotación y mezcla de usos, o exige más adelante que se justifique la sostenibilidad económica de los desarrollos urbanísticos.

De otro lado, adopta varias medidas para mejorar el funcionamiento de los mercados de suelo, para hacerlos más transparentes y eficientes y combatir la especulación, que van desde el reforzamiento de las funciones públicas notarial y registral y otras medidas de publicidad puramente material a la apertura a la competencia de la iniciativa privada y al nuevo régimen de valoraciones, orientado a tasar realidades, no expectativas.

Varias son las medidas de la Ley a favor de la transparencia, algunas de las cuales (las que tienen más conexión con la participación ciudadana) se repasarán en el apartado quinto de este estudio. Baste aquí recordar la creación que hace de un Sistema de Información Urbana de ámbito estatal, cuya alimentación deberá consensuarse con Comunidades Autónomas y Municipios para ser lo más rica y actualizada posible pero que, en cualquier caso, ya habrá conseguido una importante función sólo con conseguir sistematizar, en un portal accesible al público, toda la información de que ya dispone el Estado sobre suelo, urbanismo y áreas urbanas.

También se refuerza la función de garantía de legalidad y publicidad de los Notarios y los Registros de la Propiedad. Así, por ejemplo, impone a los Notarios el deber de remitir a la Administración copia simple gratuita de las escrituras que autoricen sobre las que hayan tenido que formular una consulta urbanística; obliga a hacer constar en las escrituras la calificación de terrenos para vivienda protegida, cuando sea el caso; y hace inscribibles en el Registro de la Propiedad las condiciones o limitaciones de destino que se establezcan en las enajenaciones de terrenos de los patrimonios públicos de suelo, en aras de impedir posibles fraudes en esa o en sucesivas transmisiones.

La apertura a la competencia de la iniciativa privada, al menos cuando falle la iniciativa reservada a los propietarios del suelo, persigue dinamizar la gestión privada y combatir las rentas de monopolio.

En la urbanización del suelo, la Ley contempla en su artículo 6 como regla general la adjudicación de las actuaciones urbanizadoras mediante procedimiento con publicidad y concurrencia, si bien reconoce también a la legislación autonómica capacidad para establecer peculiaridades o excepciones a favor de la iniciativa de propietarios. De esta forma, deja de concebirse la promoción privada de actuaciones urbanizadoras como una facultad del derecho de propiedad del suelo [25], para residenciarla entre las facultades propias del derecho asimismo constitucional de la libertad de empresa, aunque sin excluir la iniciativa de propietarios —claro está— ni tampoco su fomento jurídico mediante ventajas o excepciones licitatorias [26], cuando ello sea compatible con la legislación general aplicable, cuestión que no corresponde a esta Ley dirimir [27]. Al propietario de suelo se le atribu-

[25] El «sobredimensionamiento» del contenido urbanístico del derecho de propiedad ha sido teorizado por Luciano PAREJO, *Reivindicación del urbanismo. Liberalización del suelo al servicio del interés general,* Madrid, Instituto Pascual Madoz del Territorio, Urbanismo y Medio Ambiente, 1997, págs. 51 y ss. Ramón PARADA ha denunciado asimismo que «la historia de la propiedad y de la creación de las ciudades confirma que entre las potestades dominicales nunca se incluyó el derecho a urbanizar, de crear ciudad, pues la potestad dominical no dio más que para levantar edificaciones, privadas, sobre el propio fundo» (en GÓMEZ-REINO y CARNOTA, dir., *Ordenamientos urbanísticos. Valoración...,* cit., pág. 47).

[26] La iniciativa urbanizadora privada de empresarios ajenos a la propiedad del suelo está reconocida en la práctica totalidad de las leyes urbanísticas autonómicas, ya sea de forma alternativa o subsidiaria a la iniciativa de los propietarios.

[27] Porque ni su objeto son las bases de la contratación pública, ni su competencia alcanza a determinar o configurar las formas de gestión y los sistemas de ejecución concretos de la urbanización del suelo, cosa que sólo puede hacer la legislación urbanística. Como ya se ha recordado, el Tribunal de Justicia de las Comunidades

ye la facultad no de promover, sino de participar en la ejecución de la actuación en el artículo 8 y, en consecuencia, también en sus beneficios y cargas conforme al principio de equidistribución ya tradicional en nuestro Derecho.

Un planteamiento, en definitiva, que es en cierto modo simétrico del de la Ley anterior, que contemplaba la promoción de la transformación del suelo urbanizable como facultad de la propiedad en su artículo 15, pero admitía la iniciativa de terceros no propietarios en el artículo 4 concebida como una participación en la actuación pública. Dado su alcance simétrico, cabe esperar también que será interpretado igualmente como conforme a la distribución de competencias en la materia [28].

A los propietarios se les protege, en todo caso, de eventuales abusos estableciendo unas condiciones mínimas para que puedan optar por participar o no en la iniciativa privada urbanizadora y prohibiendo, bajo sanción de nulidad de pleno Derecho, las cláusulas de los convenios urbanísticos que les impongan más cargas u obligaciones que las legales sin su consentimiento.

Respecto de la edificación de solares o la rehabilitación de edificios, se prevé asimismo la posibilidad de sustituir la inactividad de los propietarios mediante concursos de iniciativas privadas, en lugar de tener que recurrir necesariamente a la expropiación, que suele ser más lenta y onerosa para los propietarios. Ahora bien, el *ius aedificandi* sí configura una facultad del derecho de propiedad y, en consecuencia, la iniciativa de terceros sólo puede venir habilitada por una resolución administrativa de incumplimiento de esta facultad, que constituye al mismo tiempo un deber (arts. 31 y 32, en relación con 6, 8 y 9, todos ellos de la Ley).

Europeas concibió esta actividad en el caso de Italia como un contrato público sujeto a las correspondientes Directivas en su Sentencia *Scala de Milán*. Está por ver si fallará igualmente para España en el caso de la Ley Urbanística Valenciana, respecto de la que la Comisión Europea ya ha emitido un Dictamen Motivado que concluye que dicha Ley infringe el Derecho comunitario europeo y anuncia su recurso ante el Tribunal de Justicia.

[28] Véanse al respecto los FF.JJ. 9.º y 25.º de la STC 164/2001, de 11 de julio.

Merece asimismo ser destacado el nuevo régimen de valoraciones, orientado a tasar con justicia la situación real del suelo e indemnizar la inversión y el riesgo asumidos, en su caso, pero no las meras expectativas, lo que, además de poner coto a las desviaciones y la incertidumbre observadas en los últimos años en las tasaciones expropiatorias, desincentivará las prácticas de clasificación y retención puramente especulativas de suelo. La Ley persigue objetivar criterios de valoración que aseguren a los operadores una mínima seguridad jurídica y del tráfico mercantil para los casos en que se aplican y garanticen al propietario de suelo la sustitución del bien en el mercado por otro en su misma situación real, pero no un enriquecimiento sin causa contrario al interés general. Dicho en otros términos: se trata de dar cumplimiento a los artículos 9.3 (principio de seguridad jurídica), 33.3 (garantía expropiatoria de la indemnidad) y 47 (mandato al legislador de impedir la especulación).

Podría aducirse en contra de lo que se acaba de afirmar que, para impedir la especulación con el suelo, la Constitución manda en su artículo 47 regular la utilización del suelo, no su valoración, que por tanto ha de tener como único canon de constitucionalidad el artículo 33. Pero eso sería primar una interpretación literalista sobre la finalista y sistemática de la Constitución y presumir un conflicto entre ambos preceptos que no existe: la garantía indemnizatoria se cumple atribuyendo el «valor real» a los bienes y derechos de que se trate [29]. Ni un euro menos, sin duda, pero tampoco ni un euro más porque esto último se opone ya no sólo al artículo 47 CE cuando se trata de suelo, sino de forma general a la eficacia de la Administración, a la eficiencia del gasto público y al mismo valor superior de la justicia, pues ya ha quedado dicho que constituye garantizar un enriquecimiento sin causa a cargo de la Hacienda pública.

[29] Locución esta que utiliza la STC 166/1986, de 19 de diciembre, F.J. 13.º B), después de precisar que la indemnización «debe corresponder con el valor económico del bien o derecho expropiado, siendo por ello preciso que entre éste y la cuantía de la indemnización exista un proporcional equilibrio para cuya obtención el legislador puede fijar distintas modalidades de valoración, dependientes de la naturaleza de los bienes y derechos expropiados, a no ser que se revelen manifiestamente desprovistas de base razonable».

Las principales novedades técnicas del nuevo régimen de valoraciones son tres: La disociación entre clasificación y valoración, el abandono del método de comparación en el suelo rural y la supresión del formidable «salto valorativo» atribuido hasta ahora a la sectorización del suelo urbanizable.

La disociación entre clasificación y valoración pone fin a una asociación histórica que carece hoy de fundamento y parangón en el panorama comparado. La clasificación tripartita del suelo a efectos urbanísticos la introdujo la Ley de 1956 que, al atraer hacia sí las valoraciones del suelo, celebró este matrimonio entre clasificación por el planeamiento y valor [30], un vínculo que no se había roto hasta ahora, pese a haber cambiado radicalmente tanto el orden político como la estructura económica de España desde entonces [31]. Sin embargo, con el tiempo este matrimonio se ha ido mostrando más formal que real, como les ocurre con frecuencia a parejas tan longevas.

Porque las clases de suelo no sólo expresan su uso actual sino, sobre todo, su destino urbanístico. Por tanto, son hoy más relevantes a los efectos de la ordenación de los usos del suelo y su ejecución —materias de competencia legislativa autonómica— que para la definición del estatuto de la propiedad y su valor —materias de la competencia legislativa estatal—. Para confirmarlo, basta observar que la Ley 6/1998 atribuye prácticamente el mismo régimen de derechos y deberes, así como los mismos criterios y métodos de valoración, al suelo urbanizable no sectorizado o no delimitado que al suelo no urbanizable, por un lado y, por otro lado, al suelo urbanizable sectorizado que al urbano no consolidado. Luego las fronteras más relevantes, a los efectos de la Ley estatal, ya no venían coincidiendo con las

[30] La Ley de Régimen del Suelo y Ordenación Urbana de 1956 ya clasificó en su artículo 62 el territorio de los Municipios en que exista plan de ordenación en suelo urbano, de reserva urbana y rústico, a los efectos de delimitar las facultades y los deberes del derecho de propiedad (arts. 61 y 70.1) y el ámbito de aplicación de los distintos criterios de valoración del suelo (arts. 85 y ss.).

[31] A ello he hecho referencia ya en Marcos Vaquer, «Cincuenta años de Ley del Suelo», *Revista de Derecho Urbanístico y Medio Ambiente,* n.º 225, abril-mayo 2006, págs. 11-13.

lindes de las clases de suelo, sino con la sectorización de los ámbitos de desarrollo y la consolidación de la urbanización. Es decir, ya eran fronteras trazadas no tanto por el destino urbanístico como por el estado urbanístico. Desde esta perspectiva, la nueva Ley culmina esta evolución, para lo que abandona —a sus propios efectos y, por tanto, sin perjuicio de su mantenimiento por la legislación autonómica— la clasificación urbanística del suelo.

El abandono del método de comparación en la valoración del suelo rural pretende aumentar la seguridad jurídica y combatir la especulación. El de comparación no es intrínsecamente mejor ni peor que otros métodos de valoración: simplemente, es más o menos idóneo que ellos según las circunstancias. Tratándose de este método, es más fiable cuanto mayor y más homogénea sea la muestra de referencias que puedan tomarse para comparar. Por eso, la nueva Ley lo considera un método idóneo en el suelo urbanizado, pero no en el suelo rural, justamente al contrario que la Ley 6/1998 [32]. El medio rural está formado por unos 43 millones de parcelas que representan más del 90% de nuestro territorio pero sólo el 2% de las transacciones, según las estadísticas de tasaciones hipotecarias que publica el Banco de España. En este contexto, las desviaciones que pueden producirse entre unas y otras tasaciones y la eventualidad de que se produzcan transacciones inflacionarias con el solo objeto de preconstituir referencias para alterar los justiprecios de futuras pero ya previsibles expropiaciones no pueden ser ignoradas [33].

---

[32] Según Josep ROCA, la priorización del método de comparación en la valoración del suelo rural de la Ley anterior «manifiesta la voluntad del legislador de proceder a evaluar e indemnizar dichas expectativas virtuales no amparadas por el planeamiento» y tiene «importantes repercusiones en el proceso de adquisición de dicha clase de suelos» (Josep ROCA, «La valoración del suelo en la Ley 6/1998», *Documentación administrativa,* n.º 252-253, septiembre 1998-abril 1999, págs. 312-313). Según el *Atlas estadístico de las áreas urbanas de España 2006,* ya citado, en dicho año una sola empresa, por ejemplo, acumulaba un total de 5.906.000 m^2 de suelo en 166 parcelas urbanas no edificadas y otros 5.087.000 m^2 en 61 fincas rústicas en los Municipios del área metropolitana de Madrid.

[33] Véase Javier GARCÍA-BELLIDO, «La cuestión rural: patología urbanística del espacio rústico», cit., págs. 314-315.

Respecto del enorme «salto» valorativo que antes se atribuía al momento de la sectorización del suelo urbanizable, en tercer y último lugar, ya se ha advertido que ello ni obedece al mercado ni fomenta tampoco mercados más eficientes sino todo lo contrario: más especulativos. Por eso la nueva Ley reconoce la plusvalía no desde el momento de la adopción de una decisión administrativa, sino desde y en la medida en que dicha plusvalía potencial se actualiza mediante la transformación del suelo [34]. Antes de iniciarse la transformación, no se reconoce plusvalía en el valor objetivo del suelo, aunque sí se indemniza al propietario por la ablación de la facultad de participar en dicha transformación y en la correspondiente plusvalía, atribuyéndole una participación en dicha plusvalía en el artículo 24. De esta forma, se evita sustituir la «lotería del planeamiento» por la «lotería de la gestión», según una terminología tan informal como expresiva.

En todo caso, el régimen transitorio de la nueva Ley establece las cautelas necesarias para no dañar la confianza legítima de los inversores y facilitar una transición no traumática al nuevo régimen legal,

---

[34] Este criterio es plenamente consistente con una consolidada línea jurisprudencial según la cual «*... el carácter estatutario del derecho de propiedad, reiteradamente destacado por la jurisprudencia (...) ha venido determinando que el concepto de lesión en el campo del urbanismo haya de definirse atendiendo al momento en que, por cumplimiento de los deberes urbanísticos, el propietario haya ganado los contenidos artificiales que se añaden a su derecho inicial*» (STS de 15 de noviembre de 1993, RJAr. 1993/10115). Ello es así porque dicho derecho inicial, al margen de la planificación urbanística, entendida como una entera función pública, no va más allá del «*aprovechamiento natural del suelo en los términos definidos por la propia naturaleza —uso rústico en su triple versión agrícola, forestal y ganadera—*» (STS de 2 de febrero de 1987, RJAr. 1987/2043).

Aunque dictada respecto de la responsabilidad patrimonial, esta doctrina es aplicable lógicamente a todo supuesto de indemnización porque, como ha declarado el Tribunal Constitucional relacionando la expropiación forzosa con la responsabilidad patrimonial, «*... es evidente el paralelismo que guarda esta figura (art. 106.2 C.E.) con la expropiatoria (art. 33.3 C.E.), ambas recogidas a efectos competenciales en el art. 149.1.18.ª C.E., y modalidades de un mismo género: la garantía patrimonial del ciudadano. Supuestos indemnizatorios, sea a título de responsabilidad administrativa o de expropiación forzosa, que no siempre cabe distinguir fácilmente (pues desde la perspectiva constitucional bien podrían calificarse también de expropiatorios algunos de los supuestos contemplados en los arts. 237 y ss. T.R.L.S.), pero que, en todo caso, encuentran su cobijo, en los términos indicados, en el art. 149.1.18.ª C.E.*» (STC 61/1997, de 20 de marzo, F.J. 33.º).

para lo que mantiene *pro futuro* los criterios y la metodología de valoración del suelo urbanizable ya sectorizado antes de su entrada en vigor, siempre que se respeten los plazos establecidos para la ejecución.

En las palabras del dictamen favorable del Consejo Económico y Social sobre el Anteproyecto de Ley, que fue consensuado entre los grupos I y II, es decir, entre los representantes de la patronal y los sindicatos y aprobado por una amplia mayoría de ese órgano consultivo, *«el régimen propuesto establece el necesario equilibrio entre el legítimo derecho del propietario del suelo a recibir un precio justo y la interdicción de la especulación y del enriquecimiento injusto de aquel que no ha ejercido sus derechos ni ha cumplido sus deberes urbanísticos. Así, (...) el nuevo régimen de valoraciones puede redundar (...) en una menor tensión especulativa sobre el mercado de suelo en general y contribuir, con ello, a una menor repercusión de este factor en los costes de la promoción inmobiliaria. Y, por otro lado, debería reducir el actual sobrecoste de las actuaciones públicas que requieren suelo»* [35].

4. Bases novedosas de la protección medioambiental

Ambientalmente, la Ley propone sin duda un gran avance en la apreciación del suelo como recurso natural escaso y no renovable que es. Los principios de ordenación y los criterios básicos de utilización del suelo o las reglas asimismo básicas establecidas para la evaluación ambiental estratégica de los planes que ordenen actuaciones urbanísticas dan buena cuenta de ello y suponen un salto importante en nuestro proceso de asunción del acervo y las tendencias más importantes de la Unión Europea en la materia.

Además de orientar de forma general las políticas públicas territoriales y urbanísticas hacia el principio de desarrollo sostenible, la Ley

[35] Dictamen del Consejo Económico y Social 10/06, de 26 de junio. Para un análisis más detallado y ejemplificado del nuevo régimen de valoraciones, puede verse Gerardo ROGER FERNÁNDEZ, «Principales innovaciones instrumentales en el Proyecto de reforma de la Ley de Suelo», *Revista de Derecho Urbanístico y Medio Ambiente*, n.º 232, marzo 2007, págs. 23-28.

enuncia unos principios ambientales técnicamente más específicos para la ordenación urbanística, como son los de accesibilidad universal, movilidad, eficiencia energética, garantía de suministro de agua, prevención y protección contra la contaminación y prevención de accidentes graves y limitación de sus consecuencias para la salud o el medio ambiente.

Los criterios básicos de utilización del suelo, en segundo lugar, procuran asimismo una ocupación sostenible —es decir, racional y mantenible a largo plazo— del territorio. Para ello, se propone un doble parámetro para destinar nuevos terrenos a la urbanización (o, dicho en jerga urbanística, clasificarlos como suelo urbanizable): la suficiencia y la idoneidad. Dos conceptos indeterminados, sin duda, pero es que las Comunidades Autónomas deben tener un amplio margen para determinar los criterios de clasificación del suelo, conforme a la jurisprudencia del Tribunal Constitucional. En todo caso, estos dos parámetros se apartan significativamente del criterio único de la incompatibilidad que se quiso implantar en la Ley 6/1998 (sobre todo, después de su nueva reforma liberalizadora por el Decreto-Ley 4/2000) para la clasificación de suelo no urbanizable.

Y es que la experiencia nos ha demostrado que la liberalización del suelo no consiste en clasificar mucha superficie: ya hemos constatado que con ello no se ha conseguido abaratar el precio de solares y viviendas, como se pretendía. Sus efectos han sido otros, según sea el desarrollo que a esta medida le han dado las leyes y los planes urbanísticos: o bien trasladar la decisión sobre dónde se urbaniza del poder público a los promotores y propietarios del suelo, lo que, si se mantuviera a largo plazo, podría tener efectos graves sobre la cohesión social, la movilidad, el paisaje y, en general, la calidad de nuestro medio [36]; o bien trasladar parte del poder discrecional de esa deci-

[36] Sobre la defensa del modelo europeo de ciudad compacta y su contraposición a los costes asociados a la diseminación urbana *(urban sprawl),* existe ya una abundante literatura en Europa y en EE.UU., donde es reivindicado por la corriente «New Urbanism». Existe un *Congress for the New Urbanism,* cuya Carta y demás publicaciones pueden consultarse en www.cnu.org. Puede verse asimismo el número monográfico *Urban sprawl* en la Revista suiza *DISP 160,* 1/2005; Roberto CAMAGNI,

sión sobre qué suelos pueden ponerse efectivamente en carga, del momento previo de la clasificación del suelo por el planeamiento general al momento posterior de su desarrollo mediante la sectorización y la ordenación detallada. Esto último no es necesariamente perverso, puede incluso favorecer la eficacia del planeamiento propiciando una mayor flexibilidad y adaptación a la evolución de las demandas sociales y económicas. Pero, para ello, es necesario que este segundo momento se rodee de ciertas garantías procedimentales en favor de la participación y la ponderación de los diversos intereses concernidos (empezando por los ambientales). De lo contrario, en vez de poner coto a la discrecionalidad habremos dado alas a la arbitrariedad.

En consecuencia, y al no poder incidir sobre las técnicas urbanísticas más allá de los criterios de clasificación del suelo —según la doctrina del TC sobre distribución competencial en la materia—, más que operar una genuina liberalización del suelo, la Ley de 1998 introdujo una cierta desregulación del suelo, con el peligro de exacerbar los fallos y externalidades negativos de los mercados de suelo a que ya se ha hecho referencia [37].

Para la nueva Ley, todo el suelo rural —y no sólo el especialmente protegido— tiene un valor ecológico que es preciso ponderar. Esta

---

Economía urbana, op. cit., pág. 204; James M. McElfish, Jr., «Ten things wrong with sprawl», Environmental Law Institute, Washington, junio 2007 (accesible en www.eli.org); o las aportaciones de James A. Kushner y Edgard H. Ziegler en Juli Ponce Solé (coord.), *Derecho urbanístico, vivienda y cohesión social y territorial,* Madrid/Barcelona, Marcial Pons, 2006.

En la *Carta de Leipzig* recientemente consensuada por los Ministros de desarrollo urbano de los 27 Estados miembros de la UE, se afirma que «una base importante para un uso eficiente y sostenible de los recursos es una estructura compacta de los asentamientos. Puede lograrse mediante la ordenación territorial y urbana, que prevenga la diseminación urbana mediante un control fuerte de la oferta de suelo y del desarrollo especulativo. La estrategia de mezclar los usos residencial, empresarial, educativo, comercial y recreativo en los barrios urbanos ha demostrado ser especialmente sostenible».

[37] En este sentido, Marcos Vaquer, «La nueva Ley de suelo y la especulación urbanística», *Claves de razón práctica,* n.º 168, diciembre 2006, pág. 30.

ponderación con otros intereses generales puede decantarse por la transformación urbanística de los terrenos que sean idóneos y necesarios para ello, como ha quedado dicho, pero exige asimismo preservar de la urbanización a los demás y proteger sus valores propios, como resulta de la lectura conjunta de los artículos 2.2.b) y 10.a) de la Ley.

La innecesarieddad es una condición trascendente y contingente: viene determinada por los requerimientos económicos y sociales, que varían con el tiempo. La inidoneidad, por el contrario, es inmanente a los terrenos: viene dada por unos valores singulares o por riesgos que desaconsejan la urbanización de forma indefinida, mientras persistan. En consecuencia, el artículo 12.2.a) incluye, en todo caso, en el suelo rural los suelos inidóneos para ser urbanizados, ya sea por la concurrencia de valores que los hacen de especial protección conforme a la legislación sectorial o la propia legislación de ordenación territorial y urbanística, ya sea por la presencia de riesgos naturales o tecnológicos (terrenos inundables, desprendibles, etc.).

Ahora bien, la concurrencia del valor o del riesgo de que se trate debe ser apreciada mediante norma o acto administrativo. E, igual que se aprecia, puede dejar de apreciarse por razones de oportunidad discrecionalmente aplicadas y sin apenas motivación, sobre todo cuando se hace mediante normas con rango de Ley. En los últimos años, la marea generada por el *boom* inmobiliario nos ha dado algunas muestras lamentables de ello, ya que los suelos ecológicamente más valiosos y sensibles coinciden muchas veces con suelos de gran demanda inmobiliaria: así viene siendo desde hace décadas en la costa y más recientemente también en el campo y el monte. De no ponerse límites, hasta los suelos de especial protección pueden acabar siendo percibidos como suelos de reserva.

Gracias a una enmienda introducida en el Senado que ha acabado siendo aprobada por unanimidad a la vuelta del texto al Congreso de los Diputados, se ha introducido en el artículo 13.4 la prohibición de desproteger terrenos de los espacios naturales protegidos y de la Red Natura 2000 si no es previa información pública y por causa imputable a su propia evolución natural, científicamente demostrada. Esta nueva base de la protección de nuestro ambiente viene así a fijar por imperio de la Ley una primacía absoluta del valor ambiental sobre cualquier otro, aunque sólo para los concretos casos de se trata, que son aquellos en que dicha primacía se sigue lógicamente de la propia apreciación de un valor ecológico singularmente intenso realizada por el legislador o por la Administración que sea competente para ello. Dicho más sencillamente, sólo impone ser consecuente con los actos propios a quien sea competente. De donde cabe concluir que es respetuosa con la distribución competencial en la materia y encaja en la economía de protección mínima que debe regir el ejercicio de la competencia del artículo 149.1.23.ª de la Constitución.

La sostenibilidad ambiental no sólo requiere unos criterios básicos adecuados de utilización del suelo. También exige una adecuada evaluación ambiental de los instrumentos que prevean y ordenen la urbanización integral o sistemática de ámbitos de suelo. La evaluación ambiental de estos planes es otra novedad en la legislación estatal de suelo. Esta evaluación es una exigencia del Derecho europeo y del sentido común, en un país que goza y vive, en buena medida, de la riqueza paisajística y patrimonial de su territorio. Su regulación básica de forma abstracta (por estar referida a todo tipo de planes, con independencia de su naturaleza jurídica y objeto) ya se contiene en la Ley 9/2006, de 28 de abril, de Evaluación de los Efectos de Determinados Planes y Programas en el Medio Ambiente. Pero, dados la singular la eficacia normativa y ejecutiva de los planes urbanísticos y el especial impacto que la urbanización está teniendo sobre nuestro medio ambiente, el legislador ha estimado necesario completar estas bases con otras de carácter sectorial algo más determinantes.

Para ello, la Ley de Suelo establece unos requisitos mínimos para el desarrollo de la evaluación, como son:

• Que el informe de sostenibilidad ambiental se acompañe de un mapa de riesgos naturales o remita a uno, para preservar efectivamente de la urbanización los terrenos inundables o con riesgos geológicos, por ejemplo.

• Que en la fase de consultas se integren todos los informes relevantes que ya son preceptivos según nuestra legislación en vigor, como son los de aguas, costas o carreteras. La Ley de Suelo refuerza la eficacia de estos informes porque los califica de «determinantes para el contenido de la memoria ambiental, que sólo podrá disentir de ellos de forma expresamente motivada».

La categoría de informe determinante fue acuñada por los artículos 42.5.c) y 83.3 de la Ley 30/1992, de 20 de noviembre, de Régimen Jurídico de las Administraciones Públicas y Procedimiento Administrativo Común. Más recientemente, ha sido utilizada también por el nuevo Estatuto de Catalunya. Su noción es más pacífica que el exacto alcance de sus efectos, en particular de los efectos interruptores del impulso del procedimiento y suspensivos del plazo máximo para resolverlo que les atribuye la Ley 30/1992.

Son determinantes los informes que tienen *«relevancia concluyente para que la decisión pueda ser tomada con fundamento y motivación suficientes»* [38]. En coherencia con esta «relevancia concluyente» para la formación de la voluntad o del juicio de la Administración que ha de resolver, la Ley de Suelo extrae un efecto jurídico adicional al procedimental ya mencionado, pues exige a la memoria ambiental motivación expresa para poder apartarse de ellos. De esta forma, se favorecerá la objetividad y la colaboración interadministrativa en los procedimientos de aprobación de planes urbanísticos o, en su defecto, se facilitará su control judicial.

---

[38] Expresión esta que tomo del Dictamen 1208/2003, de 5 de junio, del Consejo de Estado. Expuesto más ampliamente, son determinantes para la resolución de un procedimiento los informes *«que fijan o permiten fijar su sentido; los que definen el alcance de la resolución, por utilizar la expresión de la aceptación sexta y jurídica del verbo determinar contenida en el Diccionario de la Lengua Española. Esta especial incidencia en la resolución, comporta que no todos los informes evacuados en el seno de un procedimiento puedan ser calificados de determinantes, pues no todos ellos, aunque ayuden a formar el juicio de la Administración Pública, tienen la eficacia descrita. Sólo tienen tal carácter los que ilustran a los órganos administrativos de tal manera que les llevan a poder resolver con rigor y certeza en un procedimiento; los que les permiten derechamente formarse un juicio recto sobre el fondo del asunto, de tal suerte que, sin ello, no cabría hacerlo»* (Dictamen 2072/1999, de 8 de julio).

• Que la evaluación *ex ante* sea acompañada de un seguimiento *ex post,* cosa ya prevista en la Directiva europea y en la Ley 9/2006, pues es notorio que la función de planificación, si no se retroalimenta con la de control, arriesga ser ineficaz.

La Ley establece, además, en su artículo 15.6 una regla «de escala» considerada básica para que sus exigencias de participación y de evaluación ambiental no se desnaturalicen: las actuaciones urbanizadoras de mayor impacto no pueden aprobarse mediante modificaciones puntuales del planeamiento, circunscritas al ámbito que se quiere transformar, sino que obligan a ejercer de forma plena la potestad de ordenación, ya sea la urbanística del municipio o la territorial de ámbito superior, para poder evaluar, planificar y, en su caso, minimizar o corregir debidamente sus efectos. Son las Comunidades Autónomas las que deben desarrollar este precepto en su legislación y determinar su supuesto de hecho. Pero si no lo hacen, a partir de transcurrido un año desde la entrada en vigor de la Ley se exigirá directamente siempre que una actuación urbanizadora, por sí misma o sumada a las aprobadas dentro de los dos últimos años, supere el 20% de la población o de la superficie de suelo urbanizado preexistentes [39].

---

[39] Esta y otras disposiciones transitorias de la Ley no contienen meras determinaciones urbanísticas supletorias, sino auténticas bases transitorias, cuyo único objeto y finalidad es, en consecuencia, ceñirse a establecer el complemento necesario y mínimo para asegurar la efectiva aplicación y eficacia de las bases contenidas en el articulado mientras la legislación urbanística no proceda a darles desarrollo. Por eso, integran el concepto material de base, aunque sólo de forma provisional o transitoria.

Conviene recordar que, al hilo del concepto material de bases, la STC 147/1991, de 4 de julio, por ejemplo, recuerda [F.J. 4.° C)] que dicho título competencial otorga cobertura a que «se trate de preservar la normativa de una institución considerada básica y por vía de conexión —STC 75/1983—, pronunciándose en el mismo sentido las SSTC 48/1988 y 49/1988, en la primera de las cuales se establece que «excepcionalmente pueden considerarse básicos (...) ciertos actos de ejecución, cuando por la naturaleza de la materia resultan complemento necesario para garantizar la consecución de la finalidad objetiva a que responde la competencia estatal sobre las bases», diciéndose en la segunda de dichas Sentencias «que las bases pueden contener *regulaciones detalladas de materia, aspectos concretos* e incluso actos de ejecución» *«cuando sean realmente imprescindibles para el ejercicio efectivo de competencias establecidas»*.

Por último, la Ley se ocupa también —en el limitado marco de las competencias ejercidas— de la regeneración del tejido urbano ya existente, que es asimismo capital para la sostenibilidad de nuestras políticas urbanas, por su eficiencia económica y por su incidencia en la rehabilitación y reutilización del parque de vivienda, en la calidad del medio urbano y en la lucha contra la degradación social de los barrios. Para ello, el artículo 14 contempla dos tipos de actuaciones de transformación urbanística del suelo urbanizado: las tradicionales de reforma o renovación interior y las más novedosas —en la legislación estatal— de dotación, que se diferencian de las anteriores porque no requieren una ejecución urbanizadora sistemática o integral, pero a las que asocia igualmente los deberes de dotación y participación de la comunidad en las plusvalías propias de las restantes, *mutatis mutandis,* pues también en ellas se producen plusvalías generadas por la innovación de la ordenación urbanística del ámbito correspondiente. Por eso se denominan «actuaciones de dotación», especie distinta a las «actuaciones de urbanización» dentro del género común de las «actuaciones de transformación urbanística».

Asimismo, puede traerse a colación la STC 79/1992, de 28 de mayo (F.J. 2.º), según la cual «dentro de esta competencia de dirección de la actividad económica general tienen cobijo (...) las previsiones de *acciones o medidas singulares que sean necesarias para alcanzar los fines propuestos* dentro de la ordenación de cada sector» [STC 95/1986, fundamento jurídico 4.º y STC 13/1992, fundamento jurídico 7.º], y que admite (F.J. 3.º) la creación por el Estado de Derecho, incluso supletorio, en desarrollo del Derecho comunitario europeo en materia de competencia autonómica, porque «justifica la adopción por el Estado de las normas con alcance eventualmente supletorio que sean precisas a fin de que esas relaciones financieras *no queden al albur de la actividad o pasividad normativa de todas y cada una de las Comunidades Autónomas competentes en la materia*». Dado que, como también recuerda la misma Sentencia, la ejecución del Derecho comunitario no es un título atributivo de competencias, tal justificación sólo tiene acomodo como un complemento necesario de las propias competencias estatales, como en el caso que nos ocupa.

5. Estatuto de ciudadanía y cohesión social del medio urbano

El entero cuerpo normativo de la Ley está inspirado en una novedosa orientación a la ciudadanía —recuperando la noción de ciudad como ámbito de ciudadanía, como espacio colectivo en el que disfrutar y ejercer ese *status*— y debe ser visto con esta luz. Por eso ya no vincula su objeto sólo con el derecho de propiedad, sino con todos los derechos constitucionales concernidos, que son también los de participación en los asuntos públicos, de libre empresa, a disfrutar de un medio ambiente adecuado y a disfrutar de una vivienda asimismo digna y adecuada.

En consecuencia, la Ley propone también avances de relieve en el plano político, en el sentido más amplio del término. Desde la enunciación, por primera vez, de un catálogo mínimo de derechos y deberes de ciudadanía en relación con el suelo y urbanismo, a las reglas prácticas que aumentan el control cívico sobre las decisiones urbanísticas: como la exigencia de someter todos los instrumentos urbanísticos, incluidos los convenios, a información pública; de acompañar además la información de los planes de un resumen ejecutivo que permita a los vecinos conocer de forma sencilla dónde y qué se quiere cambiar; de publicar en Internet el planeamiento territorial y urbanístico actualizado; de someter a aprobación plenaria los convenios de planeamiento y las permutas de terrenos con independencia de su cuantía; y de identificar, en las recalificaciones puntuales de terrenos que conlleven una plusvalía, a quienes hayan sido los titulares de dichos terrenos durante los últimos cinco años.

En favor de una oferta real de vivienda protegida, que contribuya a moderar la escalada de precios en el medio y largo plazo y, sobre todo, que facilite el acceso a la vivienda de quienes se ven excluidos del mercado libre se articulan principalmente dos instituciones: la horquilla para la participación de la comunidad en las plusvalías urbanísticas, que es ahora de entre el 0% y el 10% y la nueva Ley establece de forma general entre el 5 y el 15%, y la reserva mínima de un 30% del nuevo techo residencial para vivienda protegida, ya sea en actuaciones de nueva urbanización, ya en las de mejora o reforma interior del suelo urbanizado [40].

La reserva legal de suelo para vivienda protegida ya rige en la mayoría de las Comunidades Autónomas, de uno u otro color político, y no se han apreciado efectos inflacionarios en su implantación, pese a que en algunos territorios tiene un nivel muy superior al mínimo propuesto en el Proyecto. La cuestión es que en otros territorios no rige reserva legal alguna, lo que, aparte de afectar a la unidad de mercado (tengamos en cuenta que hoy esta reserva oscila entre el 75% y el 0% según Comunidades Autónomas), dificulta sobremanera la promoción de vivienda asequible, porque el mercado no provee terrenos urbanos a valores de repercusión compatibles con la vivienda protegida justo allí donde ésta más falta hace [41].

[40] La previsión de esta reserva no sólo en las actuaciones de nueva urbanización, sino igualmente en las actuaciones de reforma o renovación del suelo urbanizado, así como los deberes de realojamiento y retorno previstos indistintamente para cualesquiera actuaciones de transformación urbanística, pueden servir —si tienen un adecuado desarrollo por la legislación urbanística— para evitar el riesgo de segregación espacial justamente contrario al de la degradación o depauperación de los barrios, y es el conocido con el anglicismo «gentrificación» (del original *gentrification*), es decir, la expulsión de la población residente y su sustitución por otra de mayor poder adquisitivo atraída por la actuación de transformación urbanística. Un problema poco tradicional pero emergente en nuestra ciudades, según Jesús LEAL, «Segregación social y mercados de vivienda en las grandes ciudades», *Revista Española de Sociología*, n.º 2, 2002, pág. 68.

[41] Como base económica sectorial, tiene acomodo en la doctrina constitucional según la cual «dentro de la competencia de dirección de la actividad económica general tienen cobijo también las normas estatales que fijen las líneas directrices y los criterios globales de ordenación de sectores económicos concretos, así como las previsiones de acciones o medidas singulares que sean necesarias para alcanzar los fines propuestos dentro de la ordenación de cada sector. Este razonamiento también es aplicable al sector de la vivienda, y en particular, dentro del mismo, a la actividad promocional, dada su muy estrecha relación con la política económica general, en razón de la incidencia que el impulso de la construcción tiene como factor del desarrollo económico y, en especial, como elemento generador de empleo» (STC 152/1988, de 20 de julio, F.J. 2.º). Este razonamiento ha sido trasladado asimismo «con mayor razón cuando se trata de la política de suelo en su sentido más amplio, por su impacto directo sobre la política económica general» (STC 61/1997, de 20 de marzo, F.J. 36.º).

España afronta retos sociales mayores, como el envejecimiento de la población o la inmigración. Para hacerles frente en lo que toca al acceso a la vivienda, el Estado ha dado un fuerte impulso a la financiación pública de la vivienda protegida, duplicando con creces los recursos en el nuevo Plan de Vivienda 2005-2008. Por ello, debemos estar especialmente atentos a evitar que ésta se concentre en grandes actuaciones sociales segregadas espacialmente de las áreas residenciales de mercado libre: debemos favorecer una zonificación inclusiva *(inclusionary zoning)* y la mezcla social *(mixité sociale)* con la combinación de vivienda libre y protegida [42], si no queremos volver a incurrir en viejos errores de las políticas de vivienda de los años 50 y 60 del siglo pasado que intentamos corregir con las políticas urbanas de hoy.

Aunque es cierto que el Tribunal Constitucional también ha advertido que la interpretación de este título genérico debe ser restrictiva en materia de ordenación del territorio y urbanismo, debe advertirse que de lo que se trata aquí no es de reglas urbanísticas, sino de una medida básica de política de suelo: una reserva básica de suelo residencial para vivienda protegida, cuya determinación ulterior se deja al legislador en la materia con un amplio margen de decisión (en cuanto a su precisión técnica, la precisión de su cuantía y su ámbito objetivo de aplicación) y dirigida a asegurar una oferta mínima de suelo a valores de repercusión que hagan económicamente viable la promoción de tales viviendas. Su incidencia directa y significativa en el sector económico y sobre la actividad económica general (como requiere la jurisprudencia constitucional: por todas, STC 21/1999, de 25 de febrero, F.J. 5.º) parece evidente, habida cuenta del peso que en nuestra economía tiene el sector de la construcción residencial y la situación del mercado inmobiliario español, en el que los precios de la vivienda libre la hacen inaccesible a importantes capas de la población y la vivienda protegida, para poder ser promovida, requiere de suelo a valores de repercusión compatibles con ese destino, lo que no ofrece el mercado libre allí donde más se necesita. La misma filosofía que inspira los patrimonios públicos de suelo, por cierto, cuya regulación básica salvó el Alto Tribunal (STC 61/1997, cit., F.J. 36.º).

[42] Éstos han sido los objetivos perseguidos con medidas similares adoptadas en los últimos tiempos en Estados Unidos y Francia, respectivamente. Sobre estos casos, puede verse la síntesis de Juli Ponce, «Derecho urbanístico y segregación espacial», *Ciudad y Territorio. Estudios Territoriales,* n.º 130, invierno 2001, págs. 667-685, y los estudios monográficos de Inés Sánchez de Madariaga, *La práctica urbanística emergente en los Estados Unidos. Un análisis desde la perspectiva europea,* Madrid, Universidad Carlos III de Madrid/BOE, 1998 y de Julio Tejedor Bielsa, *Un modelo urbanístico alternativo: el Derecho francés,* Barcelona, CEDECS, 1998.

Respecto del rescate público de una parte de las plusvalías, importa recordar que los países de nuestro entorno han articulado también figuras con ese mismo fin, ya se denominen *planning gains, plafond légal de densité* o *concessione edilizia*. Dado que parte de la plusvalía urbanística se financia por todos al valerse de infraestructuras de comunicaciones o hidráulicas, por ejemplo, y que nos genera nuevo gasto público en mantenimiento de infraestructuras y prestación de servicios públicos, se trata de garantizar que una parte razonable y proporcionada de ella revierta asimismo en la sociedad, como manda la Constitución [43].

Las dos críticas más habituales contra la atribución a la Administración de un porcentaje del aprovechamiento urbanístico sostienen que es un tributo encubierto, cuyo único fin es la financiación de los Ayuntamientos, y que repercute negativamente sobre el precio de las viviendas. Sin embargo, su supuesto impacto sobre los precios no se ha observado ni cuando se implantó el 10% en 1975, ni cuando se subió al 15% en 1990, ni finalmente cuando bajó al 10% en 1996 [44]. Y no se trata de un tributo ni es asimilable a él, sino que es una prestación patrimonial de carácter público de las previstas en el apartado 3 del artículo 31 CE, cuya causa no es recaudatoria sino instrumental de las políticas públicas de suelo y vivienda. Por eso los terrenos o el dinero adquiridos por su vía integran un patrimonio público de suelo que es un patrimonio separado vinculado a determinados fines por imperio de la Ley. Es cierto que en España se han dado en

[43] José María Baño ya ha llamado la atención sobre esta idea de justicia distributiva, que el autor conecta con el principio del Derecho medioambiental «quien contamina paga» («La actividad urbanística en la financiación de las haciendas locales», *Revista Valenciana de Economía y Hacienda,* n.º 2, 2001, pág. 45).

[44] La explicación puede encontrarse en las muchas voces que afirman que es el precio del suelo el que viene determinado por el precio de la vivienda y no al revés. En este sentido, por todos, José García Montalvo, «El precio del suelo: la polémica interminable», en *Nuevas fronteras de la política económica,* CREI y Universitat Pompeu Fabra, 2000, págs. 175 y ss.; José Manuel Naredo, «El mercado de suelo y las plusvalías en España», *La Vanguardia,* 26 de octubre de 2003; José A. Herce, M. A. López García, Julio Rodríguez y Paloma Taltavull, «El papel del suelo en el mercado de viviendas», *Economistas,* n.º 103, 2005, págs. 82 y 83.

ocasiones malas prácticas en la gestión de los patrimonios públicos de suelo, pero no lo es menos que buena parte de la poca vivienda protegida promovida en la última década se ha hecho sobre esos suelos y que la propia Ley adopta medidas novedosas para asegurar que se cumpla efectivamente su uso de interés social.

Es esto importante: de nada sirve establecer reservas o estándares si después el uso de interés social de esos suelos no se cumple efectivamente. Para que su destino no pueda ser defraudado, la Ley prevé su anotación en el Registro de la Propiedad, a que ya he hecho referencia, y prohíbe a las Administraciones subastar o vender el suelo por encima del valor máximo de repercusión para vivienda protegida, cuando ése sea su uso, para impedir que un suelo que se obtiene gratuitamente, integra un patrimonio separado y está vinculado a determinados fines de interés social pueda acabar siendo subastado al alza y calentando el mercado.

6. Renovación institucional: entre el Derecho europeo y el autonómico

Por último, en el plano institucional necesitamos una Ley que, en esta materia, incorpore el acervo de las últimas evoluciones de las políticas territoriales y urbanas de la Unión Europea (desde la Estrategia Territorial Europea a la nueva Estrategia temática sobre Medio Ambiente Urbano) y se inspire en el reparto competencial establecido en el bloque de la constitucionalidad, de forma que ocupe de forma plena, sin complejos ni inercias, el espacio que le está reservado al Estado, pero también abandone sin reticencias el ámbito propio del legislador urbanístico, que es el autonómico. Por eso el Proyecto es muy cuidadoso en sentar las bases que contiene sin determinar ni condicionar innecesariamente las instituciones, las categorías y los conceptos técnico-urbanísticos, que corresponde a las Comunidades configurar con autonomía.

El ejemplo paradigmático de esta renovación metodológica son las situaciones básicas de suelo, que no son ni quieren ser las clases urbanísticas al uso. Las CC.AA. podrán seguir estableciendo tres o cuatro clases de suelo diversas, y subdividirlas en tantas categorías como consideren necesarias (protegido, sectorizado, delimitado, ordenado, consolidado y sus opuestos), como de hecho ya vienen haciendo con evidentes divergencias entre sí. Pero esta divergencia no afectará ya a los efectos de la Ley estatal, porque ésta maneja sus propias categorías basadas en la realidad. De esta forma se deslinda, con una nitidez que hasta ahora nunca ha existido, el campo propio de la legislación estatal y sus efectos, del que es propio de las Comunidades Autónomas.

Otro ejemplo asimismo expresivo lo encontramos en la referencia a la ordenación territorial y urbanística: donde la Ley anterior se refería a «la legislación urbanística» y al «planeamiento general» o «de desarrollo» [45], la nueva Ley lo hace a «la legislación sobre ordenación territorial y urbanística» y a «los instrumentos de ordenación territorial y urbanística», respectivamente. De esta forma, se reconoce la plena autonomía para establecer los instrumentos de ordenación que más convengan al servicio del gobierno del territorio (que no tienen por qué ser sólo y necesariamente planes) y se reconoce asimismo plena carta de naturaleza a la ordenación territorial, clamorosamente olvidada por la legislación estatal hasta ahora [46].

Un tercero y último ejemplo se encuentra en el reencuentro que la Ley procura entre las políticas de suelo y las de vivienda, dando cumplimiento al mandato del artículo 47 de la Constitución, algo también ausente de la Ley precedente [47].

---

[45] La utilización de estas categorías provocó un fallo interpretativo del Tribunal Constitucional en la Sentencia 164/2001, de 11 de julio, que les atribuyó un valor meramente orientativo o ejemplificador, pero indeterminado (FF.JJ. 6.º, 8.º y 14.º).

[46] La Ley 6/1998 sólo menciona a los planes de ordenación territorial junto a la legislación sectorial y a propósito del suelo no urbanizable de especial protección, en su artículo 9.1, es decir, como un subsistema de ordenación ajeno a la economía de la propia Ley y de efectos territorialmente limitados, lo que no se corresponde con la función que le corresponde y ya está empezando a desempeñar.

[47] Para constatarlo, basta reparar en que, en toda la Ley 6/1998, no aparece el término «vivienda» ni una sola vez.

En fin, estamos ante una *Ley de Suelo,* no del urbanismo. Una Ley que persigue no sólo respetar, sino también inspirarse en el marco constitucional y que, en consecuencia, sienta las condiciones básicas de la igualdad y las bases económicas y ambientales de la ordenación de un recurso esencial, como antes lo hicieron, por ejemplo, las Leyes de Aguas y de Costas, hitos legales de un desarrollo más sostenible en España.

COMENTARIOS AL TEXTO REFUNDIDO DE LA LEY DE SUELO

(Real Decreto Legislativo 2/2008, de 20 de junio)

I. LA OPERACIÓN DE REFUNDICIÓN

REAL DECRETO LEGISLATIVO 2/2008, DE 20 DE JUNIO, POR EL QUE SE APRUEBA EL TEXTO REFUNDIDO DE LA LEY DE SUELO

(BOE núm. 154, de 26 de junio de 2008)

I. La Disposición final segunda de la Ley 8/2007, de 28 de mayo, de Suelo, delegó en el Gobierno la potestad de dictar un Real Decreto Legislativo que refundiera el texto de ésta y los preceptos que aún quedaban vigentes del Real Decreto Legislativo 1/1992, de 26 de junio, por el que se aprobó el Texto Refundido de la Ley sobre Régimen del Suelo y Ordenación Urbana. El plazo para la realización de dicho texto era de un año, a contar desde la entrada en vigor de aquélla.

Dicha tarea refundidora, que se afronta por medio de este texto legal, se plantea básicamente dos objetivos: de un lado aclarar, regularizar y armonizar la terminología y el contenido dispositivo de ambos textos legales, y de otro, estructurar y ordenar en una única disposición general una serie de preceptos dispersos y de diferente naturaleza, procedentes del fragmentado Texto Refundido de 1992, dentro de los nuevos contenidos de la Ley de Suelo de 2007, adaptados a las competencias urbanísticas, de ordenación del territorio y de vivienda de las Comunidades Autónomas. De este modo, el objetivo final se centra en evitar la dispersión de tales normas y el fraccionamiento de las disposiciones que recogen la legislación estatal en la materia, excepción hecha de la parte vigente del Real Decreto 1346/1976, de 9 de abril, por el que se aprueba el Texto Refundido de la Ley sobre Régimen del Suelo y Ordenación Urbana, que tiene una aplicación supletoria salvo en los territorios de las Ciudades de Ceuta y Melilla y, en consecuencia, ha quedado fuera de la delegación legislativa por cuya virtud se dicta este Real Decreto Legislativo.

II. Como recuerda la Exposición de Motivos de la Ley 8/2007, de 28 de mayo, de Suelo, la historia del Derecho urbanístico español contemporáneo se forjó en la segunda

mitad del siglo XIX, en un contexto socio-económico de industrialización y urbanización, en torno a dos grandes tipos de operaciones urbanísticas: el ensanche y la reforma interior, la creación de nueva ciudad y el saneamiento y la reforma de la existente. Dicha historia cristalizó a mediados del siglo XX con la primera ley completa en la materia, de la que sigue siendo tributaria nuestra tradición posterior. En efecto, las grandes instituciones urbanísticas actuales conservan una fuerte inercia respecto de las concebidas entonces: la clasificación del suelo como técnica por excelencia de la que se valen tanto la ordenación como la ejecución urbanísticas, donde la clase de urbanizable es la verdadera protagonista y la del suelo rústico o no urbanizable no merece apenas atención por jugar un papel exclusivamente negativo o residual; la instrumentación de la ordenación mediante un sistema rígido de desagregación sucesiva de planes; la ejecución de dichos planes prácticamente identificada con la urbanización sistemática, que puede ser acometida mediante formas de gestión pública o privada, a través de un conjunto de sistemas de actuación.

Desde entonces, sin embargo, se ha producido una evolución capital sobre la que debe fundamentarse esta Ley, en varios sentidos.

En primer lugar, la Constitución de 1978 establece un nuevo marco de referencia para la materia, tanto en lo dogmático como en lo organizativo. La Constitución se ocupa de la regulación de los usos del suelo en su artículo 47, a propósito de la efectividad del derecho a la vivienda y dentro del bloque normativo ambiental formado por sus artículos 45 a 47, de donde cabe inferir que las diversas competencias concurrentes en la materia deben contribuir de manera leal a la política de utilización racional de los recursos naturales y culturales, en particular el territorio, el suelo y el patrimonio urbano y arquitectónico, que son el soporte, objeto y escenario necesario de aquéllas al servicio de la calidad de vida. Pero además, del nuevo orden competencial instaurado por el bloque de la constitucionalidad, según ha sido interpretado por la doctrina del Tribunal Constitucional, resulta que a las Comunidades Autónomas les corresponde diseñar y desarrollar sus propias políticas en materia urbanística. Al Estado le corresponde a su vez ejercer ciertas competencias que inciden sobre la materia, pero debiendo evitar condicionarla en lo posible.

Aunque el legislador estatal se ha adaptado a este orden, no puede decirse todavía que lo haya asumido o interiorizado plenamente. En los últimos años, el Estado ha legislado de una manera un tanto accidentada, en parte forzado por las circunstancias, pues lo ha hecho a caballo de sucesivos fallos constitucionales. Así, desde que en 1992 se promulgara el último Texto Refundido Estatal de la Ley sobre Régimen de Suelo y Ordenación Urbana, cuyo contenido aún vigente se incorpora a este texto, se han sucedido seis reformas o innovaciones de diverso calado, además de las dos operaciones de «legislación negativa» en sendas Sentencias Constitucionales, las números 61/1997 y 164/2001. No puede decirse que tan atropellada evolución —ocho innovaciones en doce años— constituya el marco idóneo en el que las Comunidades Autónomas han de ejercer sus propias competencias legislativas sobre ordenación del territorio, urbanismo y vivienda.

Esta situación no puede superarse añadiendo nuevos retoques y correcciones, sino mediante una renovación más profunda plenamente inspirada en los valores y principios constitucionales antes aludidos, sobre los que siente unas bases comunes en las que la autonomía pueda coexistir con la igualdad. Para ello se prescinde por primera vez de regular técnicas específicamente urbanísticas, tales como los tipos de planes o las clases de suelo, y se evita el uso de los tecnicismos propios de ellas para no prefigurar, siquiera sea indirectamente, un concreto modelo urbanístico y para facilitar a los ciudadanos la comprensión de este marco común. No es ésta una Ley urbanística, sino una Ley referida al régimen del suelo y la igualdad en el ejercicio de los derechos constitucionales a él asociados en lo que atañe a los intereses cuya gestión está constitucionalmente encomendada al Estado. Una Ley, por tanto, concebida a partir del deslinde competencial establecido en estas materias por el bloque de la constitucionalidad y que podrá y deberá aplicarse respetando las competencias exclusivas atribuidas a las Comunidades Autónomas en materia de ordenación del territorio, urbanismo y vivienda y, en particular, sobre patrimonios públicos de suelo.

Con independencia de las ventajas que pueda tener la técnica de la clasificación y categorización del suelo por el planeamiento, lo cierto es que es una técnica urbanística, por lo que no le corresponde a este legislador juzgar su oportunidad. Además, no es necesaria para fijar los criterios legales de valoración del suelo. Más aún, desde esta concreta perspectiva, que compete plenamente al legislador estatal, la clasificación ha contribuido históricamente a la inflación de los valores del suelo, incorporando expectativas de revalorización mucho antes de que se realizaran las operaciones necesarias para materializar las determinaciones urbanísticas de los poderes públicos y, por ende, ha fomentado también las prácticas especulativas, contra las que debemos luchar por imperativo constitucional.

En segundo lugar, esta Ley abandona el sesgo con el que, hasta ahora, el legislador estatal venía abordando el estatuto de los derechos subjetivos afectados por el urbanismo. Este reduccionismo es otra de las peculiaridades históricas del urbanismo español que, por razones que no es preciso aquí desarrollar, reservó a la propiedad del suelo el derecho exclusivo de iniciativa privada en la actividad de urbanización. Una tradición que ha pesado sin duda, desde que el bloque de constitucionalidad reserva al Estado el importante título competencial para regular las condiciones básicas de la igualdad en el ejercicio de los derechos y el cumplimiento de los deberes constitucionales, pues ha provocado la simplista identificación de tales derechos y deberes con los de la propiedad. Pero los derechos constitucionales afectados son también otros, como el de participación ciudadana en los asuntos públicos, el de libre empresa, el derecho a un medio ambiente adecuado y, sobre todo, el derecho a una vivienda digna y asimismo adecuada, al que la propia Constitución vincula directamente con la regulación de los usos del suelo en su artículo 47. Luego, más allá de regular las condiciones básicas de la igualdad de la propiedad de los terrenos, hay que tener presente que la ciudad es el medio en el que se desenvuelve la vida cívica, y por ende que deben reconocerse, asimismo, los derechos mínimos de libertad, de participación y de prestación de los ciudadanos en relación con el urbanismo y con su medio tanto rural como urbano. En suma, la Ley se propone garantizar en estas materias las condiciones básicas de igualdad en el ejercicio de los derechos y el cumplimiento de los deberes constitucionales de los ciudadanos.

En tercer y último lugar, la del urbanismo español contemporáneo es una historia desarrollista, volcada sobre todo en la creación de nueva ciudad. Sin duda, el crecimiento urbano sigue siendo necesario, pero hoy parece asimismo claro que el urbanismo debe responder a los requerimientos de un desarrollo sostenible, minimizando el impacto de aquel crecimiento y apostando por la regeneración de la ciudad existente. La Unión Europea insiste claramente en ello, por ejemplo en la Estrategia Territorial Europea o en la más reciente Comunicación de la Comisión sobre una Estrategia Temática para el Medio Ambiente Urbano, para lo que propone un modelo de ciudad compacta y advierte de los graves inconvenientes de la urbanización dispersa o desordenada: impacto ambiental, segregación social e ineficiencia económica por los elevados costes energéticos, de construcción y mantenimiento de infraestructuras y de prestación de los servicios públicos. El suelo, además de un recurso económico, es también un recurso natural, escaso y no renovable. Desde esta perspectiva, todo el suelo rural tiene un valor ambiental digno de ser ponderado y la liberalización del suelo no puede fundarse en una clasificación indiscriminada, sino, supuesta una clasificación responsable del suelo urbanizable necesario para atender las necesidades económicas y sociales, en la apertura a la libre competencia de la iniciativa privada para su urbanización y en el arbitrio de medidas efectivas contra las prácticas especulativas, obstructivas y retenedoras de suelo, de manera que el suelo con destino urbano se ponga en uso ágil y efectivamente. Y el suelo urbano —la ciudad ya hecha— tiene asimismo un valor ambiental, como creación cultural colectiva que es objeto de una permanente recreación, por lo que sus características deben ser expresión de su naturaleza y su ordenación debe favorecer su rehabilitación y fomentar su uso.

III. El Título preliminar de la Ley se dedica a aspectos generales, tales como la definición de su objeto y la enunciación de algunos principios que la vertebran, de acuerdo con la filosofía expuesta en el apartado anterior.

IV. Por razones tanto conceptuales como competenciales, la primera materia específica de que se ocupa la Ley es la del estatuto de derechos y deberes de los sujetos afectados, a los que dedica su Título I, y que inspiran directa o indirectamente todo el resto del articulado. Con este objeto, se definen tres estatutos subjetivos básicos que cabe percibir como tres círculos concéntricos:

Primero, el de la ciudadanía en general en relación con el suelo y la vivienda, que incluye derechos y deberes de orden socio-económico y medioambiental de toda persona con independencia de cuáles sean su actividad o su patrimonio, es decir, en el entendimiento de la ciudadanía como un estatuto de la persona que asegure su disfrute en libertad del medio en el que vive, su participación en la organización de dicho medio y su acceso igualitario a las dotaciones, servicios y espacios colectivos que demandan la calidad y cohesión del mismo.

Segundo, el régimen de la iniciativa privada para la actividad urbanística, que —en los términos en que la configure la legislación urbanística en el marco de esta Ley— es una actividad económica de interés general que afecta tanto al derecho de la propiedad como a la libertad de empresa. En este sentido, si bien la edificación tiene lugar sobre una finca y accede a su propiedad —de acuerdo con nuestra concepción histórica de este instituto—, por lo que puede asimismo ser considerada como una facultad del correspondiente derecho, la urbanización es un servicio público, cuya gestión puede reservarse la Administración o encomendar a privados, y que suele afectar a una pluralidad de fincas, por lo que excede tanto lógica como físicamente de los límites propios de la propiedad. Luego, allí donde se confíe su ejecución a la iniciativa privada, ha de poder ser abierta a la competencia de terceros, lo que está llamado además a redundar en la agilidad y eficiencia de la actuación.

Tercero, el estatuto de la propiedad del suelo, definido —como es tradicional entre nosotros— como una combinación de facultades y deberes, entre los que ya no se cuenta el de urbanizar por las razones expuestas en el párrafo anterior, aunque sí el de participar en la actuación urbanizadora de iniciativa privada en un régimen de distribución equitativa de beneficios y cargas, con las debidas garantías de que su participación se basa en el consentimiento informado, sin que se le puedan imponer más cargas que las legales, y sin perjuicio de que el legislador urbanístico opte por seguir reservando a la propiedad la iniciativa de la urbanización en determinados casos de acuerdo con esta Ley, que persigue el progreso pero no la ruptura.

V. Correlativos de los derechos de las personas son los deberes básicos de las Administraciones con que la Ley abre su Título II.

Los procedimientos de aprobación de instrumentos de ordenación y de ejecución urbanísticas tienen una trascendencia capital, que desborda con mucho el plano estrictamente sectorial, por su incidencia en el crecimiento económico, en la protección del medio ambiente y en la calidad de vida. Por ello, la Ley asegura unos estándares mínimos de transparencia, de participación ciudadana real y no meramente formal, y de evaluación y seguimiento de los efectos que tienen los planes sobre la economía y el medio ambiente. La efectividad de estos estándares exige que las actuaciones urbanizadoras de mayor envergadura e impacto, que producen una mutación radical del modelo territorial, se sometan a un nuevo ejercicio pleno de potestad de ordenación. Además, la Ley hace un tratamiento innovador de este proceso de evaluación y seguimiento, con el objeto de integrar en él la consideración de los recursos e infraestructuras más importantes. Esta integración favorecerá, a un tiempo, la utilidad de los procesos de que se trata y la celeridad de los procedimientos en los que se insertan.

Mención aparte merece la reserva de suelo residencial para la vivienda protegida porque, como ya se ha recordado, es la propia Constitución la que vincula la ordenación de los usos del suelo con la efectividad del derecho a la vivienda. A la vista de la senda extraordinariamente prolongada e intensa de expansión de nuestros mercados inmobiliarios, y en particular del residencial, parece hoy razonable encajar en el concepto material de las bases de la ordenación de la economía la garantía de una oferta mínima de suelo para vivienda asequible, por su incidencia directa sobre dichos mercados y su relevancia para las políticas de suelo y vivienda, sin que ello obste para que pueda ser adaptada por la legislación de las Comunidades Autónomas a su modelo urbanístico y sus diversas necesidades.

En lo que se refiere al régimen urbanístico del suelo, la Ley opta por diferenciar situación y actividad, estado y proceso. En cuanto a lo primero, define los dos estados básicos en que puede encontrarse el suelo según sea su situación actual —rural o urbana—, estados que agotan el objeto de la ordenación del uso asimismo actual del suelo y son por ello los determinantes para el contenido del derecho de propiedad, otorgando así carácter estatutario al régimen de éste. En cuanto a lo segundo, sienta el régimen de las actuaciones urbanísticas de transformación del suelo, que son las que generan las plusvalías en las que debe participar la comunidad por exigencia de la Constitución. La Ley establece, conforme a la doctrina constitucional, la horquilla en la que puede moverse la fijación de dicha participación. Lo hace posibilitando una mayor y más flexible adecuación a la realidad y, en particular, al rendimiento neto de la actuación de que se trate o del ámbito de referencia en que se inserte, aspecto éste que hasta ahora no era tenido en cuenta.

VI. El Título III aborda los criterios de valoración del suelo y las construcciones y edificaciones, a efectos reparcelatorios, expropiatorios y de responsabilidad patrimonial de las Administraciones Públicas. Desde la Ley de 1956, la legislación del suelo ha establecido ininterrumpidamente un régimen de valoraciones especial que desplaza la aplicación de los criterios generales de la Ley de Expropiación Forzosa de 1954. Lo ha hecho recurriendo a criterios que han tenido sin excepción un denominador común: el de valorar el suelo a partir de cuál fuera su clasificación y categorización urbanísticas, esto es, partiendo de cuál fuera su destino y no su situación real. Unas veces se ha pretendido con ello aproximar las valoraciones al mercado, presumiendo que en el mercado del suelo no se producen fallos ni tensiones especulativas, contra las que los poderes públicos deben luchar por imperativo constitucional. Se llegaba así a la paradoja de pretender que el valor real no consistía en tasar la realidad, sino también las meras expectativas generadas por la acción de los poderes públicos. Y aun en las ocasiones en que con los criterios mencionados se pretendía contener los justiprecios, se contribuyó más bien a todo lo contrario y, lo que es más importante, a enterrar el viejo principio de justicia y de sentido común contenido en el artículo 36 de la vieja pero todavía vigente Ley de Expropiación Forzosa: que las tasaciones expropiatorias no han de tener en cuenta las plusvalías que sean consecuencia directa del plano o proyecto de obras que dan lugar a la expropiación ni las previsibles para el futuro.

Para facilitar su aplicación y garantizar la necesaria seguridad del tráfico, la recomposición de este panorama debe buscar la sencillez y la claridad, además por supuesto de la justicia. Y es la propia Constitución la que extrae expresamente —en esta concreta materia y no en otras— del valor de la justicia un mandato dirigido a los poderes públicos para impedir la especulación. Ello es perfectamente posible desvinculando clasificación y valoración. Debe valorarse lo que hay, no lo que el plan dice que puede llegar a haber en un futuro incierto. En consecuencia, y con independencia de las clases y categorías urbanísticas de suelo, se parte en la Ley de las dos situaciones básicas ya mencionadas: hay un suelo rural, esto es, aquel que no está funcionalmente integrado en la trama urbana, y otro urbanizado, entendiendo por tal el que ha sido efectiva y adecuadamente transformado por la urbanización. Ambos se valoran conforme a su naturaleza, siendo así que sólo en el segundo dicha naturaleza integra su destino urbanístico, porque dicho destino ya se ha hecho realidad. Desde esta perspectiva, los criterios de valoración establecidos persiguen determinar con la necesaria objetividad y seguridad jurídica el valor de sustitución del inmueble en el mercado por otro similar en su misma situación.

En el suelo rural, se abandona el método de comparación porque muy pocas veces concurren los requisitos necesarios para asegurar su objetividad y la eliminación de elementos especulativos, para lo que se adopta el método asimismo habitual de la capitalización de rentas pero sin olvidar que, sin considerar las expectativas urbanísticas, la localización influye en el valor de este suelo, siendo la renta de posición un factor relevante en la formación tradicional del precio de la tierra. En el suelo urbanizado, los criterios de valoración que se establecen dan lugar a tasaciones siempre actualizadas de los inmuebles, lo que no aseguraba el régimen anterior. En todo caso, y con independencia del valor del suelo, cuando éste está sometido a una transformación urbanizadora o edificatoria, se indemnizan los gastos e inversiones acometidos junto con una prima razonable que retribuya el riesgo asumido y se evitan saltos valorativos difícilmente entendibles en el curso del proceso de ordenación y ejecución urbanísticas. En los casos en los que una decisión administrativa impide participar en la ejecución de una actuación de urbanización, o altera las condiciones de ésta, sin que medie incumplimiento por parte de los propietarios, se valora la privación de dicha facultad en sí misma, lo que contribuye a un tratamiento más ponderado de la situación en la que se encuentran aquéllos. En definitiva, un régimen que, sin valorar expectativas generadas exclusivamente por la actividad administrativa de ordenación de los usos del suelo, retribuye e incentiva la actividad urbanizadora o edificatoria emprendida en cumplimiento de aquélla y de la función social de la propiedad.

VII. El Título IV se ocupa de las instituciones de garantía de la integridad patrimonial de la propiedad: la expropiación forzosa y la responsabilidad patrimonial. En materia de expropiación forzosa, se recogen sustancialmente las mismas reglas que ya contenía la Ley sobre Régimen del Suelo y Valoraciones, traídas aquí por razones de técnica legislativa, para evitar la dispersión de las normas y el fraccionamiento de las disposiciones que las recogen. En materia de reversión y de responsabilidad patrimonial, los supuestos de una y otra se adaptan a la concepción de esta Ley sobre los patrimonios públicos de suelo y las actuaciones urbanizadoras, respectivamente, manteniéndose en lo demás también los criterios de la Ley anterior. Se introduce, además, un derecho a la retasación cuando una modificación de la ordenación aumente el valor de los terrenos expropiados para ejecutar una actuación urbanizadora, de forma que se salvaguarde la integridad de la garantía indemnizatoria sin empeñar la eficacia de la gestión pública urbanizadora.

VIII. El Título V contiene diversas medidas de garantía del cumplimiento de la función social de la propiedad inmobiliaria. Son muchas y autorizadas las voces que, desde la sociedad, el sector, las Administraciones y la comunidad académica denuncian la existencia de prácticas de retención y gestión especulativas de suelos que obstruyen el cumplimiento de su función y, en particular, el acceso de los ciudadanos a la vivienda. Los avances en la capacidad de obrar de los diversos agentes por los que apuesta esta Ley (apertura de la iniciativa privada, mayor proporcionalidad en la participación de la Administración en las plusvalías) deben ir acompañados de la garantía de que esa capacidad se ejercerá efectivamente para cumplir con la función social de la propiedad y con el destino urbanístico del suelo que aquélla tiene por objeto, ya sea público o privado su titular.

Toda capacidad conlleva una responsabilidad, que esta Ley se ocupa de articular al servicio del interés general a lo largo de todo su cuerpo: desde la responsabilidad patrimonial por el incumplimiento de los plazos máximos en los procedimientos de ordenación urbanística, a la posibilidad de sustituir forzosamente al propietario incumplidor de los plazos de ejecución, el mayor rigor en la determinación de los destinos de los patrimonios públicos de suelo o las medidas arbitradas para asegurar que se cumple ese destino aun cuando se enajenen los bienes integrantes de los patrimonios públicos de suelo.

El contenido del Título se cierra con una regulación del régimen del derecho de superficie dirigida a superar la deficiente situación normativa actual de este derecho y favorecer su operatividad para facilitar el acceso de los ciudadanos a la vivienda y, con carácter general, diversificar y dinamizar las ofertas en el mercado inmobiliario.

IX. Por último, el Título VI contiene una serie de preceptos que, localizados hasta ahora de manera fragmentada en el Real Decreto Legislativo 1/1992, de 26 de junio, por el que se aprobó el Texto Refundido de la Ley sobre Régimen del Suelo y Ordenación Urbana, ha parecido razonable agrupar bajo la denominación de «Régimen Jurídico». En él se contienen las actuaciones con el Ministerio Fiscal a consecuencia de infracciones urbanísticas o contra la ordenación del territorio, las peticiones, actos y acuerdos procedentes en dichos ámbitos, las posibles acciones y recursos pertinentes y las normas atinentes al Registro de la Propiedad que ya han sido objeto de desarrollo reglamentario mediante el Real Decreto 1093/1997, de 4 de julio, por el que se aprobaron las normas complementarias al Reglamento para la ejecución de la Ley Hipotecaria sobre inscripción en el Registro de la Propiedad de actos de naturaleza urbanística.

La introducción de este Título, y la de aquellos otros preceptos que habían perdido coherencia sistemática en el contenido subsistente del Real Decreto Legislativo 1/1992, que ahora la recuperan mediante su inserción donde corresponde en la estructura de la Ley 8/2007, junto a la labor de aclaración, regularización y armonización realizadas, permiten derogar ambas disposiciones generales y recuperar finalmente en un solo cuerpo legal la unidad de la legislación estatal en la materia, al amparo de lo dispuesto en la Disposición final segunda de la Ley 8/2007, de 28 de mayo, de Suelo.

En su virtud, a propuesta de la Ministra de Vivienda, de acuerdo con el Consejo de Estado y previa deliberación del Consejo de Ministros en su reunión del día 20 de junio de 2008, dispongo:

Artículo único. *Aprobación del Texto Refundido de la Ley de Suelo.*

Se aprueba el Texto Refundido de la Ley de Suelo.

Disposición adicional única. *Remisiones normativas.*

Las referencias normativas efectuadas en otras disposiciones al Real Decreto Legislativo 1/1992, de 26 de junio,

por el que se aprobó el Texto Refundido de la Ley sobre Régimen del Suelo y Ordenación Urbana, y a la Ley 8/2007, de 28 de mayo, de Suelo, se entenderán efectuadas a los preceptos correspondientes del Texto Refundido que se aprueba.

Disposición derogatoria única. ***Derogación normativa.***

Quedan derogadas todas las disposiciones de igual o inferior rango que se opongan al presente Real Decreto Legislativo y al Texto Refundido que aprueba y, en particular, las siguientes:

a) La Ley 8/2007, de 28 de mayo, de Suelo.

b) El Real Decreto Legislativo 1/1992, de 26 de junio, por el que se aprueba el Texto Refundido de la Ley sobre Régimen del Suelo y Ordenación Urbana.

Disposición final única. ***Entrada en vigor.***

El presente Real Decreto Legislativo y el Texto Refundido que aprueba entrarán en vigor el día siguiente al de su publicación en el «Boletín Oficial del Estado».

1. El Real Decreto Legislativo aprobatorio del TRLdS08

1.1. *Consideraciones generales*

El Derecho estatal de referencia para la ordenación territorial y urbanística vuelve hoy a estar contenido en un texto refundido, el tercero que se dicta en la historia contemporánea del urbanismo español a partir de la verdaderamente fundacional Ley de 12 de mayo de 1956, sobre régimen del suelo y ordenación urbana. Lo que quiere decir, según el dictamen del Consejo de Estado 1.736/2007, que está contenido en una norma productora de dos efectos distintos, a saber: uno derogatorio y otro mantenedor o, en su caso, actualizador, comportando el primero que aquellas disposiciones cuyo contenido queda incorporado a la nueva norma resultan abrogadas como tales, pues su contenido pasa a integrar el de ésta, y el segundo que las normas refundidas siguen formando parte plena del ordenamiento jurídico al quedar insertas en el nuevo texto.

En esta tercera ocasión no hay, sin embargo, mera repetición de una operación jurídica cumplida anteriormente; diferencia sobre la que advierte ya la desaparición de la denominación tradicional de la norma estatal: la de régimen del suelo y ordenación urbana. Los dos primeros textos refundidos fueron consecuencia, en efecto, de sendas reformas legislativas parciales del texto legal estatal vigente, efectuadas, respectivamente, los años 1975 (por la Ley 19/1975) y 1990 (por la Ley 8/1990). El control de constitucionalidad del segundo de ellos —efectuado por el Tribunal Constitucional mediante Sentencia 61/1997, de 20 de marzo—, rompió definitivamente la lógica seguida por el legislador estatal hasta entonces, obligándole a formular —tras las medidas «liberalizadoras» adoptadas por Decreto-Ley en 1996— una norma de nuevo cuño (la Ley 6/1998, de 13 de abril, de régimen del suelo y valoraciones), la cual dejó subsistente, no obstante y sin integrarla en su propio cuerpo normativo, la mayor parte del Texto Refundido de 1992 (compuesta por un conjunto disperso y heterogéneo, así como a veces fragmentario, de preceptos) que había logrado superar el referido control de constitucionalidad.

A pesar de la novedad de su planteamiento y contenido regulador, la LdS, que, por ello, sustituyó íntegramente y derogó formalmente la LRSV (en la versión resultante de sus diversas y concretas modificaciones), tampoco hizo lo mismo con los aún subsistentes del TRLS92, por más que sí derogó expresamente algunos de ellos [1]. Se entiende así la delegación de la potestad legislativa contenida en su disposición final segunda, que sólo pretende ya —mediante la incorporación al nuevo cuerpo legal de dichos preceptos, considerados plenamente compatibles con él— la reducción a un único texto del marco estatal de las políticas autonómicas de ordenación territorial y urbanística. La disposición otorgó la delegación en los siguientes términos:

---

[1] Concretamente los siguientes: artículo 133; apartado 1 del artículo 134; apartado 1 del artículo 243; artículo 276; apartado 1 del artículo 280; artículo 287; artículo 288 y artículo 289.

— *Objeto (tipo de norma a aprobar por delegación), contenido (ámbito normativo) y alcance (tipo de texto a aprobar):* la potestad para dictar un Real Decreto Legislativo que, con relación a, de un lado, el texto de la LdS y, de otro, los preceptos aún vigentes del Real Decreto Legislativo 1/1992, de 26 de junio, por el que se aprueba el Texto refundido de la Ley sobre el Régimen del Suelo y Ordenación Urbana: a) refunda ambos textos, y, que al efectuar la refundición, b) aclare, regularice y armonice la terminología y el contenido dispositivo de dichos textos.

— *Plazo de ejercicio:* tratándose de una delegación para el ejercicio, por una sola vez, de la potestad a que se refiere (consunción por ejercicio), otorgamiento de aquélla por un año a contar desde la entrada en vigor de la LdS, la cual tuvo lugar el día 1 de julio de 2007 (lo que significa: el último día de ejercicio válido de la potestad delegada fue el 1 de julio de 2008).

La delegación efectuada lo ha sido, pues, en los términos más amplios de los constitucionalmente posibles conforme al artículo 82.1; 2, inciso final; 3, y 5 CE, sin perjuicio de no prever —como, sin embargo, habría sido posible *ex* art. 82.6 CE— reserva en favor de las propias Cortes Generales de fórmula específica alguna adicional de control sobre el resultado del ejercicio de la potestad delegada.

Aunque la Ley 50/1997, de 27 de noviembre, del Gobierno, no contenga disposición específica sobre la iniciativa para el dictado de Reales Decretos Legislativos, parece clara la pertenencia de dicha iniciativa al género de la legislativa y la aplicabilidad al caso, por tanto, del artículo 22 del texto legal, que exige —en la versión resultante de su modificación por el art. 1.º de la Ley 30/2003, de 13 de octubre— que el texto del anteproyecto —además de ser informado en todo caso por la Secretaría General Técnica del Ministerio proponente— vaya acompañado de: i) la memoria y los estudios o informes sobre la necesidad y oportunidad del mismo; ii) un informe sobre el impacto por razón de género, y iii) una memoria económica que contenga la estimación del coste a que dará lugar.

Conforme resulta del dictamen emitido el día 19 de junio de 2008 por la Comisión Permanente del Consejo de Estado (exp.

906/2008), en el expediente que le fue remitido por el Ministerio de la Vivienda proponente figuraban en efecto:

a) Todos dichos documentos, afirmándose en la memoria económica el fuerte contenido económico del texto por el carácter de recurso escaso y no renovable del suelo, pero su carencia de efecto directo en los Presupuestos Generales del Estado por inexistencia de previsión de ingresos o autorización de gastos o referente a las materias o cuestiones con relación directa con las previsiones presupuestarias, así como en la del impacto por razón de género la no incidencia del texto en dicho ámbito.

b) Informe favorable (sin perjuicio de algunas observaciones recogidas en el texto) de la Secretaría General Técnica del Ministerio de Vivienda de 14 de mayo de 2008, así como (con contenido diverso) el de las Secretarías Generales Técnicas de los Ministerios de Cultura, Defensa, Industria, Turismo y Comercio, Interior, Presidencia, Sanidad y Consumo, Justicia y Educación, Política Social y Deporte, pero también los de la Dirección General de Tributos y la Dirección General de Cooperación Autonómica.

Del dictamen del Consejo de Estado resulta igualmente que en el procedimiento de elaboración del texto refundido se dio ocasión de expresar su parecer tanto a las Comunidades Autónomas (de las que, al parecer, sólo las de Murcia y Canarias formularon por escrito observaciones), como a diversas organizaciones sociales y públicas [2].

[2] Concretamente a las siguientes: Consejo Superior de Colegios de Arquitectos de España, Colegio de Registradores de la Propiedad y Mercantiles de España, Confederación de Cooperativas de Viviendas de España, ADENA, Greenpeace España, Confederación Nacional de la Construcción, Comité Español de Representantes de Personas con Discapacidad, SEO/Birdlife, Amigos de la Tierra, UGT, Colegio de Arquitectos de Madrid, Consejo General de los Colegios Oficiales de Agentes de la Propiedad Inmobiliaria, CC. OO., Consejo General del Notariado, Asociación de Promotores Inmobiliarios de Madrid, Colegio de Geólogos de España, Consejo de la Juventud de España, Ecologistas en Acción, Colegio de Arquitectos de Cataluña, Colegio de Geógrafos, Asociación Nacional de Constructores Independientes, Federación Española de Municipios y Provincias, Asociación de Empresas Gestoras de Cooperativas y Proyectos Inmobiliarios, SEOPAN, Consejo General de Colegios Oficiales de Aparejadores y Arquitectos Técnicos, Asociación de Empresas Cons-

El dictamen mismo del Consejo de Estado, emitido en último lugar, lo fue en trámite de urgencia (razón por la que conoció de él la Comisión Permanente) y en sentido favorable (sin perjuicio de la formulación de observaciones).

La razón de la urgencia en este caso invocada era clara: el requerimiento del dictamen del Consejo de Estado se produjo ya avanzado el mes de junio, siendo así que el plazo para el ejercicio de la delegación legislativa caducaba el día 1 de julio de 2008. Gracias a ello, la aprobación por el Consejo de Ministros pudo tener lugar el 20 de junio de 2008, es decir, a escasos días del vencimiento de dicho plazo, pero aún dentro de él (téngase en cuenta que la delegación legislativa lo es para «dictar» y no para «publicar» la norma correspondiente, aunque en este caso incluso la publicación en el BOE —que se verificó el día 26 de junio de 2008— tuvo lugar dentro de plazo).

En todo caso, la necesidad y oportunidad del ejercicio de la potestad legislativa así desconcentrada en el Gobierno resultan de suyo, sin mayor argumentación, de la delegación legislativa y de sus términos, considerando en todo caso el deber de los poderes públicos de procurar la mayor seguridad jurídica también a través de la claridad y certeza del Derecho en vigor en cada momento. Tanto más cuanto que estaba en juego en el presente caso la determinación del marco general de todas las políticas autonómicas de ordenación territorial y urbanística y, por tanto, de los correspondientes grupos normativos de las Comunidades Autónomas.

El ámbito de la operación de refundición efectuada se atiene estrictamente, como no podía ser de otra forma, al acotado inequívo-

---

tructoras de Ámbito Nacional, Asociación Española de Promotores Públicos de Vivienda y Suelo, Asociación de Promotores Constructores de Barcelona y Consejo General de Administradores de Fincas.

De todas estas entidades formularon efectivamente observaciones: el Consejo Superior de Colegios de Arquitectos de España, el Colegio de Registradores de la Propiedad y Mercantiles de España, la Confederación de Cooperativas de Viviendas de España, ADENA, el Consejo General de los Colegios Oficiales de Agentes de la Propiedad Inmobiliaria, la Asociación de Empresas Gestoras de Cooperativas y Proyectos Inmobiliarios y la Asociación de Promotores Constructores de España.

ca y claramente por la delegación legislativa, de suerte que únicamente comprende, de un lado, la LdS (incorporando la totalidad de sus preceptos sin alterar en ningún caso, y en lo más mínimo, la redacción de los mismos, de modo que las únicas variaciones se producen en la numeración de éstos), y de otro lado, los preceptos vigentes del TRLS92 por no afectados ni por la declaración de nulidad efectuada por la Sentencia del Tribunal Constitucional 61/1997, de 20 de marzo, ni por las derogaciones efectuadas primero por la LRSV y luego por la propia LdS; sin perjuicio de no incorporar todos ellos. Esto significa, como pone de relieve el Consejo de Estado [3], que el nuevo texto refundido está lejos de agotar el Derecho estatal en vigor en materia de urbanismo, pues no ha incluido (en realidad: no ha podido, ni, en su caso, debido incluir) ni los Reales Decretos-Leyes 3/1980, de 14 de marzo, sobre promoción del suelo y agilización de la gestión urbanística, y 16/1981, de 16 de octubre, sobre adaptación de los planes generales de ordenación, ni —menos aún— el TRLS76, aprobado por Real Decreto Legislativo 1346/1976, de 9 de abril. Se trata, en el caso de los Reales Decretos-Leyes, ciertamente de normas postconstitucionales (de cuestionable constitucionalidad), pero marginales y al día de hoy o bien carentes de objeto por haber desaparecido las organizaciones estatales a las que se referían, o bien extinguidas en

---

[3] El cual descarta cualquier reproche al legislador delegado por tal motivo, destacando que la circunstancia aludida en el texto trae causa de la voluntad del legislador parlamentario delegante.

Desde el punto de vista, pues, del ámbito normativo que acota —conforme al art. 82.5, inciso inicial, CE— el contenido de la delegación legislativa, la operación de refundición llevada a cabo es, en efecto, insusceptible de reproche alguno, al comprender todo aquel ámbito normativo y mantenerse, al propio tiempo, dentro de sus límites. Cuestión distinta es la que plantean la variación en la numeración de los preceptos del texto legal utilizado como base para la operación (la LdS) y la selección de los preceptos del TRLS92 para desechar la incorporación al nuevo texto refundido de algunos de ellos. Alude ya esta cuestión a la corrección misma del nuevo texto por relación a las directrices y los límites de la delegación legislativa: carácter único del texto (evitando, pues, duplicidades, repeticiones y solapamientos) y regularización, aclaración y armonización (evitando contradicciones, incongruencias, incompatibilidades y cualesquiera otras disfunciones que enturbien la claridad y la certeza de la norma).

cuanto normas temporales, coyunturales o transitorias o sencillamente (las referidas a la aprobación del planeamiento y la agilización de la gestión urbanística) de más que dudosa aplicabilidad y en todo caso desplazadas completamente por la actual normativa urbanística autonómica. Y el TRLS76 es una norma urbanística estatal preconstitucional sobre la que, conforme a la doctrina del Tribunal Constitucional, el Estado en sentido estricto carece ya de toda disposición, incluso para su mera abrogación, es decir, de Derecho estatal relíctico que, en virtud del artículo 149.3 CE sobrevive [4] como Derecho meramente supletorio del autonómico. El dictamen del Consejo de Estado así lo expresa, aunque sólo respecto del TRLS76, cuando sostiene que éste «... no queda derogado por la expedición del Real Decreto Legislativo sometido a consulta, de tal manera que la norma de 1976 sigue siendo Derecho estatal válido —aunque en buena parte del territorio nacional sólo pueda en su caso aplicarse como supletorio— toda vez que el Estado mantiene una competencia en materia urbanística respecto de los territorios que corresponden a las Ciudades Autónomas de Ceuta y Melilla y otros no integrados en la distribución del Estado en Comunidades Autónomas (que la propia Ley 8/2007 reconoce en su disposición adicional tercera, como igualmente mantiene el proyecto de texto refundido)».

De lo dicho [5] se sigue sin más la plena constitucionalidad, desde el punto de vista competencial, del dictado del nuevo texto refundido

---

[4] Idéntica consideración (Derecho supletorio) debe predicarse de los Reales Decretos-Leyes aludidos cuando no deban estimarse de suyo extinguidos (en su vigencia), cual sucede con gran parte al menos de las normas medida, temporales o coyunturales que contienen.

[5] Considerando, como certeramente hace el dictamen del Consejo de Estado, que con el propósito de observar el orden de competencias concretado por la jurisprudencia del Tribunal Constitucional:

a) La LdS distingue en su disposición final primera tres bloques: i) el integrado (al amparo del art. 149.1.1.ª, 13.ª, 18.ª y 23.ª CE) por las normas que tienen el carácter de condiciones básicas de la igualdad en el ejercicio de los derechos y el cumplimiento de los correspondientes deberes constitucionales y, en su caso, de bases del régimen de las Administraciones Públicas, de la planificación general de la actividad económica y de protección del medio ambiente; ii) el referido (al amparo del art. 149.1.13.ª CE) a bases de la planificación general de la actividad económica, y en tanto que resultado de una desconcentración —en el seno del ordenamiento estatal— de la potestad legislativa para unificar en un solo texto normas estatales en vigor cuya constitucionalidad, a su vez y desde el mismo punto de vista competencial, o bien se encontraba ya establecida por el Tribunal Constitucional (la parte subsistente del TRLS92) o bien debía presumirse, siendo cuestión sólo dilucidable con relación a ellas mismas (la LdS, respecto de la cual penden cuatro recursos de inconstitucionalidad ante el Tribunal Constitucional, a cuyo pronunciamiento habrá que estar en su día, con las consecuencias que del mismo deban seguirse para el texto refundido [6]) [7].

---

iii) el formado (al amparo del art. 149.1.4.ª, 8.ª y 18.ª CE) por las previsiones sobre defensa, legislación civil, expropiación forzosa y sistema de responsabilidad de las Administraciones Públicas. Bloques éstos completados con el reconocimiento de la competencia derivada del régimen singular de las Ciudades Autónomas de Ceuta y Melilla.

b) La inserción en la LdS de los preceptos pertinentes del TRLS92 se limita a subsumir éstos en alguno de los tres bloques aludidos teniendo en cuenta, por una parte, el carácter atribuido a cada artículo del texto refundido de 1992 por la disposición final única del mismo (apartados 1 y 2) y, por otra, la valoración que mereció dicha atribución al Tribunal Constitucional en su Sentencia 61/1997.

[6] Aunque no cabe establecer paralelismo alguno respecto de la situación del TRLS92 y la Ley de reforma 8/1990, de modo que la STC 61/1997 no sirve de precedente-referencia. En aquella ocasión se trataba de un texto refundido derivado de una reforma legislativa parcial efectuada desde la misma lógica —incluso competencial— de la Ley objeto de reforma. En la que ahora nos ocupa, la operación de refundición trae causa del dictado de una nueva Ley, a la vista y con respeto de la doctrina del Tribunal Constitucional —ya establecida en punto a la distribución territorial de competencias en la materia— y tiene como objetivo integrar en un texto único el contenido de dicha Ley y de normas legales estatales preexistentes y declaradas formalmente constitucionales.

[7] A este respecto sostiene literalmente el dictamen del Consejo de Estado:

«Por consiguiente, como apunta la Dirección General de Desarrollo Autonómico del Ministerio de Administraciones Públicas en su informe de fecha 21 de mayo de 2008, la norma proyectada no suscita más problemas desde la perspectiva de la distribución constitucional de competencias que las derivadas de la Ley 8/2007, de 28 de mayo, de Suelo, de la que trae fundamentalmente causa. A este respecto, no debe olvidarse que la cuestión competencial, además de ser objeto de debate durante la tramitación parlamentaria de esta Ley, ha dado lugar tras su publicación a la interposición de cuatro recursos de inconstitucionalidad, que fueron admitidos a trámite por sendas providencias del Tribunal Constitucional de 25 de septiembre de 2007 (Bole-

El planteamiento mismo de la operación de refundición, que se ha llevado a cabo tomando como base y referencia a la LdS, es también, sin duda, correcto. Ninguna otra opción habría sido lógica e idónea desde la perspectiva de la técnica legislativa: de un lado, la LdS era un texto completo, coherente, sistemático e innovador, que, por eso mismo, ha determinado justamente la necesidad de la refundición; y, de otro lado, el TRLS92 era ya sólo la denominación para una suma de preceptos de objeto diverso que han sobrevivido a la norma de cuyo sistema formaban parte integrante y cuya lógica había sufrido entretanto el impacto de dos innovaciones legislativas: la efectuada fundamentalmente en 1998 y la cumplida justamente en 2007; suma, que no formaba, por tanto, conjunto o sistema coherente (y menos aún actual) y apto para servir de encuadre de la labor de refundición. Pero sobre todo, ha sido la propia LdS la que ha predeterminado la opción: ella misma pretendió innovar y efectivamente renovó completamente el ordenamiento general (estatal) en la materia, pero conservando conscientemente aquellos preceptos del TRLS92 aún subsistentes, que ni derogó, ni incorporó a su propio texto. Con ello dejó claro que tales preceptos, no incorporados, así conservados, debían ser objeto justamente de inserción posterior por la vía del dictado de un nuevo texto refundido. Estas consideraciones bastan para justificar plenamente, incluso desde la técnica legislativa, la alternativa escogida, que no supone, así, sino la continuación —para su ultimación— de la innovación legislativa llevada a cabo en 2007.

El expuesto planteamiento (que trae causa, a su vez, del carácter innovador de la LdS refundida) es sin duda el responsable de la espe-

---

tín Oficial del Estado de 8 de octubre siguiente). En todo caso, dos de las Comunidades Autónomas recurrentes (la Región de Murcia y Canarias) han formulado observaciones en las que ponen de manifiesto que ninguna objeción hacen al proyecto de texto refundido a salvo el resultado de sus recursos.

En atención a estas circunstancias, estima el Consejo de Estado que no cabe formular objeción alguna al texto propuesto desde la óptica del reparto de competencias en la medida en que se ha respetado escrupulosamente el régimen previsto para los artículos objeto de refundición, sin que sea el presente dictamen el lugar idóneo para enjuiciar dicho régimen, entre otros motivos, dada la pendencia de los recursos ante el Tribunal Constitucional».

cífica sustantividad propia de la aprobación del nuevo texto normativo, que ha llamado la atención del Consejo de Estado. El Real Decreto Legislativo cuenta, en efecto y además de las disposiciones que le son estrictamente precisas (la decisión aprobatoria —art. único— y la actualización de las referencias normativas, en otras normas, al TRLS92 —disposición adicional—), con preámbulo (innominado) propio y sendas disposiciones derogatoria y final de entrada en vigor, todos ellos independientes de los correlativos que contiene o, en su caso, faltan en el texto refundido.

La dotación del proyecto de Real Decreto Legislativo con preámbulo propio, que también llamó la atención del Consejo de Estado por carecer de precedentes (razón más que probable de la justificación que de la misma se sintió obligado el Gobierno a hacer en la memoria del proyecto [8]), fue objeto por parte de dicho órgano consultivo de crítica por innecesaria y generadora de disfunciones desde la perspectiva de la técnica normativa (concretadas en la separación de las referencias a la Ley habilitante —contenidas en el preámbulo del Real Decreto Legislativo— y la reproducción —en el del texto refundido y ahora como preámbulo de éste— de la exposición de motivos de la LdS). Aunque esta última reproducción no se censuró,

[8] En la memoria justificativa del proyecto de Real Decreto Legislativo se justificaba la solución adoptada en los siguientes términos:

«Se ha optado por incluir como Preámbulo del Texto Refundido, la íntegra Exposición de Motivos de la Ley 8/2007, con la aclaración, en un nuevo expositivo —el VIII— de la tarea refundidora realizada en relación con los preceptos, dispersos y desestructurados, procedentes de la Ley de Suelo de 1992. De este modo, se contiene como mera parte expositiva del Real Decreto Legislativo, una reducida explicación en relación con la delegación legislativa y con las normas que son objeto de refundición.

Esta operación parece necesaria, toda vez que la Ley 8/2007, como en su propia Exposición de Motivos aclara, ha roto con las fuertes inercias que inspiraban las más importantes técnicas e instituciones urbanísticas procedentes de la tradición española, introduciendo muchas novedades que podrían no entenderse bien si la Exposición de Motivos desapareciese. La necesidad de incluir dicha exposición ha venido demandada, además, por parte de algunos Ministerios, Comunidades Autónomas y organizaciones representativas del sector, que lo han entendido no sólo como garantía de mejora de la técnica normativa, sino, incluso, de seguridad jurídica».

se consideró preferible —por ser más ajustada a las directrices de técnica normativa aprobadas por Acuerdo del Consejo de Ministros de 22 de julio de 2005— la opción por una sola parte expositiva (innominada) a continuación del título del Real Decreto Legislativo y comprensiva, además de los contenidos específicos usuales en este tipo de normas, de los principios inspiradores de la LdS (sin necesidad de reproducir la entera exposición de motivos de ésta). Aunque la opción finalmente adoptada por el Gobierno (una sola parte expositiva innominada, conforme sugería el Consejo de Estado) rectifica ciertamente la inicial diferenciación entre la decisión aprobatoria y el texto normativo objeto de ésta, procede señalar que de tal diferenciación —y de la falta de precedentes— no cabía deducir en realidad las supuestas deficiencias de técnica normativa apuntadas. La diferenciación tiene sustrato jurídico real y la pretendida confusión sólo era argumentable en este caso desde el esquema tradicional y su aceptación sin más como expresivo de la mejor solución técnica. Pero, de ser esto así, la crítica habría debido extenderse también (lo que no se hizo) a los contenidos de la parte prescriptiva del Real Decreto Legislativo que van más allá de la mera aprobación del texto refundido. En realidad, lejos de haber confusión, lo que había era más bien clarificación: de un lado, el órgano constitucionalmente habilitado para ello, mediante delegación, daba cuenta del título jurídico con el que actuaba y del respeto, en el ejercicio de la facultad otorgada, de los límites por ella impuestos; y, de otro, se incluía en el texto refundido también la exposición de motivos de la principal pieza normativa objeto de refundición para que formara parte integrante (con su valor propio) del mismo; lo que habría evitado la mezcla indebida entre lo uno y lo otro. La conveniencia de lo segundo —reconocida por el Consejo de Estado— es en todo caso evidente si se tiene en cuenta la novedad del planteamiento y, por tanto, la regulación de la LdS y su función de marco de las políticas autonómicas de ordenación territorial y urbanística, en la que el texto refundido le sucede. Es pues la LdS la que otorga cuerpo y sistema a este último, representando la incorporación del TRLS92 subsistente meras incrustaciones que lo complementan sin alterarlo, ni diluirlo. Y, dado el escaso tiempo transcurrido desde la entrada en vigor de la LdS, el papel en modo alguno desdeñable que corresponde a la parte expositiva de todo texto legal en la efectividad de éste no debe perderse en este caso, tanto más considerando el momento por el que atraviesa la praxis de la ordenación territorial y urbanística.

La duplicación de las disposiciones derogatoria y final de entrada en vigor existente en el proyecto de Real Decreto Legislativo y de texto refundido ha desaparecido también en el texto finalmente publicado como consecuencia de la observación por el Consejo de Estado de la redundancia que suponían. Permanecen sólo, por tanto, las del Real Decreto Legislativo aprobatorio.

La disposición final de entrada en vigor del Real Decreto Legislativo y también el texto refundido al día siguiente de su publicación en el Boletín Oficial, a la que —como tal— ninguna observación había formulado el Consejo de Estado, ha quedado tal cual figuraba en el proyecto.

Respecto de la disposición derogatoria, que se circunscribe a la abrogación en bloque tanto de la LdS como del TRLS92, el Gobierno no ha asumido [9], finalmente, las observaciones del Consejo de Estado referidas a la procedencia de: i) la inclusión de cita expresa de los artículos 38 y 39 LEF (derogados por la LdS), y ii) la precisión de que la derogación del TRLS92 no es completa, al subsistir —por su propia naturaleza— sus disposiciones transitoria quinta (concretamente su apartado 1, «edificaciones existentes», a la entrada en vigor de la Ley 8/1990) y final sexta (financiación del patrimonio municipal de suelo y relativa a las operaciones de crédito concertadas por las Corporaciones locales en los años 1992 y 1993). Debe considerarse correcta la decisión gubernamental, toda vez que, de un lado, la derogación de los aludidos preceptos de la LEF se consumó con la entrada en vigor de la LdS, sin que la derogación ahora de ésta pueda implicar —conforme al art. 2.2, inciso final Cc— la recuperación por aquéllos

[9] La afirmación que se hace en el texo debe entenderse hecha con la matización de la recuperación en el texto refundido y como disposición transitoria quinta (como consecuencia de la observación del Consejo de Estado) de la también quinta del TRLS92.

de vigencia, y, de otro lado, la derogación del TRLS92 podía y debía ser completa, ya que sus disposiciones transitoria quinta y final sexta, por razón de su propio contenido regulador y objeto, agotaron su eficacia en su momento, no pudiendo derivarse de su derogación consecuencia sobrevenida alguna sobre los efectos producidos por ellas (la legalización de determinadas edificaciones ya existentes al tiempo de la entrada en vigor de la Ley 8/1990 y el no cómputo a efectos del límite del 25% previsto en la LHL para la exención de necesaria autorización de las correspondientes operaciones de crédito concertadas en los años 1991 y 1993). A estas razones se añade la ya concluyente, por lo que hace a la disposición transitoria quinta del TRLS92, de su incorporación finalmente al texto refundido a consecuencia sin duda de la observación del Consejo de Estado.

1.2. *El efecto derogatorio y la determinación de la entrada en vigor*

La disposición derogatoria y la final del Real Decreto Legislativo rezan así:

— Disposición derogatoria única. *Derogación normativa.*

Quedan derogadas todas las disposiciones de igual o inferior rango que se opongan al presente Real Decreto Legislativo y al Texto Refundido que aprueba y, en particular, las siguientes:

a) La Ley 8/2007, de 28 de mayo, de Suelo.

b) El Real Decreto Legislativo 1/1992, de 26 de junio, por el que se aprueba el Texto Refundido de la Ley sobre Régimen del Suelo y Ordenación Urbana.

— Disposición final única. *Entrada en vigor.*

El presente Real Decreto Legislativo y el Texto Refundido que aprueba entrarán en vigor el día siguiente al de su publicación en el Boletín Oficial del Estado.

Destaca la disposición derogatoria, en la línea de la correlativa de la LdS, por la precisión con la que determina el efecto derogatorio del Decreto Legislativo y la compleción de la operación derogatoria, de modo que puede en este caso considerarse prácticamente de estilo la cláusula referida a la comprensión en ella de cualesquiera otras disposiciones de igual o inferior rango que se opongan a lo dispuesto en el Real Decreto Legislativo y en el propio texto refundido aprobado por éste. Es lógico que no se comprenda en la derogación la LRSV, toda vez que ésta fue derogada íntegramente en su momento por la LdS, sin que la derogación de ésta pueda determinar la recuperación por aquélla de su vigencia.

La derogación es, pues, completa tanto de la LdS como del TRLS92.

El Real Decreto Legislativo y el texto refundido por él aprobado entraron en vigor, conforme a la disposición final del primero, el día 27 de junio de 2008; día, por tanto, en que se produjo el efecto derogatorio antes aludido.

2. El texto refundido

Por la razón ya expuesta, el texto refundido resultante de la operación descrita carece, como tal, de parte expositiva, al quedar englobada la exposición de motivos de la LdS (prácticamente en su literalidad) en la del Real Decreto Legislativo aprobatorio. En ella:

a) El apartado I recoge lo que, en el proyecto, había sido el preámbulo independiente del referido Real Decreto Legislativo.

b) Los apartados II a VIII, ambos inclusive, transcriben —con muy ligeras modificaciones— todos los apartados (I a VII) de la exposición de motivos de la LdS (en los que se da cuenta de los principios inspiradores y del contenido de los Títulos Preliminar y I a V, ambos inclusive, del texto refundido, que se corresponden con los estructurantes del texto de la LdS).

c) El apartado IX es de nuevo cuño y da cuenta del nuevo Título VI que se añade en el texto refundido y en el que se recogen, agrupados bajo la rúbrica «régimen jurídico», un conjunto disperso de preceptos del TRLS92 no susceptibles —por su objeto— de inserción en o entre los anteriores procedentes de la LdS.

El cuerpo mismo del texto refundido de la Ley de Suelo es el fruto de:

— La inserción en el texto de la LdS (cuyos preceptos y sistemática no se modifican) de los correspondientes preceptos del TRLS92, siguiendo —como ha observado el Consejo de Estado [10]— el criterio preestablecido por la disposición final primera de la propia LdS, que [11] había agrupado sus preceptos en tres bloques en función de los títulos competenciales ejercitados, dando lugar, así, a preceptos con el carácter de i) condiciones básicas de la igualdad en el ejercicio de los derechos y el cumplimiento de los correspondientes deberes constitucionales y, en su caso, de bases del régimen de las Administraciones Públicas, de la planificación general de la actividad económica y de protección del medio ambiente; ii) bases de la planificación general de la actividad económica, y iii) normas de aplicación plena. Y, por tanto, integrando los preceptos insertados en alguno de esos tres bloques.

— La agrupación de los preceptos del TRLS92 con objeto no abordado por ninguno de los títulos de la LdS, pero relacionables entre sí justamente por tal objeto, en un nuevo título sobre «Régimen jurídico», que se añade, como último, a los cinco procedentes de la LdS.

Aunque es evidente el esfuerzo desplegado por mantener en todo lo posible incluso la numeración de los preceptos de la LdS sustituida, el volumen y la importancia de los preceptos procedentes del TRLS92 lo han hecho materialmente imposible. En efecto:

a) Desde el artículo 1 al 16 no hay variación alguna (lo que se explica por la falta de coincidencia de los objetos regulados por los textos objeto de refundición).

---

10 Véase nota 5.

11 Con independencia ahora de la solución dada al reconocimiento de la competencia derivada del régimen singular de las Ciudades Autónomas de Ceuta y Melilla.

b) Entre el artículo 17 y el 36 la variación es mínima (la indispensable para la introducción de reglas inexistentes en la LdS sobre, en lo sustancial, las repercusiones hipotecario-registrales de los procesos de equitativa distribución de beneficios y cargas y la institución de la expropiación forzosa).

c) A partir del artículo 42 la variación es completa, ya que desde dicho artículo hasta el último, es decir, el 54 se recogen preceptos procedentes exclusivamente del TRLS92 y que no tienen correlato alguno en la LdS.

A idéntico modo de proceder obedecen las disposiciones adicionales (de las once del texto, dos —las últimas— proceden del TRLS92), transitorias (una de ellas —la última— proveniente del TRLS92) y finales (procedentes de la LdS, con las actualizaciones, en su caso, procedentes).

Las variaciones introducidas están todas ellas, en todo caso, justificadas y aparecen realizadas con buena técnica y de la manera más respetuosa posible con las normas objeto de refundición.

Aunque hasta ahora se ha venido haciendo referencia genéricamente a la incorporación de todos los preceptos del TRLS92 subsistentes al tiempo de la refundición, tal afirmación debe matizarse ahora en el sentido de referirse a todos aquéllos que debían considerarse efectivamente en vigor en dicho momento. Pues, justificadamente, el texto refundido no incluye determinados preceptos del TRLS92 que superaron en su día el test de constitucionalidad (por lo que han quedado ahora formalmene derogados). Se trata de los tres siguientes:

— *Artículo 168.2 TRLS92.*

Este precepto contenía una regla referida al contenido mismo del instrumento urbanístico que efectuara materialmente la operación de reparcelación, es decir, de equitativa distribución de beneficios y cargas de una actuación de transformación urbanística. El supuesto del que partía era el de la incompatibilidad con el planeamiento de derechos reales o cargas —en caso de subrogación real de las antiguas por las nuevas parcelas—, disponiendo que la resolución aprobatoria del correspondiente instrumento debía declarar su extinción y fijar la indemnización correspondiente a cargo del propietario respectivo.

Siendo así que la determinación de la declaración de extinción carecía en todo caso de contenido prescriptivo propio (era una pura consecuencia necesaria de la incompatibilidad con el planeamiento de los derechos y cargas de que se trate), es claro que el contenido del precepto se agotaba en la regla indemnizatoria expuesta, la cual, por su propio objeto, pertenecía a la lógica y economía interna de la operación de distribución de beneficios y cargas. Esta operación es netamente urbanística y se inscribe en la gestión de la ejecución de los instrumentos de ordenación de las actuaciones de transformación urbanística; instrumentos y su gestión, que, a su vez, se inscriben plenamente —desde luego en el diseño que del marco legal general de las políticas de ordenación territorial y urbanística inaugurado por la LdS— en el campo propio de la competencia legislativa autonómica *ex* artículo 148.1.3.ª CE (como resultaba ya de su exposición de motivos, sin necesidad de mayor justificación).

En consecuencia, el contenido prescriptivo de este precepto del TRLS92 era incompatible frontalmente con la LdS por haber quedado sobrevenidamente fuera del campo regulatorio acotado como propio por el legislador estatal. De lo que se sigue que no sólo era posible, sino obligada su exclusión del nuevo texto refundido. La opción plasmada en el texto publicado es, pues, plenamente correcta, por ajustada a Derecho e inscribirse plenamente en el cometido asignado por la delegación legislativa (sin sobrepasar sus límites).

— *Artículo 135.5 TRLS92.*

Este precepto, subsistente a pesar de la declaración de nulidad por el Tribunal Constitucional de los restantes apartados del mismo artículo, no sólo habría carecido de todo sentido, sino resultado perturbador (contrario a la regularización, aclaración y armonización a procurar) en el nuevo texto refundido.

En efecto, se limitaba a servir de puente entre los supuestos de edificaciones fuera de ordenación definidos en los apartados ya inexistentes y la disposición adicional cuarta del propio TRLS92 para dejar clara la aplicabilidad en aquellos supuestos de los derechos de los arrendatarios previstos en tal disposición adicional. Como quiera que el texto refundido incorpora, como la undécima de entre las propias, la aludida disposición final cuarta del TRLS92 en términos que dejan clara la subsistencia de los derechos de los arrendatarios de que se trata, es diáfano que ningún objeto habría tenido el mantenimiento de este precepto: ni en cuanto respecta a la referencia de supuestos de edificaciones fuera de ordenación (cuya definición corresponde claramente al legislador autonómico), ni por lo que hace a los derechos insertos en la relación de arrendamiento (que es la única que, según la STC 61/1997, de 20 de marzo, justifica la intervención legislativa estatal), puesto que sencillamente habría sido redundante con el contenido (en parte) de la nueva disposición adicional undécima del texto refundido. Su no incorporación a éste está, pues, plenamente justificada, al inscribirse en la lógica de la operación encomendada por la delegación legislativa.

— *Artículo 219.3 TRLS92.*

Este precepto fue, en realidad, derogado por la Ley 6/1998, de 13 de abril, de Régimen del Suelo y Valoraciones, como resulta a contrario de la enumeración de preceptos subsistentes, por no derogados, que contenía el párrafo segundo del apartado 1 de la disposición derogatoria de dicho texto legal.

Por tanto, aunque no fuera materialmente acertado el argumento que para su no incorporación al texto refundido suministró la memoria de su proyecto (haber quedado subsumido en el art. 17.2 LdS), la procedencia de su exclusión del texto refundido era y es evidente.

— *Artículo 243.1 TRLS92.*

Aun no habiendo sido declarado inconstitucional por la STC 61/1997, ni derogado formalmente por la disposición derogatoria LRSV, su exclusión del texto refundido no es merecedora de reproche alguno.

El precepto se limitaba, en efecto, a atribuir directamente la competencia para el otorgamiento de las licencias de edificación a las entidades locales de acuerdo con su legislación aplicable. Por su contenido (tanto en lo referente a la atribución directa de la competencia, como en la especificación de la técnica de intervención previa administrativa de los actos de edificación) resultó, en efecto, sobrevenidamente incompatible con la LdS, toda vez que ésta redelimitó el campo de intervención del legislador básico (excluyendo toda atribución de competencias administrativas pertenecientes al plano de la aplicación o ejecución de la ordenación territorial y urbanística, considerado en la plena disposición del legislador autonómico) y evitó cuidadosamente (en la medida de lo posible) toda predeterminación de las técnicas concretas al servicio de la formulación, gestión, ejecución y disciplina de la referida ordenación. Era clara, pues, la pertinencia e, incluso, la estricta procedencia en Derecho de la exclusión de esta regla de la operación de refundición (en cumplimiento del mandato de clarificación, regularización y armonización y en aras de la depuración del ordenamiento). Tanto más cuanto que el mantenimiento del precepto habría planteado, además, alguna dificultad añadida, de no fácil resolución, en punto a su adecuada articulación con la legislación de régimen local a la que remitía.

II. EL TEXTO REFUNDIDO

TÍTULO PRELIMINAR
DISPOSICIONES GENERALES

Artículo 1. ***Objeto de esta Ley.***

Esta Ley regula las condiciones básicas que garantizan la igualdad en el ejercicio de los derechos y en el cumplimiento de los deberes constitucionales relacionados con el suelo en todo el territorio estatal. Asimismo, establece las bases económicas y medioambientales de su régimen jurídico, su valoración y la responsabilidad patrimonial de las Administraciones Públicas en la materia.

Procedencia

Este artículo reproduce, literalmente, el correlativo de la LdS, no habiendo sido objeto de observación alguna en el dictamen emitido por el Consejo de Estado.

Comentario

La determinación del objeto del texto légal es congruente con el doble propósito del legislador de 2007:

a) El estricto, pero pleno cumplimiento de la responsabilidad que efectivamente le corresponde en la realización del orden constitucional, de acuerdo con el reparto territorial de competencias que determina la Constitución y completan los Estatutos de Autonomía.

La Ley no aspira, por ello, a definir bases materiales específicas algunas de la ordenación territorial y urbanística como tal —ordenación, cuya formulación asume sin reservas que pertenece íntegramente a las Comunidades Autónomas—, sino que pretende establecer el marco legal general en el que debe desarrollarse desde luego, conforme a su lógica propia, aquella ordenación, pero igualmente cualesquiera otras acciones de los poderes públicos con incidencia en la ocupación, transformación y utilización del territorio en general y el suelo en particular. Y opera así atendiendo al doble carácter que la doctrina constitucional ha atribuido a la ordenación territorial y urbanística: competencia para la determinación del arreglo del territorio y el uso del suelo, pero simultáneamente también, trascendiéndola y como resultado obligado del ejercicio de cualesquiera competencias —incluso sectoriales— concurrentes en la configuración del espacio de convivencia, utilización ordenada del territorio y el suelo, es decir, verdadera política común a todos los poderes públicos.

b) La superación de la situación de inestabilidad del expresado marco legal, el cual ha sufrido en la década de los noventa del pasado siglo sucesivas reformas y modificaciones de diverso alcance sin encontrar por ello su asiento definitivo, ni siquiera al hilo de los dos fundamentales pronunciamientos del Tribunal Constitucional en la materia (SsTC 61/1997, de 20 de marzo, y 164/2001, de 11 de julio). Y consiguiendo esa superación incluso y especialmente en el impacto sobre la legislación autonómica ya dictada y vigente, de modo que no sea precisa una verdadera operación de reforma de ésta.

Porque, en efecto, semejante situación entorpece la correcta integración del ordenamiento jurídico en su conjunto; produce diacronía entre éste y los procesos —de larga duración— dirigidos a asegurar la ordenada utilización del suelo con la inevitable secuela de las incertidumbres asociadas y, en definitiva, dificulta la convergencia de las acciones de los diversos poderes públicos en una política de gobierno coherente del territorio.

La novedad del precepto, ya en origen, radica sólo parcialmente en la inclusión en el objeto del texto legal de elementos hasta la LdS marginados o descuidados por el legislador. Aparecen ciertamente, por referidas a instituciones centrales, la valoración del suelo (pieza decisiva de la expropiación forzosa; instituto, cuya completa regulación es competencia estatal *ex* art. 149.1.18.ª CE) y la responsabilidad patrimonial de las Administraciones Públicas (instituto que cierra la garantía constitucional de la indemnidad patrimonial del ciudadano y la determinación de cuyo sistema es de la incumbencia estatal *ex* art. 149.1.18.ª CE), como también, por supuesto, las condiciones básicas que garantizan la igualdad en el ejercicio de los derechos y el cumplimiento de los deberes constitucionales (que se corresponde con la responsabilidad constitucional del poder central en la configuración de las condiciones fundamentales de la vida colectiva *ex* art. 149.1.1.ª CE). Pero lo sustancial, lo que marca la diferencia con la situación normativa anterior a la LdS, consiste en:

— El protagonismo otorgado justamente a las condiciones básicas que garantizan la igualdad en el ejercicio de los derechos y el cumplimiento de los deberes constitucionales y, por tanto, al titular de unos y otros: el ciudadano. De este modo, y como luce en el inciso inicial del precepto legal, tales condiciones integran el primer y fundamental elemento del objeto del texto legal, es decir, el que determina por completo la perspectiva y el planteamiento de éste.

El fin propio de la ordenación territorial y urbanística, que no puede ser otro que el tradicional del bienestar de la población, debe descansar, así, en la optimización, en la dimensión espacial, del estatuto constitucional de derechos y deberes de todos a partir del soporte mínimo común integrado por las condiciones básicas garantes de la igualdad en el ejercicio y el cumplimiento de unos y otros garantizado por el legislador general.

El giro que representa este planteamiento es notable: el destinatario primario de la ordenación territorial y urbanística no es ya, como era hasta ahora, el propietario de suelo, por el hecho de estar en sus manos, en principio, el recurso natural con el que ha de operar la ordenación territorial y urbanística; es ante todo el ciudadano, por y desde la posición fundamental que le asegura en el orden sostenido por la norma fundamental el artículo 10.1 de ésta. Se trata del ciudadano ordinario, sin necesidad de cualificación alguna, o, en otros términos: de la vida individual y social en y sobre el territorio y el suelo objetos de ordenación; pero también, por supuesto, del ciudadano cualificado por esta ordenación en cuanto propietario de suelo y eventualmente empresario. Esto supone, en palabras de la parte expositiva (apdo. II), el abandono del sesgo reduccionista (reserva a la propiedad del suelo de la iniciativa de la actividad de urbanización) que ha constituido la peculiaridad tradicional de nuestro sistema legal urbanístico y ha provocado, ya en la época constitucional, la concentración de la garantía estatal de las condiciones básicas de igualdad en las facultades y los deberes de la propiedad del suelo.

— El establecimiento de las bases económicas y medioambientales del régimen jurídico del suelo, en correspondencia con la responsabilidad del poder central por las bases tanto de la economía general (art. 149.1.13.ª CE), como de la protección del medio ambiente (art. 149.1.23.ª CE).

La conexión con el anterior de este novedoso elemento es evidente: la efectividad del estatuto de la ciudadanía es función de la acción de los poderes públicos, acción cuya eficacia depende de su correcta teleología. Ésta es la que, a escala de los principios últimos, proporciona cabalmente el régimen básico que el marco legal contiene y en el que se armonizan, a la luz del orden constitucional, los requerimientos de la economía y el medio ambiente.

Se entiende, pues, que la parte expositiva (apdo. II, párr. 4.º) rechace la calificación de «Ley urbanística» y hable de marco idóneo i) concebido a partir del deslinde competencial operado por el bloque de la constitucionalidad y prescindiendo, por ello, de toda regulación de técnicas propiamente urbanísticas; ii) basado en una renovación plenamente inspirada en los valores y principios constitucionales pertinentes; iii) dirigido a sentar unas bases comunes comprensibles para la ciudadanía, en las que la autonomía pueda coexistir con la igualdad, es decir, que no prefiguren modelo territorial o urbanístico concreto alguno, aunque sirvan de referencia obligada para su definición.

La inclusión en el objeto del texto legal de cada uno de los elementos comentados para formar un todo coherente se justifica, desde el punto de vista de los títulos competenciales, en la disposición final primera.

En todo caso, la perspectiva propia de tal planteamiento no es otra que la del espacio físico en tanto que «espacio social» (proyección de la sociedad organizada en el territorio que puebla, ocupándolo, configurándolo y resultando condicionada por él), es decir, dimensión de la convivencia ordenada sobre el territorio y, por ello, constitutiva de la compleja comunidad política española, al propio tiempo elemento y tarea del Estado constituido, que resulta ser, así, necesariamente responsabilidad compartida de todas las instancias territoriales de éste. Aunque en modo alguno desconocida (A. Posada aludió a ella ya en 1936 [12]), se trata de *una perspectiva legalmente nueva, que se ofrece especialmente idónea para resolver adecuadamente no sólo la compleja cuestión competencial, sino la decisiva del alcance, la finalidad, el sentido y, por tanto, el contenido de la intervención del legislador general.*

La contemplación del territorio y, más precisamente, del espacio, en efecto, como ámbito de acción o vida sociales (campo de los procesos propios de la acción humana) revela su apuntado carácter de «espacio social», haciéndolo relevante para el Derecho. Tal carácter permite la afirmación del Estado como *dimensión territorial-espacial* de la sociedad por él políticamente organizada, inscrita genéticamente en el orden constitucional, de modo que a éste es consustancial la componente territorial y espacial. Pues para ser justo, ese orden ha de serlo también en su dimensión territorial; y para procurar la calidad de vida que postula ha de incluir su dimensión espacial [13]. El territorio y, por tanto, el espacio resultan ser, en definitiva, ámbitos de influencia de una sociedad, al punto de que ésta, condicionada por ellos, los «constituye» y, por tanto, «configura». Se explica así que el objeto propio de la política social y económica de que habla la rúbrica del Capítulo III del Título I de la CE —la configuración social desde el criterio estimativo del orden constitucional sustantivo—, incluya desde luego la del territorio y el espacio. De este modo, la

---

[12] A. POSADA, *El régimen municipal de la ciudad moderna,* Biblioteca de Derecho y Ciencias Sociales, Librería General de Victoriano Suárez, 4.ª edición revisada, Madrid, 1936, págs. 7 y 8. Allí destacó que la materia de toda sociedad tiene como elementos constitutivos, de un lado, los individuos y los grupos en que éstos se integran y, de otro, las cosas, pero todos ellos situados en el espacio, de modo que éste es, a su vez, un elemento esencial de aquella sociedad.

[13] Como apunta Chr. LANGHAGEN-ROHRBACH, *Raumordnung und Raumplanung, Wissenschaftliche Buchgesellschaft,* Darmstadt, 2005, pág. 3, la sociedad y su «espacio social» son inescindibles, en el sentido de que no pueden ser entendidos separadamente.

acción de continuada configuración de que —en el curso del permanente proceso de desarrollo constitucional— es responsable el Estado, es, precisamente por serlo de configuración social, de configuración territorial y espacial.

Ello presupone un orden estimativo desde el que enjuiciar la situación real y definir, así, la ideal a alcanzar en términos de fines y objetivos a conseguir o, lo que es lo mismo, el interés general en punto a las funciones y los usos «territoriales» y la acción a desarrollar para su consecución, es decir, para alcanzar el mejor «arreglo» del territorio-espacio históricamente posible en cada momento. En la medida en que éste ha de ser adecuado a las necesidades de la vida social y, por ende, a la lógica propia de ésta, ese orden estimativo de referencia no es otro que el entero orden sustantivo constitucional, en tanto que formalización de los valores, bienes y principios del orden económico y social justo al que responde el acto constituyente. Sin perjuicio de que incluya pronunciamientos de carácter directa o indirectamente «territorial», como los contenidos en los artículos 45, 46 y 47 CE, los cuales forman, así, parte de un todo del que no pueden desconectarse para su correcta interpretación.

La perspectiva adoptada por el legislador desvela, pues, la axiología propia del espacio social que ha de ser hecha valer en lo necesario por el legislador general en cuanto que la solidaridad, en términos ahora del mínimo común de —o unidad en— las condiciones del «espacio social», es un bien constitucional que concierne, en el Estado autonómico, a la instancia central de éste y su generación continua en el mínimo común requerido por la unidad constitucional está por ello inscrita en el círculo de intereses cuya gestión le corresponde constitucionalmente. Esta axiología permite identificar en su seno, de modo más acurado, el conjunto de valores y bienes referidos directamente al orden territorial-espacial, determinar su contenido y alcance y precisar así su juego relativo en el contexto del orden constitucional como sistema total. Se trata de los recogidos en los artículos 45, 46 y 47 CE, que no pueden ser ahora analizados, pero que —importa destacarlo— sacan a la luz, por demandar la utilización racional de los recursos naturales —en términos, en su caso (el del suelo), de su conformidad con el interés general—, la relación de las cosas-recursos con los sujetos y su actividad, dando lugar a situaciones tuteladas por el Derecho. En efecto, los recursos, en cuanto conjunto que proporciona las potencialidades para la vida, conciernen a los sujetos y motivan su acción, su actividad, obviamente conforme al orden constitucional. La lógica de esa concernencia es, sin embargo, diferente, aunque la norma fundamental le impone algunos rasgos unitarios, que vienen dados por la aludida exigencia de racionalidad-conformidad con el interés general. Pues esta exigencia presenta un perfil determinado:

— Con carácter general y para cualquier recurso natural, la racionalidad no es cualquiera, sino *única* y precisamente la que —desde la *solidaridad* colectiva— mejor sirva para conseguir un medio ambiente adecuado para la calidad de vida (defensa y restauración del primero para proteger y mejorar la segunda; art. 45.2 CE).

La *solidaridad* es aquí elemento capital, en cuanto destaca, junto con la individual, *la responsabilidad colectiva* por la utilización de los recursos naturales; responsabilidad, que *se traslada a la comunidad políticamente organizada* —los poderes públicos constituidos— en términos de deber de acción.

La solidaridad colectiva, por tanto, lleva de la mano a una utilización prudente [14], pues exige de ésta un resultado determinado, cabalmente el «sostenible». Se trata del «desarrollo equilibrado y *sostenible*» y del «desarrollo armonioso, equilibrado y *sostenible* de las actividades económicas» correspondiente a un «crecimiento *sostenible*» de que hablan, respectivamente, los artículos 2 TUE y 2 TCE, normas del Derecho originario europeo con las que sintoniza así nuevamente nuestra Constitución [15].

---

[14] El artículo 174.1 TCE vincula prudencia y racionalidad a la hora de determinar la utilización de los recursos naturales. Los principios medioambientales comunitario-europeos de «cautela» y «prevención» o «acción preventiva» (art. 174.2 TCE) encuentran aquí su fundamento.

[15] Como es bien sabido, la «sostenibilidad» es concepto acuñado por el informe Brundtland en 1987 y que, a través de la «Agenda 21» acordada en la Conferencia de Río de Janeiro de 1992, ha pasado al Derecho comunitario europeo y ha sido recibido ya, como principio jurídico, por numerosa legislación medioambiental. Confor-

De otro lado, la solidaridad colectiva, soporte de la correspondiente responsabilidad asimismo colectiva, sólo puede emanar de una sociedad suficientemente cohesionada, lo que remite igualmente a la acción positiva de configuración social de los poderes públicos constituidos y primariamente al central. Pero lo decisivo es la imbricación entre ambos valores y, por tanto, la *trascendencia territorial-espacial de la cohesión económica y social.*

Este es el fundamento del alcance del concreto orden de valores considerado: su radio es el entero orden constitucional, penetrando éste por la perspectiva estimativa (la calidad de vida) propia de aquél [16], pero también, por tanto, del *carácter compartido de la responsabilidad-tarea estatal de ordenación territorial y urbanística,* en tanto que instrumento y sede para la armonización de los contrapuestos requerimientos que, desde su propia economía sectorial, proyectan sobre el territorio-espacio los diferentes factores con incidencia o relevancia en el mismo.

— Por lo que hace concretamente al recurso natural «suelo», sus características y función para la vida imponen i) la directa precisión constitucional —consecuente con la compleja regla anterior— del carácter «racional» de su utilización para la efectividad del derecho de todos a una «vivienda digna y adecuada», pero simultáneamente ii) la entrega de la concreción de la racionalidad [17] (identificada con el interés general excluyente de la especulación) a la configuración de los poderes públicos *(regulación* y *acción* urbanísticas capaces de generar las condiciones necesarias, es decir, las de ordenación territorial y

---

me a la definición que da dicho informe, la sostenibilidad se predica del desarrollo que satisface las necesidades de la generación actual sin poner en peligro las posibilidades de futuras generaciones de satisfacer las necesidades propias y de efectuar sus propias opciones de vida. El concepto presenta, junto a la ecológica evidente, una componente social y otra económica.

[16] De donde la necesidad de una «optimización» en cada caso y circunstancia, vía ponderación de los diferentes y en su caso contrapuestos criterios derivados —en abstracto— de uno y otro, de los respectivos órdenes constitucionales económico y medioambiental.

[17] Más allá de la exigencia de «sostenibilidad», de cumplimiento en todo caso obligado, como ha quedado visto.

urbanística) en términos de tal alcance e intensidad que *es ella (y sólo ella) la legitimada constitucionalmente para crear las plusvalías derivadas de la transformación necesaria para permitir la utilización «urbana» del suelo,* razón por la que —cuando sean apropiables por los sujetos privados— debe participar incluso en ellas (art. 47 CE). De donde se sigue: no sólo no es inconstitucional la determinación de la entera tarea de ordenación territorial y urbanística y, en especial, la de la ocupación del suelo para su transformación (incluida ésta, es decir, la urbanización) como una función pública o, si se quiere, peculiar servicio público, sino que, más que conforme a la Constitución, es incluso una consecuencia obligada de ésta.

Más allá del «código mínimo común» que resulta de las reglas precedentes comienza la diversidad, tanto de la relación (los intereses) de los sujetos públicos y privados con las cosas o recursos, como de las políticas y acciones de los primeros (en función de sus respectivas competencias). Se trata en todo caso de un «código mínimo común»:

a) Presidido por el valor «medio ambiente adecuado», que, por ello mismo, lo *resume y sintetiza,* al integrar todos los demás: el medio ambiente adecuado lo es de una sociedad solidaria y, por tanto, cohesionada económica y socialmente, que utiliza todos los recursos naturales de modo racional y el suelo, en particular, sólo para satisfacer las necesidades de interés general y evitando la especulación, comenzando por la consistente en una vivienda digna y adecuada para todos.

b) En el que *se encuentran y ensamblan* los órdenes constitucionales económico y territorial-ambiental. Si el primero postula el progreso económico-social con una *distribución más equitativa* de la renta *regional y personal* (art. 40 CE), previendo para ello una acción estatal de modernización y desarrollo de todos los sectores económicos dirigida a *equiparar el nivel de vida de todos los españoles* (art. 130 CE) y atenta a la satisfacción de las necesidades colectivas, *el equilibrio y la armonización del desarrollo regional y sectorial,* el estímulo del crecimiento de la renta y la riqueza y *su más justa distribución* (art. 131 CE), ha de hacerlo interiorizando los valores del segundo. Y si éste propugna un medio ambiente adecuado, ha de hacerlo de modo que la dimensión territorial y espacial de la vida económica y social, sirviendo a dicho medio ambiente, incorpore los requerimientos del primero, es decir y en lo que aquí interesa, postula *una ordenación territorial y urbanística que, garantizando su sostenibilidad, traduzca espacialmente el progreso o avance económico-social (hacia la sociedad democrática avanzada de que habla el preámbulo de la Constitución) caracterizado por las notas de equilibrio, armonía (territorial y sectorial) y equiparación (en los términos más equitativos históricamente posibles en cada momento) de las condiciones de vida para proporcionar a todos, en un medio ambiente adecuado, la calidad de vida requerida por el libre desarrollo de la persona en sociedad.* La coincidencia también a este nivel último del orden constitucional con el comunitario-europeo confirma la corrección de esta conclusión.

c) Y que es rico en consecuencia, en tanto que *permite y a la vez impone,* dirigiéndola, la *decantación de fines u objetivos específicos* para la concreta tarea pública «ordenación territorial y urbanística» *a partir del estándar mínimo que fija para el cumplimiento del valor medio ambiente adecuado.*

En su vertiente objetiva de portadores de valores constitucionales, los contenidos del orden territorial-ambiental (como también los del orden económico) son cabalmente principios rectores de la política social y económica del Estado, cuya misma formulación y, además, el mandato del artículo 53.3 CE confirman la inexcusable procedencia de la actuación de todos los poderes públicos en sede del desarrollo constitucional.

Como revelan los términos que utiliza —la garantía, la restauración, la mejora y, sobre todo, *la promoción de las condiciones necesarias* [18], el constituyente asigna, en efecto, una responsabilidad para el desarrollo de una tarea positiva de configuración de la realidad, que va más allá de su mera regulación, debiendo cubrir la totalidad del ciclo de la gestión de los asuntos públicos: legislación y ejecución. Lo decisivo es, sin embargo, que *es el Estado como un todo el aludido, porque la perspectiva que preside el capítulo III del título I de la norma fundamental es la objetiva de la «política social y económica» y no la subjetiva de las competencias.* Y su

[18] Expresión que concuerda con la utilizada en el orden económico: la promoción de las condiciones favorables para el progreso; artículo 40 CE.

responsabilización, que encuentra su régimen general en el artículo 9.2 CE, no es sino la fórmula genérica de su vinculación al interés general, cuyas concretas condiciones sólo resultan del régimen propio, según el bloque de la constitucionalidad, de cada uno de los órganos-funciones en que, en cada una de las instancias en que se organiza territorialmente, se desagrega la estructura estatal. Los términos de la actuación «debida» por cada uno de ellos para cumplir con su propia responsabilidad (y, a su través, la del Estado en su conjunto) en la realización del interés general en el curso del proceso, constantemente renovado, de desarrollo constitucional únicamente son deducibles, pues, del respectivo orden constitucional al que están sometidos, que es específico por la doble razón del círculo territorial de intereses generales de su incumbencia y de la concreta función (expresada en competencias) que les está asignada en su gestión [19].

La cuestión esencial que plantea la función pública de ordenación territorial y urbanística es, así, la de determinación de su fin primario a partir del cuadro de valores y bienes constitucionales que rige la decantación de los intereses generales en materia territorial-ambien-

[19] Ésta es la causa de la estructura y economía del complejo artículo 53 CE, en el que la vinculación por el entero orden constitucional sustantivo se traduce de modo distinto según la parte de aquél de que se trate, de modo que si, como aquí sucede, de principios rectores de la política y social se trata (capítulo III del título I), la preocupación primaria por la distribución funcional de la competencia para la decisión y la tutela judicial directa cede el protagonismo, como queda dicho en el texto, a la vinculación misma, es decir, a la responsabilización de la totalidad de los poderes públicos según su intervención en el ciclo de la gestión de los asuntos públicos, es decir, sea legislando o juzgando, sea —en el caso de administrativización de la acción estatal— ejecutando, es decir, actuando sobre la realidad misma.

La razón de que ello sea así es clara: sin perjuicio de que del texto constitucional considerado puedan derivarse, en su caso, posiciones subjetivas a favor de la persona o del ciudadano, dicho texto atiende en su conjunto y en primer término a valores y bienes que conciernen a la comunidad políticamente organizada y que, por ello, dan lugar a intereses generales que no están en la esfera de las relaciones de interés propias de los sujetos privados. Sólo en el curso del proceso de desarrollo constitucional conforme a su lógica propia y como consecuencia de la acción del Estado (la política social y económica de éste) pueden en principio resultar posiciones esgrimibles por dichos sujetos precisa y únicamente ante la jurisdicción ordinaria (que no la constitucional).

tal. Pues la regulación de la utilización del suelo ha de hacerse «conforme al interés general»; expresión ésta, abstracta y formal, en la que se expresa la complejidad del objeto de la ordenación territorial y urbanística (complejidad, que se transmite a ésta misma), al tener que organizar, en el espacio y el tiempo, las pretensiones diversas y aún contrapuestas de los factores determinantes de la utilización del suelo.

En una primera aproximación, ese fin primario no es otro que la creación de las condiciones para la óptima realización, en la dimensión espacial, del orden constitucional, comenzando, por supuesto, por los derechos y las libertades que son inherentes a la persona [20],

---

[20] A partir del valor superior del libre desarrollo de la personalidad (art. 10.1 CE) es evidente, en efecto, la relevancia para la ordenación territorial y urbanística (y, a la inversa, la de ésta para la efectividad de aquél) de:

1) La igualdad de los españoles proclamada en el artículo 14 CE, en su conexión con las condiciones favorables para que el progreso social y económico se produzca con una distribución de la renta regional y personal más equitativa (art. 40 CE) o, en otros términos, creando las condiciones favorables para la mayor equiparación territorial justamente de las condiciones de vida (componente de la calidad de vida), en particular para: a) la efectividad (en tales condiciones) del derecho a: i) la vida en términos de protección de la salud y el bienestar; ii) una vivienda digna y adecuada en un ambiente asimismo adecuado; iii) la libre elección de residencia y de circulación por el territorio nacional, así como la entrada y salida libre de éste, y iv) la educación; así como para b) la propiedad, la libertad de empresa y el derecho-deber al trabajo.

2) La vida a que se refiere el artículo 15 CE, en relación con la protección de la salud, incluso a través de la educación física y el deporte (art. 43 CE), así como, desde luego, el amparo a los disminuidos físicos, sensoriales y psíquicos (art. 49 CE) y el bienestar de los ciudadanos en la tercera edad (art. 50 CE), y la previsión de la utilización del suelo para los pertinentes usos, en especial zonas verdes, de esparcimiento, ocio y deporte, con organización de las instalaciones y servicios correspondientes.

3) La libertad ideológica, religiosa y de culto (art. 16 CE), en relación con la previsión de la utilización del suelo, es decir, de usos de éste para tales fines.

4) La intimidad personal y familiar y la inviolabilidad del domicilio, así como la libertad de comunicación ínsita en la garantía del secreto de éstas (art. 18 CE), en conexión con el disfrute de un medio ambiente adecuado (art. 45.1 CE) y el derecho a una vivienda digna y adecuada (art. 47 CE).

5) La libre circulación por el territorio nacional, la libre elección de residencia y la entrada y salida libres del territorio nacional (art. 19 CE), en relación con el derecho a una vivienda digna y adecuada (art. 47 CE) y la previsión de la utilización

pero incluyendo también los principios fundamentales de la organización territorial del Estado. Desde la trascendencia de la ordenación territorial y urbanística para la plena efectividad o realidad de dimensiones esenciales del *status* constitucional de la persona y el ciudadano (presidido por el art. 10.1 CE) que de ello resulta, se manifiesta la dimensión prestacional de las libertades y los derechos constitucionales y adquiere pleno sentido el mandato de actuación positiva del artículo 9.2 CE.

La vinculación constitucional del Estado democrático social y de Derecho se resume, en último término, pues, en la creación —en la realidad y para todos— de las condiciones territorial-ambientales, es decir, la organización del territorio y el espacio más adecuada para la efectividad y plenitud en la vida individual y colectiva de los valores de la libertad, igualdad y participación política, económica, cultural y social en que se resume, en definitiva, el orden sustantivo constitucional. De donde se sigue que *el fin primario de la ordenación territorial y urbanística en tanto que tarea y función públicas consiste en la consecución de un orden espacial sostenible, que optimice las posibilidades de ejercicio, en igualdad, de la libertad y la participación en la vida social;* fin, al que son inherentes los valores de solidaridad y cohesión sociales. Este y no otro es el interés general último al que debe servir dicha ordenación

del suelo para infraestructuras y la organización de éstas (carreteras, ferrocarriles, puertos, aeropuertos, etc.) y de los servicios pertinentes.

6) La educación, especialmente la obligatoria y gratuita (art. 27 CE), en conexión tanto con la promoción de las condiciones para la participación de la juventud en el desarrollo político, social, económico y cultural (art. 48 CE), como con la previsión de la utilización del suelo para este fin y la organización de las instalaciones y los servicios de enseñanza y culturales correspondientes.

7) La propiedad (art. 33 CE), en conexión con la determinación, a través de la fijación de los usos del suelo y en las ciudades, del suelo sometido al régimen del dominio público (zonas verdes, viales, etc.) y del entregado a la lógica de la propiedad privada.

8) La libertad de empresa y el derecho-deber al trabajo (arts. 35 y 38 CE), en relación con la determinación del régimen de la transformación del suelo para servir de soporte a usos urbanos y la intervención en ella, en su caso, de la iniciativa privada, así como la previsión de la utilización del suelo para las diferentes actividades requeridas por el sistema económico y social.

en su contribución obligada a la calidad de vida en un medio ambiente adecuado.

Pero también los principios fundamentales de la organización territorial del Estado se hacen presentes en la ordenación territorial y urbanística, pues ésta ha de cumplirse en ejercicio de las competencias que derivan de la distribución territorial del poder público, es decir, del bloque de la constitucionalidad resultante de lo dispuesto en los artículos 148 y 149 CE y del principio de autonomía local (arts. 140, 141 y 142 CE). Pero teniendo en cuenta que el orden territorial y su fin primario es asunto, en efecto y por la implicación ya comprobada del *status* de la persona y el ciudadano, que concierne inevitablemente al conjunto de dichos poderes, aunque ciertamente en la medida en que tal concernencia lo sitúe cabalmente en el correspondiente círculo territorial de interés, haciéndolo objeto de gestión por su titular, conforme señala el artículo 137 CE, mediante el ejercicio de las pertinentes competencias. Es por ello, y como ha dicho el Tribunal Constitucional, al propio tiempo una política que precisa del concurso de una pluralidad de competencias (las que tengan relevancia para o incidencia en la organización del territorio o la utilización del suelo), y una competencia: la que atribuye facultad de decisión sobre los usos del suelo. Pero por lo ya dicho y antes que nada, *la ordenación territorial y urbanística es,* además y en tal doble dimensión, *acción estatal de configuración de las condiciones de vida y, en cuanto tal, actuación de los poderes públicos para un fin que trasciende el círculo de intereses propio de cada uno de ellos.* Remite así a un régimen, el del poder público (especialmente el administrativo); a una lógica de funcionamiento para la reducción de la pluralidad derivada de la autonomía territorial a unidad sustantiva de resultado (coherencia mediante colaboración, cooperación y coordinación); y *un marco que* por referencia a su fin propio facilite y, en todo caso, *garantice en lo esencial la consecución de dicha unidad.* En definitiva, si la organización territorial del Estado es también relevante para la ordenación territorial y urbanística, se cumple aquí igualmente la afirmación inversa: ésta depende del correcto funcionamiento del Estado de las autonomías y, por tanto, de la adecuada dosificación de las dimensiones general-unitaria y particular-diversa que le son propias.

Está fuera de toda duda, pues, la relevancia para la efectiva vinculación de la ordenación territorial y urbanística a su orden estimativo propio, de un marco legal que garantice la unidad sustantiva constitucional mediante una suficiente desagregación en intereses (fines, objetivos) públicos más significantes, la cláusula «conforme al interés general» en que se expresa el fin primario y último de dicha ordenación. Y esto es lo que hizo primero la LdS y hace ahora el texto refundido de forma constitucionalmente poco discutible. Es cierto que las Comunidades Autónomas están concernidas por el orden de valores de que aquí se trata y su realización [21]. Pero también lo es que tal previsión constitucional apunta —lo que es mucho, pero no todo— a la ordenación territorial y urbanística como competencia, lo que deja fuera de ella las restantes dimensiones que hacen de la ordenación territorial y urbanística, además, una política; y, entre ellas, la consistente en el régimen que debe operar como marco garante del momento de la unidad sustantiva constitucional, que otorga sentido justamente al de la diversidad de opciones legitimadas cabalmente por la distribución territorial del poder y a formalizar mediante el ejercicio de las correspondientes competencias. Y en este plano, es diáfano que la instancia general del Estado está igualmente concernida por el orden de valores y bienes constitucionales examinado. Pues le incumbe:

— Por de pronto la economía general (en los términos competenciales prescritos por el art. 149.1.13.ª CE), que de por sí tiene una dimensión territorial nacional (en el orden de la armonía, el equilibrio, la integración y la cohesión territoriales), pero también tareas sectoriales de relevancia territorial cuyo ejercicio tiene por consecuencia la estructuración del territorio y el espacio en que se despliega la entera vida económica y social, contribuyendo a la configuración de la referida dimensión territorial de la economía general y la articulación de las economías territoriales (puertos, aeropuertos,

[21] Así resulta sin más de la inclusión de las materias de la ordenación del territorio y el urbanismo en el círculo de intereses cuya gestión les corresponde mediante las competencias que el artículo 148.1.3.ª CE les autoriza a asumir (y de hecho han asumido).

ferrocarriles y transportes terrestres, sistema de comunicaciones, aprovechamientos hidráulicos e instalaciones eléctricas supracomunitarios y obras públicas de interés general; art. 149.1.20.ª, 21.ª, 22.ª y 24.ª CE).

— La adecuación del medio ambiente en términos, según ha precisado el Tribunal Constitucional, de mínimo general o común, ya que le corresponde la legislación básica sobre protección de dicho medio ambiente (art. 149.1.23.ª CE).

La responsabilidad del poder central por un estándar mínimo del medio ambiente adecuado, de la calidad de vida de todos en todo el territorio nacional, debe entenderse que se corresponde con la deducible, en el plano territorial, de la que tiene atribuida en materia de economía general. Dicho de otra forma, *la dimensión territorial de esta última puede y debe traducirse en medidas de carácter territorial-espacial cuando éstas sean necesarias para el medio ambiente adecuado que, como mínimo, deben disfrutar todos los ciudadanos en todo el territorio nacional.* La implicación aquí, ya establecida, del *status* constitucional del ciudadano determina, además, que esta responsabilidad se extienda inexcusablemente, en lo necesario, a *las condiciones básicas que garanticen justamente la igualdad de todos en el ejercicio de los derechos y en el cumplimiento de los deberes constitucionales.* Pues está en juego la solidaridad y, por tanto, la integración y la cohesión territoriales que son parte del orden económico y social. Así lo confirma y, en todo caso, legitima el artículo 149.1.1.ª CE, que no es casual que hable, por ello, de derechos y deberes precisamente constitucionales, pero para referirse sólo a las condiciones de garantía y no de aquellos mismos, sino cabalmente de su ejercicio.

En todos los casos el círculo de intereses de la instancia general acota la responsabilidad de que ahora se trata a lo básico-mínimo, que es a lo que debe reducir —y de hecho reduce— su intervención el legislador estatal en esta materia [22], en la que no posee competencia

[22] Si se prescinde, como ahora se hace, de materias que, por presupuestas en el círculo de intereses de la instancia territorial general, la CE atribuye a la competen-

directa o referida a la organización general de los usos del territorio y del suelo, pero sí competencias que contribuyen a la ordenación territorial y urbanística en tanto que política estatal. Por eso mismo estas competencias, que no son de ordenación del territorio, ni de urbanismo, alcanzan exclusivamente a lo básico en términos de regulación o legislación. Lo que no les impide operar respecto de la ordenación territorial y urbanística en sentido estricto a título de marco en el que, por fijarse lo mínimo común, deben inscribirse desde luego las opciones autonómicas diversas para dicha ordenación. La diversidad de estas opciones pueden y deben desplegarse, pues, a partir —lo que quiere decir: respetando— el piso común que fija el marco general a título de mínimo común denominador.

A este marco legal le corresponde sin duda la decantación que lleva efectivamente a cabo de los intereses públicos sin los cuales no es posible el estándar mínimo común de medio ambiente adecuado, como los relativos a: la sostenibilidad de la organización del territorio y del uso del suelo que, satisfaciendo de modo ponderado y equilibrado las necesidades, públicas y privadas, de la vida económica, social y cultural contribuya a la integración y cohesión sociales [23]; la preservación y el desarrollo del mundo rural en términos que hagan éste sostenible y contribuya a la protección de la naturaleza y del patrimonio histórico, cultural y artístico; la transformación de suelo natural mediante la urbanización para que sirva de soporte a usos urbanos y la reforma o rehabilitación de la ciudad ya hecha conforme a los criterios de: i) todo lo necesario, pero sólo lo necesario para atender los requerimientos de los distintos usos, públicos y privados; entre ellos, en particular y de forma proporcionada, el residencial (con sujeción de éste a la función de servir a la efectividad del derecho de todos a una vivienda digna y adecuada), y ii) la continuidad, compactación y

---

cia, incluso plena, de dicha instancia, como es el caso, de un lado, de la legislación civil, y, de otro, del procedimiento administrativo común, la expropiación forzosa y el sistema de responsabilidad de las Administraciones Públicas.

[23] Y lo haga, incorporando, además, la protección de: a) la naturaleza y de los elementos basales de la vida (especialmente los que tengan la condición de dominio publico natural), y b) el patrimonio histórico, cultural y artístico.

suficiente densidad y diversificación en usos, dotaciones, infraestructuras y servicios del tejido y el espacio urbanos [24]; y la generación y el mantenimiento de las condiciones necesarias para garantizar, a efectos de un mínimo común de calidad de vida, el ejercicio, en todo el territorio nacional y por todos los ciudadanos, de los derechos y deberes constitucionales [25].

Artículo 2. ***Principio de desarrollo territorial y urbano sostenible.***

1. Las políticas públicas relativas a la regulación, ordenación, ocupación, transformación y uso del suelo tienen como fin común la utilización de este recurso conforme al interés general y según el principio de desarrollo sostenible, sin perjuicio de los fines específicos que les atribuyan las Leyes.

2. En virtud del principio de desarrollo sostenible, las políticas a que se refiere el apartado anterior deben propiciar el uso racional de los recursos naturales armonizando

---

[24] Estos criterios se deducen del principio de sostenibilidad y su combinación con los de interdicción del traslado por privados a la colectividad de externalidades derivadas de sus intereses particulares y de economía y eficiencia en la programación y ejecución de todo el gasto público (art. 31.2 CE).

[25] En particular, los referidos a: i) una vivienda digna y adecuada (a efectos de la promoción del acceso a ella de los sectores sociales más desfavorecidos y la no afección de la vivienda por inmisiones procedentes del entorno, así como por cambios arbitrarios e irrazonables —por incompatibles con el uso residencial— en su entorno inmediato); ii) un medio urbano con distribución equilibrada y articuladora de los usos; densidad suficiente y no excesiva, pero desde luego proporcionada a la capacidad funcional de las infraestructuras y los servicios urbanos esenciales y, en particular, a la dotación en equipamientos educativos, sanitarios, culturales y de salud pública (zonas verdes, de recreo y expansión, así como de ocio y deporte) de carácter público; accesible a las personas con alguna discapacidad; y en el que la movilidad suficiente esté asegurada por infraestructuras y transportes de uso público a precio asequible; iii) el acceso libre a y el uso general y común de los viales, peatonales y de circulación rodada, y demás espacios de dominio y uso públicos (cuya dotación ha de ser suficiente y proporcionada a la población), así como el acceso y la utilización en condiciones no discriminatorias de los equipamientos colectivos abiertos al público.

los requerimientos de la economía, el empleo, la cohesión social, la igualdad de trato y de oportunidades entre mujeres y hombres, la salud y la seguridad de las personas y la protección del medio ambiente, contribuyendo a la prevención y reducción de la contaminación, y procurando en particular:

a) La eficacia de las medidas de conservación y mejora de la naturaleza, la flora y la fauna y de la protección del patrimonio cultural y del paisaje.

b) La protección, adecuada a su carácter, del medio rural y la preservación de los valores del suelo innecesario o inidóneo para atender las necesidades de transformación urbanística.

c) Un medio urbano en el que la ocupación del suelo sea eficiente, que esté suficientemente dotado por las infraestructuras y los servicios que le son propios y en el que los usos se combinen de forma funcional y se implanten efectivamente, cuando cumplan una función social.

La persecución de estos fines se adaptará a las peculiaridades que resulten del modelo territorial adoptado en cada caso por los poderes públicos competentes en materia de ordenación territorial y urbanística.

3. Los poderes públicos promoverán las condiciones para que los derechos y deberes de los ciudadanos establecidos en los artículos siguientes sean reales y efectivos, adoptando las medidas de ordenación territorial y urbanística que procedan para asegurar un resultado equilibrado, favoreciendo o conteniendo, según proceda, los procesos de ocupación y transformación del suelo.

El suelo vinculado a un uso residencial por la ordenación territorial y urbanística está al servicio de la efectividad del derecho a disfrutar de una vivienda digna y adecuada, en los términos que disponga la legislación en la materia.

Procedencia

Este precepto reproduce, sin variación alguna, el correlativo artículo de la LdS.

El dictamen del Consejo de Estado no formuló observación alguna a este artículo.

Comentario

1. Introducción

La función que cumple este precepto en el marco que define el texto legal es clave. Pues en él se determinan, de forma diferenciada, articulada y, por ello, sucesiva:

1.º El fin común a la política de ordenación territorial y urbanística y a todas las demás políticas públicas con relevancia territorial, es decir, el fin que guía y hace posible un gobierno y un arreglo del territorio y del suelo coherentes, no obstante la diversificación sectorial y territorial de las tareas o los cometidos públicos (lo que equivale a decir las competencias) que, con entera independencia de sus distintos objetos, ocupan suelo, repercuten en el uso de éste o, más genéricamente, estructuran la utilización del territorio.

2.º La desagregación del componente determinante de ese fin común (el principio de desarrollo sostenible) en fines más concretos, que operan como objetivos, criterios y directrices para las políticas públicas aludidas.

3.º Los deberes que para los poderes públicos responsables de las mismas políticas resultan del fin que es común a éstas y de las finalidades en que, como queda dicho, éste se concreta en términos de objetivos, criterios y directrices.

2. El fin común de las políticas públicas relativas a la regulación, ordenación, ocupación, transformación y uso del suelo (apdo. 1)

Siendo el suelo y, por tanto, el territorio, el soporte, el escenario y, en su caso, el objeto únicos e irreproducibles del conjunto de las acciones de la totalidad de los sujetos del ordenamiento jurídico presidido por la Constitución y, por consiguiente, también de todos los poderes públicos, es obvio que el orden adecuado en su utilización —previa la transformación de que eventualmente deba ser objeto—

representa una exigencia que afecta por igual a tales poderes y sus acciones.

La distribución constitucional de competencias implica, empero, la capacidad de cada una de las instancias central y autonómica para formalizar, conforme a opciones legítimas propias, los programas legislativos de las acciones que les correspondan y, por tanto, para definir los fines específicos a que éstas, de modo irrenunciable, deben servir, con independencia, incluso, de su repercusión territorial. Esta especialidad y potencial diversidad de los fines de las acciones de los poderes públicos es, pues, inherente al Estado autonómico y querida, por ello, por la norma fundamental. Lo decisivo es que, desde su teleología propia, la repercusión territorial de los referidos programas legislativos puede ofrecerse y se ofrece de ordinario como un efecto meramente secundario, no merecedor de atención equiparable a la prestada a la acción programada, considerada en sí misma. Como quiera que, no obstante, de dicha repercusión territorial pueden derivar, y no es infrecuente que así suceda, requerimientos concretos de estructuración, ocupación o uso en grado diverso de conflicto y hasta incompatibles entre sí, no cabe esperar que el orden en la utilización del territorio y uso del suelo al propio tiempo reclamado por la norma fundamental resulte, sin más, del mero juego, según su legítima lógica respectiva, de las diferentes políticas públicas. Por el momento y el plano en el que se decantan los supuestos de desajuste o contradicción entre los referidos requerimientos (el emplazamiento o trazado de una infraestructura, el uso de unos terrenos para objetivos sectoriales, etc.), la solución satisfactoria y plena de esa demanda constitucional de orden sólo es posible ciertamente de cada vez y en cada caso concreto y, por tanto, en sede ejecutivo-administrativa. Pero, a su vez, la viabilidad de tal solución precisa de un suficiente anclaje legislativo, que al propio tiempo que permita, obligue a las Administraciones involucradas a integrar la determinación del más amplio y transversal interés general según la «correcta utilización del territorio y el suelo» en las respectivas precisiones del específico interés general servido por las competencias ejercidas. Pues esa integración es condición necesaria para la contribución de las diversas competencias-acciones a la realidad del orden constitucionalmente postulado. Y, por tanto, para el éxito de la ordenación territorial y urbanística en el cumplimiento de su función institucional.

Gracias a su función de desarrollo legislativo básico, el precepto comentado lleva a cabo ese anclaje legislativo como parte de una clara y necesaria operación de «resintonización» constitucional de las políticas públicas con relevancia constitucional o, en otros términos, de colocación del ordenamiento determinante para el orden de la utilización del territorio y el uso del suelo sobre cimientos bien ajustados al orden constitucional cuya realización debe asegurar; orden hoy complejo, por incorporar —junto a la norma fundamental— el Derecho originario de la Unión Europea.

En este punto, es clave la resituación del interés general en su contexto constitucional obligado. El interés general que el constituyente ordena perseguir en la regulación del suelo y la acción urbanística de los entes públicos procuradora de la calidad de vida (art. 47 CE), no es otro que el congruente con la utilización racional de los recursos naturales (art. 45.2 CE), el cual es, a su vez, presupuesto de un medio ambiente —natural y urbano— adecuado al desarrollo de la persona (art. 45, en relación con el art. 46 CE). Así es, desde luego, en el Derecho comunitario, pues la política medioambiental incluye como objetivo justamente la utilización prudente y racional de los recursos naturales y autoriza la adopción de medidas de ordenación territorial (arts. 174.1 y 175.2 TCE). De donde se sigue que aun siendo la ordenación territorial y urbanística, al igual que, por ejemplo, la protección de la naturaleza, materia con perfil propio, está de suyo integrada en la del medio ambiente. Sólo desde esta óptica, es decir, dotado de su carga valorativa constitucional, deja el interés general de ser una cláusula en blanco abierta a derivas múltiples, incluso arbitrarias, en un Estado democrático y social de Derecho caracterizado por el mandato de promoción de las condiciones de integración política, económica, social y cultural en libertad e igualdad (art. 9.2, en relación con art. 1.1 CE). En la sociedad actual (especialmente en el ámbito urbano) es clara, en efecto, la vulnerabilidad de la situación del individuo y su recrecida dependencia de condiciones de solidaridad para la igualdad propiciadora del libre desarrollo de la personalidad.

El valor-guía último del orden en la utilización del territorio y el uso del suelo es, por todo ello, el que otorga fundamento al entero sistema constitucional: la libertad en sociedad (dentro de las exigencias de la convivencia que de ésta se siguen); libertad que, requiriendo la optimización del conjunto de derechos y deberes de todos (y no sólo de los llamados fundamentales), al propio tiempo que remite al estatuto del ciudadano, impone, por ello mismo y dada la unidad del cuadro valorativo constitucional, la perspectiva armonizadora del orden medioambiental (del que dimana la exigencia del referido arreglo del territorio y el suelo) con el orden económico-social. Todas las políticas públicas con repercusión territorial, pero especialmente, por ello, la de la ordenación territorial y urbanística deben estar, pues, al servicio de la persona en su doble e inescindible dimensión individual y social y de modo directo, no intermediado y postergado por el sistema económico.

Es éste un objetivo que involucra, como es obvio, la doble dimensión sustantiva y competencial del orden constitucional. Su procedencia deriva de la limitación del debate urbanístico de porte constitucional —hasta la LdS— a la clarificación de competencias puestas previamente en juego para sostener normas legales ya dictadas. Y lo cierto es que la ausencia de contradicción frontal con la Constitución ha venido permitiendo la supervivencia de un sistema legal preconstitucional con marcada tendencia a la autosuficiencia, cuyas reformas a escala nacional y modulaciones a escala autonómica han podido realizarse —legitimando la relativa independencia de las técnicas urbanísticas empleadas— al margen de la cuestión decisiva de la idoneidad para el desarrollo constitucional.

Ésta es la base que hace posible una consecuente «reorientación» de toda la política pública territorial o con repercusión territorial mediante la definición del marco sustantivo y organizativo del desarrollo constitucional estrictamente preciso para asegurar la correcta integración del interés general y la coherencia de las diversas políticas públicas en la materia. Esa reorientación se consigue justamente mediante *la vinculación de todas las políticas públicas territoriales o con repercusión o relevancia territorial a un fin común —justamente el de la utilización del suelo conforme al interés general— capaz de dotarles de coherencia no obstante su servicialidad a fines propios específicos* (los que resulten de su respectiva programación legislativa).

La determinación de este fin común, lejos de quedar entregada sin más a la cláusula convencional del interés general, se precisa por relación al principio de «desarrollo sostenible», en cuanto que —para ser justamente de interés general— toda solución de utilización del suelo ha de establecerse *según* dicho principio. Según la controvertida, pero aún no superada definición del informe Bruntland de 1987 (toda la ulterior evolución sigue siendo tributaria de la misma), este principio exige —en aras de la prosperidad, la justicia y la seguridad del tiempo futuro— un desarrollo económico y social en el que el progreso se cifre en una satisfacción de las necesidades del tiempo actual que no comprometa la posibilidad de la cobertura de sus propias necesidades por las generaciones futuras. En todo caso, la sintonía aquí con el Derecho comunitario europeo es total, ya que los fines de la integración supranacional comprenden un desarrollo armonioso, equilibrado y sostenible de las actividades económicas en el conjunto del espacio comunitario y un alto nivel de protección y mejora de la calidad del medio ambiente, la elevación del nivel de y de la calidad de vida y la cohesión económica y social (art. 2 TCE) y las exigencias de la protección del medio ambiente deben integrarse en la definición y realización de las políticas y acciones comunitarias dirigidas a cumplir los referidos fines, en particular con objeto de fomentar un *desarrollo sostenible* (art. 6 TCE).

La sostenibilidad, que —según el número 2 del precepto legal— debe propiciar el uso racional de los recursos naturales, no es contraria, pues, al desarrollo económico y social; impone a éste, sin embargo, la *interiorización de la exigencia del uso y, en su caso, consumo racional de los recursos naturales y, entre ellos, del territorio y, por tanto, el suelo en atención a necesidades sociales reales que demanden legítimamente satisfacción actual*. Quiere decirse, pues, que en el principio de desarrollo sostenible se expresa la ya establecida conexión constitucional entre los artículos 47 y 45.2 CE y, a través de este último, el valor «medio ambiente adecuado» proclamado en el artículo 45.1 CE. La imbricación de este valor con el desarrollo de la persona, es decir, el valor superior del libre desarrollo de la personalidad en sociedad (art. 10.1 CE) y, por tanto, el orden constitucional sustantivo, hace su carácter transversal y su pretensión de vigencia general, incluso respecto de la economía. Tales carácter y pretensión lucen, repercutiendo necesariamente en el Derecho interno, en el ya citado artículo 6 TCE.

Gracias a su establecimiento con carácter básico, el fin común comentado se añade, con contenido y alcance general así establecidos, al fin específico respectivo de las distintas políticas públicas territoriales o con repercusión o relevancia territorial para *integrar el bloque teleológico de las potestades administrativas derivadas de dichas políticas.* Ordinamentalmente hablando, pues, tal bloque define el fin complejo, tanto de la ordenación territorial y urbanística como de las acciones sectoriales estructurantes del territorio, demandantes de suelo o determinantes del uso de éste. De modo que el apartamiento del mismo constituye técnicamente una verdadera desviación de poder.

3. La desagregación del principio de desarrollo sostenible en objetivos, directrices y criterios para el orden en la ocupación y utilización del territorio y el suelo (apdo. 2)

Lo decisivo para la vinculación al complejo de fines apuntado es que la significación jurídica de éste se concreta mediante su desagregación en un doble conjunto de prescripciones finalistas que, en dos escalones sucesivos de concreción, operan simultáneamente como objetivos del ejercicio de las correspondientes potestades administrativas y directrices y criterios, así como, en su caso, límites de dicho ejercicio. Con independencia de su grado de concreción, es común a todas estas prescripciones otorgar el necesario margen para la adaptación de los medios precisos para su realización a las peculiaridades que resulten del modelo territorial adoptado en cada caso por los poderes públicos competentes en materia de ordenación territorial y urbanística.

El primero de esos conjuntos está integrado por valores en principio generales, pero que postulan efectividad en el espacio ordenado o configurado, y aparece presidido por la armonización de los requerimientos de la economía y el medio ambiente desde la perspectiva de la cohesión social, atendiendo, en especial, a los bienes de la salud, la seguridad, el empleo, la igualdad de trato y oportunidades entre mujeres y hombres y la prevención y reducción de la contaminación.

El segundo se compone de valores más concretos y con clara connotación espacial, referidos, respectivamente y según el grado de su alteración por la mano del hombre, a los ámbitos de la naturaleza, el mundo rural y el medio urbano.

Para aquellos espacios cuyo valor natural esté ya apreciado y establecido desde la política de protección de la naturaleza, rige la directriz de procura de la eficacia de las medidas de conservación de la naturaleza, la flora y la fauna y el paisaje. Directriz que, por su formulación, funge, al propio tiempo, como verdadero límite a cualquier potestad administrativa habilitante para la incidencia en el arreglo del territorio y el uso del suelo y, desde luego y en primer lugar, a la de ordenación territorial y urbanística.

Para los espacios del medio rural existente rigen las directrices de i) la protección de dicho medio de forma adecuada a su carácter, y ii) la preservación de los valores que se hagan presentes en el suelo que no sea idóneo para atender a las demandas de transformación urbanística (éste en todo caso) o que simplemente sea innecesario al efecto (éste en la medida en que efectivamente no se requiera para cubrir necesidades sociales actuales prevalentes).

Y para los espacios del medio urbano, tanto existente como de nueva creación, rigen las siguientes directrices: i) ocupación eficiente del suelo; ii) dotación suficiente del suelo por las infraestructuras y los servicios que le son propios (y que deben ser especificados, en todo caso, por la legislación de ordenación territorial y urbanística); iii) combinación funcional de los usos; e iv) implantación efectiva de los usos que cumplan una función social.

4. La otra cara del principio de desarrollo sostenible: el mandato a y el deber de los poderes públicos para la efectividad del estatuto del ciudadano (apdo. 3)

A través del fin común del interés general como utilización racional de los recursos naturales, el principio de desarrollo sostenible y sus ulteriores concreciones justifican constitucionalmente y traducen el mandato genérico del artículo 9.3 CE en el específico de los poderes públicos —en especial los competentes en materia de ordenación territorial y urbanística—, articulado como verdadero deber de éstos, de promover la realidad y efectividad del estatuto del ciudadano enunciado en sus condiciones básicas mediante medidas de ordenación territorial urbanística que:

a) Aseguren un *resultado equilibrado* en la ocupación y utilización (en su caso, previa transformación) del suelo. Mandato-deber éste que traduce el fin y la consecuente directriz de armonización de los requerimientos de la economía y el medio ambiente, de suerte que el resultado equilibrado así postulado puede provenir tanto del favorecimiento, como también —y es importante resaltarlo— de la contención de los procesos de ocupación y transformación del suelo.

b) Garanticen *la servicialidad del suelo* que la ordenación territorial y urbanística vincule a un *uso residencial a la efectividad del derecho a disfrutar de una vivienda digna y adecuada,* en los términos que determine la legislación pertinente. Sin perjuicio de su referencia específica a dicho concreto derecho (referencia que la relevancia de éste, proclamado expresamente en el art. 47 CE, justifica desde luego), en esta segunda regla se expresa claramente la conexión del mandato-deber con el conjunto del estatuto básico del ciudadano.

Artículo 3. *Ordenación del territorio y ordenación urbanística.*

1. La ordenación territorial y la urbanística son funciones públicas no susceptibles de transacción que organizan y definen el uso del territorio y del suelo de acuerdo con el

interés general, determinando las facultades y deberes del derecho de propiedad del suelo conforme al destino de éste. Esta determinación no confiere derecho a exigir indemnización, salvo en los casos expresamente establecidos en las leyes.

El ejercicio de la potestad de ordenación territorial y urbanística deberá ser motivado, con expresión de los intereses generales a que sirve.

2. La legislación sobre la ordenación territorial y urbanística garantizará:

a) La dirección y el control por las Administraciones Públicas competentes del proceso urbanístico en sus fases de ocupación, urbanización, construcción o edificación y utilización del suelo por cualesquiera sujetos, públicos y privados.

b) La participación de la comunidad en las plusvalías generadas por la acción de los entes públicos en los términos previstos por esta Ley y las demás que sean de aplicación.

c) El derecho a la información de los ciudadanos y de las entidades representativas de los intereses afectados por los procesos urbanísticos, así como la participación ciudadana en la ordenación y gestión urbanísticas.

3. La gestión pública urbanística y de las políticas de suelo fomentará la participación privada.

Procedencia

Este artículo es también el simple resultado del traslado al texto refundido del correlativo de la LdS.

El dictamen del Consejo de Estado no efectuó observación alguna a este precepto.

Comentario

1. El contenido dispositivo del precepto

El Título preliminar del texto refundido se cierra con las tres determinaciones que contiene este precepto. Estas determinaciones se centran ya en la política de ordenación territorial y urbanística, a diferencia de las del anterior precepto legal que, sin perjuicio de alusiones a aquélla, se refieren a las políticas públicas con relevancia territorial en su conjunto y, por tanto, tienen como destinatario al conjunto también de los poderes públicos competentes para su formulación y ejecución. La razón no es otra que la importancia de la ordenación territorial y urbanística para la realidad y efectividad de la política productora, como resultado, del adecuado orden en la ocupación y utilización del territorio y el suelo. Y su justificación reside en el cumplimiento de una exigencia implícita del orden constitucional —y también del Derecho comunitario originario—: la de la determinación y, en su caso, el deslinde en la ordenación territorial y urbanística del campo propio de o, en su caso, abierto a la actividad de los privados (en ejercicio de la libertad y, en particular, de los derechos de libre empresa y propiedad privada) y del reservado como propio a la de los poderes públicos o, en su caso, reservable a u ocupable por estos poderes. Cometido éste que, por afectar al orden económico constitucional y, en particular, a la delimitación negativa del radio de acción de los artículos 33.1 y 38 CE, debe ser y, en todo, sólo puede ser cumplido por el legislador y, concretamente, el legislador básico estatal *ex* artículo 149.1, apdos. 1 y 13 CE. Así lo ha dejado bien establecido el Tribunal Constitucional, justamente a propósito de esta materia, en su Sentencia 164/2001, de 11 de julio, poniendo el énfasis en el artículo 149.1.1.ª CE.

Las tres determinaciones se refieren, sucesivamente, a i) la naturaleza de la ordenación territorial y urbanística en cuanto tal y al ejercicio de la potestad administrativa que implique; ii) la legislación que formalice la política de dicha ordenación, y iii) la gestión administrativa que se siga de dicha legislación.

2. La naturaleza de la ordenación territorial y urbanística y sus consecuencias (apdo. 1)

El precepto reafirma de modo rotundo la tradicional configuración en nuestro ordenamiento de la ordenación urbanística y, en su estela, de la más reciente territorial como funciones públicas, es decir, como tareas de la responsabilidad, en principio en su totalidad, de los poderes públicos competentes de acuerdo con el bloque de la constitucionalidad. La determinación legal es consecuente con el orden constitucional ya estudiado, pues sin función pública no hay regulación posible y ésta es condición de la realización del interés general y de su ponderación con el privado, así como de la articulación de la ordenación territorial y urbanística con las restantes políticas públicas con relevancia o repercusión territorial.

Nótese que, de acuerdo con su enumeración constitucional como materias distintas (art. 148.1.3.ª CE), el legislador alude a la ordenación del territorio y el urbanismo como funciones con entidad propia cada una de ellas. Como revela, sin embargo, la expresión «ordenación territorial y urbanística», ese obligado tratamiento legal no impide la plena conciencia del legislador de la sustancial identidad de la teleología (expresada, de modo indiferenciado, en el art. 2 TRLdS08) y el objeto (el orden de la ocupación y utilización del territorio y el suelo) de ambas funciones; identidad, de otro lado, que resulta de la caracterización de la ordenación del territorio que, por relación a la definición de los usos a que se destina el suelo, hace la doctrina del Tribunal Constitucional (SsTC 149/1991, de 4 de julio, y 28/1997, de 13 de febrero). De ahí la definición legal del contenido de las dos funciones mediante una única fórmula: la organización (en la que debe verse sin duda el centro de gravedad de la ordenación del territorio) y la definición (en la que luce el cometido más nuclear de la ordenación urbanística) del uso del territorio y del suelo de acuerdo con el interés general y determinando las facultades y los deberes del derecho de propiedad del suelo conforme al destino de éste. Si se tiene en cuenta que, de acuerdo ya con su significación en el lenguaje ordinario, la voz «ordenación» hace referencia tanto a la actividad de ordenar como a su efecto, es decir, el orden a que da lugar, dicho queda que la expresión legal incluye la doble dimensión propia de la función definida: de un lado, la competencia para ordenar el destino del territorio y el suelo y, de otro, el efecto que debe producir su ejercicio interactuando con las restantes competencias con incidencia o repercusión territoriales: el orden adecuado de la utilización de aquellos recursos.

Importa destacar ya con este motivo que el texto legal restituye a su ser la ordenación territorial y urbanística, al recuperar la economía que para ella deriva del orden constitucional y que se encontraba alterada por un pronunciado y desnaturalizador escoramiento del lado del proceso de transformación urbanística mediante la urbanización. Pues aquella ordenación es ante todo, por mandato constitucional, intervención o policía administrativa específica del uso del suelo, cumplida sobre la ponderación entre sí, de un lado, de los diversos intereses cuya gestión está encomendada a los poderes públicos y, de otro lado, del interés público objetivo (general) y los intereses privados. Su objeto principal es, por tanto y como dice ahora la Ley, la regulación de la utilización, es decir, el uso, el disfrute y la disposición del suelo por quien esté legitimado para ello y según el destino que se le atribuya. Por ello mismo se traduce en la delimitación del contenido en facultades y deberes de la propiedad del suelo. Sólo cuando la efectividad de esa regulación dependa de la transformación previa del suelo para convertirlo en soporte idóneo de los destinos previstos comprende, además, el necesario proceso de urbanización o reforma de la ya existente. Pero fácilmente se comprende la radical diferencia de lo uno y lo otro: la utilización del bien real propio conforme a su destino urbanístico es cuestión atinente al régimen de la propiedad, mientras que la urbanización es ajena a esa lógica, al ser una empresa que desborda cada una de las situaciones jurídico-privadas constituidas y, por tanto, el régimen de la propiedad, por ser un fenómeno de alcance colectivo referido a las condiciones técnicas, jurídicas y económico-financieras de la producción del tejido urbano cuya creación es presupuesto de aplicación de la regulación de usos prevista y que, por ello, sólo se desencadena en los casos en que tal producción sea necesaria y durante el período de tiempo en que tenga lugar. La diferencia es en todo comparable a la que media, en la edificación, entre la construcción y el uso del edificio terminado. Así pues, en el TRLdS08 (como lo era en la LdS) una cosa es el régimen de la propiedad del suelo —consistente en una regulación estatutaria, es decir, objetiva— y otra diferente el régimen de la transformación o urbanización del suelo, del correspondiente proceso eventual y temporalmente acotado.

En esta caracterización legal de la ordenación territorial y urbanística están implícitos: i) la necesidad, para el completo establecimiento de ésta, del entero ciclo de la gestión pública, es decir, del integrado por el binomio clásico legislación-ejecución; ii) el carácter «administrativo» de los dos elementos de éste, y iii) la importancia —por la misma naturaleza de las cosas— de la fase ejecutiva o de gestión. Así lo confirma la ulterior referencia del precepto tanto a la «potestad» de ordenación (párr. 2.º del apdo. 1), como, sucesivamente, a la legislación sobre la ordenación (apdo. 2) y a la gestión (apdo. 3).

Y de esa caracterización resulta:

a) La configuración de la potestad de ordenación misma como no susceptible de transacción, por no serlo tampoco las funciones públicas de que trae causa (inciso inicial del párr. 1.º del apdo. 1).

Conviene recordar en este punto que la potestad de que se trata es toda aquella que se cree y atribuya con ocasión del ejercicio de la competencia legislativa (autonómica) en las materias constitucionales «ordenación del territorio» y «urbanismo», con independencia de la opción escogida por el legislador: una única Ley para ambas o Leyes distintas para una y otra.

De conformidad con lo dispuesto con carácter general en el artículo 88.1 LRJPAC, la insusceptibilidad de transacción así establecida debe entenderse referida a la materia, es decir, a la ordenación territorial o urbanística a establecer en ejercicio de la potestad. No se establece, por tanto, una prohibición de celebración, al hilo de tal ejercicio, de pactos, convenios o contratos con personas de Derecho público o privado; antes bien, hay sólo precisión y actualización del límite general que rige para tal celebración y ello por referencia al entero contenido de las funciones de ordenación territorial y urbanística. Queda definitivamente claro, así, que los llamados convenios urbanísticos ni pueden preparar, de forma vinculante, las decisiones de ordenación, ni tener carácter de finalizadores de los procedimientos que deban ser resueltos mediante tales decisiones.

La prescripción legal contribuye en todo caso a la correcta definición del interés general en la ordenación territorial y urbanística, pues desacredita toda práctica de empleo de la técnica del convenio urbanístico para revestir como general cualquier interés privado que se pretenda dotar de legitimidad cuando realmente sea, por desviado o espurio, contradictorio con el verdadero interés público a realizar.

b) La exigencia de la motivación del ejercicio de la potestad de ordenación territorial y urbanística, a cumplir, se entiende, en sede de ejecución de la correspondiente Ley (párr. 2.º del apdo. 1); motivación en la que han de concretarse los intereses generales a los que, en el caso, dicho ejercicio sirve.

Es claro que esta exigencia trae causa de la práctica ineludibilidad, acreditada por la experiencia, de la descarga en la Administración —desde una escasa regulación legal— del grueso de las decisiones sustantivas y de programación de la ordenación territorial y urbanística. Y, por lo tanto, que descansa en la naturaleza esencialmente discrecional de la potestad que al efecto se atribuya a la Administración, de modo que —con entera independencia de su indudable importancia— la regla legal no hace otra cosa que aplicar la general del artículo 54.1.f) LRJPAC.

En cuanto componente del marco legal básico de referencia en el que han de moverse las políticas autonómicas de ordenación territorial y urbanística, el requerimiento de motivación, que obedece a la expresada suposición de discrecionalidad, se establece para todo ejercicio de la potestad de ordenación de que se trata y, por lo tanto, con entera independencia de las formas en las que, de acuerdo con la legislación autonómica pertinente, deba producirse dicho ejercicio, es decir, de si da lugar a instrumentos que tengan carácter normativo (singularmente planes) o a meros actos administrativos. Lo que quiere aquí el legislador general, por tanto, es que toda decisión ordenadora de la Administración competente se motive suficientemente, «separando» por así decirlo y en este punto el régimen de validez de dicha decisión —al modo del Derecho francés— de la forma en que se plasme.

Es obvio, en todo caso, que el requerimiento de motivación así formulado guarda relación directa con la inserción de la política relativa al orden de la utilización del territorio y el suelo en su obligado contexto valorativo para lograr un más correcto proceso de concreción, en cada caso, de la cláusula del «interés general».

c) La confirmación de la tradicional (desde la Ley del Suelo de 1956) conceptuación del efecto de la ordenación territorial y urbanística —determinación de las facultades y los deberes del derecho de propiedad— sobre la propiedad privada organizadora de la apropiación, el uso y disfrute y la disposición sobre el suelo como mera delimitación (en modo alguno, pues, limitación) del contenido de ese derecho, que, por ser tal y deslindarla, así, tanto de la expropiación, como de la lesión, no confiere por sí sola derecho a exigir indemnización, sin perjuicio de los supuestos (de expropiación y, en su caso, de la responsabilidad patrimonial) expresamente previstos en las Leyes y, en particular, en el propio texto legal comentado (inciso final del párr. 1.º del apdo. 1).

El fundamento constitucional de esta conceptuación no es otro que el artículo 33.2 CE, pues la determinación por la ordenación territorial y urbanística del destino del suelo de acuerdo con y en virtud de la Ley autonómica correspondiente no es otra cosa que la concreción en cada caso de la función social que dicho suelo debe cumplir, la cual delimita justamente el contenido del derecho de propiedad sobre el mismo.

3. La regulación por Ley autonómica de la ordenación territorial y urbanística (apdo. 2)

En su cometido, por lo ya dicho, de fijación de un marco único para la ordenación del territorio y la ordenación urbanística, el texto legal señala —concretando el orden constitucional— tres requerimientos mínimos que la legislación autonómica reguladora de la entera ordenación territorial y urbanística debe observar:

a) Desde la perspectiva del deslinde del campo reservado como propio a la acción de los poderes públicos o, en su caso, reservable a u ocupable por éstos y, en su caso, del propio de o, en su caso, abierto a la actividad de los privados [letra a)]: la garantía de la configuración de las tareas de dirección y control del proceso urbanístico en sus fases de ocupación, urbanización, construcción o edificación y utilización del suelo por cualesquiera sujetos, públicos y privados como actividades administrativas y, por tanto, competencias de las correspondientes Administraciones (sea la de la Comunidad Autónoma, sea la de la Administración local).

La garantía se refiere, pues, a:

— El alcance mínimo (la dirección y el control) que debe tener la traducción de la responsabilidad (función) del poder público en términos de competencias que otorguen soporte para el ejercicio de las potestades que se articulen para actuar las pertinentes técnicas de dirección y control. Nótese, en efecto, que no se prejuzga aquí el deslinde público-privado en las actividades mismas de uso y transformación (urbanización y edificación) del suelo, pues ésta es cuestión que se aborda luego desde la perspectiva del estatuto de ciudadanía (arts. 6 y 8). Por ahora se trata únicamente de asegurar desde el marco legal general la no defraudación de la determinación constitucional de la utilización del suelo conforme al interés general como responsabilidad directa de los poderes públicos; responsabilidad que comportan los principios rectores de los mandatos de actuación precisos para hacer reales y efectivos los valores y los bienes implicados (arts. 45, 46 y 47, en relación con el art. 9.2, CE). Y responsabilidad que atañe en primer lugar al propio legislador formal, según resulta inequívocamente del artículo 53.3 CE. Pues el cumplimiento de esta responsabilidad (en forma de la consecuente acción, que precisa de la necesaria habilitación legal) es condición necesaria de la efectividad de los derechos proclamados asimismo en los artículos 45, 46 y 47 CE.

— La traducción legislativa en competencias y potestades/atribuciones administrativas de tal responsabilidad debe proyectarse, por ello, sobre el entero proceso urbanístico, cubriéndolo totalmente. Lo que equivale a decir: ha de abarcar desde la ordenación (como acción de ordenar) de los usos del suelo, es decir, lo que se puede y no se puede hacer en éste, así el cómo puede hacerse, hasta el desarrollo continuado de las actividades propias de los usos permitidos, pasando, en su caso, por las etapas de las actividades —previas a estas últimas— de transformación de la realidad que resulten indispensables para el desarrollo de tales usos (urbanización del suelo para convertirlo en soporte idóneo de usos típicamente urbanos; construcción —en unidades concretas— de las instalaciones y las edificaciones precisas para albergar el desarrollo de usos). Y ello con entera independencia del tipo de instrumento de ordenación (del territorio o urbanístico) que sea capaz, conforme a la legislación autonómica, para otorgar cobertura a cualquiera de las fases de tal proceso. Pues éste, en cuanto referido ya a determinados metros cuadrados de terreno, es siempre, por naturaleza, «urbanístico».

— La extensión así cubierta debe serlo con entera independencia del sujeto legitimado para desarrollar la actividad del proceso urbanístico de que se trate. En la línea tradicional de nuestro Derecho urbanístico, se excluye así desde el marco estatal de referencia toda posibilidad de estatutos diferenciados, en cuanto al uso y la transformación del suelo, de los sujetos públicos (los poderes públicos y los sujetos por ellos creados) y los sujetos privados.

b) Desde la perspectiva de los efectos positivos de la acción pública programada por la legislación autonómica sobre ordenación territorial y urbanística en relación a la esfera patrimonial de los sujetos destinatarios de dicha ordenación [letra b)]: la garantía de la recuperación por la comunidad de la parte de las plusvalías generadas que le deba corresponder por la referida acción pública.

Hay aquí tan sólo la precisión de una directriz, que es, a la vez, un límite que resulta para el legislador autonómico competente directamente del artículo 47, párr. 2.º, CE. Pero sin ir más allá, es decir, sin entrar en la participación que debe estimarse como perteneciente a la comunidad; cuestión que el legislador general sólo contempla luego en el contexto del estatuto del ciudadano cualificado (sobre la base de la condición o no de propietario de suelo) como promotor de o, en todo caso, responsable de la ejecución de una actuación de transformación urbanística del suelo (sea de nueva urbanización o no) en el artículo 16.1.b).

c) Y desde la perspectiva del estatuto de los ciudadanos ordinarios y por lo que hace tanto a las relaciones de éstos con las Administraciones competentes en materia de ordenación territorial y urbanística [letra c)]: la garantía de i) el derecho a la información en la materia de todos los ciudadanos en general y de las entidades representativas de los intereses afectados por los procesos urbanísticos (concepto éste cuyo contenido ha sido establecido antes) en particular, y ii) el derecho de participación ciudadana en todos los procedimientos administrativos de y para la ordenación y gestión urbanísticas previstos y regulados por la legislación autonómica correspondiente.

Se trata, pues, de especificaciones y, por tanto, complementos, para la materia de la ordenación territorial y urbanística y atendiendo a sus características, a la lista de derechos de los ciudadanos que, dentro del título referido a la actividad de las Administraciones Públicas, establece el artículo 35 LRJPAC. La exigencia de esta garantía es importante por su conexión con las garantías concretas que, atendidas igualmente las características de la materia, el TRLdS08 contiene a lo largo de su texto a propósito de los procedimientos administrativos que puedan resultar de la legislación autonómica. En ambos casos, el fin perseguido no es otro que el constitucional (art. 149.1.18.ª CE) de un tratamiento mínimo igual de todos los ciudadanos ante las Administraciones Públicas, no obstante la diversidad de la actividad sectorial de éstas.

4. La gestión pública urbanística y de las políticas de suelo (apdo. 3)

El marco legal estatal dispone también, supuesta la existencia de legislación autonómica reguladora de la ordenación territorial y urbanística, al menos una directriz (que, por tanto, ha de tener en cuenta y respetar dicha legislación) para la «gestión pública», es decir y en principio, toda la actividad ejecutiva de aquella legislación configurada en ella como propia de las correspondientes Administraciones Públicas, con entera independencia de las opciones organizativas para su desarrollo y, en particular, las relativas a sus formas de gestión. Pues el legislador estatal no distingue a este respecto.

Sin embargo, esa actividad ha de reunir una de las dos siguientes características:

a) Tener la condición de «urbanística», lo que significa estar referida a una de las fases del proceso urbanístico antes precisado al analizar el apartado 2 del precepto legal.

b) Tener por objeto el cumplimiento de la política de suelo, lo que —en el contexto sistemático del TRLdS08— debe entenderse que significa suponer el empleo o la aplicación de alguna de las técnicas reguladas en el Título V del mismo o cualesquiera otras que, con idéntico objeto, prevea la legislación autonómica de ordenación territorial y urbanística.

La directriz a que queda sujeta esa actividad (y, por tanto, también la legislación que la programe) es la de fomento de la participación privada, obviamente en el desarrollo de ella misma. Se predetermina el objetivo que debe perseguir la acción administrativa (y que debe asumir su legislación reguladora), pero no los concretos medios a emplear para conseguirlo, que pueden ser cualesquiera apropiados e idóneos para facilitar y propiciar la iniciativa de los sujetos privados (se entiende en el ámbito en que, a tenor de la legislación de ordenación territorial y urbanística y de acuerdo, en todo caso, con la Ley estatal, tal iniciativa sea posible).

TÍTULO I
CONDICIONES BÁSICAS DE LA IGUALDAD EN LOS DERECHOS Y DEBERES CONSTITUCIONALES DE LOS CIUDADANOS

Artículo 4. ***Derechos del ciudadano.***

Todos los ciudadanos tienen derecho a:

a) Disfrutar de una vivienda digna, adecuada y accesible, concebida con arreglo al principio de diseño para todas las personas, que constituya su domicilio libre de ruido u otras inmisiones contaminantes de cualquier tipo que superen los límites máximos admitidos por la legislación aplicable y en un medio ambiente y un paisaje adecuados.

b) Acceder, en condiciones no discriminatorias y de accesibilidad universal, a la utilización de las dotaciones públicas y los equipamientos colectivos abiertos al uso público, de acuerdo con la legislación reguladora de la actividad de que se trate.

c) Acceder a la información de que dispongan las Administraciones Públicas sobre la ordenación del territorio, la ordenación urbanística y su evaluación ambiental, así como obtener copia o certificación de las disposiciones o actos administrativos adoptados, en los términos dispuestos por su legislación reguladora.

d) Ser informados por la Administración competente, de forma completa, por escrito y en plazo razonable, del régimen y las condiciones urbanísticas aplicables a una finca determinada, en los términos dispuestos por su legislación reguladora.

e) Participar efectivamente en los procedimientos de elaboración y aprobación de cualesquiera instrumentos de ordenación del territorio o de ordenación y ejecución urbanísticas y de su evaluación ambiental mediante la formulación de alegaciones, observaciones, propuestas, reclamaciones y quejas y a obtener de la Administración una respuesta motivada, conforme a la legislación reguladora del régimen jurídico de dicha Administración y del procedimiento de que se trate.

f) Ejercer la acción pública para hacer respetar las determinaciones de la ordenación territorial y urbanística, así como las decisiones resultantes de los procedimientos de evaluación ambiental de los instrumentos que las contienen y de los proyectos para su ejecución, en los términos dispuestos por su legislación reguladora.

Procedencia

Este artículo es, en su contenido y numeración, idéntico al correspondiente de la LdS.

El dictamen del Consejo de Estado no formuló observación en este punto.

Comentario

1. Introducción

El TRLdS08 (por traer causa de la LdS) es el primer texto legal estatal que establece un elenco de derechos de todos los ciudadanos en su relación con el suelo, el urbanismo y el medio urbano y rural con independencia de su situación patrimonial. Las Leyes anteriores a la LdS se centraban exclusivamente en los derechos y deberes de los propietarios del suelo, a pesar de que la ordenación de los usos de este recurso no sólo incide en el derecho de propiedad, sino también en otros.

Una opción novedosa no sólo posible, sino también plausible desde un punto de vista constitucional. Porque la Constitución, en su parte dogmática, se ocupa de la regulación de la utilización del suelo a propósito de un derecho constitucional que es el derecho a la vivienda (art. 47 CE) y no el derecho de la propiedad (art. 33 CE). En segundo lugar, porque siendo el suelo un recurso natural su utilización racional incide directamente en otro derecho constitucional como es el de disfrutar de un medio ambiente adecuado (art. 45 CE). Y, por lo que se refiere a la parte organizativa de la Constitución, hace ya tiempo que el Tribunal Constitucional ha aceptado que los derechos del Capítulo Tercero del Título Primero de la Constitución (como es el caso de los dos derechos aludidos: vivienda y medio ambiente) pueden ser objeto de la regulación a que se refiere el título competencial reservado al Estado en el artículo 149.1.1.ª de la Constitución.

Se trata de un conjunto de derechos, con —en su caso— los correlativos deberes (enumerados en el art. 5 siguiente) que conforman un *status* calificable como de ciudadanía simple, pues su reconocimiento aparece conectado a la ciudadanía sin otra cualificación —no circunscrita por la nacionalidad: de ahí que el legislador hable de «todos» sin distinción— y pueden agruparse así:

1.º Los relacionados con la residencia y habitación, *dirigidos derechamente a generar las condiciones básicas de la igualdad tanto en el ejercicio de los derechos fundamentales ligados al ámbito de la vida personal y familiar —en particular: el domicilio—* (art. 18.1 y 2 CE) y *de los derechos a una vivienda digna y adecuada* (art. 47 CE) y *al disfrute de un medio ambiente adecuado* (art. 45.1 CE), como en el cumplimiento de los deberes constitucionales de *respeto de los derechos de los demás* (art. 10.1 CE) y de *conservación del medio ambiente en el contexto de la solidaridad colectiva* (art. 45.1 CE).

2.º Los relacionados con el acceso a, y el uso de, las infraestructuras, las dotaciones y los equipamientos determinantes de la calidad de vida individual y colectiva, tanto públicos, como abiertos al uso público, *dirigidos derechamente a generar las condiciones básicas de la igualdad en la participación, en libertad, de los individuos y los grupos en que se integra en la vida política, económica, cultural y social (de que habla el art. 9.2 CE) en el contexto tanto del ejercicio de todos los derechos constitucionales y, en especial, de los de movilidad (art. 19 CE), reunión y manifestación (art. 21 CE), educación (art. 27 CE), protección de la salud, el deporte y el ocio (art. 43 CE) y acceso a la cultura (art. 44 CE), como también del cumplimiento de los deberes correlativos derivados del constitucional de respeto a la Ley y a los derechos de los demás (art. 10.1 CE).*

3.º Los instrumentales de información, participación y ejercicio de acciones *para la garantía de las condiciones básicas de igualdad cabalmente en el ejercicio no sólo de los derechos y el cumplimiento de los deberes comentados, sino también de los derechos relativos a la iniciativa privada en la urbanización y la edificación establecidos por la propia LS y, por tanto, del derecho de propiedad (art. 33 CE) y la libertad de empresa (art. 38 CE) y los deberes que forman parte del contenido de uno y otra.*

En este último plano instrumental (de la efectividad de los pertinentes derechos y deberes sustantivos), el legislador se concentra en derechos. Frente a la novedad de los precedentes derechos y deberes, que vienen a facilitar la disciplina social y propiciar, por tanto, la correcta cultura urbanística, los de este grupo se limitan a recoger los tradicionalmente consagrados en nuestro ordenamiento, si bien ampliando notablemente —en la línea de los requerimientos del Derecho comunitario— el radio de acción del de acceso a la información general.

2. Derechos ambientales de libertad [letra a)]

La letra a) del precepto, consecuentemente con lo expuesto, enuncia y vincula tres derechos constitucionales íntimamente relacionados: el derecho a disfrutar de una vivienda digna y adecuada (art. 47 CE), el derecho a la inviolabilidad del domicilio (art. 18 CE) y el derecho a disfrutar de un medio ambiente asimismo adecuado (art. 45 CE).

Es la primera vez que se establece legalmente esta conexión entre derechos que tienen distintos bienes jurídicos protegidos, pero un objeto parcialmente coincidente. Sin embargo, existe base para ello en la doctrina del Tribunal Constitucional sentada en la STC 119/2001, de 24 de mayo (FF.JJ. 5.° y 6.°), donde se relaciona el derecho al medio ambiente del artículo 45 CE con el derecho a la intimidad del artículo 18 CE por razón de que determinados daños ambientales, como el ruido, pueden afectar a la efectividad de los derechos fundamentales como el mencionado de la intimidad.

El derecho a disfrutar de una vivienda digna y adecuada concreta el predeterminado por el artículo 47 CE, por lo que presupone el acceso (por cualquier título) a aquélla, aunque no lo incluye, toda vez que objeto —éste— no tanto de la política de ordenación territorial y urbanística, como de la política de vivienda, por más que aquélla contribuye en todo caso a hacerlo efectivo en el plano que le es propio: el de la disponibilidad de suelo suficiente e idóneo para el desarrollo de la política de vivienda dirigida a garantizar o, en su caso, facilitar el acceso a ésta [26]. No se desentiende aquí totalmente de él, sin embargo, el legislador estatal, pues dependiendo el disfrute de que ahora se trata de la efectividad del referido acceso, tampoco la efectividad de éste es ajena a las condiciones básicas garantes en la igualdad en el ejercicio de aquél y, a su través, de los derechos constitucionales antes aludidos. De ahí la referencia a que la vivienda, además de digna y adecuada, sea «accesible», puesto que sin accesibilidad no hay adecuación, lo que puede ser interpretado tanto en términos económicos como físicos: accesibilidad económica, es decir, a un precio proporcionado a la capacidad económica del sujeto, y accesibilidad también física, es decir, sin barreras que impidan su disfrute efectivo por parte de las personas con problemas de discapacidad o de movilidad. De hecho, no está de más recordar que el artículo 49 CE manda a los poderes públicos amparar especialmente a los discapacitados para el disfrute de los derechos que la propia Constitución otorga a todos los ciudadanos, como es el caso del derecho a la vivienda. Por eso el precepto manda a continuación que la vivienda esté *«concebida con arreglo al principio de diseño para todas las personas»,* principio cuya formulación general y más acabada se encuentra en la Ley 51/2003, de 2 de diciembre, de igualdad de oportunidades, no discriminación y accesibilidad universal de las personas con discapacidad (LIONDAU).

Sobre ello:

— El derecho comentado no se refiere, obviamente, sino a la vivienda en que se pueda desarrollar libremente la vida individual o familiar, es decir, la que constituya el domicilio habitual del beneficia-

---

[26] Y, por tanto: i) en sede de las bases del régimen del suelo y desde la perspectiva de la acción de los poderes publicos precisa para hacer efectivo el *status* del ciudadano considerado, y ii) mediante la previsión de la reserva de una parte proporcionada del suelo destinado a uso residencial a vivienda sujeta a un régimen de protección pública [art. 10.b) TRLdS08].

rio. Desde este punto de vista el objeto del disfrute en que se traduce su contenido es complejo: la vivienda-domicilio. En tanto que vivienda alude al producto detalladamente regulado, en sus características de diseño y constructivas, por la normativa sectorial justamente de vivienda; normativa que, de suyo, debe garantizar las notas de dignidad y adecuación que directamente requiere el artículo 47 CE y reitera el precepto comentado, sumando a ellas la de accesibilidad.

La vivienda de cuyo disfrute se trata consiste, así, *en la edificación o parte de la edificación de uso residencial a la que convenga la calificación de vivienda conforme a todos las apuntadas características y a la que se dota, además y en tanto que domicilio, con las jurídicas, comenzando por las constitucionales, ligadas a este concepto.*

— El disfrute de esa vivienda en la que se constituye el domicilio personal o familiar y en la que se goza de la intimidad individual o familiar requiere que esté *«libre de ruido u otras inmisiones contaminantes de cualquier tipo que superen los límites máximos admitidos por la legislación aplicable»*, es decir, en unas condiciones ambientales interiores mínimas. Quiere decirse, pues, que el disfrute de la vivienda no puede aislarse del de un medio ambiente asimismo adecuado, por lo que el entorno de aquélla debe tener unas condiciones ambientales idóneas. El legislador incorpora así a las características de la vivienda-domicilio las ambientales y paisajísticas (urbanas y naturales), externas a ella, pero capaces de afectarla, conforme a la doctrina del Tribunal Constitucional sobre la contribución de los derechos del orden medioambiental (arts. 45 y 47 CE) a la determinación del contenido de los derechos del artículo 18 CE.

La vivienda-domicilio es, por tanto, inseparable de las condiciones ambientales y, en especial, del entorno inmediato, que contribuyen a su determinación, pues constituye un ámbito exento de ruidos indebidos procedentes del ambiente e integrado (para su adecuación) en el correspondiente entorno, lo que vale decir que de ella forma parte: i) un ambiente exento de ruidos ilegales (por desbordar los límites máximos admitidos por la legislación aplicable) y ii) un paisaje adecuado (se entiende, según la ubicación y el entorno).

3. Los derechos ambientales de prestación [letra b)]

Esta última consideración (condiciones ambientales externas idóneas) lleva de la mano lógicamente a la siguiente letra del precepto, la letra b), que es la que se ocupa de tales condiciones. En el medio urbano, el derecho a disfrutar del medio ambiente pasa necesariamente, según el precepto, por garantizar el derecho a *«acceder, en condiciones no discriminatorias y de accesibilidad universal, a la utilización de las dotaciones públicas y los equipamientos colectivos abiertos al uso público».* Reacciona así el legislador general frente a las *gated communities,* es decir, la tendencia a la privatización o restricción del disfrute de las dotaciones públicas y los equipamientos colectivos. Pero lo hace, lógicamente, en la medida de las competencias del Estado, garantizando esta condición básica de la igualdad cuyos términos concretos de ejercicio debe configurar *«la legislación reguladora de la actividad de que se trate».*

Se trata en todo caso de un derecho que:

i) Tiene por contenido el acceso a la utilización (por lo que comprende el uso) de acuerdo con la legislación reguladora de la actividad de que en cada caso se trate, pero, en todo caso (es decir, imponiéndose a dicha legislación), en condiciones a) de accesibilidad universal (es, pues, un derecho de todos), y b) no discriminatorias (que suponen la interdicción de exclusiones por razones prohibidas por el derecho y principio constitucionales de igualdad del art. 14 CE).

ii) Tiene por objeto a) todas las dotaciones públicas (las que —en el mundo urbano— lo sean de acuerdo tanto con el propio TRLdS08: viales, espacios libres y zonas verdes [art. 16.1.a)], como con la legislación autonómica de ordenación territorial y urbanística [art. 9.3]; y —en los mundos rural y urbano— las que determine la legislación sectorial pertinente), y b) todos los equipamientos colectivos, es decir, establecimientos abiertos al público por razón de la actividad en ellos desplegada, con independencia de su titularidad pública o privada.

4. Derechos de participación [letras c) a f)]

Las letras c) y siguientes del artículo codifican como derechos subjetivos y refuerzan la información y participación ciudadana en relación con el suelo y el urbanismo.

Así, la letra c) reconoce el derecho (de todos) de i) acceso a la información de que dispongan las Administraciones Públicas (sin limitación alguna por lo que hace tanto a los datos, como a las Administraciones) sobre: a) la ordenación del uso del suelo (ordenación del territorio y ordenación urbanística); b) la evaluación ambiental de dicha ordenación; y ii) obtención de copias o certificaciones de las disposiciones y actos administrativos adoptados en relación con la referida ordenación y su evaluación ambiental y en los términos dispuestos por su legislación reguladora. De esta forma se actualiza sectorialmente un derecho general y básico contenido en los artículos 35.h) y 37 LRJPAC. En todo caso, debe tenerse presente, además, la disposición adicional novena del texto legal, que facilita el ejercicio de este derecho cuando introduce como artículo 70 ter.1 LrBRL el deber de las Administraciones locales de tener a disposición de los ciudadanos que lo soliciten copias completas de los instrumentos de ordenación territorial y urbanística vigentes en su ámbito territorial, de los documentos de gestión y de los convenios urbanísticos.

La letra d), a su vez, actualiza y refuerza en esta materia el derecho general del artículo 35.g) LRJPAC, en sintonía con lo que ya preveía el artículo 6.2 LRSV. Se trata del derecho a ser informado por la Administración competente del régimen y las condiciones urbanísticas aplicables a una finca [27] determinada, en los términos dispuestos por la pertinente legislación reguladora (que es, obviamente, la de ordenación territorial y urbanística). La formulación del derecho aparece mejorada por las exigencias de: compleción de la información proporcionada; facilitación de ésta por escrito, y respuesta en plazo razonable (que ha de ser concretado por la legislación de ordenación

[27] La finca se define en el artículo 17.1.a) TRLdS08.

territorial y urbanística, jugando en su defecto el fijado en el art. 42.3 LRJPAC).

El derecho no es a acceder a información preexistente, sino a ser informado. Ésta es la razón de su objeto más específico, pues se refiere a fincas concretas. La LRSV añadía también los «ámbitos»; expresión que excluyó la LdS y no incluye, por tanto, este precepto, ya que el derecho a obtener información sobre el régimen y condiciones urbanísticas aplicables a la transformación de un ámbito está subsumido dentro del derecho de consulta a que se refiere el artículo 6.b) del propio TRLdS08.

En coherencia con el principio de participación enunciado en el artículo 3.2.c), la letra e) garantiza el derecho de participación efectiva en los procedimientos de elaboración y aprobación de cualesquiera instrumentos de ordenación del territorio, de ordenación y ejecución urbanísticas y de su evaluación ambiental. Dicha participación puede tener cauces diversos que lógicamente podrá fijar la legislación autonómica, pero el legislador general exige al menos el de la información pública de estos instrumentos. Esto es importante porque tiene su consecuencia en la afirmación que hace el artículo 11.1 (a cuyo comentario se remite) del deber de las Administraciones de someter a información pública no ya sólo todos los instrumentos de ordenación territorial y urbanística, sino también los de ejecución urbanística, incluidos los de distribución de beneficios y cargas, así como los convenios urbanísticos.

Por último, la letra f) afirma como derecho de todos los ciudadanos la acción pública para hacer respetar las determinaciones de la ordenación territorial y urbanística, así como las decisiones resultantes de los procedimientos de evaluación ambiental de los instrumentos que las contienen y de los proyectos para su ejecución. La acción pública en materia urbanística estaba ya garantizada por el artículo 304 TRLS92 (recogido en el art. 48 TRLdS08), que ahora se extiende también a la ordenación del territorio y a la evaluación ambiental en ambas materias.

Artículo 5. ***Deberes del ciudadano.***

Todos los ciudadanos tienen el deber de:

a) Respetar y contribuir a preservar el medio ambiente, el patrimonio histórico y el paisaje natural y urbano, absteniéndose en todo caso de realizar cualquier acto o desarrollar cualquier actividad no permitidos por la legislación en la materia.

b) Respetar y hacer un uso racional y adecuado, acorde en todo caso con sus características, función y capacidad de servicio, de los bienes de dominio público y de las infraestructuras y los servicios urbanos.

c) Abstenerse de realizar cualquier acto o de desarrollar cualquier actividad que comporte riesgo de perturbación o lesión de los bienes públicos o de terceros con infracción de la legislación aplicable.

d) Cumplir los requisitos y condiciones a que la legislación sujete las actividades molestas, insalubres, nocivas y peligrosas, así como emplear en ellas en cada momento las mejores técnicas disponibles conforme a la normativa aplicable.

Procedencia

Texto y número son los del precepto correspondiente de la LdS.

El dictamen del Consejo de Estado no formuló observación específica a este artículo.

Comentario

El estatuto básico de ciudadanía está conformado por una mixtura de derechos y deberes. Los del artículo anterior y éste, respectivamente.

Los deberes de respeto al medio ambiente, el patrimonio histórico y el paisaje natural y urbano [letra a)]; abstención de cualquier acto o actividad que implique riesgo de perturbación o lesión de los bienes de terceros con infracción de la legislación aplicable [letra c)], y cumplimiento de los requisitos y las condiciones a que la legislación sujete las actividades molestas, insalubres, nocivas y peligrosas [letra d)] son correlativos del derecho proclamado en la letra a) del artículo anterior. Por ello, el primero de dichos deberes es, como este derecho, consecuencia directa de la propia Constitución, que atribuye a todos el deber de conservar el medio ambiente (art. 45 CE) y prohíbe (llegando a atribuir a la Ley penal su sanción) atentar contra el patrimonio histórico, cultural y artístico (art. 46 CE). A estos dos bienes jurídicos protegidos añade el precepto el paisaje, de conformidad con la tutela que de él se contiene en el Convenio Europeo del Paisaje del Consejo de Europa, que España ha firmado pero todavía no ha ratificado [28].

La formulación legal del deber de respeto al medio ambiente, aunque extiende correctamente su radio de acción al ambiente urbano (incluyendo el patrimonio heredado o histórico), no va más allá de la del inciso final del artículo 45.1 CE, lo que es lógico teniendo en cuenta la diversidad de la legislación en la materia medioambiental llamada a desarrollar éste y precisar, por tanto, su alcance. Pero sí efectúa una importante precisión, de aplicación general y directa: cualquiera que sea esa legislación, el deber comprende la prohibición de realizar actos o desarrollar actividades no permitidos (se entiende expresamente) por ella. Como fácilmente se comprende, esta precisión tiene gran trascendencia para la integridad y efectividad del derecho proclamado en el artículo 4.a).

Esa trascendencia cobra toda su dimensión en la combinación del aludido deber con los otros dos deberes, que lo complementan, pues implican, a su vez y directamente, la prohibición de:

i) Los actos o las actividades (se entiende en el entorno-ambiente de la vivienda-domicilio) que, infringiendo la legislación aplicable, comporten un riesgo [29] de perturbación o lesión de bienes de terceros (lo que incluye la vivienda-domicilio).

---

[28] Este Convenio define el paisaje como «cualquier parte del territorio tal como la percibe la población, cuyo carácter sea el resultado de la acción y la interacción de factores naturales y/o humanos» y manda a los Estados reconocerlos jurídicamente, definir y aplicar políticas destinadas a protegerlos, gestionarlos y ordenarlos y, en particular, integrarlos en las políticas de ordenación territorial y urbanística.

[29] Debe tratarse de un riesgo cierto y no meramente hipotético, es decir, de una situación que, dejada a su libre decurso, pueda provocar un resultado perturbador o

ii) El desarrollo de actividades molestas, insalubres, nocivas y peligrosas incumpliendo los requisitos y las condiciones de la legislación que las regule o no empleando en ellas en cada momento las mejores técnicas disponibles (cuando dicha legislación así lo establezca).

En cualquier caso, los deberes de abstención de cualquier acto o actividad que comporte riesgo de perturbación o lesión de bienes públicos o de terceros (precisamente con infracción de la legislación aplicable, es decir, aquí: la reguladora tanto de las dotaciones públicas, como de la actividad desplegada en el equipamiento colectivo correspondiente) y de cumplimiento de los requisitos y las condiciones de la legislación reguladora de las actividades molestas, insalubres, nocivas y peligrosas [letras c) y d)] guardan relación también [30] con el derecho proclamado en el artículo 4.b).

El deber de la letra b) es, asimismo, correlativo del derecho de la letra a) del artículo 4. Así como se reconoce un derecho de acceso igualitario a las dotaciones públicas y los equipamientos colectivos de uso público, los titulares de dicho derecho están obligados a hacer un uso *«racional y adecuado, acorde en todo caso con sus características, función y capacidad de servicio, de los bienes de dominio público y de las infraestructuras y los servicios urbanos»*. El parámetro de adecuación utilizado —las características, función y capacidad de servicio de los bienes de que se trata— permite a la legislación sectorial y la ordenación municipal, en el marco de aquélla, establecer límites al uso privativo o incluso al común de las infraestructuras y los servicios de que se trate para garantizar su funcionalidad o, en otros términos, evitar su sobrecarga o su colapso.

Resta sólo por decir que, aparte lo ya dicho sobre ellos, los deberes de las letras c) y d) remiten casi en blanco, para la concreción y el

---

lesivo con suficiente probabilidad y en un futuro próximo, pero no es exigible que alcance el estadio de peligro, no digamos ya inminente.

[30] Sin perjuicio de la correspondencia específica que con él guarda el deber de respetar y hacer un uso racional y acorde en todo caso con sus características, función y capacidad de servicio, de los bienes de dominio público y de las infraestructuras y los servicios urbanos [letra b)].

alcance de la omisión y el hacer, respectivamente, a la legislación aplicable y, en particular, la territorial y urbanística y la ambiental.

Artículo 6. *Iniciativa privada en la urbanización y la construcción o edificación.*

La legislación sobre ordenación territorial y urbanística regulará:

a) El derecho de iniciativa de los particulares, sean o no propietarios de los terrenos, en ejercicio de la libre empresa, para la actividad de ejecución de la urbanización cuando ésta no deba o no vaya a realizarse por la propia Administración competente. La habilitación a particulares, para el desarrollo de esta actividad deberá atribuirse mediante procedimiento con publicidad y concurrencia y con criterios de adjudicación que salvaguarden una adecuada participación de la comunidad en las plusvalías derivadas de las actuaciones urbanísticas, en las condiciones dispuestas por la legislación aplicable, sin perjuicio de las peculiaridades o excepciones que ésta prevea a favor de la iniciativa de los propietarios del suelo.

b) El derecho de consulta a las Administraciones competentes, por parte de quienes sean titulares del derecho de iniciativa a que se refiere la letra anterior, sobre los criterios y previsiones de la ordenación urbanística, de los planes y proyectos sectoriales, y de las obras que habrán de realizar para asegurar la conexión de la urbanización con las redes generales de servicios y, en su caso, las de ampliación y reforzamiento de las existentes fuera de la actuación.

La legislación sobre ordenación territorial y urbanística fijará el plazo máximo de contestación de la consulta, que no podrá exceder de tres meses, salvo que una norma con rango de ley establezca uno mayor, así como los efectos que se sigan de ella. En todo caso, la alteración de los criterios y las previsiones facilitados en la contestación, dentro del plazo en el que ésta surta efectos, podrá dar derecho a la indemnización de los gastos en que se haya incurrido por la elaboración de proyectos necesarios que resulten inútiles, en los términos del régimen general de la responsabilidad patrimonial de las Administraciones Públicas.

c) El derecho de quienes elaboren instrumentos de ordenación de iniciativa privada, cuando hubieren obtenido

la previa autorización de la Administración competente, a que se les faciliten por parte de los Organismos Públicos cuantos elementos informativos precisen para llevar a cabo su redacción, y a efectuar en fincas particulares las ocupaciones necesarias para la redacción del instrumento con arreglo a la Ley de Expropiación Forzosa.

d) El derecho del propietario a realizar en sus terrenos, por sí o a través de terceros, la instalación, construcción o edificación permitidas, siempre que los terrenos integren una unidad apta para ello por reunir las condiciones físicas y jurídicas requeridas legalmente y aquéllas se lleven a cabo en el tiempo y las condiciones previstas por la ordenación territorial y urbanística y de conformidad con la legislación aplicable.

Procedencia

También este artículo procede, en lo sustancial, del correlativo de la LdS. La operación de refundición ha introducido modificaciones, fruto de las siguientes decisiones:

a) Incorporación del artículo 104.3 TRLS92, ubicado dentro de una sección relativa a la iniciativa y colaboración de la iniciativa particular en el planeamiento y referido a la obligación de los organismos públicos de facilitar a los particulares que hayan obtenido previa autorización al efecto del Ayuntamiento cuantos elementos informativos precisen para llevar a cabo la redacción de planes y las operaciones de ocupación de fincas particulares que necesiten a tal efecto.

Esta incorporación es de todo punto correcta, toda vez que la iniciativa en cuestión encaja entre las que pueden adoptarse al amparo de los derechos de propiedad del suelo y de libre empresa, sin que sobrevenidamente sea en modo alguno incompatible con el marco legal que fue definido por la LdS.

b) La inserción del precepto incorporado en este artículo relativo a la iniciativa privada en la urbanización y la construcción y la edificación.

Esta ubicación es no sólo preferible técnicamente a la colocación en el artículo 4 (barajada en la operación de refundición), sino que es la única correcta y procedente. Y ello por el doble dato siguiente:

El artículo 4 se refiere sólo a los derechos integrantes del *status* básico del ciudadano en cuanto tal, es decir, sin connotación alguna que lo diferencie o distinga de la generalidad [por razón, por ejemplo, del ejercicio de cualquiera de los derechos de propiedad del suelo o de la libre empresa (a efectos de la ejecución de actuaciones urbanísticas o edificatorias)]; connotación que es inherente, sin embargo, al supuesto contemplado en el precepto a insertar, pues la iniciativa de redacción de un plan sólo tiene sentido a los efectos de ejecutarlo (mediante la realización de la correspondiente actuación de urbanización, reurbanización o dotación).

El artículo 6 ahora comentado alude ya, por el contrario y a título de condiciones garantes de la igualdad en su ejercicio, a iniciativas que descansan en los derechos de propiedad o de libre empresa.

c) De otro lado, la intercalación concreta del precepto entre las letras a) y b) del artículo 6 LdS (atinentes a iniciativas cuyo fundamento último es más bien la libre empresa) y la letra c) del mismo artículo (referente ya a iniciativa o actuación que trae causa necesaria del derecho de propiedad), es decir, como último derecho derivable más bien de la libre empresa. Decisión ésta que también debe considerarse desde luego acertada y pertinente.

d) Por último, la acomodación de la redacción del precepto del TRLS92 incorporado al contexto de la LdS.

Las alteraciones que en la redacción del precepto se introducen para su inserción en el expresado contexto eran de todo punto indispensables a tal efecto, sin exceder desde luego de lo necesario. Responden perfectamente a la tarea de armonización encomendada también por la delegación legislativa.

El dictamen del Consejo de Estado no efectuó observación específica a este artículo.

Comentario

1. Introducción

Este artículo se ocupa, como expresa la rúbrica que lo titula, de la iniciativa privada en las principales fases o momentos de la ejecución de la ordenación urbanística: la de urbanización y la de edificación.

El legislador concibe estos dos momentos de forma distinta. La urbanización no es una facultad del derecho de la propiedad inmobiliaria, la edificación sí. En los términos de la parte expositiva (apdo. IV, párr. 3.º), *«si bien la edificación tiene lugar sobre una finca y accede a su propiedad —de acuerdo con nuestra concepción histórica de este instituto—, por lo que puede asimismo ser considerada como una facultad del correspondiente derecho, la urbanización es un servicio público, cuya gestión puede reservarse la Administración o encomendar a privados, y que suele afectar a una pluralidad de fincas, por lo que excede tanto lógica como físicamente de los límites propios de la propiedad»*.

El destinatario de la ordenación territorial y urbanística se singulariza obviamente, respecto del ciudadano ordinario y desde la perspectiva de la acción de los poderes públicos, cuando tiene la condición de propietario del suelo o actúa ejerciendo la libertad de empresa. De esta suerte, el *status* del ciudadano singulariza la situación cualificada del que opera con una u otra condición, diferenciando al efecto los siguientes regímenes.

— El régimen general de la iniciativa urbanística.

Ambas posiciones activas otorgan desde luego soporte suficiente a la iniciativa privada para el desarrollo de las actividades urbanísticas accesibles a ella por tener contenido económico y que el legislador [art. 6.a) y c)] identifica con las de ocupación de suelo para su transformación mediante la urbanización (de acuerdo con la ordenación establecida al efecto) y la construcción o edificación.

Mientras que la de construcción o edificación no necesariamente lo es (inscribiéndose más propiamente en la gestión patrimonial: uso de la cosa o bien), la de urbanización es, con toda evidencia, una actividad de contenido económico pero de interés general, por lo que, aun siendo su régimen de referencia el del mercado en libre competencia, no tiene que ser, sin embargo, éste sin más, ya que puede ser objeto de las modulaciones y restricciones que en último término contempla el Derecho comunitario (art. 86 TCE) [31]. Se entiende, así, que el legislador estatal, *para cumplir su responsabilidad para con las condiciones básicas de garantía de la igualdad en tal iniciativa desde el punto de vista de la unidad del mercado nacional e interior comunitario europeo y, por tanto, de la del artículo 139 CE, establezca él mismo un derecho de consulta a las Administraciones públicas al servicio de la iniciativa en cuestión* e imponga al legislador autonómico competente en la materia su regulación conforme al contenido mínimo común que directamente le proporciona [art. 6.b)].

Titular del derecho es, pues, el ciudadano que asuma la iniciativa, tenga o no la condición de propietario de suelo afectado por la ordenación que legitime la correspondiente ocupación con finalidad transformadora [inciso inicial de la letra b), en relación con el inciso inicial de la letra a), ambas del art. 6].

— El régimen específico de la iniciativa del propietario de suelo y, por tanto, el urbanístico de la propiedad del suelo.

Las condiciones básicas de la igualdad de los ciudadanos singularizados de los demás como propietarios de suelo —posición desde la que la ordenación territorial y urbanística se manifiesta como régimen objetivo a aplicar— se garantizan, sobre el trasfondo del apuntado régimen general de la ini-

---

[31] Queda definitivamente claro que la urbanización no es, porque no puede ser (y nunca ha sido en nuestro Derecho urbanístico), una facultad inscrita en el derecho de propiedad, pues éste sólo puede facultar para la transformación de la concreta superficie de suelo —finca— cuyo uso, disfrute y disposición en exclusiva por su titular (es decir, la edificación). De ahí que tal transformación (inscrita en los límites de la propia finca) pueda quedar subsumida en la gestión del propio patrimonio y, por ello, fuera de la lógica de la actividad empresarial económica. Nada de esto sucede, por razones obvias, en la urbanización de una superficie delimitada desde la perspectiva y con arreglo al interés general (como prescribe el art. 47 CE) y en la que queda comprendida una pluralidad de fincas y, por tanto, «propiedades» para su transformación con una finalidad de utilidad pública o, cuando menos, de interés público (la ampliación o regeneración del espacio urbano o la creación de uno nuevo).

ciativa privada, *gracias a la combinación de:* i) *el reconocimiento de un derecho subjetivo a la transformación,* mediante la realización de instalaciones o la construcción o edificación, del suelo sobre el que recaiga el correspondiente derecho de propiedad, es decir, siempre que dicha transformación lo sea de «sus terrenos», se inscriba, pues, en los límites de éstos, de las correspondientes fincas [art. 6.c)]; ii) *la consecuente determinación básica —en facultades y deberes— del contenido del derecho de propiedad del suelo* (arts. 8 y 9), y iii) *el establecimiento del pertinente régimen urbanístico, asimismo básico, de dicho derecho* (art. 7).

Gracias, en efecto, a esa combinación, que inscribe en el pertinente régimen urbanístico la posición del ciudadano-propietario de suelo (en cuanto destinatario de la ordenación territorial y urbanística) y el derecho de propiedad (en cuanto objeto de la acción de dicha ordenación delimitadora de su función social, de acuerdo con el art. 33 CE), el derecho subjetivo al servicio de la iniciativa urbanística del propietario se confunde e identifica con el *ius aedificandi* inscrito en la facultad de disfrute del derecho de propiedad. Es, en realidad, un derecho urbanístico instrumental al servicio de la efectividad del ejercicio en condiciones básicas de igualdad de dicho *ius aedificandi* según el régimen urbanístico del suelo. Pues hace depender la viabilidad y procedencia en Derecho de la iniciativa urbanística (y, por tanto, el ejercicio del derecho aludido), además del cumplimiento de la restante legislación que sea aplicable [inciso final del art. 6.c)], de la ordenación territorial y urbanística en punto a: i) la integración por «los terrenos» (la finca de que se trate) de «unidad apta para ello» [32] por

[32] Dada la perspectiva general (abstraída del destino urbanístico concreto del suelo) que es propia aquí del TRLdS08, éste habla sólo de «unidad apta» sin más. La decisión sobre qué suelo es apto o no para servir de soporte a instalaciones, construcciones o edificaciones se inscribe, en efecto, en la asignación a éste de uso y, por tanto, edificabilidad, que es el cometido básico de la ordenación territorial y urbanística en cuanto que competencia. No le corresponde, por tanto, al legislador estatal. Por ello, e igualmente con carácter general, éste únicamente puede requerir —desde la perspectiva de la iniciativa urbanística privada— que la unidad constituya justamente una «finca», en los términos en que el artículo 17.1.a) TRLdS08 define ésta. Sin embargo, cuando la aludida asignación de uso vaya a recaer sobre suelo ya urbanizado (urbano) o susceptible de ser urbanizado, la unidad aquí aludida debe coinci-

reunir las condiciones físicas y jurídicas requeridas (idoneidad urbanística de la superficie de suelo para servir de soporte a actos propios del *ius aedificandi*), y ii) la observancia y el cumplimiento de las condiciones sustantivas y previsiones temporales de la referida ordenación territorial y urbanística. Se entiende así la delimitación básica del contenido del derecho de propiedad del suelo (arts. 8 y 9 LS) que, tomando como referencia obligada el general atribuido a éste por el Cc, precisa las facultades y los deberes que comprende.

Una última precisión: lo dicho no agota el *status* legal del ciudadano-propietario, faltando en él aún un elemento que asegura su integridad en el supuesto de que el suelo propiedad de aquél no quede simplemente sujeto a una ordenación a observar, sino afectado por una actuación de transformación que lo desborda: la actuación consistente en la urbanización. Pero la comprensión cabal de ese elemento sólo es posible situándolo en su contexto propio, que es el del régimen de la iniciativa cabalmente de urbanización a analizar a continuación.

— El régimen específico de la iniciativa de urbanización.

Cuando i) la realización de la ordenación territorial y urbanística precise la transformación previa del suelo (total o mediante nueva urbanización o parcial mediante la reforma o renovación de la ya existente) y ii) el no desarrollo por la Administración Pública de la pertinente actividad de ejecución abre ésta —desde el principio de fomento de la participación privada— a la iniciativa de los particulares, surge la posibilidad de la singularización, en el contexto de la dirección y el control públicos de los procesos de ocupación y transformación del suelo, de los ciudadanos que asuman tal iniciativa. Ésta tiene identidad propia, netamente diferenciada de la anterior (basada exclusivamente en la condición de propietario), por referirse a una actividad que, desbordando el círculo de intereses legítimos de cada una de las situaciones constituidas en el ámbito de actuación correspondiente y tuteladas por el Derecho como propiedad privada, tiene

dir y coincide con la «parcela» determinada por el artículo 17.1.b) TRLdS08 (convertida ya, en su caso, en solar).

contenido económico necesario y es, además, de interés general. Razón esta última por la que la actividad de ejecución consistente en la urbanización forma parte de las funciones públicas no susceptibles de transacción definidas en el artículo 3.1 TRLdS08, de modo que el acceso del sujeto privado a ella precisa inexcusablemente un título administrativo habilitante, que puede ser y de hecho siempre ha sido diverso en nuestro Derecho [33].

Para cumplir con su responsabilidad respecto al régimen de esta iniciativa, el legislador estatal establece [art. 6.a) LS] a favor de todos *un derecho subjetivo perfecto de iniciativa, cuyo contenido está derechamente dirigido (y, de otro lado, limitado) a generar las condiciones básicas garantizadoras de la igualdad en el ejercicio del derecho-libertad constitucional de libertad de empresa en el mercado nacional parte del mercado único interior de la Unión Europea (art. 38 CE) y que de suyo implica competencia o concurrencia en igualdad.*

El objeto de este derecho de iniciativa está circunscrito estrictamente, por ello, a la actividad de ejecución de la urbanización cuando ésta no deba [34] o no vaya a realizarse [35] por la Administración Pública actuante. Para otorgar a la configuración legal de tal título la flexibilidad que demanda el espacio propio del legislador autonómico, el legislador estatal habla genéricamente aquí de «habilitación a particulares».

La titularidad del derecho coincide, como no puede ser de otra forma, con la de la libertad de empresa, no siendo posible en términos constitucionales, por las razones ya expuestas, restringirla en función de la pro-

---

[33] La exigencia de título habilitante es, en efecto, una exigencia tradicional en nuestro Derecho incluso para la iniciativa de los propietarios: aprobación administrativa de la constitución en la entidad administrativa forzosa junta de compensación, a la que la legislación conectaba y conecta hoy en su caso la delegación legal de la actividad de ejecución en régimen de autoadministración.

[34] Por razón de la opción de la legislación autonómica competente por su reserva a la gestión directa o indirecta pública.

[35] Cuando la opción del legislador autonómico competente permita tanto la gestión pública como la resultante de la iniciativa privada, dependiendo la aplicable de la opción en cada caso por una u otra, como es tradicional en nuestro Derecho desde la LS de 1956.

piedad del suelo o, cuando menos, no pudiéndosele imputar inconstitucionalidad alguna por cuanto el objeto de la iniciativa es de interés general y queda ampliamente fuera del círculo de intereses legítimos protegidos por el derecho de propiedad en cuanto institución garantizada constitucionalmente. Lo cual *en modo alguno significa que los propietarios de suelo queden privados del derecho en cuestión, significa únicamente que su titularidad les corresponde, en principio* y como se cuida de precisar el legislador estatal, *en los mismos términos que los restantes sujetos privados.* Y esto último implica que si el propietario de suelo actúa dicho derecho lo hace colocándose voluntariamente en la posición de aspirante a la habilitación del desarrollo de la actividad de ejecución urbanizadora y sometiéndose, por ello y por anticipado, al régimen propio de ésta, que ya no es el régimen urbanístico de la propiedad del suelo.

Pero esta igualdad de principio con los restantes sujetos privados en la titularidad del derecho de iniciativa —y esto es de suma trascendencia— *no es contradictoria con la posibilidad y, en su caso, la pertinencia de la priorización o preferencia de la iniciativa de los titulares-propietarios de suelo a efectos de la obtención, en concurrencia o competencia con titulares-no propietarios, de la habilitación pertinente e, incluso y en el supuesto extremo, de la reserva a ellos de ésta (con exclusión, pues, de la libre concurrencia o competencia) en determinadas circunstancias.* Implica sólo que tal priorización o reserva [de peculiaridades o excepciones habla el legislador estatal: art. 6.a), inciso final] precisa ser justificada caso a caso, no en último término en virtud del artículo 86 TCE, sin perjuicio de su previsión legal con carácter general. Y así es, porque la urbanización es una actividad económica de interés general que precisa de una habilitación administrativa y cuyas exigencias pueden justificar, por tanto, modulaciones de la libre competencia y hasta su exclusión total.

Como se ve, el legislador estatal no sólo se mantiene en el mínimo común denominador indispensable para asegurar la igualdad, sino que su formulación, lejos de impedir, hace justamente posible (gracias a la adecuación a las exigencias del Derecho actual que supone) la persistencia de todos los tradicionales sistemas urbanísticos de actuación o ejecución, incluido desde luego el de compensación y el de cooperación, sin perjuicio de que la decisión sobre la persistencia y, en su caso, configuración de tales sistemas quede en manos —en el marco que se expone y como corresponde constitucionalmente— del legislador autonómico competente [36]. No hay aquí ruptura con la evolución de nuestro Derecho en la materia, sino justamente todo lo contrario: integración en ella (debidamente depuradas) de todas las soluciones que, para la articulación de la actividad de ejecución, han ido aflorando a lo largo de la misma.

El derecho se agota en la legitimación para aspirar, en su caso en plena concurrencia o competencia, a la habilitación administrativa para desarrollar la actividad de ejecución (de la ordenación previamente establecida) consistente en la urbanización. Por ello su contenido viene dado por las garantías de corrección del procedimiento de adjudicación de dicha habilitación; *garantías que, a título, pues, de condiciones básicas de igualdad en el ejercicio del derecho, se concretan en la ordenación del procedimiento al efecto* con [art. 6.1.a)]: i) previsión del establecimiento de criterios de adjudicación que salvaguarden una adecuada participación de la comunidad en las plusvalías derivadas de la actuación urbanística en las condiciones dispuestas por la legislación aplicable, y ii) tramitación con publicidad y concurrencia.

La posibilidad, sin embargo, de que el propietario de suelo afectado por la previsión de una actuación urbanizadora opte [37], en función

---

[36] Nada más errado, pues, que la suposición de que la regulación legal examinada encuentra en la legitimación de la figura del urbanizador las únicas explicación y finalidad posibles; figura, de otro lado, que ya contaba con una legitimación general en el artículo 4.3, inciso final, LRSV.

[37] Esta opción parece constitucionalmente obligada. Pues la eficacia delimitadora de la función social sólo legitima la imposición de deberes y cargas incluso para la urbanización, pero *ob rem* o vinculadas al bien inmueble sobre el que recaiga el derecho de propiedad (de modo que el contenido de la situación subjetiva constituida en términos de propiedad acote la entidad y el alcance de los deberes y las cargas), por lo que no puede interpretarse legítimamente de forma tan extensiva que comprenda también la imposición del desarrollo de una actividad económica de interés general que desborda ampliamente el contenido propio de la referida situación, convirtiendo al propietario —además y por el sólo hecho de serlo— en un empresario colaborador forzoso de la Administración Pública para fines de interés general.

de sus legítimos intereses propios y en uso de la autonomía de su voluntad, por mantenerse estrictamente dentro de los límites del *status* que le confiere tal condición y no someterse al régimen propio de la actividad de urbanización (es decir, no ejercer el derecho de iniciativa que se viene comentando, del que derivaría sin más tal sometimiento), obliga al legislador estatal a complementar dicho *status* de propietario de suelo para *asegurar su integridad* en el caso, por tanto, de que «sus terrenos» queden sujetos a una actuación de urbanización. Y ello *frente a la intervención de cualquiera de los habilitados para la ejecución de ésta, incluso si son otros que también tienen, además, la condición de propietarios de suelo.* Tal complemento consiste en la ampliación del elenco de facultades propio del referido *status* con la de participar en la ejecución de las actuaciones de urbanización en un régimen de equitativa distribución de beneficios y cargas entre todos los propietarios afectados en proporción a su aportación [art. 8.1.c), párr. 1.°] [38]. Con él se cierra el respeto escrupuloso al contenido del derecho de propiedad como institución. Pues, en la hipótesis en que opera, la participación —sin para ello sumarlo forzosamente a la actividad de urbanización— salvaguarda plenamente la utilidad para cada propietario del contenido de su situación en concreto sin contrapartida alguna que exceda del régimen urbanístico de la propiedad. El derecho de participación comporta, en efecto, el de sustitución —en la proporción pertinente— de «sus terrenos» (en la situación de partida) por otros edificables y urbanizados (resultado de la urbanización) como efecto del levantamiento de las cargas que, por razón de la urbanización, correspondan precisamente a esos «sus terrenos». Y ello, además, con arreglo al *principio capital, tradicional y peculiar de nuestro Derecho y que se ratifica, de equitativa distribución de los beneficios y las cargas entre todos los propietarios afectados por la actuación de urbanización.*

---

[38] La garantía que supone la atribución de la facultad se completa con la exigencia de que para el primer ejercicio de la misma o la ratificación en ella (de haberla ejercido antes), el propietario debe disponer de un plazo fijado por la legislación autonómica y nunca inferior a un mes, ni contarse desde un momento anterior a aquel en que pueda conocerse el alcance de las cargas de la actuación y los criterios de su distribución entre los afectados [art. 8.1.c), párr. 2.°, TRLdS08].

2. Iniciativa privada en la urbanización [letras a), b) y c]

Conforme a lo expuesto, el marco legal general permite abrir la ejecución de la urbanización a la iniciativa privada.

Vinculada a esta iniciativa está obviamente el derecho de consulta que se incorpora desde el TRLS92 [letra c)]. Pues se atribuye exclusivamente a los que la adoptan precisamente elaborando instrumentos de ordenación justamente para transformar el suelo, si bien tal atribución aparece condicionada a la previa obtención de autorización (para la correspondiente elaboración) por parte de la Administración competente; autorización, el establecimiento de cuyo régimen corresponde al legislador urbanístico autonómico. El objeto del derecho es doble: i) la obtención de los elementos informativos precisos para la formulación del instrumento de ordenación (no, pues, cualesquiera, sino sólo los precisos al efecto) de cuantos organismos públicos los posean (el derecho se corresponde aquí con la correlativa obligación de tales organismos), y ii) la realización, con arreglo a la LEF, de las ocupaciones necesarias en fincas particulares para la referida formulación (el derecho se corresponde aquí con la correlativa obligación de la Administración competente para la tramitación del planeamiento a redactar). El establecimiento del régimen de ejercicio del derecho y, por tanto, del cumplimiento de las correlativas obligaciones corresponde al legislador autonómico por lo que hace a las Administraciones Públicas autonómicas y locales, debiendo entenderse que, por lo que hace a la Administración General del Estado, es, en lo fundamental, el que resulte de la LRJPAC, salvo lo que pueda disponerse en la legislación sectorial de pertinente aplicación.

En sede ya de la ejecución del planeamiento, la gestión de la urbanización puede ser, conforme a lo dicho, pública o privada, según a quién se atribuya la capacidad para emprenderla conforme a lo dispuesto en las Leyes autonómicas urbanísticas: la mayoría de ellas sigue distinguiendo entre sistemas privados y públicos de ejecución. Cuando es pública, quiere decirse que la capacidad y la responsabilidad de la ejecución corresponde a la Administración actuante, pero no necesariamente que actúe directamente ella, sino que también puede conceder dicha ejecución a un privado en régimen de gestión indirecta. La gestión o ejecución pública, en efecto, puede ser directa (la que hace la Administración por sí o a través de un ente instrumental del sector público) o indirecta (la que concede a un gestor privado que actúa por cuenta de ella).

Así pues, existen dos modalidades posibles (y habituales en nuestra legislación urbanística) de ejecución de la urbanización por privados: la que se manifiesta en los llamados sistemas de ejecución privados y la gestión indirecta del sistema o sistemas de ejecución pública. A ambos abarca el texto legal cuando se refiere a *«la actividad de ejecución de la urbanización cuando ésta no deba o no vaya a realizarse por la propia Administración competente»*.

Pues bien, para esta apertura a la iniciativa privada la Ley establece ciertas condiciones básicas de la igualdad, como son:

1.º El derecho de iniciativa privada debe ser abierto con carácter general a la libre empresa. En consecuencia, el procedimiento de selección y habilitación al particular de que se trate para emprender la actividad urbanizadora debe someterse a los principios de publicidad y concurrencia. Son éstos principios propios del Derecho de la competencia en general y en particular del de la contratación pública. Lo que ya no hace el precepto es imponer la sujeción del procedimiento a la legislación de contratación, no tanto porque ésta sea una cuestión discutida entre nosotros (aunque por ella se vaya inclinando la jurisprudencia del Tribunal Supremo), sino sobre todo porque eso excedería de su objeto y competencia: ni el objeto del texto legal incluye establecer las bases de la contratación pública, función que cumple en nuestro ordenamiento otra Ley estatal, ni el legislador estatal es competente para configurar las formas de gestión y los sistemas de ejecución de la urbanización, lo que corresponde al legislador autonómico, que es en consecuencia quien debe determinar asimismo, según sea la configuración legal que haga, el procedimiento correspondiente.

La legislación urbanística puede asimismo seguir estableciendo *«peculiaridades o excepciones»* a favor de la iniciativa de los propietarios del suelo. Con esta fórmula abierta parecen quedar amparadas las excepciones licitatorias o reglas de preferencia en la adjudicación que ya contienen la mayoría de Leyes autonómicas, siempre y cuando no les sea aplicable la legislación de contratación pública o sean compatibles con ella, lo que, como ya se ha expuesto, no puede dirimir el TRLdS08.

En todo caso, existan o no tales peculiaridades o excepciones y con independencia de su alcance, la Ley reconoce desde luego a los propietarios del suelo la facultad de participar en la actuación con equidistribución de los beneficios y las cargas derivadas del planeamiento, lo que se comentará al hilo del artículo 8.

2.º En el procedimiento de adjudicación de la actuación o de la obra urbanizadora deben establecerse necesariamente *«criterios de adjudicación que salvaguarden una adecuada participación de la comunidad en las plusvalías derivadas de las actuaciones urbanísticas»*. Pudiera parecer que este inciso es innecesario por obvio, ya que el artículo 3.2.b) ya se ocupa de salvaguardar este principio constitucional y legal, que desde luego no podría infringirse en un procedimiento de adjudicación. Pero lo que establece el artículo 6 va más allá.

Y va más allá justamente en el caso de la entrega de la ejecución de la actividad urbanizadora a la iniciativa privada, es decir y para entendernos, de la determinación por la legislación autonómica competente de un sistema de ejecución o forma de gestión privados. Pues, aunque sea cierto que el TRLdS08 cuantifica la participación de la comunidad en las plusvalías [art. 16.1.b)], no lo es menos que, teniendo en todo caso derecho los propietarios del suelo afectado a participar en la actuación (incluso si el adjudicatario no tiene tal condición), su acuerdo unánime (así como también necesariamente, en su caso, el del adjudicatario no propietario) puede legitimar —en función de las características de la referida actuación— una mayor (más adecuada, según tales características) participación de la comunidad en las plusvalías. Esta hipótesis, que —en cuanto posible— el legislador estatal no puede excluir, es la que explica la precisión legal comentada. Justamente por ello admite el marco legal estatal el convenio en el plano de la ejecución (convenio ejecutivo de composición de intereses), a pesar de sentar el principio del carácter no transaccionable de la ordenación territorial y urbanística en cuanto tal, es decir, como función pública de «ordenación». Importa precisar, sin embargo, el carácter indispensable de la unanimidad del acuerdo, pues sólo la libre voluntad así formulada es capaz de levantar la barrera legal que a cualquier incremento de la participación legal de la comunidad en las plusvalías representa la determinación que —a título de condición básica de la igualdad en su ejercicio— hace el texto legal de los derechos de iniciativa y de participación en las actuaciones de transformación urbanística precisamente en los términos que establece.

Confirma lo dicho la pertinencia de idéntica solución en el supuesto inverso de gestión o ejecución pública de la actuación, pero sin sacrificio de la propiedad privada (por ejemplo y para entendernos, en el caso tradicional de la ejecución por el sistema de cooperación); supuesto en el que el propietario de suelo aparece claramente como puro destinatario de la acción pública (aunque pueda colaborar con ella en los términos que indique la legislación autonómica). Pues es diáfano aquí que, sin el consentimiento expreso de todos y cada uno de ellos, dicha acción no puede comportar recuperación de plusvalías distinta ni mayor de la fijada legalmente. Y ello sencillamente porque tal pretensión carecería de la más mínima cobertura legal.

De donde se sigue con naturalidad que cualquier supuesto que, por existir causa justificada de utilidad pública, implique sacrificio de la propiedad privada del suelo (para entendernos: ejecución por expropiación), supone necesariamente la opción por la ejecución pública. Lo que significa: la exclusión de cualquier alteración de las condiciones legales —entre ellas, destacadamente, la participación de la comunidad en las plusvalías— que incidan en los términos del juego efectivo de la expropiación como instituto de garantía de la propiedad privada. Dicho de otro modo: en tal supuesto los propietarios del suelo tienen derecho a percibir la indemnización que corresponda legalmente, por lo que la Administración recupera todo cuanto exceda de dicha indemnización. La conclusión así alcanzada vale cualquiera que sea la forma de gestión que emplee la Administración para desarrollar la actuación. Pues la forma de gestión es puramente instrumental y no altera el régimen jurídico mismo de la actuación. No existe en este caso alternativa alguna, ni siquiera la legitimada por el consentimiento de todos los propietarios afectados. La razón es bien sencilla: un acuerdo en tal sentido representaría una liberación completa de la expropiación y, consecuentemente, el salto cualitativo a supuesto radicalmente distinto. Así pues, cualquier regulación autonómica de los sistemas o formas de gestión pública de las actuaciones de transformación urbanística que no se atenga a estos límites estará defraudando objetivamente el marco legal estatal.

Esa es la única conclusión que cabe extraer de una interpretación sistemática. La corrobora la lectura del artículo 36.3 TRLdS08, pues, aunque se refiera a supuesto distinto (el de la expropiación-sanción), es ilustrativo desde luego del «sistema» a que responde la regulación legal. Pues en ese precepto, que se ocupa de la expropiación, venta o sustitución forzosas no ya para realizar la urbanización sino para la edificación o rehabilitación de lo edificado, por incumplimiento de los correspondientes deberes de la propiedad, se limita como máximo al 50% la minoración que pueda hacer la legislación autonómica del valor de la propiedad por causa del incumplimiento aludido y se advierte expresamente «correspondiendo la diferencia a la Administración» y no, por tanto, al adjudicatario de la actuación edificatoria o rehabilitadora.

De lo expuesto se extrae que no cabe, en el marco del TRLdS08, la ejecución por expropiación de la urbanización con un beneficiario expropiatorio privado que se apropie —en todo o en parte— de la plusvalía patrimonializable: tal cosa supondría, como queda dicho, un claro fraude de Ley, ya que se utilizaría la gestión pública indirecta como una mera forma de soslayar o disfrazar una gestión o ejecución privada, con el único objeto de impedir el ejercicio de la facultad de los propietarios de participar en la ejecución y en la correspondiente plusvalía, es decir, con infracción de una condición básica de la igualdad en el ejercicio del derecho constitucional de propiedad tal y como ha quedado configurado legalmente.

Con esto no se restringe la autonomía de las leyes urbanísticas para configurar la expropiación como una forma de gestión o un sistema de ejecución de la urbanización: la legislación urbanística tiene libertad para fijar la *causa expropiandi* en el interés general de la actuación urbanizadora, tal y como exige el Tribunal Constitucional y le reconoce el artículo 29.1 TRLdS08, pero no en la mera transferencia de rentas de un sujeto privado a otro, porque entonces incide ya en el estatuto básico de la propiedad inmobiliaria, tal y como lo ha concebido el legislador estatal.

Por lo demás, la libre competencia requiere de la simetría de la información entre los potenciales interesados en participar en la adjudicación de una actuación. El TRLdS08 contiene varias medidas de transparencia (formación de un sistema público de información sobre suelo y urbanismo —disposición adicional 1.ª—, copias disponibles al público y publicación en Internet del planeamiento —disposición adicional 9.ª—, etc.) cuyo comentario no es de este lugar, pero sí la letra b) del artículo 6, que da una nueva y más completa redacción al tradicional derecho de consulta antes contenido en el artículo 16.2 LRSV [39].

El contenido básico-común de este último derecho es el siguiente:

— Sustantivo directamente establecido: recae sobre i) los criterios y las previsiones de la ordenación urbanística y de los planes y los proyectos sectoriales (estos últimos sin limitación: todos los que incidan o condicionen la ocupación y transformación del suelo correspondiente mediante la urbanización); y ii) las obras que el ejecutor de la urbanización deba, en su caso, ejecutar para asegurar la conexión de aquélla con las redes generales de servicios, así como —de ser precisas— las de ampliación y reforzamiento de las existentes fuera de la actuación.

---

[39] La LRSV establecía la consulta a los efectos de promover la transformación del suelo urbanizable y por ello contenía ambos derechos en su artículo 16, es decir, entre las reglas básicas para el ejercicio del derecho atribuido a los propietarios de suelo en su artículo 15. La LdS y, por tanto, el TRLdS08, en coherencia con la apertura que hacen de la titularidad del derecho a promover la transformación urbanística del suelo, atribuyen el derecho de consulta a quienes sean titulares de aquél.

Hay, pues y en consonancia con la regulación de los deberes de promoción contenida en el artículo 16, ampliación (respecto de la LRSV) del objeto de la consulta a qué obras puedan ser precisas no sólo para la conexión de la urbanización con las redes, sino también para su ampliación y reforzamiento.

— Formal y procedimental, remitida su concreción a la legislación autonómica de ordenación territorial y urbanística a partir de la prefiguración por el legislador estatal de los siguientes elementos [art. 6.b), párr. 2.º]:

i) Preceptividad de contestación por escrito productora de efectos y, entre ellos, en todo caso, el de legitimación —siquiera sea durante un tiempo— de la formulación (en el marco de los criterios y las previsiones facilitados) de los proyectos precisos legalmente para concretar la iniciativa, de suerte que la alteración por la Administración de tales criterios y previsiones durante el citado tiempo de vigencia puede dar derecho a la indemnización —en los términos del sistema general de responsabilidad de las Administraciones Públicas— de los gastos en que se haya incurrido por razón precisa y únicamente de los referidos proyectos que resulten inútiles.

ii) Demanda de respuesta (y notificación de la misma) dentro de un determinado plazo máximo, que no puede ser superior a tres meses salvo que la Ley autonómica fije uno superior. Nótese que aquí la finalidad de garantía (en términos de condición básica) explica y, al propio tiempo, justifica la conversión del plazo máximo supletorio establecido en el artículo 42.3 LRJPAC también como indicativo del umbral máximo del estándar de respuesta de la Administración (reduciendo a la mitad el del art. 42.2, párr. 2.°, LRJPAC), sin perjuicio de respetarse el régimen del procedimiento común al permitirse la superación (sin límite) de dicho umbral por decisión del legislador formal autonómico.

No hay, pues, simple remisión a la legislación sobre ordenación territorial y urbanística ni para los plazos de contestación a la consulta, ni para los efectos derivados de ella. La regla sobre plazo máximo se justifica aquí ya no sólo como régimen jurídico básico de las

Administraciones Públicas, sino también como condición básica de la igualdad en el ejercicio de los derechos constitucionales afectados, que son el de libertad de empresa y, en su caso, el de propiedad. Y en cuanto al efecto que puede derivarse de la consulta, su establecimiento entra en la esfera competencial del legislador estatal por estar referido a la responsabilidad patrimonial de las Administraciones Públicas. Piénsese que los términos en que se conteste una consulta pueden servir de referencia para la preparación y presentación de una iniciativa privada de transformación urbanística de un ámbito. Si después la Administración no se atiene a sus actos propios, defrauda una confianza legítima generada en el interesado, produciendo un daño que puede ser resarcible. Obviamente, de acuerdo con el criterio general de patrimonialización de la edificabilidad establecido en el artículo 7.2 TRLdS08, que se desarrolla en el régimen de valoraciones, el daño indemnizable no se medirá por el aprovechamiento sino sólo por el montante de gastos necesarios incurridos.

3. Iniciativa privada en la edificación [letra d)]

Como ya se ha dicho, el TRLdS08 atribuye al derecho de propiedad del suelo la facultad de edificar, construir o realizar instalaciones siempre que la unidad de suelo de su propiedad reúna las características exigidas legalmente para ello (por ejemplo, una superficie mínima vinculada a la edificación residencial en las parcelas de suelo rural, o las necesarias dotaciones y servicios en los solares de suelo urbanizado). Se trata de un derecho tradicional en nuestro ordenamiento, que recogía la LRSV, aunque sólo lo explicitaba como tal para el suelo urbano (art. 13 LRSV). Por lo demás, el precepto comentado sólo añade una condición lógica al ejercicio de este derecho, como es que se sujete a los plazos, condiciones y determinaciones materiales de la ordenación urbanística.

Artículo 7. ***Régimen urbanístico del derecho de propiedad del suelo.***

1. El régimen urbanístico de la propiedad del suelo es estatutario y resulta de su vinculación a concretos destinos, en los términos dispuestos por la legislación sobre ordenación territorial y urbanística.

2. La previsión de edificabilidad por la ordenación territorial y urbanística, por sí misma, no la integra en el contenido del derecho de propiedad del suelo. La patrimonialización de la edificabilidad se produce únicamente con su realización efectiva y está condicionada en todo caso al cumplimiento de los deberes y el levantamiento de las cargas propias del régimen que corresponda, en los términos dispuestos por la legislación sobre ordenación territorial y urbanística.

Procedencia

Proviene el artículo, sin modificación alguna, del correlativo de la LdS, no habiendo suscitado observación alguna en el dictamen del Consejo de Estado.

Comentario

El carácter estatutario del contenido urbanístico del derecho de la propiedad del suelo es algo tradicionalmente afirmado por nuestra doctrina jurídica y por la jurisprudencia, incluida la constitucional. Significa que la propiedad es una situación jurídica compleja, formada por una mixtura de facultades y deberes (los delimitados respectivamente en los arts. 8 y 9 TRLdS08) y cuyo contenido y alcance no son potencialmente ilimitados, sino que vienen configurados por la ordenación aplicable, en este caso la urbanística. De hecho, la propia Constitución afirma en su artículo 33.2 con carácter general que la función social no es un límite externo, sino que delimita intrínsecamente el contenido del derecho de propiedad.

La LRSV obvió toda declaración análoga a la de este artículo ahora comentado, lo que no quiere decir que derogara o suprimiera el carácter estatutario de la propiedad. De hecho, se encontraban en ella trazas o consecuencias tradicionales de ese carácter, como es el principio según el cual la ordenación del uso de los terrenos y construcciones establecida en el planeamiento no confiere derecho de los propietarios a exigir indemnización, salvo en los casos expresamente establecidos en las Leyes (art. 2.2 LRSV).

El TRLdS08 extrae otra expresión de la misma idea que la LRSV sí subvirtió: según el apartado 2, la previsión de edificabilidad por la ordenación territorial y urbanística no la integra por sí misma en el contenido del derecho de propiedad del suelo: su incorporación a la propiedad no se produce, por tanto, por su ordenación o previsión en el planeamiento, sino por la ejecución efectiva de éste con cumplimiento de los deberes y las cargas legalmente asociados a la patrimonialización de la correspondiente plusvalía. Como es evidente, esta determinación tiene importantes consecuencias en los criterios de valoración de la propiedad del suelo, tal y como se comentará en su lugar.

El carácter estatutario de este contenido urbanístico de la propiedad significa que éste está siempre en la disposición de la potestad de planeamiento, de modo que el cambio de la ordenación establecida (mediante el ejercicio del conocido como *ius variandi*) es, en principio y como regla general, sólo cambio del Derecho objetivo frente al que no puede esgrimirse derecho alguno a su permanencia y que, por ello, no determina responsabilidad extracontractual alguna en la Administración actuante. Esta responsabilidad sólo se produce cuando el nuevo ejercicio de la potestad de planeamiento afecte negativamente procesos de ejecución del planeamiento (actuaciones de transformación urbanística cuya culminación es presupuesto de la viabilidad de la edificación y, por tanto, de la patrimonialización de ésta y del uso a ella asociado) o de edificación (directamente dirigidos a patrimonializar determinada edificabilidad para uso o usos concretos) en los términos dispuestos en el artículo 35 TRLdS08.

Artículo 8. *Contenido del derecho de propiedad del suelo: facultades.*

1. El derecho de propiedad del suelo comprende las facultades de uso, disfrute y explotación del mismo conforme al estado, clasificación, características objetivas y destino que tenga en cada momento, de acuerdo con la legislación aplicable por razón de las características y situación del bien. Comprende asimismo la facultad de disposición, siempre que su ejercicio no infrinja el régimen de formación de fincas y parcelas y de relación entre ellas establecido en el artículo 17.

Las facultades a que se refiere el párrafo anterior incluyen:

a) La de realizar las instalaciones y construcciones necesarias para el uso y disfrute del suelo conforme a su naturaleza que, estando expresamente permitidas, no tengan el carácter legal de edificación.

b) La de edificar sobre unidad apta para ello en los términos dispuestos en la letra d) del artículo 6, cuando la ordenación territorial y urbanística atribuya a aquélla edificabilidad para uso o usos determinados y se cumplan los demás requisitos y condiciones establecidos para edificar.

Todo acto de edificación requerirá del acto de conformidad, aprobación o autorización administrativa que sea preceptivo, según la legislación de ordenación territorial y urbanística. Su denegación deberá ser motivada.

En ningún caso podrán entenderse adquiridas por silencio administrativo facultades o derechos que contravengan la ordenación territorial o urbanística.

c) La de participar en la ejecución de las actuaciones de urbanización a que se refiere la letra a) del apartado 1 del artículo 14, en un régimen de equitativa distribución de beneficios y cargas entre todos los propietarios afectados en proporción a su aportación.

Para ejercer esta facultad, o para ratificarse en ella, si la hubiera ejercido antes, el propietario dispondrá del plazo que fije la legislación sobre ordenación territorial y urbanística, que no podrá ser inferior a un mes ni contarse desde un momento anterior a aquél en que pueda conocer el alcance de las cargas de la actuación y los criterios de su distribución entre los afectados.

2. Las facultades del apartado anterior alcanzarán al vuelo y al subsuelo sólo hasta donde determinen los instru-

mentos de ordenación urbanística, de conformidad con las leyes aplicables y con las limitaciones y servidumbres que requiera la protección del dominio público.

Procedencia

Al igual que el anterior, este artículo proviene del correlativo de la LdS, habiéndose insertado en la letra b) de su apartado 1 el contenido de los artículos 242.1 y 6 y 243.2 TRLS92 (aunque erróneamente, el dictamen del Consejo de Estado sólo se refiere a los dos primeros preceptos).

Respecto de tal inserción, el dictamen del Consejo de Estado formuló la siguiente observación:

> «El artículo 8.1.b) del proyecto incorpora el contenido de los artículos 242.1 y 242.6 del texto refundido de 1992 y lo hace siguiendo el criterio de remitir a la legislación sectorial de ordenación del territorio y urbanismo.
>
> Dado que el precepto del artículo 242.6 del texto refundido de 1992 —reproducido en el último párrafo de la letra b) del artículo 8.1.b)— contiene una específica limitación al silencio administrativo en materia urbanística, que ha sido objeto de una previsión general en el artículo 62.1.f) de la Ley 30/1992, de 26 de noviembre, de Régimen Jurídico de las Administraciones Públicas y del Procedimiento Administrativo Común, el criterio antes expresado llevaría a la conveniencia de incluir una previsión en el sentido de que "son nulos de pleno derecho los actos expresos o presuntos por los que se adquieran facultades o derechos que contravengan la ordenación territorial o urbanística en los términos dispuestos por la misma"».

Esta observación (de mera conveniencia, discutible y en todo caso contradictoria con otras de buena técnica legislativa vertidas en el mismo dictamen) no fue asumida por el Gobierno con acertado criterio, pues ni la inclusión sugerida reflejaba estrictamente lo dispuesto por el TRLS92, ni resultaba claramente procedente al caso la causa de nulidad del artículo 62.1.f) LRJPAC (toda vez que en el control de los actos de construcción o edificación no hay propiamente adquisición de derecho o facultad, sino mera declaración de conformidad a Derecho del ejercicio del *ius aedificandi* pretendido en el caso) y mucho menos correcta —en técnica normativa y de ser subsumible el caso en ella— la reproducción de dicha causa de nulidad ya prevista con carácter general en su sede pertinente, como si ésta precisara de especificación expresa en sede sectorial para ser efectiva.

Los artículos 242.1 y 6 y 243.2 TRLS92 disponían:

1.º El requerimiento por todo acto de edificación de la preceptiva licencia municipal.

2.º La exclusión en todos los casos de la adquisición por silencio administrativo de licencias en contra de la legislación o del planeamiento urbanístico.

Ahora el segundo párrafo de la letra b) del apartado 1 recoge prácticamente en su literalidad lo dispuesto en el artículo 242.1 TRLS92, sin más modificación que la lógica y obligada sustitución (para la debida armonización) de la expresión «licencia municipal» por la de «acto de conformidad, aprobación o autorización administrativa» y la de la forma verbal «requerirá» por el giro «que sea preceptivo»; sustituciones, absolutamente obligadas para que el texto refundido no invada el espacio decisional del legislador autonómico acotado negativamente por el marco legal general (espacio que incluye las decisiones sobre la preceptividad o no de un acto de intervención administrativa y el tipo de intervención en su caso precisa). E incluye, como inciso final, lo dispuesto en el artículo 243.2 TRLS92, sin otra alteración que la necesaria para hacer desaparecer la mención a la técnica de la licencia (por la razón ya dicha y congruencia con la primera parte del párrafo).

Por su parte, el tercer párrafo de la misma letra incorpora lo prevenido en el artículo 242.6 TRLS92, si bien con una redacción que actualiza la del precepto en función tanto de la LdS (supresión de la referencia a la precisa técnica de la licencia y sustitución de la alusión a la «legislación o el planeamiento urbanístico» por otra genérica a la «ordenación territorial o urbanística»), como de la regulación básica actual de la técnica del silencio administrativo positivo en la LRJPAC (sustitución del imperativo «se entenderá» por el facultativo «podrá entenderse»). La supresión tiene la justificación ya expuesta al tratar de la incorporación del apartado primero del mismo artículo 242 TRLS92. La sustitución es lógica, tanto porque la LdS evitaba en lo posible toda referencia a técnicas concretas de la ordenación territorial y urbanística en la disposición del legislador autonómico (como lo es, sin duda, la del planeamiento), como porque la expresión «ordenación territorial y urbanística» comprendía, en la LdS y comprende, por tanto, en el conjunto del nuevo texto refundido la legislación y los instrumentos que, en virtud de ella, desarrollen, concreten y ultimen la ordenación. La conversión de la forma verbal que expresa el carácter imperativo por otra que lo hace al carácter facultativo es de todo punto procedente, toda vez que, de acuerdo con la regulación básica de la técnica del silencio positivo, la utilización del efecto del juego de dicha técnica es sólo una opción del interesado o interesados.

La ubicación de esta incorporación de reglas del TRLS92 es, por último, acertada, si se tiene en cuenta que la LdS no hace referencia alguna a las cuestiones objeto de tales reglas y que la más próxima a ellas es justamente la que se hace a la facultad de edificar como parte del contenido del derecho de propiedad del suelo.

El resultado alcanzado debe considerarse correcto por mantenerse dentro de los límites de la delegación legislativa y responder, además, a una buena técnica legislativa.

Comentario

1. Facultades contenidas en el derecho (apdo. 1)

El apartado primero del artículo establece las facultades generales del derecho de propiedad del suelo: la de usar y disfrutar (a las que se añade la de explotar, lo que podría considerarse innecesario por reiterativo, pero alude al hecho de que se trata de un bien económico susceptible de explotación empresarial: agrícola, minera, etc.) y la de disponer.

Respecto de las facultades de uso y disfrute, el precepto se ocupa de precisar que deben ejercerse «conforme al estado, clasificación, características objetivas y destino que tenga en cada momento, de acuerdo con la legislación aplicable por razón de las características y situación del bien», lo que es una consecuencia del carácter estatutario del derecho, tal y como se ha comentado respecto del artículo anterior. Las facultades son, pues, las del artículo 348 Cc, pero su alcance concreto resulta de la ordenación territorial y urbanística. De este modo lo que se puede y no puede hacerse en un determinado inmueble depende de esta última. Mientras en el contenido de cada situación jurídica individualizada concreta y constituida y protegida como propiedad privada está cuanto comporte el uso y disfrute (el goce) de la cosa tal cual y como ésta sea en cada momento (en su caso como resultado de actos que impliquen aplicación de la ordenación urbanística), la realización misma de tales actos (paradigmáticamente los derivados del *ius aedificandi*) suponen —desde el punto de vista de aquel contenido— la patrimonialización del nuevo estado de la cosa que de ellos ha de resultar (patrimonialización que implica el cumplimiento de los deberes y las cargas que imponga la ordenación territorial y urbanística).

Las facultades de uso y disfrute, por ello, comprenden las de realizar instalaciones, construcciones y edificaciones cuando la legislación aplicable lo permita y conforme a ella, como ya ha quedado expuesto en el comentario del artículo 6, estando sujeto su ejercicio legítimo al requisito de la previa obtención (expresa o presunta) de la aprobación, conformidad o autorización administrativa, cuando y en los términos en que lo prevea la legislación autonómica urbanística. El ejercicio de la correspondiente potestad administrativa de intervención, cuyo régimen concreto queda remitido —en el marco de la legislación general de régimen jurídico básico de las Administraciones Públicas y del procedimiento administrativo común— a la legislación autonómica ha de ser en todo caso motivado, no pudiendo llegar a adquirirse por silencio administrativo facultades o derechos que contravengan la ordenación territorial y urbanística (frase de escaso rigor técnico y en todo caso de muy discutible utilidad práctica en la que se apoyó la comentada sugerencia del Consejo de Estado).

No comprenden las aludidas facultades, sin embargo, la de promover y/o ejecutar la urbanización, como también ha quedado expuesto al hilo del artículo 6, pero sí la facultad de participar en su ejecución. Esta facultad de participar en las actuaciones de urbanización se sujeta al régimen, tradicional de nuestro Derecho, de equidistribución entre los propietarios en proporción a su aportación.

Lo que sí constituye una novedad son las condiciones básicas de la igualdad que establece para garantizar un ejercicio efectivo de esta facultad:

— El plazo que la Ley (autonómica) establezca para optar entre participar o no debe ser como mínimo de un mes.

— Dicho plazo no puede contarse desde un momento anterior a aquél en que el propietario pueda conocer el alcance de las cargas asociadas a su decisión y los criterios para su distribución entre todos los interesados.

Con estas salvaguardas, el legislador estatal trata de evitar eventuales abusos contra los propietarios del suelo (sobre todo, los que no sean profesionales o empresarios del sector ni dispongan de medios para procurarse un asesoramiento especializado), por entender que en un momento anterior o con un plazo inferior, no pueden formarse un juicio cabal sobre las implicaciones de su decisión.

Respecto de la facultad de disponer, la Ley no contempla más límite que el evidente del cumplimiento de la legalidad, empezando por las propias reglas del artículo 17 que prohíben las enajenaciones que, con o sin segregación, atribuyan derechos exclusivos de utilización de unidades o porciones de suelo por debajo de la superficie mínima de parcela, tal y como se comentará en el lugar correspondiente.

2. Objeto del derecho (apdo. 2)

El apartado segundo trata del objeto de estas facultades: la propiedad del suelo comprende «al vuelo y al subsuelo sólo hasta donde determinen los instrumentos de ordenación urbanística, de conformidad con las leyes aplicables y con las limitaciones y servidumbres que requiera la protección del dominio público».

Esta delimitación —por remisión a la ordenación urbanística y a la legislación de policía del dominio público— del alcance objetivo del derecho de propiedad inmobiliaria no ha sido problemática respecto del vuelo, pero sí en ocasiones respecto del subsuelo: tradicionalmente, los planes urbanísticos no delimitaban la edificabilidad bajo rasante, a lo que se unió una línea jurisprudencial que, inspirada en la concepción romanística de la propiedad *(usque ad coelos atque inferos)*, extraía de dicha omisión el deber de la Administración de autorizar —habida cuenta del carácter reglado de las licencias de obras— cuanta edificación bajo rasante se proyectase. En todo caso, y en ausencia de toda referencia a la cuestión hasta la LdS en la legislación estatal de suelo, varias Leyes urbanísticas autonómicas habían ya introducido una regla similar a la que se comenta.

Esta diferenciación entre rasante, vuelo y subsuelo es importante para la configuración legal de los conceptos de finca y parcela, tal y como se recogen en el artículo 17 y serán comentadas en su lugar.

Artículo 9. *Contenido del derecho de propiedad del suelo: deberes y cargas.*

1. El derecho de propiedad de los terrenos, las instalaciones, construcciones y edificaciones, comprende, cualquiera que sea la situación en que se encuentren, los deberes de dedicarlos a usos que no sean incompatibles con la ordenación territorial y urbanística; conservarlos en las condiciones legales para servir de soporte a dicho uso y, en todo caso, en las de seguridad, salubridad, accesibilidad y ornato legalmente exigibles; así como realizar los trabajos de mejora y rehabilitación hasta donde alcance el deber legal de conservación. Este deber constituirá el límite de las obras que deban ejecutarse a costa de los propietarios, cuando la Administración las ordene por motivos turísticos o culturales, corriendo a cargo de los fondos de ésta las obras que lo rebasen para obtener mejoras de interés general.

En el suelo urbanizado a los efectos de esta Ley que tenga atribuida edificabilidad, el deber de uso supone el de edificar en los plazos establecidos en la normativa aplicable.

En el suelo que sea rural a los efectos de esta Ley, o esté vacante de edificación, el deber de conservarlo supone man-

tener los terrenos y su masa vegetal en condiciones de evitar riesgos de erosión, incendio, inundación, para la seguridad o salud públicas, daño o perjuicio a terceros o al interés general; incluido el ambiental; prevenir la contaminación del suelo, el agua o el aire y las inmisiones contaminantes indebidas en otros bienes y, en su caso, recuperarlos de ellas; y mantener el establecimiento y funcionamiento de los servicios derivados de los usos y las actividades que se desarrollen en el suelo.

2. El ejercicio de las facultades previstas en las letras a) y b) del apartado primero del artículo anterior, en terrenos que se encuentren en el suelo rural a los efectos de esta Ley y no estén sometidos al régimen de una actuación de urbanización, comporta para el propietario, en la forma que determine la legislación sobre ordenación territorial y urbanística:

a) Costear y ejecutar las obras y los trabajos necesarios para conservar el suelo y su masa vegetal en el estado legalmente exigible o para restaurar dicho estado, en los términos previstos en la normativa que sea de aplicación.

b) Satisfacer las prestaciones patrimoniales que se establezcan, en su caso, para legitimar usos privados del suelo no vinculados a su explotación primaria.

c) Costear y, en su caso, ejecutar las infraestructuras de conexión de la instalación, la construcción o la edificación con las redes generales de servicios y entregarlas a la Administración competente para su incorporación al dominio público cuando deban formar parte del mismo.

3. El ejercicio de la facultad prevista en la letra c) del apartado primero del artículo anterior, conlleva asumir como carga real la participación en los deberes legales de la promoción de la actuación, en régimen de equitativa distribución de beneficios y cargas y en los términos de la legislación sobre ordenación territorial y urbanística, así como permitir ocupar los bienes necesarios para la realización de las obras al responsable de ejecutar la actuación.

Procedencia

Como los anteriores, también este precepto procede del correlativo de la LdS, habiéndose incorporado al mismo las reglas contenidas en los artículos 245.1 y 246.2 TRLS92, relativas al deber de conservación y las órdenes de ejecución de obras por motivos turísticos o culturales.

El dictamen del Consejo de Estado formuló en este punto la siguiente observación:

> «El inciso final del párrafo primero del artículo 9.1, que obedece a la inserción de los artículos 245.1 y 246.2 del texto refundido de 1992, configura el deber legal de conservación en el límite de las obras cuya ejecución a costa de los propietarios puede ordenar la Administración por motivos turísticos o culturales. Con el objetivo de identificar este límite, el inciso indicado se refiere a "dicho deber", lo que puede ser confuso, dado que el inciso anterior alude a diversos deberes. Por lo tanto, para que no quede duda alguna al respecto, convendría repetir en el inciso final la expresión "deber legal de conservación" o emplear el determinante "este", por haber sido el deber de referencia el último mencionado en el inciso primero».

Esta observación fue atendida por el Gobierno.

En la operación de refundición se ha procedido a:

a) Sustituir —en el inciso inicial— del párrafo 1.º del apartado 1 del artículo 9 la expresión «El derecho de propiedad del suelo» por la de «El derecho de propiedad de los terrenos, las instalaciones, construcciones y edificaciones». La razón no es otra que la referencia que hacía el artículo 245.1 TRLS92 —marcando la pauta también para el art. 246.2 TRLS92— a «terrenos, urbanizaciones de iniciativa particular y edificaciones» para definir el deber de conservación de los propietarios.

El paso de la perspectiva subjetiva («los propietarios») a la objetiva («la propiedad») viene exigida por el respeto a la redacción de la versión original del apartado 1 del artículo 9 LdS. La sustitución de la sola mención al «suelo» por la más amplia a los «terrenos, instalaciones y edificaciones» encuentra fundamento en la necesidad de incorporar la perspectiva del precepto del TRLS92 objeto de refundición, siendo plausible tanto la omisión de la referencia a las «urbanizaciones de iniciativa particular» (concepto que ha dejado de tener vigencia en el Derecho urbanístico y, en todo caso, resultó ya incompatible con la LdS, que partía de la necesidad —en caso de actuaciones de iniciativa privada— de la entrega de la urbanización, una vez ejecutada, a la Administración: art. 16.2 LdS), como la sustitución de este concepto por el de «instalaciones» [toda vez que, con ella, se logra una expresión comprensiva de todos los elementos que empleaba la LdS al tratar de las facultades del derecho de propiedad —arts. 8.1, párr. 2.°a) y b) y 9.2.c) LdS—].

Finalmente, la ubicación sistemática de la incorporación es correcta, dado que la LdS no contenía regulación separada de los deberes de conservación por razón urbanística y sólo efectuaba una determinación general de los deberes y las cargas del derecho de propiedad asimismo por razón urbanística.

b) Introducir en el mismo párrafo 1.° del apartado 1 del artículo 9 un nuevo inciso final relativo al límite de las obras a ejecutar en cumplimiento del deber de conservación cuando la Administración imponga obras por razón turística o cultural, que recoge la regla del artículo 246.2 TRLS92.

En este punto el texto refundido se limita a armonizar la redacción de la regla incorporada a la del texto original de la LdS, por lo que se mantiene dentro de los límites de la delegación.

Comentario

1. Deberes generales de uso y conservación (apdo. 1)

El enunciado general del deber de dedicar los terrenos, instalaciones, construcciones y edificaciones, cualquiera que sea la situación en la que se encuentren, a usos no incompatibles con la ordenación territorial y urbanística, conservarlos en determinadas condiciones (las legales en cada momento para servir de soporte al uso correspondiente y, en todo caso, en las de seguridad, salubridad, accesibilidad y ornato procedentes) y mejorarlos o rehabilitarlos hasta donde alcance el contenido del deber legal de conservación es tradicional en nuestro Derecho y se contenía ya, en términos similares, en el artículo 19 LRSV. Si bien el apartado 2 de este último artículo no fue en su momento trasladado a la LdS porque, en realidad, constituía una mera remisión en blanco, no sucedió lo mismo con el apartado 1, siendo de observar que los deberes en él previstos son sustancialmente los mismos que los ahora contemplados por el TRLdS08, si bien éste añade la accesibilidad a las condiciones en que deben conservarse los inmuebles y expresa más directamente el deber de rehabilitación, antes sólo aludido mediante la remisión a las normas sobre «rehabilitación urbana».

En todo caso, el contenido del apuntado deber fija el límite de las obras que deben ejecutarse a costa del propietario cuando su realización sea ordenada por la Administración por motivos turísticos o culturales. Las que, en tal caso, se refieran a mejoras de interés general y rebasen el expresado límite, han de correr a cargo de la propia Administración ordenante.

Más interés tiene la concreción del deber de uso para el suelo urbanizado que tenga atribuida edificabilidad, donde se traduce en un deber de edificar, cuyo incumplimiento puede acarrear las consecuencias previstas en los artículos 36 y 37 TRLdS08.

Simétricamente, en el suelo rural determina el legislador estatal el deber de conservar exigiendo el mantenimiento de los terrenos y su masa vegetal en condiciones de evitar riesgos naturales, prevenir la contaminación del suelo, el agua o el aire y mantener los servicios derivados de los usos y actividades desplegados. Lógicamente, todo ello no de forma ilimitada, sino en los términos que resulten de la legislación ambiental aplicable.

Estas dos particularizaciones de los deberes generales son consecuencia directa de la concepción del principio de desarrollo territorial y urbano sostenible enunciado en el artículo 2 TRLdS08, que apela respectivamente a la preservación de los valores propios del medio rural y a la ocupación eficiente del suelo en el medio urbano, que constituyen principios objetivos del ordenamiento, de un lado, pero también —y por ello mismo— elementos delimitadores de la función social de la propiedad articulados en forma de deberes subjetivos de los propietarios de suelo.

2. Deberes específicos en el suelo rural no sometido a transformación (apdo. 2)

El apartado segundo enuncia tres deberes referidos específicamente al suelo rural que no esté sometido a una actuación de urbanización. El primero de ellos es un mero corolario del deber de conservación del suelo rural comentado en el epígrafe anterior.

El de la letra b) alude al hecho de que en el medio rural se implantan a veces edificaciones, construcciones o instalaciones que son ajenas a su utilización normal conforme a su naturaleza o a su explotación primaria. De hecho, ciertas actividades nocivas, insalubres, peligrosas o contaminantes deben emplazarse necesariamente en dicho medio, según la legislación de actividades clasificadas. Pero también otras muy diversas pueden ser autorizadas. La calificación que otorga la ordenación urbanística y/o la autorización que otorga la Administración actuante para dichos usos pueden generar unas plusvalías en el suelo. Por eso, se otorga cobertura a una posibilidad ya utilizada previamente por algunas Leyes urbanísticas autonómicas: el establecimiento de un canon o, en general, una prestación patrimonial de Derecho público a favor de la Administración.

El deber enunciado en la letra c) traslada al suelo rural un deber que es tradicional para la urbanización, pero que puede y debe hacerse extensivo a la edificación: conectarla con las redes generales de servicios y entregar, en su caso, las infraestructuras de conexión (por ejemplo, las viarias) a la Administración. Estamos hablando ahora del medio rural, por lo que las infraestructuras exigibles serán sin duda menores y normalmente menos costosas que las del medio urbano. Además, no se está hablando de las vías privadas que transcurren por el interior de la parcela, sino de las infraestructuras de su conexión con la red pública preexistente.

3. Deberes específicos en el suelo rural sometido a transformación (apdo. 3)

El apartado tercero del artículo presenta el reverso del principio de equidistribución para los propietarios de suelo que opten por participar en la ejecución de una actuación de urbanización: el deber de participar en los deberes de la promoción a que se refiere el artículo 16 TRLdS08, que los propietarios asumen como carga real, es decir, afectando su suelo a su cumplimiento, lo que es, en particular, necesario para cumplir los deberes consistentes en entrega de terrenos (los suelos dotacionales y los lucrativos correspondientes a la participación de la comunidad en las plusvalías).

El otro deber enunciado en el precepto es asimismo consustancial a la participación en la actuación urbanizadora: permitir la ocupación temporal de los terrenos por parte del responsablé de ejecutar la actuación.

TÍTULO II
BASES DEL RÉGIMEN DEL SUELO

Artículo 10. *Criterios básicos de utilización del suelo.*

1. Para hacer efectivos los principios y los derechos y deberes enunciados en el Título I, las Administraciones Públicas, y en particular las competentes en materia de ordenación territorial y urbanística, deberán:

a) Atribuir en la ordenación territorial y urbanística un destino que comporte o posibilite el paso de la situación de suelo rural a la de suelo urbanizado, mediante la urbanización, al suelo preciso para satisfacer las necesidades que lo justifiquen, impedir la especulación con él y preservar de la urbanización al resto del suelo rural.

b) Destinar suelo adecuado y suficiente para usos productivos y para uso residencial, con reserva en todo caso de una parte proporcionada a vivienda sujeta a un régimen de protección pública que, al menos, permita establecer su precio máximo en venta, alquiler u otras formas de acceso a la vivienda, como el derecho de superficie o la concesión administrativa.

Esta reserva será determinada por la legislación sobre ordenación territorial y urbanística o, de conformidad con ella, por los instrumentos de ordenación y, como mínimo, comprenderá los terrenos necesarios para realizar el 30 por ciento de la edificabilidad residencial prevista por la ordenación urbanística en el suelo que vaya a ser incluido en actuaciones de urbanización.

No obstante, dicha legislación podrá también fijar o permitir excepcionalmente una reserva inferior para determinados Municipios o actuaciones, siempre que, cuando se trate de actuaciones de nueva urbanización, se garantice en el instrumento de ordenación el cumplimiento íntegro de la reserva dentro de su ámbito territorial de aplicación y una distribución de su localización respetuosa con el principio de cohesión social.

c) Atender, en la ordenación que hagan de los usos del suelo, a los principios de accesibilidad universal, de igualdad de trato y de oportunidades entre mujeres y hombres, de

movilidad, de eficiencia energética, de garantía de suministro de agua, de prevención de riesgos naturales y de accidentes graves, de prevención y protección contra la contaminación y limitación de sus consecuencias para la salud o el medio ambiente.

2. Las instalaciones, construcciones y edificaciones habrán de adaptarse, en lo básico, al ambiente en que estuvieran situadas, y a tal efecto, en los lugares de paisaje abierto y natural, sea rural o marítimo, o en las perspectivas que ofrezcan los conjuntos urbanos de características histórico-artísticas, típicos o tradicionales, y en las inmediaciones de las carreteras y caminos de trayecto pintoresco, no se permitirá que la situación, masa, altura de los edificios, muros y cierres, o la instalación de otros elementos, limite el campo visual para contemplar las bellezas naturales, rompa la armonía del paisaje o desfigure la perspectiva propia del mismo.

3. Serán nulos de pleno derecho los actos administrativos de intervención que se dicten con infracción de la ordenación de las zonas verdes o espacios libres previstos en los instrumentos de ordenación urbanística. Mientras las obras estén en curso de ejecución, se procederá a la suspensión de los efectos del acto administrativo legitimador y a la adopción de las demás medidas que procedan. Si las obras estuvieren terminadas, se procederá a su revisión de oficio por los trámites previstos en la legislación de procedimiento administrativo común.

Procedencia

Este artículo, además de reproducir el correlativo de la LdS, incorpora los artículos 138.b) [única regla subsistente de las denominadas normas de aplicación directa] y 255.2 (nulidad de las licencias otorgadas con infracción de la zonificación o uso urbanístico de las zonas verdes), que se introducen, a continuación del texto original del artículo 10 LdS, para formar dos nuevos apartados de dicho artículo (el segundo y el tercero). El dictamen del Consejo de Estado no formuló observación alguna en este punto.

El nuevo apartado segundo recoge fielmente el contenido del artículo 138.b) TRLS92, sin perjuicio de mejorar técnicamente la determinación con carácter general del supuesto, incluyendo el inciso (referido a la adaptación) «en lo básico» e incluyendo las expresiones «instalaciones, construcciones y edificaciones». Este modo de proceder es congruente no sólo con el alcance de la regla legal incorporada, sino con las referencias que la LdS hacía a los actos ejercitables al amparo del derecho de propiedad del suelo (recuérdese lo ya dicho al tratar de las modificaciones introducidas en la redacción del apartado 1 del art. 9). Por ello, esta mejora debe ser positivamente valorada desde la técnica legislativa y considerada, además, procedente desde el punto de vista del mandato de regularización, aclaración y armonización que efectúa la delegación legislativa.

Por su parte, el nuevo apartado tercero se atiene también al contenido del artículo 255.2 TRLS92, si bien introduciendo en él las siguientes alteraciones:

1.ª La construcción interna de la primera frase; alteración que no varía en absoluto el sentido de ésta y de la norma incorporada y que debe entenderse que trae causa de su mejor inserción en el texto refundido (estando, pues, justificada).

2.ª La sustitución de los términos urbanísticos «plan», «licencia» y «orden de ejecución», cuya utilización rehuía, como es sabido, la LdS, por «instrumentos de ordenación urbanística» (que es la expresión utilizada por la LdS) y «actos administrativos de intervención» y «acto administrativo legitimador» (más acorde con dicho otro texto legal objeto de refundición), respectivamente.

3.ª La supresión de la referencia al artículo 253 TRLS92 a propósito de las medidas procedentes en el supuesto contemplado. Esta supresión es lógica y no perjudica la integridad, inteligibilidad y aplicabilidad del precepto. Pues el artículo remitido se declaró en parte inconstitucional por la STC 61/1997 y quedó en todo caso derogado por la LRSV, de modo que, en el momento de la refundición, las medidas procedentes sólo podían ser las previstas en la legislación autonómica competente.

4.ª La sustitución tanto del término «anulación de oficio», como de la referencia al artículo 109 de la Ley de procedimiento administrativo, por el término «revisión de oficio» y la referencia genérica a la legislación sobre procedimiento administrativo común, respectivamente. Lo uno y lo otro es obligado para la armonización con el resto del ordenamiento jurídico actual, pues ni existe ya la Ley de procedimiento administrativo (siendo técnicamente mejor hablar genéricamente de la legislación en la materia), ni en la vigente LRJPAC se habla ya de anulación y sí de revisión de oficio.

La elección de la ubicación de las dos incorporaciones comentadas es totalmente acertada. Dado el planteamiento y el contenido dispositivo de la LdS, el de los criterios de la utilización del suelo (art. 10) era, en efecto, el único sitio pertinente.

Comentario

1. Introducción; el sentido y alcance de las bases del régimen del suelo en el sistema legal

Encabeza este precepto uno de los títulos clave en el nuevo y doble enfoque que caracteriza el marco legal comentado por influencia de la LdS: el estatuto del ciudadano y la acción de los poderes públicos.

El destinatario de la ordenación territorial y urbanística es ciertamente el ciudadano, cualificado, en su caso, como propietario de suelo y eventualmente como empresario. De ahí el novedoso estatuto mínimo de derechos y deberes del ciudadano regulado en el Título I. Pero es obvio que la efectividad del *status* del ciudadano destinatario de la ordenación territorial y urbanística —cualificado, en su caso, como propietario de suelo y eventualmente como empresario—, depende de la acción de los poderes públicos. Tal imbricación impone al legislador estatal la fijación de un elenco de criterios básicos de esa acción, articulados como deberes de las instancias competentes, cabalmente especular respecto del referido *status.* Pues sin él las condiciones básicas de igualdad que en este último se expresan *quedarían privadas de la garantía de efectividad en la realidad que postula inexcusablemente el artículo 9.2 CE.*

La interrelación entre estatuto de la ciudadanía y criterios-deberes de la acción de los poderes públicos sólo puede tener lugar, a su vez, en el contexto de un determinado régimen del suelo, que es abordado con el obligado carácter básico y desde la *ratificación de su configuración tradicional como estatutario* (art. 7.1, inciso inicial, TRLdS08). Tal régimen se construye por entero y al efecto de la función ordinamental que corresponde al marco estatal, sobre la novedosa *distinción metaurbanística* (al no prejuzgar la política de ordenación territorial y urbanística, ni, por tanto, la clasificación del suelo, caso de que ésta exista) *de dos situaciones objetivas en las que se entiende que se encuentra todo el suelo* (se insiste: antes, al margen y en todo caso con independencia o sin perjuicio de su clasificación urbanística): *la de suelo rural y la de suelo urbanizado.*

Aunque, como es lógico, la determinación del destino urbanístico de los terrenos es cuestión de la ordenación territorial y urbanística, la diferenciación de las apuntadas situaciones permite:

a) Sentar el principio de que las determinaciones de edificabilidad de los instrumentos de la ordenación territorial y urbanística pertenecen al Derecho objetivo (expresan lo que éste simplemente permite, prohíbe u ordena), de modo que, por sí misma, la mera previsión de la edificabilidad no integra ésta en el contenido de las concretas situaciones subjetivas dominicales (art. 7.2 TRLdS08 [40]).

b) Articular las condiciones básicas de igualdad desde la perspectiva del estatuto de la propiedad de todo el suelo con las bases del

[40] Recuérdese que, de acuerdo con este precepto legal, la patrimonialización de la edificabilidad se produce únicamente con su realización efectiva y está condicionada en todo caso al cumplimiento de los deberes y el levantamiento de las cargas del régimen que corresponda (el de la propiedad, en la construcción o edificación; o el de la actividad de ejecución, en la urbanización), en los términos dispuestos por la legislación sobre ordenación territorial y urbanística.

Más que reiterarse, se recuperan así principios y reglas tradicionales de nuestro Derecho en la materia —determinantes para la cultura urbanística— que, sin embargo, habían quedado seriamente debilitados, si no desvirtuados, durante la vigencia de la legislación que derogó la LS, con la consecuente afección, por tanto, de dicha cultura. Véase, al respecto, L. PAREJO ALFONSO, *Régimen urbanístico de la propiedad y responsabilidad patrimonial de la Administración,* IEAL, Madrid, 1982.

régimen objetivo del suelo que esté en la única situación —la rural— en la que son precisas por imperativo medioambiental; bases, establecidas en el artículo 13 TRLdS08, que aseguran en todo caso el sometimiento de la utilización del suelo con valores objeto de protección a la preservación de éstos.

c) Efectuar un tratamiento independiente del régimen básico de las actuaciones de transformación urbanística (a las que se dedican los arts. 12, 14 y 16 TRLdS08), sin perjuicio de su conexión con las condiciones básicas del estatuto de la propiedad a través del reconocimiento a los propietarios (en tanto que titulares, también, de la libertad de empresa) de la ya comentada facultad de participar en tales actuaciones. Lo que lleva al giro decisivo de que los derechos y deberes hasta ahora erróneamente conceptuados de la propiedad del suelo pasan a ser los básicos del régimen de las actuaciones de urbanización.

2. Los criterios básicos de utilización del suelo (apdo. 1)

Los criterios que sienta el precepto se sitúan, lógicamente, en línea de continuación de los principios de desarrollo territorial y urbano sostenible que se sientan en el artículo 2 TRLdS08, por lo que su formulación adopta la forma de mandatos al poder público administrativo que concretan las exigencias mínimas comunes que, para la actuación de dicho poder (en cuanto capaz de determinar el destino del suelo), comportan, de un lado y desde la perspectiva de la utilización racional de los recursos naturales, los expresados principios (concretados, para la acción de ordenación territorial y urbanística, en el art. 3 TRLdS08) y, de otro lado y desde la óptica de las condiciones básicas de igualdad de la posición del ciudadano, el conjunto de derechos y deberes enunciados en el Título I.

La clave de esta operación legal de concreción radica en la perspectiva unitaria que impone el suelo, en cuanto recurso único, escaso e irreproducible. El destino de cada metro cuadrado de suelo ha de resultar siempre, en efecto, de una compleja operación de ponderación de las múltiples y concurrentes pretensiones de localización o materialización espacial derivadas de los diversos intereses públicos y privados en el contexto de la valoración de la realidad existente y la futura a conseguir o, dicho de otro modo, del interés general objetivo a realizar. Y esta operación implica escoger, priorizar y compatibilizar dichas pretensiones en pugna por prevalecer en cada lugar según un orden y para que el resultado de la ocupación, transformación (en su caso) y uso del suelo se realice y responda efectivamente a dicho orden, es decir, sea —conforme señala el art. 2.3 TRLdS08— un resultado equilibrado. Demanda, por ello, criterios para la toma de decisiones, es decir, para la definición del referido interés general objetivo en concreto, en el contexto, en su caso, de las pertinentes relaciones interadministrativas. Se trata, pues, de guiar jurídicamente el proceso de esa definición [41].

Los criterios resultantes son sólo, así, los básicos precisos para asegurar la efectividad del cuadro de valores y bienes constitucionales en punto a las condiciones mínimas que garanticen la igualdad de todos en la posición fundamental aludida. En consecuencia, la legislación sectorial reguladora de las acciones públicas administrativas con relevancia territorial y desde luego la autonómica de ordenación territorial y urbanística quedan comprometidas a proseguir la tarea de concreción de los criterios rectores del proceso de definición del interés general territorial o urbanístico. Pero quedan comprometidas con diferente extensión e intensidad, pues mientras el núcleo esencial de la autonómica de ordenación territorial y urbanística consiste en la determinación del destino del suelo, este objeto sólo forma parte del de la reguladora de la acción administrativa sectorial con repercusión física en la medida estricta de lo necesario para el desarrollo de dicha acción conforme a su lógica propia. En cualquier caso, esta

---

41 Y de hacerlo:

a) continuando la primera precisión de los principios constitucionales rectores de la acción de los poderes públicos relevante para la utilización racional de los recursos naturales en general y el suelo en particular, efectuada ya en las disposiciones generales,

b) a la luz de la posición fundamental otorgada a todos los ciudadanos (igualdad básica) por los derechos y deberes constitucionales (incluso en su dimensión objetiva) determinantes para las condiciones espaciales de la calidad de vida.

legislación no puede contradecir los criterios básicos de que ahora se trata.

En consecuencia, los criterios lo son de la acción pública administrativa consistente en ordenar, en establecer la ordenación a la que ha de ajustarse el proceso urbanístico de ocupación y utilización continuada del suelo, previa transformación, en su caso, de éste (mediante la urbanización, la construcción o la edificación, cualquiera que sea la cobertura de tales actuaciones); y todo él o cualquiera de sus fases por separado. Vinculan, por ello, a las potestades que la legislación confiera a las Administraciones Públicas para determinar en cualquier forma el destino del suelo afectado, lo que vale decir, tanto a la de ordenación territorial y urbanística propiamente dicha, como a la de desarrollo de cualquier acción sectorial con directa repercusión física. Su efecto vinculante alcanza por ello a dicha legislación, aunque aparezcan referidos directamente a la acción administrativa. Pues la legislación reguladora de las potestades habilitantes de ésta no puede ya configurarlas sino en «línea de continuación» teleológica con ellos, dada su condición básica. Se manifiesta así aquí la fijación del fin común de todas las políticas públicas relativas a la regulación, ordenación, ocupación, transformación y uso del suelo a que alude el artículo 2.1 TRLdS.

Con tal efecto vinculante, los criterios básicos se articulan técnicamente, por ello, como deberes a cumplir por las Administraciones Públicas al ejercer, dentro de sus respectivas esferas de competencia, las potestades que tengan atribuidas para determinar el destino del suelo; lo que quiere decir: por todas y cada una de dichas Administraciones y no sólo por las que cuenten con potestades específicas de ordenación territorial y urbanística. Y ello, i) para que sea posible que de la actuación de las diferentes esferas competenciales pueda resultar objetivamente una política territorial y urbanística coherente; gracias a que, de la manera expuesta, ii) los criterios básicos quedan directamente interiorizados —desde el marco legal comentado— en el régimen y, por tanto, el contenido propio de todas y cada una de tales potestades, formando bloque con la legislación que directamente las regule. No podía ser de otra manera, teniendo en cuenta, de un lado, el establecimiento de los criterios-deberes «para la efectividad» del orden constitucional antes definido, y, de otro lado, el «código» constitucional de mandatos-deberes fijado al Estado social-administrativo actuante en el artículo 9.2 CE, del que aquéllos deben entenderse que son concreción en la materia.

De todas formas, dado el diferente objeto de la ordenación territorial y urbanística (como mera competencia y no como política común a la pluralidad de las competencias con incidencia territorial) y de la acción administrativa con repercusión física (en cuanto competencias sectoriales que deben contribuir a la política común), los criterios-deberes afectan directamente por lo general a la primera [42] y sólo indirectamente a la segunda.

---

[42] Por eso mismo, no puede perderse de vista que la virtualidad de los criterios examinados aparece reforzada, en el marco legal estatal, por reglas dirigidas a garantizar el recto ejercicio (participado por la ciudadanía) de las potestades de ordenación, es decir, de planeamiento o planificación y de ejecución de lo planeado, especialmente en su referencia al desarrollo urbano; reglas que pretenden i) asegurar la celebración de la información pública conforme a garantías mínimas de publicidad y plazo (art. 11.1 TRLdS08) y potenciar este trámite esencial mediante la promoción de la publicidad telemática (art. 11.3 TRLdS08, en relación con el art. 70 ter que introduce la disposición adicional octava TRLdS08 en la Ley 7/1985, de 2 de abril, de bases del régimen local) y la facilitación del conocimiento de la documentación (exigencia de la exposición de un resumen ejecutivo suficientemente expresivo; art. 11.2 TRLdS08); ii) garantizar la debida orientación valorativa mediante la exigencia general de evaluación ambiental (art. 15.1 TRLdS08) y, cuando el objeto sea una actuación de urbanización, además: informes de sostenibilidad ambiental (art. 15.2 TRLdS08) y también económica (en particular sobre las Haciendas públicas; art. 15.4 TRLdS08), existencia de recursos hídricos suficientes para las nuevas demandas, protección del dominio hidráulico y marítimo-terrestre, la afección de las infraestructuras y el impacto sobre su capacidad de servicio (art. 15.3 TRLdS08), y iii) procurar la seriedad en la tramitación y resolución del procedimiento mediante la determinación del incumplimiento del plazo máximo para resolver como causa bien de responsabilidad patrimonial de la Administración competente, si es de iniciativa privada, bien de aprobación *ex lege,* si es de iniciativa pública e involucra a dos Administraciones, en principio la local y la autonómica (prescripción ésta que sirve, además, de garantía de la autonomía local; art. 11.4 y 5 TRLdS08). A estas reglas se añade la nada despreciable, cara a la transparencia y, por tanto, a la lucha contra la corrupción, de obligar a las Administraciones competentes a elaborar y debatir y aprobar por el órgano colegiado de gobierno que corresponda, con la periodicidad

Los criterios-deberes básicos operan en todo caso con independencia de las técnicas, los mecanismos y los instrumentos a través de los cuales deba producirse el ejercicio de las potestades administrativas aludidas. Pues la elección y regulación de tales técnicas, mecanismos e instrumentos corresponde ya íntegramente a la competencia propia del legislador sectorial en general y del autonómico de ordenación territorial y urbanística en particular.

Son tres los criterios básicos que establece el TRLdS08:

1.º La *satisfacción adecuada de las necesidades sociales que justifiquen la transformación del suelo mediante la urbanización y la preservación del suelo no preciso a tal fin* [art. 10.1.a) TRLdS08].

En cuanto referido a las decisiones previas capaces de legitimar actuaciones de transformación urbanística del suelo, este criterio vincula directamente a la potestad de ordenación territorial y urbanística, en tanto que sede natural de aquéllas, y sólo indirectamente a las potestades con repercusión territorial ejercitadas en el contexto de acciones administrativas sectoriales, que en todo caso no pueden servir sus fines específicos en términos que impidan su efectividad o siquiera agraven desproporcionadamente las condiciones para ella. Concreta el mandato más general, contenido en el artículo 2.3 TRLdS08, de adopción por los poderes públicos de las medidas de ordenación territorial y urbanística procedentes para asegurar un resultado equilibrado, favoreciendo o conteniendo —según proceda, es decir, según las circunstancias concretas— los procesos de ocupación y transformación del suelo.

Sus elementos componentes son los dos siguientes:

a) La obligada *correlación* entre las previsiones de i) ocupación de suelo para la transformación de su calidad mediante la urbanización y ii) necesidades sociales a atender.

---

que al efecto se fije y para su puesta a disposición del público, de un informe de seguimiento de la actividad de ejecución urbanística de su competencia (art. 15.5 TRLdS08).

Pues únicamente la superficie de suelo que *sea precisa* para la satisfacción de dichas necesidades puede ser objeto válidamente de la decisión de ocupación y transformación. Por su propia formulación, dirigida a legitimar la alteración de la frontera entre los medios rural y urbano y dirigir la apertura y el desarrollo del específico proceso de nueva urbanización, el radio de acción del criterio está restringido al suelo que, en el momento de su aplicación, se encuentre en la situación de suelo rural. Así resulta del artículo 12.2.b) TRLdS08, por lo que su aplicación en ningún caso puede tener en cuenta o considerar el suelo que esté ya en la situación de urbanizado a que se refiere el artículo 12.3 TRLdS08.

Las necesidades sociales deben poder justificar, pues, la previsión sobre ocupación y transformación de suelo, por lo que han de ser reales (actuales y previsibles futuras), guardar relación con los usos finales del suelo a ocupar y transformar y tener entidad suficiente [43].

Se conecta esta exigencia directamente con el requerimiento legal (art. 3.1, párr. 2, TRLdS08) de motivación del ejercicio de la potestad de ordenación territorial y urbanística, cuya expresión de los intereses generales servidos debe consistir aquí cabalmente en las aludidas identificación y cuantificación de necesidades y su correlación con la

---

[43] Por ello está implícita en este elemento la triple exigencia de:

— Búsqueda, recogida, sistematización y análisis de la información pertinente para identificar y cuantificar tales necesidades en términos de pretensiones que desde los diversos intereses públicos gestionados por las distintas Administraciones y de los múltiples intereses privados compitan por hacerse efectivas en el territorio considerado.

— Evaluación y ponderación entre sí de las necesidades determinadas para la identificación, así, de las que finalmente deban ser satisfechas, procediendo —en función de los usos finales que demanden— a la cuantificación de la o las superficies a ocupar y transformar.

— Determinación de estas últimas superficies, que tampoco pueden ser cuales quiera, pues —en virtud del principio de preservación de los valores del suelo innecesario o inidóneo para atender las necesidades de transformación urbanística, recogido en el art. 2.2.b) TRLdS08— deben reunir el doble requisito de ser necesarias e idóneas (en función de sus características y desde la perspectiva, por ejemplo, de los riesgos naturales o de accidentes mayores) para servir de soporte a usos finales típicamente urbanos.

o las superficies de suelo sujetas a ocupación y transformación mediante la urbanización. Pues sólo así puede entenderse que las referidas necesidades *justifican* esta última previsión.

Pero guarda relación también, poniendo de relieve su importancia precisamente para la efectividad del principio de desarrollo sostenible, tanto con el sometimiento de los pertinentes instrumentos de ordenación a informes de sostenibilidad ambiental y económica (además de diversos de carácter sectorial; art. 15 TRLdS08), como con la directriz básica dirigida a la legislación de ordenación territorial y urbanística de determinar en qué casos el impacto de una actuación de urbanización —es decir, la correspondiente previsión de ocupación y transformación de suelo— requiere el ejercicio de forma plena de la potestad de ordenación (art. 15.6 TRLdS08) [44].

La previsión misma consiste en la atribución al suelo correspondiente de un destino que comprometa ya o, al menos, posibilite el paso de la correspondiente superficie de la situación de suelo rural a la de suelo urbanizado. Se trata, pues, de un destino genérico y final, en modo alguno definitorio de los concretos usos de que sea susceptible el suelo; un destino que —en el modelo de ocupación y utilización del territorio— sitúa efectivamente o simplemente autoriza a situar (a efectos urbanísticos y *pro futuro*) dicho suelo en el medio urbano, sin perjuicio de que su situación real en él dependa de su transformación cualitativa para convertirlo de hecho y de Derecho, mediante la pertinente actuación de urbanización, en soporte idóneo a usos típicamente urbanos. Forma parte su atribución, por tanto, del proceso sucesivo de asignación de destinos cada vez más concretos

---

[44] El carácter esencial de esta directriz resulta de la determinación básica transitoria —para su efectividad, al transcurso de un año desde la entrada en vigor de la LdS sin establecimiento de la pertinente norma legal autonómica y supliendo la ausencia de ésta hasta su dictado— de la entrada en juego de un preciso umbral, cuyo traspaso obliga al referido ejercicio pleno de la potestad: el efecto de incremento superior al 20% de la población o de la superficie de suelo urbanizado en el ámbito objeto de ordenación, bien por la sola virtud de la actuación prevista o por la de la suma de ésta a las aprobadas en los dos últimos años (disposición transitoria cuarta TRLdS08).

que produce, conforme al artículo 7.1 TRLdS08 y en los términos de la legislación sobre ordenación territorial y urbanística, las vinculaciones correspondientes del suelo; vinculaciones de las que resulta, a su vez, el régimen urbanístico estatutario del suelo.

El marco legal no prejuzga el mecanismo o instrumento (la clasificación del suelo, por ejemplo) de cuyo juego resulte la vinculación de la superficie de suelo correspondiente a tal destino, porque su determinación y configuración es cuestión que pertenece a la competencia del legislador de la ordenación territorial y urbanística. Pero sí predetermina, como contribución en su caso al régimen urbanístico estatutario de la propiedad del suelo (art. 7.1 TRLdS08), que el efecto de la vinculación debe comportar: i) la sujeción del suelo afectado a un régimen que impida la especulación, es decir, toda conducta activa u omisiva que, con intención de obtener beneficios no ligados al proceso preciso para hacer efectivo el destino del suelo (los denominados en economía *windfall profits*), dificulte, retrase, obstaculice o defraude indebidamente dicho proceso (especialmente mediante el incumplimiento de los deberes que comporta la previsión de toda actuación de transformación urbanística: art. 16.1 y 2 TRLdS08), y ii) el respeto por dicho régimen de la regulación básica de las actuaciones de transformación urbanística (arts. 14 y 16 TRLdS08) y, por tanto, de los derechos a ellas ligados [arts. 6 y 8.1, párr. 2.º, letra c) TRLdS08].

b) La preservación de la urbanización de todo el suelo al que no proceda atribuir el destino a que se refiere la letra anterior.

El contenido prescriptivo de este criterio se agota en el requerimiento, en el momento de su aplicación, de preservación de la urbanización de todo el suelo no demandado por las necesidades sociales de nueva ocupación y transformación antes comentadas, lo que vale decir: en la prohibición de la prescripción o siquiera permisión de su ocupación para su transformación cualitativa urbanística en suelo urbanizado mediante la ejecución de la pertinente actuación urbanizadora. Excluye por completo, por tanto, la atribución de cualquier destino genérico y final que, por cualquier procedimiento o vía, pueda conducir a la extracción del suelo del mundo rural para su colocación en el mundo urbano.

Como tal contenido prescriptivo, tampoco prejuzga los usos de que sea susceptible el suelo que así permanece en la situación de rural. Éstos dependen de las características concretas del suelo (los valores que en él se hagan presentes), de modo que la determinación de los usos aparece regida directamente por:

— En su caso, el ulterior criterio básico relativo a la ordenación de los usos del suelo [el fijado por la letra c) del propio art. 10 TRLdS08], cuya aplicabilidad depende de la viabilidad, en los términos que seguidamente se precisan, de usos que comporten la realización de obras e instalaciones que caigan en el radio de acción del criterio legal.

— Pero, en lo fundamental, por los principios —derivados del de desarrollo sostenible— de procura de [art. 1.2.b) TRLdS08]:

1.º La protección, adecuada a su carácter, del medio rural.

Este principio es desde luego compatible con la gama de usos que sean subsumibles en la utilización del suelo rural prevista en el artículo 13.1 TRLdS08 (teniendo en cuenta, en todo caso, que el apdo. 2.º del precepto prohíbe las parcelaciones de terrenos en el suelo rural). Pero la previsión de estos usos debe hacerse de forma tal que el resultado sea adecuado al carácter rural del medio del que forma parte el suelo. Lo que significa que, en último término, encuentra el límite de la prohibición de desnaturalización de tal carácter, implícita en la exigencia de «adecuación» a este último de las decisiones de ordenación.

2.º La preservación de los valores específicos concurrentes, que conecta, a su vez, con el principio [art. 1.2.a) TRLdS08] de procura igualmente de la eficacia de las medidas de i) conservación y mejora de la naturaleza, la flora y la fauna; ii) protección del patrimonio cultural, y iii) protección del paisaje.

Resulta así una clara exigencia de interiorización por la ordenación territorial y urbanística del fin de procura de la eficacia de las expresadas medidas de conservación, protección o mejora, adoptadas ellas mismas con arreglo a su legislación reguladora propia; exigencia que está al servicio de la preservación de los valores de esta forma formalmente apreciados y declarados. De tal manera que la pretensión propia de este principio tiene preferencia sobre la del anterior, que es de menor intensidad en cuanto referida sólo a la protección del medio rural.

Esta exigencia erige las aludidas medidas en límite infranqueable por la potestad de ordenación territorial y urbanística en la determinación de la utilización (los usos) del suelo objeto de ellas: cuando impliquen o comporten la alteración del estado natural de los terrenos, sólo son posibles aquellos que las medidas de conservación, protección y mejora expresamente autoricen. Así resulta del artículo 13.4, párr. 1, TRLdS08.

2.º La *adecuación y suficiencia del suelo con destino a los usos productivos y residenciales* [art. 10.1.b) TRLdS08].

La aplicación de este criterio es lógicamente sucesiva a la del anterior. Pues se refiere a la utilización misma del suelo, es decir, a destinos sustantivos concretos de éste (usos), mientras que el precedente tiene por objeto un destino genérico, expresivo únicamente del cambio (en su caso, meramente posible) del carácter del medio (rural) al que pertenece el suelo para su colocación final en el medio urbano. Y el suelo soporte de este último medio (ya existente o a crear) es el que, por su propia condición, concentra la tarea de disponer desagregadamente los múltiples usos que son propios de dicho medio. Sin perjuicio de que el suelo que siga formando parte del medio rural deba ser objeto también, cuando la concurrencia de valores objeto ya de protección o dignos en todo caso de ella no lo impida, de la pertinente asignación de usos, incluso de los que requieran actos de construcción o edificación, siempre con el límite que representa la interdicción de la desnaturalización del carácter del medio.

Integran, pues, el radio de acción del criterio:

a) Primariamente, todo el suelo que, en el momento de su aplicación, esté en alguna de las dos siguientes situaciones: i) la definida por el artículo 12.3 TRLdS08 como situación básica de suelo urbanizado, y ii) la precisada por el artículo 12.2.b) TRLdS08 como situación básica de suelo rural para el que los instrumentos de ordenación territorial y urbanística —en aplicación justamente del primero de los criterios legales antes estudiado— prevean o permitan su paso a la situación de suelo urbanizado. Éste es el ámbito de aplicación más propio y específico del criterio.

En los términos en los que la legislación autonómica de ordenación territorial y urbanística disponga, la asignación de usos puede tener efectividad directa e inmediata en el suelo ya urbanizado (no sujeto a actuación de reforma o renovación de la urbanización o de dotación), mientras que carece de ella necesariamente en el suelo aún rural. La razón es clara: en este último caso la efectividad de los usos depende de la existencia real (a producir) del soporte idóneo de los usos, es decir, la ejecución de la pertinente actuación de urbanización para la compleción del paso a la situación de suelo urbanizado. Y lo mismo sucede, *mutatis mutandis* y por excepción, en el suelo urbanizado sujeto a una actuación de reforma o mejora de la urbanización o de dotación.

b) Secundariamente, todo el suelo que, en el momento de aplicación del criterio y por efecto de la del anterior, esté en la situación de suelo rural para el que no exista previsión alguna de su pase a la situación de suelo urbanizado.

La efectiva aplicabilidad del criterio (de sus concretos elementos) y el grado de su aplicación dependen, a su vez, del régimen de utilización del suelo, es decir, de los actos de alteración de su estado natural y, por tanto, de las obras e instalaciones que, para albergar usos, puedan realizarse en él. Estos actos dependen, a su vez, de la razón concreta de la situación rural en la que está el suelo; razón que va desde la simple de no reunir los requisitos para estar en la situación de urbanizado [art. 12.2.b), inciso final, en relación con art. 13.1, TRLdS08] hasta la de concurrencia de valores ecológicos o ambientales, naturales, culturales, históricos, arqueológicos, científicos o paisajísticos [art. 12.2.a), en relación, con art. 13.4 TRLdS08], pasando por la de sujeción al régimen de protección o policía del dominio público [art. 12.2.a) TRLdS08].

En todo caso: i) la aplicabilidad aquí no se da, por razones obvias (comenzando por la de su propia formulación literal), en cuanto respecta al particular elemento de la reserva para el tipo de uso de vivienda sujeta a un régimen de protección pública, ii) la aplicación del criterio o, más bien, del elemento o los elementos de éste restantes que puedan llegar a ser procedentes, siempre aparece modulada y, en su caso, limitada —precisamente en la hipótesis más favorable a dicha aplicación (la del suelo rural sin presencia de valores específicos dignos de protección y excluyentes de la alteración del estado natural)—, por el imperativo legal de no desvirtuación del carácter propio del medio rural, lo que significa —en particular— la matización de la referencia obligada del doble requerimiento de adecuación y suficiencia del suelo destinado a los pertinentes usos a las necesidades estrictas y específicas del medio rural considerado, y iii) la referida aplicación cesa —por improcedente— en el suelo cuya pertenencia al medio rural obedezca a la presencia de valores dignos de protección e incompatibles con la alteración del estado natural de los terrenos.

El mandato-deber a las Administraciones Públicas competentes en el que se traduce aquí el criterio consiste en asignar a los terrenos un destino concreto, expresado en usos. Dado que el deber es finalista o de resultado, no prejuzga el medio, es decir, la técnica a emplear para su cumplimiento (por ej. la tradicional calificación urbanística). Pero, en todo caso, el efecto de la técnica empleada es, por prescripción del artículo 7.1 TRLdS08, el de vinculación objetiva de los concretos terrenos correspondientes al preciso destino asignado; vinculación de la que resulta el régimen estatutario urbanístico de la propiedad del suelo.

El destino mismo ha de consistir, cuando menos, bien en el «uso residencial», bien en «usos productivos» [45]. En todo caso, el marco

---

[45] Como revela el empleo del singular en el primer caso y del plural en el segundo, el legislador se refiere en ambos a géneros enteros de usos (los llamados, en la terminología urbanística, «usos globales»). Pues mientras que el calificativo «residencial» es capaz por sí mismo de expresar el género entero (susceptible de desagregación ulterior en especies o tipos de usos concretos, tales como vivienda, residencial temporal, segunda residencia, etc.), no sucede lo mismo con la expresión «uso producti-

estatal especifica un tipo de uso dentro de la categoría de uso residencial: el de vivienda en la variedad de la sujeta a un régimen jurídico-público de protección que, cuando menos, permita establecer su precio máximo en venta, alquiler o cualquier otra forma de acceso (tales como el derecho de superficie o la concesión administrativa). Y lo hace para obligar a que figure entre los asignados al suelo dentro de la categoría de residencial y en determinada proporción. Esta precisión comporta:

i) El cumplimiento por el legislador estatal, desde el nuevo enfoque que adopta, del mandato de configuración legal ordinaria —en términos de condiciones básicas garantes de la igualdad— del derecho proclamado en el artículo 47 CE, que deriva del artículo 53.3 CE. Y ello, por tanto, hasta donde le corresponde con arreglo a la competencia que la Constitución le atribuye y desde la perspectiva del derecho de acceso, que es condición del de disfrute del que habla el referido artículo 47 CE [46].

---

vo», que, para significar debidamente el género aludido, demanda el recurso al plural. La elección del calificativo «productivo», lejos de todo afán restrictivo reconducible a aquello que tiene la virtud de producir algo, pone de manifiesto la intención de hacer referencia a los usos útiles o provechosos, es decir, todos los que sirvan de cobertura a las actividades de contenido económico-profesional, lo que vale decir a las subsumibles en la clasificación tradicional en los sectores primario, secundario y terciario, así como —eventualmente— los demás que se establezcan para encuadrar el conjunto de las múltiples actividades propias del sistema económico-social (excluida la de residencia).

[46] En el novedoso estatuto ciudadano que, en términos de las indicadas condiciones básicas, define el Título I del texto refundido puede quizás sorprender la ausencia, junto al derecho al disfrute de vivienda adecuada, de referencia al derecho de acceso a ella. Como se comprueba ahora, no hay desfallecimiento alguno frente a la dificultad que, por sus características, presenta este último derecho, que, siendo, por lo dicho, un verdadero derecho constitucional, precisa empero la intermediación del legislador ordinario para ser efectivo. Atendiendo al problema social existente, el legislador estatal cumple aquí su función imponiendo también —bajo la veste de criterio legal— una condición básica para hacer posible la igualdad en el ejercicio del referido derecho constitucional: la reserva para viviendas con finalidad social, pero que, por su objeto, forzosamente ha de ser dirigida (indirectamente) al legislador autonómico para que éste opere a partir de ella a la hora de configurar sus políticas urbanística y de vivienda. La condición básica sólo puede formularse así, en sede

ii) La tipificación, con carácter general y dentro de la categoría de uso residencial, del uso concreto «vivienda sujeta a un régimen de protección pública» como un tipo de uso urbanístico y no un mero régimen jurídico-público aplicable, en su caso y conforme a su lógica propia, en todo el suelo que tenga como destino el uso genérico residencial. Y un tipo de uso que, como tal, es decir, por comportar un destino urbanístico del suelo, produce el efecto de vinculación de éste que integra, como resultado, el régimen estatutario urbanístico de la propiedad del suelo.

iii) El condicionamiento finalista de la ordenación territorial y urbanística, en cuanto ésta ha de incorporar la previsión adecuada y suficiente del correspondiente destino urbanístico, pero no así de los medios para alcanzar el objetivo perseguido y, por tanto, tampoco de la política de vivienda que es de la competencia propia de las Comunidades Autónomas [47].

Importan aún dos precisiones. Primera: la especificación de los tipos de usos concretos en que se desagregan las dos categorías comentadas es, obviamente y salvo lo dicho para el de vivienda sujeta a un régimen de protección pública, responsabilidad ya del sistema de ordenación territorial y urbanística que defina la legislación autonómica correspondiente, pues se trata de una cuestión propiamente urbanística. Y segunda: la limitación del criterio legal a las dos categorías de usos comentadas no lo es de la capacidad de la ordenación

---

del ordenamiento general, en términos de deber de las Administraciones Públicas competentes para establecer la ordenación territorial de forma que, aun respondiendo a sus propias opciones, respete el criterio común de reserva de una parte proporcionada (con un mínimo flexible en todo caso) a vivienda sujeta a algún régimen de protección pública.

[47] Lo prueba el carácter abierto de la prescripción legal: el régimen jurídico-público de protección al que aparece referido el tipo de uso de que ahora se trata se determina por relación a un mínimo común denominador (posibilidad de fijar precios máximos), que limita sólo mínimamente la libertad de configuración del legislador autonómico, y dejando abierto el elenco de formas de acceso a la vivienda que puede ser objeto de protección por el régimen establecido por dicho legislador (las formas enumeradas por la Ley estatal lo son con carácter meramente ejemplificativo y en modo alguno taxativo).

territorial y urbanística para la determinación de usos definitorios de destinos urbanísticos, pues comporta únicamente la exigencia de que, en todo caso, la ordenación territorial y urbanística asigne efectivamente usos subsumibles en dichas dos categorías (y, dentro de la residencial, del de vivienda sujeta a un régimen de protección pública).

Como quiera que el criterio legal ahora considerado ha de operar ya en un contexto en el que, para el ámbito de cuya ordenación se trate, han de estar precisadas las superficies de suelo de ese ámbito inscritas, respectivamente, en los medios rural y urbano (en este último siquiera a título de destino final), es perfectamente plausible y lógico que la exigencia de la asignación de usos concretos a los terrenos integrantes de una y otra de dichas superficies no se circunscriba a los subsumibles en los usos residencial y productivos, sino que se extienda a la demanda de que los terrenos efectivamente vinculados a éstos sean suficientes y adecuados.

El requerimiento de suficiencia (en cantidad de suelo) de la asignación de usos de carácter residencial y productivo es reconducible (por estar en «línea de continuación» del mismo) al criterio precedente de satisfacción de las necesidades sociales, en la versión más concreta —ahora ya— de las de residencia y emplazamiento y desarrollo de las actividades propias del sistema económico-social. Debe existir, por tanto, una relación directa entre las necesidades apreciadas al establecer todo el suelo adscrito, por su destino, al medio urbano (suelo ya urbanizado y suelo que se prevé o autoriza urbanizar) y las superficies (la cantidad de suelo) destinadas concretamente al uso residencial y los usos productivos.

El requerimiento de adecuación de las superficies destinadas a estos últimos usos, que es ya cualitativo, remite a la idoneidad del suelo —por sus características— para servir de soporte a los correspondientes usos, así como a la disposición y distribución territoriales de éstos (según sean o no complementarios o compatibles entre sí, en razón a la funcionalidad del sistema urbano, etc.) para formar un sistema articulado y coherente.

En todo caso, el doble requerimiento de adecuación y suficiencia se concreta (especialmente por lo que hace al segundo) para el tipo de uso consistente en la vivienda sujeta a un régimen público de protección en la preceptividad de una reserva de suelo, cuya cuantificación corresponde bien directamente a la legislación autonómica de ordenación territorial y urbanismo, bien —por decisión de ésta y, por tanto, en virtud de ella— a los instrumentos de ordenación que la misma establezca. La determinación de la reserva queda sujeta, sin embargo, a una directriz positiva: ha de ser proporcionada, se entiende a las correspondientes necesidades sociales efectivas de acceso a la vivienda, y, además y en todo caso, a un límite mínimo [48] fijado, a su vez, mediante una regla general [49] y una excepción [50-51].

---

[48] El límite mínimo, que es básico (en cuanto entendido preciso en calidad de condición básica para el ejercicio del derecho de acceso a la vivienda, que es presupuesto indispensable del constitucional de disfrute de ésta), juega, así, como proporción en todo caso necesaria en consideración a las necesidades sociales existentes con carácter general. Para la corrección de la reserva no basta, pues, con la no infracción de este límite mínimo. El respeto de éste es condición necesaria, pero no suficiente en todos los casos, ya que la exigencia de proporcionalidad de la reserva opera de forma paralela, previa e independiente a la del límite mínimo, en función de las concretas necesidades sociales existentes en el ámbito territorial de que en cada caso se trate.

[49] La regla general prescribe que los terrenos reservados deben ser (como mínimo, procede recordar) los necesarios para realizar el 30% de la edificabilidad residencial (es decir, de toda la atribuida para esta categoría o uso global) prevista para la totalidad del suelo que quede comprendido en el ámbito actual o potencial de actuaciones de urbanización.

[50] La excepción permite que el legislador autonómico (y sólo él, de modo que no cabe que éste descargue este cometido en los instrumentos de ordenación que contemple): i) fije directamente una reserva inferior a la de la regla general para determinados Municipios, cuyas características así lo justifiquen, y nunca, por tanto, para todo el territorio de la Comunidad Autónoma, y ii) autorice para que, si la ordenación establecida, en cualquier Municipio, por los instrumentos pertinentes se dispone de tal manera que garantiza el cumplimiento íntegro del mínimo básico de la reserva dentro de los ámbitos territoriales respectivos de dichos instrumentos y en forma que la distribución de las distintas localizaciones de la reserva sea, para las actuaciones de nueva urbanización, respetuosa con el principio de cohesión social, alguna o algunas de estas actuaciones puedan contener superficies inferiores al referido mínimo básico. Se entiende, obviamente, que los términos de tal autorización deben ser objeto de regulación legal formal respetuosa con el marco legal estatal.

[51] La regulación legal estatal de la reserva es, en todo caso y dado su carácter de mínimo, de aplicación directa (disposición transitoria primera) a los cambios de la

3.º El *establecimiento de la ordenación de los usos según una estimativa básica* [art. 10.1.c) LS].

La finalidad de este criterio es la fijación del cuadro básico de valores que debe servir de guía a la hora de la ordenación de los usos asignados al suelo (tanto al urbanizado o con destino final a quedar en tal situación, como al suelo rural, en este caso cuando sea procedente y con las modulaciones precisas). Presupone lógicamente, pues, la operación de atribución de usos en la que ha debido aplicarse el anterior criterio.

Los valores a que responde no agotan necesariamente los que, en definitiva, deban presidir la aludida ordenación de todos y cada uno de los usos previstos. El legislador autonómico de la ordenación territorial y urbanística puede desde luego añadir cuantos otros entienda que son pertinentes, pero siempre que sean complementarios de los básicos o, en todo caso, compatibles con ellos. Su regulación nunca puede tener como efecto o consecuencia obstaculizar, pero ni siquiera mermar o dificultar la eficacia del contenido del criterio ahora comentado.

El cuadro de valores básicos se formaliza en forma de principios que deben inspirar y, por tanto, informar la ordenación de los correspondientes usos. Tales principios son los siguientes: *accesibilidad universal* [52],

---

ordenación urbanística que pretendan introducir los instrumentos cuyo procedimiento de aprobación se inicie con posterioridad a la entrada en vigor de la LdS hasta la *interpositio* de la legislación autonómica que contemple reserva igual o superior (legislación que, sin embargo y caso de no prever una reserva inferior a la estatal, puede ser la que ya esté vigente en el momento de la entrada en vigor de la Ley de suelo). Y, transcurrido un año desde la entrada en vigor de la LdS sin que se haya producido en forma adecuada esa *interpositio* de la legislación autonómica, y hasta que ésta tenga lugar, suple, además, la ausencia de toda previsión autonómica sobre la excepción al mínimo de la reserva establecido como regla general en los términos de la referida disposición transitoria primera.

[52] A tenor de este principio tanto las dotaciones, los equipamientos y las infraestructuras públicos o de uso abierto al público, como las construcciones, edificaciones, establecimientos o instalaciones que alberguen actividades (en especial las de residencia, producción, trabajo, educación, cultura, deporte, esparcimiento y ocio) deben i) estar localizados y distribuidos territorialmente (los primeros) como un sis-

igualdad de trato y oportunidades entre mujeres y hombres [53], *movilidad* [54], *eficiencia energética* [55], *garantía de suministro de agua* [56], *prevención de riesgos naturales y de accidentes graves* [57] *y prevención y protección contra la contaminación y limitación de sus consecuencias para la salud y el medio ambiente* [58].

---

tema que facilite al máximo posible el acceso a y el disfrute y utilización por toda la población, atendiendo a las características de ésta (en especial las personas que padezcan discapacidades o sufran alguna dependencia) y ii) diseñados y organizados (los primeros y los segundos, cada uno de ellos) de modo que se haga posible el acceso y, por tanto, el uso por todas las personas, incluso las discapacitadas.

[53] Este principio exige que, en la ordenación de cada uso, se consideren cuantos aspectos puedan impedir o siquiera dificultar dicha igualdad (para corregirlos) o demanden, en su caso, una regulación discriminatoria positiva (para establecerla).

[54] La movilidad, como principio, postula la regulación de los usos desde el punto de su interacción y, por tanto, atendiendo, para su adecuado desarrollo respectivo a la adecuada relación entre sus diversas localizaciones e intensidades, de un lado, y la capacidad y funcionalidad tanto de las vías e infraestructuras, como de los medios de desplazamiento o transporte para asegurar la adecuada fluidez de los flujos que originen o presupongan, con las consiguientes previsiones sobre los distintos medios de transporte, así como, en su caso, de aparcamiento de vehículos.

[55] Principio éste que demanda la regulación de cada uso en los términos que conduzcan al menor consumo de energía posible y, en todo caso, el empleo en el desarrollo de los diferentes usos, incluidos los verificados en o sobre el dominio público (iluminación de vías, plazas, parques, etc.), de los medios que, en cada momento y de acuerdo con el estado de la tecnología, proporcionen, a precio razonable, la utilidad requerida con menor consumo de energía primaria o secundaria (electricidad).

[56] Conforme al cual, toda regulación de un uso debe incluir la previsión de la dotación estándar de suministro regular y continuo de agua que comporte su efectivo desarrollo y a cuya efectividad deba quedar sujeto este último.

[57] Este principio demanda la previsión en la regulación de los diferentes usos —por relación, en su caso, a los demás posibles colindantes o cercanos— de las medidas preventivas de riesgos que provengan de la naturaleza (por ej. de derrumbamiento por temblores de tierra, de inundación, etc.) o del desarrollo de actividades que impliquen peligros.

[58] Se trata de un principio que requiere la comprensión por la regulación de los distintos usos de las previsiones preventivas adecuadas para que las actividades que supongan se desarrollen dentro de los límites de tolerancia sanitaria y medioambiental que estén en cada momento fijados y, caso de sobrepasarlos y producir contaminación lesiva para la salud humana o el medio ambiente, de protección de uno y otro valor.

3. La norma de aplicación directa de adaptación al ambiente de las instalaciones, construcciones y edificaciones (apdo. 2)

Se recoge en este apartado la norma de aplicación directa (es decir, exista o no ordenación territorial y urbanística, la cual no puede, por tanto, excepcionarla, alterarla, sustituirla o enervarla) tradicional en nuestro Derecho urbanístico, que exige la adaptación —en lo básico— de cualesquiera instalaciones, construcciones o edificaciones al ambiente en que se sitúen. Constituye esta norma manifestación de la incidencia de la «situación» de cada bien inmueble (pues éste forma parte de un lugar con características determinadas, del que es indisociable) en su función social y, a través de ésta, en el contenido del derecho de propiedad sobre el mismo. De modo que la norma se limita a expresar un límite inmanente a la propiedad privada, concretamente a su facultad de uso, goce y explotación del bien.

Aunque procede del TRLS92, la norma se inserta con naturalidad en el sistema diseñado por la LdS a la que la refundición la incorpora. Concreta, pues, los criterios de utilización del suelo establecidos en el apartado primero del artículo, si bien ahora con relación a los concretos y directos actos de utilización del suelo.

Comprende, por ello, todos los actos (y su resultado) que impliquen transformación del suelo para desarrollar determinados usos, no siendo preciso que consistan en verdaderas construcciones o edificaciones, bastando con que se trate de instalaciones, cualesquiera que éstas sean (por cuanto el precepto no distingue ni precisa, sea por relación al alcance o importancia, sea por relación a la permanencia).

Postula la adaptación de los referidos actos (y su resultado, es decir, las instalaciones, las construcciones y las edificaciones) al ambiente del que formen parte. La exigencia es de adaptación en lo básico, es decir, en los aspectos fundamentales, lo cual es lógico considerando, de un lado, el grado de abstracción de la norma y la imposibilidad de la inducción sin más del ambiente concreto en que se sitúe cada terreno de reglas precisas, y, de otro lado, que el acto de que se trate constituye de por sí una alteración de dicho ambiente. Este último, es decir, sus características concretas en el caso, proporciona la referencia para la determinación de los requerimientos de adaptación en lo básico.

Se explica, pues, la distinción entre:

a) El ambiente en lugares de paisaje abierto y natural, sea rural o marítimo.

b) El ambiente en las inmediaciones de las carreteras y caminos de trayecto pintoresco.

c) El ambiente determinado por las perspectivas que ofrezcan los conjuntos urbanos de características histórico-artísticas, típicos o tradicionales.

Conforme a la economía del precepto, lo que se tutela en cada uno de estos ambientes es, según sus respectivas características, el mantenimiento de: i) la integridad del campo visual requerido para la contemplación de las bellezas naturales que concurran; ii) la armonía del paisaje, y iii) la perspectiva propia de dicho paisaje. De ahí que la tutela se traduzca, como correlato del mandato de «adaptación» y, por ello, «a tal efecto», en la prohibición en todo caso de 1.º) la limitación del campo visual preciso para la contemplación; 2.º) la ruptura de la armonía del ambiente, y 3.º) la desfiguración de la perspectiva. Como quiera que el referido mandato afecta a «lo básico», tal prohibición se concreta primariamente en el impacto que vaya a tener la instalación, construcción o edificación (con sus muros y cierres) por su ubicación, masa y altura en los bienes protegidos antes enumerados según las características del ambiente de que se trate; características que han de ser, así, determinadas y justificadas.

Aunque el supuesto legal aparece construido con conceptos jurídicos indeterminados que, sin duda, otorgan a la Administración el correspondiente margen de apreciación, en rigor no proporciona soporte a discrecionalidad en sentido estricto alguno. De ahí la importancia de la valoración técnica del ambiente afectado y la motivación de la resolución administrativa.

4. El específico régimen básico de protección de las zonas verdes y los espacios libres (apdo. 3)

Este precepto, procedente —según se ha dicho— del TRLS92, tiene dos partes bien diferenciadas.

De un lado, complementa —al amparo de la letra g) del apdo. 1 del art. 62 LRJPAC— el régimen general de validez de los actos administrativos, concretamente la lista de las causas de nulidad de pleno Derecho de éstos, con la —ya tradicional en nuestro Derecho urbanístico— consistente en la infracción por ellos (cualquier infracción, por tanto) de la ordenación de las zonas verdes y los espacios libres previstos en los instrumentos de ordenación urbanística.

Y, de otro lado, se concreta la reacción administrativa para la protección de la legalidad urbanística tanto mientras las obras derivadas de la infracción estén aún en curso de ejecución, como una vez que éstas han concluido ya. Y ello, en los términos siguientes:

a) Desde el dictado del acto administrativo que les otorgue cobertura y mientras las obras así legitimadas estén en curso de ejecución (es decir, hasta que éstas concluyan): suspensión de los efectos del aludido acto administrativo y adopción de las demás medidas procedentes (se entiende de acuerdo con la legislación urbanística autonómica).

b) Desde la terminación de las obras (hecho que debe ser acreditado bien mediante la pertinente certificación de la dirección técnica, bien, en su defecto, por cualquier medio de prueba idóneo) y sin limitación temporal alguna: revisión de oficio del acto administrativo legitimador por los trámites previstos en la LRJPAC.

Artículo 11. *Publicidad y eficacia en la gestión pública urbanística.*

1. Todos los instrumentos de ordenación territorial y de ordenación y ejecución urbanísticas, incluidos los de distribución de beneficios y cargas, así como los convenios que con dicho objeto vayan a ser suscritos por la Administración

competente, deben ser sometidos al trámite de información pública en los términos y por el plazo que establezca la legislación en la materia, que nunca podrá ser inferior al mínimo exigido en la legislación sobre procedimiento administrativo común, y deben publicarse en la forma y con el contenido que determinen las leyes.

2. Los acuerdos de aprobación definitiva de todos los instrumentos de ordenación territorial y urbanística se publicarán en el «Boletín Oficial» correspondiente. Respecto a las normas y ordenanzas contenidas en tales instrumentos, se estará a lo dispuesto en la legislación aplicable.

3. En los procedimientos de aprobación o de alteración de instrumentos de ordenación urbanística, la documentación expuesta al público deberá incluir un resumen ejecutivo expresivo de los siguientes extremos:

a) Delimitación de los ámbitos en los que la ordenación proyectada altera la vigente, con un plano de su situación, y alcance de dicha alteración.

b) En su caso, los ámbitos en los que se suspendan la ordenación o los procedimientos de ejecución o de intervención urbanística y la duración de dicha suspensión.

4. Las Administraciones Públicas competentes impulsarán la publicidad telemática del contenido de los instrumentos de ordenación territorial y urbanística en vigor, así como del anuncio de su sometimiento a información pública.

5. Cuando la legislación urbanística abra a los particulares la iniciativa de los procedimientos de aprobación de instrumentos de ordenación o de ejecución urbanística, el incumplimiento del deber de resolver dentro del plazo máximo establecido dará lugar a indemnización a los interesados por el importe de los gastos en que hayan incurrido para la presentación de sus solicitudes, salvo en los casos en que deban entenderse aprobados o resueltos favorablemente por silencio administrativo de conformidad con la legislación aplicable.

6. Los instrumentos de ordenación urbanística cuyo procedimiento de aprobación se inicie de oficio por la Administración competente para su instrucción, pero cuya aprobación definitiva competa a un órgano de otra Administración, se entenderán definitivamente aprobados en el plazo que señale la legislación urbanística.

7. En todo caso, en la tramitación de los instrumentos de ordenación territorial y urbanística deberá asegurarse el trámite de audiencia a las Administraciones Públicas cuyas competencias pudiesen resultar afectadas.

Procedencia

El precepto procede del correlativo de la LdS, si bien con la incorporación al mismo de los artículos 124.1 y 3 y 113.2 TRLS92.

En el caso del artículo 124.1 y 3 TRLS92 se reúnen en uno (como nuevo apdo. 2) sus dos apartados referidos, respectivamente, a la publicación de los acuerdos de aprobación de los planes y de sus normas urbanísticas.

La elección de la ubicación es la más acertada, pues el apdo. 1 de este artículo 11 —ya desde su redacción original— se refiere justamente a diversos instrumentos de la ordenación territorial y urbanística (incluyendo obviamente los de ordenación en sentido estricto) y contiene reglas sobre la tramitación de su aprobación (información pública preceptiva) y cabalmente su publicación.

La incorporación de las reglas del TRLS92 se hace aquí respetando al máximo su redacción, de modo que las únicas alteraciones son las obligadas de carácter terminológico para adecuar la del TRLS92 a la de la LdS. En concreto se sustituye la expresión «instrumentos de planeamiento» por la de «instrumentos de ordenación territorial y urbanística» y la de «normas urbanísticas y ordenanzas» por la de «normas y ordenanzas contenidas en tales instrumentos». Esta sustitución es correcta, teniendo en cuenta que la regla general incorporada tiene por objeto, desde el pertinente título competencial del Estado, garantizar la publicación de las determinaciones normativas formalizadas en el contexto de las políticas de ordenación territorial y urbanística.

La inserción del artículo 113.2 TRLS92 da lugar, a su vez, al nuevo apartado 7. El precepto incorporado prescribía, aunque sólo para los ya inexistentes Planes Directores Territoriales de Coordinación (regla referible hoy, así, a la ordenación territorial), la preceptividad

—además del trámite de información pública (extremo éste ahora superfluo por resultar la exigencia de este trámite ya del apartado 1 del art. 11 en su redacción original en la LdS)— de la audiencia de la Administración General del Estado, en los aspectos de su competencia, y a la entidades locales afectadas.

También la ubicación sistemática de esta otra incorporación en un apartado nuevo y final es sin duda acertada, pues en él pasa a preverse una regla aplicable a los procedimientos de aprobación de todos los instrumentos de ordenación, los de carácter territorial desde luego, pero también —por identidad de razón— los urbanísticos.

En el texto refundido se respeta la redacción original del precepto incorporado, sin perjuicio de las siguientes alteraciones:

a) La introducción de la expresión «instrumentos de ordenación territorial y urbanística», absolutamente indispensable para hacer inteligible el precepto y justificada por la razón ya expuesta anteriormente al tratar de la incorporación del artículo 124.1 TRLS92.

b) La ampliación a todas las Administraciones Públicas del beneficio del trámite de audiencia, que se justifica tanto en la doctrina del Tribunal Constitucional sobre la naturaleza de la ordenación territorial y urbanística (no sólo competencia, sino también política que precisa el concurso de las competencias sectoriales con incidencia territorial); la necesaria generalización de la regla incorporada (una vez desaparecida la concreta figura de planeamiento territorial a que se refería originariamente), y la pluralidad interna del poder público administrativo en el Estado definido por la Constitución.

Nada puede objetarse, en este punto, a la operación de refundición, que se encuadra perfectamente en la tarea delegada por el legislativo.

El dictamen del Consejo de Estado no formuló observación alguna a este artículo del texto refundido.

Comentario

1. El sentido y alcance del precepto

El doble enfoque del marco legal estatal habría quedado incompleto si la orientación básica —mediante valores y fines, traducidos en principios y criterios— de la acción de los poderes públicos competentes, precisa para la efectividad del estatuto de la ciudadanía, no continuara en el terreno de la formulación y aprobación de todos cuantos instrumentos prevea la legislación autonómica para la ultimación de la ordenación territorial y urbanística y la ejecución de sus previsiones por relación ya a concretas superficies de suelo. Este precepto asegura esa continuación y, por ello, establece reglas diversas, procedimentales unas (inscritas en la lógica del, en terminología constitucional, procedimiento administrativo común) y de régimen jurídico (básico) de las decisiones administrativas otras, pero dirigidas derechamente todas ellas a garantizar, de un lado, la transparencia de los procesos de toma de decisiones, la efectiva participación ciudadana en ellos y la publicidad de las decisiones tomadas, y, de otro lado, el ejercicio en condiciones de igualdad de los derechos de iniciativa de los sujetos privados y la adecuada articulación tanto de la relación entre la Administración actuante y los sujetos privados, como de diferentes Administraciones Públicas entre sí con ocasión de o en tales procesos.

Es claro que el fin último de todas estas prescripciones es contribuir al acierto en el proceso de definición del interés general a que debe responder todo el proceso urbanístico en el plano concreto de los instrumentos que la Ley autonómica de ordenación territorial y urbanística ponga en manos de las Administraciones Públicas que determine como competentes. No agotan, en cualquier caso, las que en la Ley estatal persiguen tal fin, pues se completan por las que se establecen en el artículo 15 desde el punto de vista de la sostenibilidad del desarrollo urbano.

El conjunto de reglas incluidas en el precepto legal vinculan desde luego, por ello, al legislador autonómico, que no puede establecer su propia regulación desconociéndolas, limitando o defraudando su efectividad y, menos aún, contraviniéndolas. Pero, dados su carácter básico y los términos de su formulación, son de directa aplicación en cualquier caso en cualesquiera procedimientos de aprobación por las Administraciones Públicas competentes de también cualesquiera instrumentos de ordenación territorial y urbanística o de ejecución, incluidos los de carácter convencional.

2. Las reglas procedimentales: el trámite de información pública (apdos. 1 y 3)

El precepto no sólo confirma, sino que refuerza la tradicional importancia en nuestro Derecho urbanístico, al menos desde la Ley de 1956, de la técnica de participación en los procesos de ordenación y ejecución urbanísticas mediante la información pública que, junto con la de la acción pública para exigir —incluso en sede del control y la tutela judiciales— el cumplimiento de la ordenación establecida, aseguran el juego efectivo en esta materia de los intereses derivados simplemente de la ciudadanía. La información pública es, así, un trámite esencial en los procesos de toma de decisiones de la ordenación territorial y urbanística.

Esa esencialidad se traduce en:

1. Con carácter general:

1.1. La generalización del trámite a todos y cada uno de los instrumentos —incluidos los consensuales (los convenios que tengan cualquiera de los objetos siguientes)— que la legislación autonómica de ordenación territorial y urbanística prevea para: a) establecer y ultimar, en virtud de dicha legislación, la ordenación del suelo, es decir, concretar su destino y utilización, sea en sede de la ordenación del territorio, sea en la de la urbanística y en términos de régimen objetivo del suelo y régimen urbanístico de su propiedad (p. ej. los planes, los programas, las Ordenanzas y demás instrumentos de funcionalidad equivalente), y b) gestionar y ejecutar (jurídica y materialmente) la ordenación —aquí ya sólo la urbanística— así establecida y ultimada (proyectos de urbanización, proyectos de toda clase de obras, proyectos de implantación o modificación de usos, instrumentos de distribución de beneficios y cargas, procedimientos de adjudicación de la actividad de ejecución, etc.).

No hay limitación ni condicionamiento algunos para el legislador autonómico en punto a la elección de los instrumentos y a su configuración. La limitación y el condicionamiento se refieren exclusivamente a la celebración del trámite de información pública como condición de validez de la aprobación de cualesquiera de los instrumentos efectivamente regulados por dicho legislador.

1.2. La consecuente atribución a la información pública de la condición de trámite legalmente preceptivo, cuya apertura debe ser objeto de publicación, en los términos que luego se precisarán al tratar de la que deben ser objeto los actos e instrumentos de la ordenación territorial y urbanística.

1.3. La precisión de la aplicabilidad al plazo de duración del trámite del mínimo establecido por la LRJPAC; mínimo fijado por el artículo 86.2, párr. 2.º, de esa Ley en veinte días, que por imperativo del artículo 48.1 de idéntico texto legal debe entenderse que son hábiles (con exclusión del cómputo, pues, de los domingos y días declarados festivos). El legislador autonómico puede, por tanto, fijar un plazo más amplio, pero nunca uno inferior al mínimo común (además de poder determinar los términos de la celebración del trámite, sin perjuicio de lo que inmediatamente se dirá para los instrumentos de ordenación).

2. Con carácter específico para los instrumentos de ordenación (los aludidos en el punto 1.1 precedente) o, más precisamente, los procedimientos de aprobación de tales instrumentos, en la exigencia de uno de los términos en que ha de celebrarse el trámite: la preceptiva inclusión por la documentación expuesta al público durante el plazo de duración del trámite de un resumen ejecutivo del instrumento a aprobar, expresivo de los siguientes extremos:

a) Delimitación de los ámbitos en los que la ordenación proyectada altera la vigente, con un plano de su situación (de cada uno de los ámbitos), y alcance de dicha alteración [si se modifica i) el destino global, el destino concreto, la edificabilidad, etc. del suelo y en qué medida; o ii) el régimen de la gestión y ejecución de la ordenación]. Y

b) En su caso, los ámbitos en que bien la ordenación en vigor, bien los procedimientos de ejecución de la misma o de intervención urbanística son objeto de una medida suspensiva de su eficacia o tramitación (debe entenderse, en la medida en que esta prescripción es continuación de la anterior y rige para ella igualmente el mandato de delimitación expresado para esta última, que vale aquí también el requerimiento de plano de situación), con indicación de la duración de la suspensión en cada caso, si fuera diversa.

Esta regla específica limita, pues, la libertad del legislador autonómico para establecer los términos de la celebración de la información pública, pues la realización de ésta incumpliendo la exposición del resumen ejecutivo aludido supone, de suyo, una infracción del procedimiento común capaz de invalidar por sí misma la resolución final.

3. El régimen de los actos y los instrumentos: publicación y publicidad (apdos. 1, inciso final, 2 y 4)

La garantía de la transparencia de la acción administrativa y de la participación ciudadana en ella se articula, en sede del régimen jurídico básico de publicación y publicidad de i) las decisiones —incluso de trámite, concretamente sobre la apertura del período de información pública— en los procedimientos de aprobación y sobre los instrumentos previstos por la legislación autonómica competente, y ii) de éstos mismos instrumentos.

— *El régimen de publicación.*

El marco legal comentado, resultante ahora de la incorporación al texto de la LdS del artículo 124.1 y 3 TRLS92, únicamente impone la publicidad del anuncio de información pública y la publicación de acuerdos e instrumentos, por lo que la forma y el contenido de esta última quedan remitidos a lo que se disponga en las Leyes sin mayor precisión. La amplitud de esta remisión está justificada, pues, de un lado, el artículo 86.2 LRJPAC impone de suyo la publicación del anuncio de toda información pública, y, de otro lado, los artículos 70.2 y 70 ter LrBRL (el segundo introducido en este texto legal por la disposición adicional novena) contienen reglas sobre la publicación de acuerdos e instrumentos, que también limitan al legislador autonómico. Del juego de todas estas normas legales resulta el siguiente régimen de la publicación:

a) Los acuerdos de celebración del trámite de información pública y cualesquiera otros actos de trámite que sean relevantes (concepto jurídico indeterminado) para la primera aprobación o la alteración de instrumentos de ordenación urbanística: es preceptiva la publicación de i) el anuncio de la celebración de información pública en el Boletín Oficial que corresponda según la Administración Pública responsable del procedimiento, con indicación del horario y la dependencia donde pueda ser consultada la documentación expuesta al público y la inclusión entre ella del preceptivo resumen ejecutivo de la misma, y ii) el contenido de los restantes actos de trámite aludidos, si bien —lo que es importante para la Administración electrónica— por medios telemáticos (esta obligación puede ser cumplida por los Municipios de menos de 5.000 habitantes a través de los entes supramunicipales que tengan funciones de asistencia y cooperación técnica con ellos, es decir, primariamente las Diputaciones provinciales y entes que hayan asumido las funciones propias de éstas).

b) Los acuerdos de aprobación definitiva de todos los instrumentos de ordenación territorial y urbanística, que no del contenido de los instrumentos mismos: es preceptiva la publicación de su contenido íntegro (el de los acuerdos, no el de los instrumentos por ellos aprobados), con las indicaciones requeridas por el artículo 58.2 LRJPAC, en el Boletín Oficial correspondiente.

c) Los instrumentos de ordenación territorial y los de ordenación urbanística tramitados y aprobados por las Comunidades Autónomas: es preceptiva su publicación, pero en la forma y con el contenido que determine el legislador autonómico competente, si bien no parece que éste pueda desconocer la obligación que a las Administraciones Públicas competentes en la materia impone el nuevo artículo 70 ter LrBRL de publicar por medios telemáticos el contenido actualizado de los instrumentos de ordenación territorial (nótese que esta última obligación no sólo destaca el medio que ha de emplearse para su cumplimiento, sino que éste es de tracto sucesivo, pues aquélla incluye la actualización constante del contenido de la publicación y el mantenimiento de ésta mientras dure la vigencia del correspondiente instrumento).

d) Los instrumentos de ordenación urbanística (salvo los incluidos en la letra anterior): es preceptiva en todo caso la publicación i) del articulado de las normas (no, por tanto, de los planos, ni de la restante documentación) de estos instrumentos, así como de las Ordenanzas locales, en el Boletín Oficial de la Provincia (o el que cumpla su función propia); y, además, ii) del contenido íntegro (de toda la documentación) y actualizado de los mismos instrumentos por medios telemáticos (nótese que, al igual que en el caso de los instrumentos de ordenación territorial, se determina no sólo el medio de la publicación, sino que ésta ha de actualizarse permanentemente a lo largo del período de vigencia del instrumento para reflejar el contenido actual en cada momento de éste); pero el legislador autonómico de la ordenación urbanística puede obviamente completar, de forma más amplia y, por tanto, exigente, los términos de la publicación telemática y en periódico oficial.

La obligación legal de publicación telemática expuesta alcanza directamente, sin necesidad de intermediación del legislador autonómico, a todos los Municipios, sin perjuicio de que éstos puedan decidir cumplirla a través de entes supramunicipales que tenga atribuida la función de asistencia y cooperación técnica con ellos [legalmente, las Diputaciones provinciales y entes que hayan asumido sus funciones: art. 36.1.b) LrBRL; también los entes creados por las Comunidades Autónomas al efecto y los asociativos creados voluntariamente por los Municipios para la realización de la expresada función] para los cuales constituye un deber legal prestar la asistencia correspondiente.

— *El régimen de publicidad.*

Respecto de la publicidad en sentido estricto, se sustituye la prescripción del carácter público de todos los instrumentos de ordenación urbanística, con el consiguiente derecho de cualquier persona a consultarlos e informarse de su contenido en el Municipio del término al que se refieran, que establecía el derogado artículo 133 TRLS92 por un simple mandato a las Administraciones Públicas competentes (las autonómicas y las locales) para impulsar la publicidad precisamente telemática de: i) el anuncio del sometimiento a información pública de los instrumentos de ordenación territorial y urbanística, y ii) el contenido de dichos instrumentos cuando estén en vigor.

Teniendo en cuenta que de la exigencia de publicación telemática de estos instrumentos que resulta del artículo 70 ter LrBRL (introducido en este texto legal, como ya nos consta, por la disposición adicional novena) resulta una publicidad del contenido de los mismos y, por tanto, una mucha mayor y más efectiva y fácil posibilidad de consulta e información por parte de los ciudadanos, es claro que el régimen de la publicidad no sólo no ha experimentado merma alguna, sino que ha salido reforzado y ampliado de la sustitución aludida. El mandato ahora analizado contribuye justamente a la efectividad del cumplimiento de la obligación de publicación telemática, la cual precisa de la disposición y operación de los medios técnicos precisos, que distan hoy por hoy de ser una realidad. Pues de aquella efectividad depende, a su vez, la de la publicidad misma.

4. Las reglas procedimentales: el incumplimiento del plazo máximo para resolver en los procedimientos de iniciativa particular como demora injustificada desencadenante de responsabilidad patrimonial (apdo. 5)

La regulación de los procedimientos administrativos para la aprobación de instrumentos de la ordenación territorial y urbanística según las características de la materia, obviamente en el marco de las reglas procedimentales comunes, es de la plena competencia del legislador autonómico.

El supuesto de que parte el precepto ahora comentado consiste, por ello, en la previsión por la legislación autonómica de instrumentos bien de ordenación, bien de ejecución de ésta cuyos procedimientos de aprobación puedan ser incoados a iniciativa de particulares, es decir, de procedimientos que el artículo 43 LRJPAC califica como iniciados a solicitud de interesado y en los que prevé el juego de la técnica del silencio administrativo.

Para los procedimientos así identificados:

a) Se añade una regla a las del procedimiento común, concretamente la consistente en cualificar el incumplimiento de la obligación legal de resolver dentro del plazo máximo como demora injustificada, si la ordenación autonómica del procedimiento concreto no anuda al transcurso del citado plazo máximo el efecto legal de entenderse aprobado el instrumento o resuelto favorablemente el procedimiento. Es decir, se excluyen del radio de acción de la regla los procedimientos en los que —por razón de la ordenación autonómica de que sean objeto— opere el silencio administrativo en sentido positivo o estimatorio. Esta exclusión es de toda lógica: teniendo el juego positivo del silencio la consideración, a todos los efectos, de acto finalizador del procedimiento y estimando dicho acto las pretensiones deducidas, no hay lugar, por definición, para la apreciación de una demora injustificada en resolver.

Nótese que la regla no limita al legislador autonómico ni para ordenar el procedimiento de que se trate, ni para fijar el plazo máximo en que la Administración debe resolverlo, como tampoco para determinar el sentido legal del juego de la técnica del silencio administrativo. Únicamente anuda a la hipótesis de determinación legal autonómica del juego del sentido negativo o desestimatorio del silencio administrativo la expresada conceptuación del incumplimiento de la obligación de resolver dentro del plazo legal.

b) Se establece la consecuencia de la incursión por la Administración competente en demora injustificada: el deber de indemnizar al interesado o los interesados por el importe de los gastos en que hayan incurrido para la presentación de sus solicitudes.

Se extiende así a este supuesto legal la previsión ya existente en nuestro sistema de responsabilidad patrimonial de la Administración Pública por razón de urbanismo para la demora en resolver sobre solicitudes de otorgamiento de licencias para construir, edificar o desarrollar usos; previsión que se confirma y, por tanto, mantiene en el artículo 35.d) TRLdS08. La extensión del supuesto indemnizatorio no se hace sin más: mientras en este último, es decir, el contemplado en su lugar sistemático, la demora injustificada sólo lo es en la hipótesis de procedencia legal del otorgamiento de lo pedido y, además, desencadena el deber pleno de indemnizar la lesión causada, no sucede lo mismo en el que ahora es objeto de comentario. Pues en éste la demora injustificada, aunque lo es ya por no resolver expresamente en tiempo, sólo da lugar a un deber de indemnización limitado a los gastos efectivamente realizados y debidamente acreditados, que hayan sido legalmente necesarios para formular la correspondiente solicitud.

La razón última de estas previsiones, que articula todas las determinaciones del artículo 11, es, de nuevo, la contribución a la corrección del ejercicio de las potestades administrativas establecidas al servicio de la ordenación territorial y urbanística. Pues el interés general comprende desde luego la consideración y el tratamiento debidos a la posición de los ciudadanos y, en particular, de los sujetos titulares de derechos e intereses legítimos. La consideración como demora injustificada del incumplimiento de la obligación legal de resolver, cuando en la ordenación del procedimiento no esté previsto el juego del silencio en sentido positivo, procura el rigor tanto a la hora de la fijación de los plazos máximos para resolver y de los efectos ligados al transcurso de éstos, como también a la de la tramitación y resolución de los procedimientos en el contexto de la relación jurídica trabada con determinado o determinados sujetos privados.

5. Las reglas procedimentales: el plazo máximo para resolver y el efecto de su transcurso sin resolución expresa en los procedimientos bifásicos iniciados de oficio en que intervengan dos Administraciones Públicas (apdo. 6)

Como ya ha quedado señalado al tratar del apartado 5, el legislador autonómico de la ordenación territorial y urbanística tiene competencia plena para diseñar los procedimientos administrativos en la materia. La incidencia aquí del legislador estatal sólo es procedente, pues, cuando esté en juego algún aspecto o elemento de la relación procedimental que merezca, desde la perspectiva constitucional, la consideración de común. Estos aspectos o elementos no sólo concurren, sin embargo, en la relación procedimental ordinaria entre una Administración (la responsable del procedimiento y competente para su resolución) y uno o varios sujetos públicos o privados titulares de derechos o intereses legítimos y, por ello, interesados en el procedimiento. Se dan también en la relación que entablen dos o más Administraciones Públicas territoriales desde el ejercicio autónomo de sus respectivas competencias, pero con arreglo al principio de colaboración y aplicando técnicas de cooperación o coordinación articuladas sobre base procedimental. Pues aquí pueden verse comprometidos principios constitucionales organizativos del poder público administrativo, tanto constructivos (así el de descentralización —art. 103.1 CE—, y, en particular, el de autonomía de la Administración local —arts. 137, 140 y 141 CE—, como ha puesto de relieve, especialmente, la STC 214/1989, de 21 de diciembre), como de funcionamiento (los de colaboración, cooperación y coordinación, derivados del de lealtad institucional implícito en el orden constitucional según doctrina consolidada del Tribunal Constitucional). De donde la comprensión por el régimen jurídico básico de las Administraciones Públicas de las relaciones interadministrativas, incluidas las de carácter procedimental, como tiene declarado el Tribunal Constitucional (por todas, STC 76/1983, de 5 de agosto) y resulta tanto de la LRJPAC (arts. 4 a 10), como de la LrBRL (arts. 55 a 62).

La trascendencia de la ordenación de los procedimientos desde este punto de vista luce en la previsión por el legislador básico del régimen local (art. 62 LrBRL) de la solución a dar a todos aquellos casos en que la naturaleza de la actividad de que se trate haga muy difícil o inconveniente (por la imbricación de círculos territoriales de intereses públicos gestionados por Administraciones distintas) la asignación diferenciada y distinta de facultades decisorias: la integración de las actuaciones de dichas Administraciones en unos mismos procedimientos, con atribución de la resolución final a una de ellas. La hipótesis así contemplada con carácter básico se ha venido y continúa dando en nuestro Derecho urbanístico en forma de ordenación bifásica de los procedimientos de aprobación normalmente de los instrumentos de ordenación urbanística general municipal. Y ello para la preservación de la autonomía municipal y, al propio tiempo, salvaguarda de los intereses supramunicipales gestionados por la correspondiente Comunidad Autónoma.

Esta última hipótesis, sólo que generalizada a cualesquiera instrumentos de ordenación urbanística (que no de ordenación del territorio), es de la que —simplemente como posible— parte el precepto ahora comentado. Como quiera que en ella la ordenación procedimental está puesta al servicio de la técnica de la coordinación interadministrativa, que es la que con mayor intensidad permite el condicionamiento de la actuación de una Administración (la coordinada) por la de otra (la coordinadora), es clara la necesidad de una garantía básica de la preservación del núcleo indeformable de la autonomía constitucionalmente garantizada a la primera, que no es otra en principio que el Municipio, para la gestión bajo la propia responsabilidad del círculo de intereses colectivos que institucionaliza.

El supuesto legal consiste en la previsión y ordenación por el legislador de la ordenación territorial y urbanística de procedimientos para la aprobación de instrumentos de ordenación:

a) Cuyo objeto sea, precisa y únicamente, el establecimiento de la ordenación urbanística.

b) Se inicien de oficio, es decir, en los que no puedan existir interesados necesarios, privados o públicos, por razón de derecho de iniciativa. Y

c) En los que a una Administración (normalmente el Municipio) se atribuya la responsabilidad sobre la iniciación y la instrucción y a otra (normalmente la administración de la Comunidad Autónoma) cuando menos la resolución final (aprobación definitiva).

Resulta así intocada, por de pronto, la libertad de configuración del legislador autonómico: éste puede establecer o no un procedimiento que encaje —por su objeto y por su forma de iniciación— en el supuesto legal. Sólo en el primer caso queda condicionado por las precedentes reglas básicas, pues en el otro simplemente no será aplicable el precepto legal básico. Nótese, sin embargo, que dicha reglas tampoco suponen un condicionamiento relevante, no ya excesivo, de la ordenación misma del procedimiento.

Dado el supuesto legal, se impone, sin embargo, al legislador autonómico:

— La previsión del plazo máximo en el que debe producirse la decisión de aprobación definitiva reservada a la Administración coordinadora, lo que supone la clarificación del juego en este tipo de procedimiento de la obligación legal de resolver dentro de determinado plazo. El legislador autonómico conserva así la disposición sobre la duración del plazo, pero no sobre su fijación (limitación resultante ya del régimen jurídico básico de las Administraciones Públicas existente). En defecto de establecimiento de esta previsión, debe entenderse aplicable el fijado con carácter general por el artículo 42.3, inciso inicial LRJPAC: tres meses.

— El efecto legal derivado del incumplimiento de la obligación legal de resolución en plazo, es decir, del transcurso de éste sin notificación de la resolución expresa; efecto legal que, por extensión excepcional de la técnica del silencio a los procedimientos iniciados de oficio, es el de la aprobación definitiva del correspondiente instrumento de ordenación. Por virtud del artículo 43.3, párr. 1.º, y 4.a) LRJPAC, que debe entenderse aplicable por analogía, la aprobación definitiva presunta tiene a todos los efectos la consideración propia de la producida de forma expresa, de modo que de adoptarse ésta tras el surgimiento de aquélla por ministerio de la Ley sólo puede ser ya confirmatoria de la misma.

El juego del silencio positivo se produce directamente desde la norma estatal, por lo que no le cabe al legislador autonómico posibilidad alguna de su desvirtuación.

Ciertamente hay aquí una excepción a la restricción del silencio administrativo positivo a los procedimientos iniciados a instancia de interesado (arts. 43 y 44 LRJPAC), pero el propio procedimiento administrativo común conoce dicha excepción precisamente para los procedimientos iniciados de oficio de los que pudiera derivarse el reconocimiento o la constitución de situaciones jurídicas individualizadas. La que aquí se establece está plenamente justificada dada la entidad de los bienes constitucionales en juego: la descentralización territorial en general (art. 103.1 CE) y la autonomía municipal en particular (arts. 137 y 140 CE), así como la eficacia de la Administración en su conjunto como acción o actividad (art. 103.1 CE).

También en este caso la causa última de la regulación legal básica es la contribución a la correcta definición del interés general en la ordenación urbanística mediante la introducción de pautas de un mínimo rigor en las relaciones procedimentalizadas que entre Administraciones determine la índole de los intereses públicos cuya gestión respectiva tengan constitucionalmente asignada. Para la adecuada armonización de los intereses locales y supralocales, a la Administración superior coordinadora se le proporciona la posibilidad de identificar, definir y, por tanto, hacer valer, de modo concreto y según sus exigencias específicas, los segundos, pero sólo durante el tiempo que se haya estimado suficiente para ello; tiempo pasado el cual se entiende legalmente equivalente la inactividad a inexistencia de intereses supralocales que condicionen las soluciones de ordenación propuestas desde la óptica de la gestión de los intereses locales.

6. Las reglas procedimentales: el trámite de audiencia a las Administraciones afectadas (apdo. 7)

Generalizando la parte del contenido dispositivo del artículo 113.2 TRLS92 no previsto ya en la LdS, este nuevo apartado impone como preceptivo el trámite de audiencia:

a) A las Administraciones que puedan resultar afectadas en sus competencias por la resolución que se dicte.

b) En los procedimientos de primera aprobación o de alteración (por modificación o completa revisión) de cualesquiera instrumentos de ordenación territorial o urbanística.

La regla así establecida es perfectamente congruente con el trámite de informe en la fase de consultas de los mismos procedimientos previsto en el artículo 15.3 TRLdS08.

Artículo 12. *Situaciones básicas del suelo.*

1. Todo el suelo se encuentra, a los efectos de esta Ley, en una de las situaciones básicas de suelo rural o de suelo urbanizado.

2. Está en la situación de suelo rural:

a) En todo caso, el suelo preservado por la ordenación territorial y urbanística de su transformación mediante la urbanización, que deberá incluir, como mínimo, los terrenos excluidos de dicha transformación por la legislación de protección o policía del dominio público, de la naturaleza o del patrimonio cultural, los que deban quedar sujetos a tal protección conforme a la ordenación territorial y urbanística por los valores en ellos concurrentes, incluso los ecológicos, agrícolas, ganaderos, forestales y paisajísticos, así como aquéllos con riesgos naturales o tecnológicos, incluidos los de inundación o de otros accidentes graves, y cuantos otros prevea la legislación de ordenación territorial o urbanística.

b) El suelo para el que los instrumentos de ordenación territorial y urbanística prevean o permitan su paso a la situación de suelo urbanizado, hasta que termine la correspondiente actuación de urbanización, y cualquier otro que no reúna los requisitos a que se refiere el apartado siguiente.

3. Se encuentra en la situación de suelo urbanizado el integrado de forma legal y efectiva en la red de dotaciones y servicios propios de los núcleos de población. Se entenderá que así ocurre cuando las parcelas, estén o no edificadas, cuenten con las dotaciones y los servicios requeridos por la legislación urbanística o puedan llegar a contar con ellos sin otras obras que las de conexión de las parcelas a las instalaciones ya en funcionamiento.

Al establecer las dotaciones y los servicios a que se refiere el párrafo anterior, la legislación urbanística podrá considerar las peculiaridades de los núcleos tradicionales legalmente asentados en el medio rural.

Procedencia

Este artículo proviene, con la misma redacción, del correlativo de la LdS.

El dictamen del Consejo de Estado no formuló a este precepto observación específica alguna.

Comentario

1. Introducción. El sentido y alcance de la distinción y sus consecuencias para la ordenación territorial y urbanística

De forma congruente con el planteamiento competencial al que responde y el enfoque de la regulación que establece, el TRLdS08 construye el régimen básico del suelo, en tanto que terreno propio de la ya apuntada interrelación entre estatuto de la ciudadanía y criterios-deberes de la acción de los poderes públicos, sobre la novedosa distinción de dos situaciones básicas del suelo.

Esta distinción se corresponde con la de los medios rural y urbano y descansa simplemente sobre la realidad. Por ello, es ajena y previa a las diferenciaciones propias de la ordenación territorial y urbanística y que ésta es capaz de proyectar sobre el suelo a través de las técnicas propias de atribución sucesiva de destinos cada vez más concretos y, por tanto, de vinculación a ellos de las correspondientes superficies de suelo, determinando la integración asimismo sucesiva de su diferenciado y estatutario régimen justamente urbanístico, el cual delimita, al propio tiempo, el contenido del derecho de propiedad sobre las diversas porciones de suelo. Lo que significa que *el TRLdS08 mantiene la organización del régimen urbanístico estatutario del suelo sobre el mecanismo de la vinculación de este último a destinos, sólo que no predetermina la configuración de las técnicas en que se traduzca;* configuración que remite a «... los términos dispuestos por la legislación de ordenación territorial y urbanística» (art. 7.1, inciso final, TRLdS08). No prejuzga, por tanto, ni el sistema de la ordenación territorial y urbanística, cuya formalización corresponde al respectivo legislador autonómico, ni las concretas técnicas de las que éste se sirva (como, por ejemplo, las tradicionales y generalizadas de la clasificación y la calificación del suelo). Se limita a definir un marco en el que éstas deben inscribirse y jugar.

Lo decisivo es que esta opción ni diluye ni degrada —en comparación con la legislación previa a la LdS— la función constitucional de dicho marco: frente a la necesidad en aquélla de las aludidas técnicas (especialmente de la clasificación) para la «conexión a tierra» [59] y, por tanto, la efectividad del régimen legal de la utilización del suelo diversificado según las «clases» tipificadas al efecto (cuyo juego en ella era prácticamente formal por desconectado de criterios sustantivos mínimamente significantes y, por ello mismo, facilitador del arbitrismo en el empleo de las técnicas y, en particular, de la clasificación), el TRLdS08 *libera el régimen de utilización del suelo de la referida necesidad, sin por ello mermar su efectividad, disminuir su densidad reguladora o restringir su diversidad.* Pues la definición legal de las situaciones básicas producen de suyo la vinculación de las superficies de suelo que respondan a sus características legales a los correspondientes regímenes básicos de utilización del suelo rural y del suelo urbanizado, siendo así que la del suelo que quede sujeto a una actuación de urbanización únicamente es precisa cuando se decida y diseñe ésta (momento en

[59] Cabalmente la «vinculación», necesaria para su aplicación, de precisas superficies de suelo del régimen urbanístico correspondiente a la «clase» correspondiente al acto clasificatorio.

que la actuación, aunque decidida en otra sede, queda de suyo sometida al régimen básico de las actuaciones de transformación urbanística). *Sigue habiendo,* pues, *un régimen de la utilización del suelo al margen de la lógica de lo urbano* (el suelo en la situación de rural, que se corresponde con el de la clase de no urbanizable, así como, en su caso, con el de la categoría de suelo urbanizable pendiente de urbanización) y *un régimen de utilización del suelo inmerso en la lógica de lo urbano* (el suelo en la situación de urbanizado, que se corresponde con el de la clase de urbano), *con el complemento del régimen de la actividad de transformación urbanizadora,* que desplaza —en la superficie afectada por la urbanización y mientras dura ésta— el régimen de utilización del suelo rural, enervando su eficacia y, por tanto, aplicación (régimen, que se corresponde, así, con el régimen de la clase de suelo urbanizable durante la urbanización). Y la apuntada liberación se acompaña del establecimiento de principios y criterios básicos de la acción de los poderes públicos que, entre otras virtualidades, *anuda el empleo de las concretas técnicas (ahora autonómicas) de vinculación del suelo a destinos a la pertinente axiología y los criterios básicos que de ella derivan* [60].

---

[60] Así pues, la solución legal:

— Anula los inconvenientes de la legislación previa a la LdS: i) invasión del campo propio del legislador autonómico, salvada sólo mediante la reducción del alcance de la clasificación común a la «conexión a tierra» de los regímenes urbanísticos de las correlativas «clases» de suelo y éstos, a su vez, por su confusión, además, con el contenido urbanístico de la propiedad del suelo; expediente legitimado ciertamente por la STC 164/2001, pero a costa de otorgar una flexibilidad a la clasificación establecida por el legislador autonómico anulatoria del efecto de garantía de igualdad; ii) reducción de la clasificación, cuando de la ocupación de nuevo suelo para su transformación urbanizadora se trata, a mera técnica de formalización de iniciativas y decisiones desconectadas del mínimo contexto valorativo común preciso, incrementado de este modo el campo abierto a la diversidad, y iii) articulación de la expresada técnica, además, con mezcla de los criterios objetivo-actual de las características del suelo y programático-finalista del destino futuro; mezcla legitimadora, al añadirse a la expresada confusión de régimen del suelo y régimen de su propiedad, de la integración en el contenido de la propiedad —desde su establecimiento (por anticipación, como real, del destino aún meramente virtual)— de las determinaciones sobre la utilización del suelo del régimen de éste y antes, por tanto, del cumplimiento de los deberes y el levantamiento de las cargas correspondientes, con todas las consecuencias correspondientes.

La distinción de las situaciones básicas del suelo puede así postular y, en efecto, postula, que la totalidad del suelo nacional se encuentra efectivamente (se insiste: antes, al margen y en todo caso con independencia o sin perjuicio de los destinos urbanísticos a los que esté vinculado) bien en la de suelo rural, bien en la de suelo urbanizado. Esta última resulta sin más de un dato objetivo y evidente de la realidad, por lo que la de suelo rural comprende, en negativo, todos los terrenos en los que no se cumpla aquel dato y como mínimo, en positivo, los que deben ser preservados por la ordenación territorial y urbanística de su transformación mediante la urbanización y los que, aún previéndose o permitiéndose tal transformación, ésta no haya concluido aún colocando los terrenos en la anterior situación de suelo urbanizado. Esto último es la lógica consecuencia de la diferenciación entre ordenación territorial y urbanística como orden objetivo regulador y ordenación territorial y urbanística como diseño y programación de la actuación urbanizadora, pues ésta no altera por sí misma el régimen urbanístico objetivo de la propiedad del suelo. Es muy significativo, en efecto, que la parte expositiva del TRLdS08 (último párrafo del apartado IV), refiriéndose al régimen urbanístico del suelo, vincule la doble opción legal por diferenciar «situación y actividad [es decir, situación del suelo y utilización o uso del mismo], estado y proceso» [es decir, realidad actual y virtualidad cuya realización requiere del pertinente proceso urbanístico].

— Y lo hace, no sólo manteniendo —aunque actualizando— el acervo común en la materia y recuperando su dimensión valorativa, sino independizando la eficacia del marco legal común de la legislación autonómica en la materia y del juego de las técnicas por ella previstas.

Con lo que queda claro que no es otra cosa que un mito la clasificación como clave de bóveda de la adecuada regulación de las condiciones básicas de garantía de la igualdad en el ejercicio de los derechos y el cumplimiento de los deberes constitucionales y, en particular, del derecho de propiedad del suelo. Así lo había puesto de relieve ya el malogrado J. García Bellido («La excepcional estructura del urbanismo español en el contexto europeo», *DA*, n.os 252-253, septiembre 1998-abril 1999, págs. 11 a 83), al argumentar la singularidad de nuestro urbanismo precisamente por razón de la clasificación del suelo generadora de diferentes estatutos de la propiedad privada, inexistente absolutamente en otros países con la trascendencia jurídico-económica que tiene en el nuestro.

Aunque como es lógico la determinación del destino urbanístico de los terrenos es cuestión de la ordenación territorial y urbanística, la diferenciación de las apuntadas situaciones permite:

a) Sentar el principio de que las previsiones de edificabilidad pertenecen al Derecho objetivo (expresan lo que éste simplemente permite, prohíbe u ordena), de modo que la mera edificabilidad no integra por sí misma el contenido de las concretas situaciones subjetivas dominicales.

b) Articular las condiciones básicas de igualdad del estatuto de la propiedad de todo el suelo con las bases del régimen objetivo del suelo que esté en la única situación —la rural— en la que son precisas por imperativo medioambiental.

c) Efectuar un tratamiento independiente del régimen básico de las actuaciones de urbanización, sin perjuicio de su conexión con las condiciones básicas del estatuto de la propiedad a través del reconocimiento a los propietarios (en tanto que titulares, también, de la libertad de empresa) de la facultad de participar en tales actuaciones.

2. Las situaciones básicas y la colocación de todo el suelo en una de ellas (apdo. 1)

Todo el mundo de las cosas inmuebles reconducibles al suelo natural y construido es objeto, así, de una *summa divisio,* al quedar aquéllas colocadas, por efecto de la Ley y en función exclusivamente de su estado real en cada momento, bien en el medio rural, bien en el medio urbano, estando por ello todo el suelo, sin más y necesariamente, en una de las dos situaciones básicas, respectivas, de suelo rural o de suelo urbanizado. Y ello sin necesidad de norma de desarrollo o acto aplicativo algunos, ni siquiera de la interposición de la legislación de ordenación territorial y urbanística o de cualquiera de los instrumentos que ésta contemple. Al igual que sucede con la afectación legal del dominio público natural (por géneros enteros de cosas), estar el suelo en una u otra situación depende exclusivamente de la concurrencia en cada porción del mismo de las características definitorias legalmente, según este artículo, de uno u otro de los géneros de suelo: rural y urbanizado.

Desde la entrada en vigor de la LdS han desaparecido, pues, todos los criterios generales con los que tradicionalmente el legislador estatal ha querido primero establecer la clasificación del suelo para su sujeción a un distinto régimen urbanístico de la propiedad según la clase y luego a predeterminar y dirigir la misma operación de clasificación a efectuar por la ordenación territorial y urbanística en manos del legislador autonómico. La continuidad, la modificación o renovación de la técnica tradicional de la clasificación y de las a ella asociadas (como la calificación) se entrega ahora, por completo, a dicho legislador autonómico.

La *summa divisio* así establecida es obviamente compatible con las divisiones, clasificaciones y diferenciaciones entre las cosas que puedan resultar desde perspectivas distintas de la dirigida a preparar o establecer el destino final urbanístico del suelo; en particular, las derivadas de la titularidad de los derechos sobre ellas o de su sujeción al régimen propio del dominio público natural o artificial. Pero también con las que deriven de las técnicas de diversificación progresiva del destino urbanístico del suelo reguladas por la legislación de la ordenación territorial y urbanística, si bien éstas deben ser, además, congruentes con ella en tanto que tiene por objeto justamente encuadrarlas. Por ello, caso de mantenerse la de clasificación regulada por legislación autonómica anterior a la entrada en vigor de la LdS, su regulación ha de interpretarse y aplicarse de conformidad con la nueva distinción de situaciones básicas.

En este último sentido, la distinción básica de situaciones puede decirse que predetermina, aunque en grado diverso, los destinos y, por tanto, la utilización posible del suelo. Pues desde ella y a título de base mínima medioambiental, cabe y, al propio tiempo, cumple al legislador estatal un primario régimen de la utilización del suelo rural, con la consiguiente vinculación estatutaria de éste al mismo.

3. La situación básica de suelo rural (apdo. 2)

Integran este género de suelo y están, por ello, en la situación básica de suelo rural todas las superficies de suelo que presenten el carácter propio del medio rural [al que se refiere el art. 2.2 TRLdS08] por no reunir, en cualquier caso, los requisitos, es decir, las características legales, definitorios del género de suelo urbanizado [inciso final del apdo. comentado]. La razón es obvia: si la situación básica de suelo urbanizado resulta del reconocimiento de la pertenencia real y efectiva al medio ya urbano y junto a éste sólo existe el medio rural, toda otra superficie pertenece a este último y, por tanto, está en la situación básica de suelo rural.

Si bien esta primera determinación, que sólo aparentemente es negativa, no agota la caracterización legal del género del que ahora se trata, si permite la existencia de éste por directa aplicación del marco estatal, pues la efectividad de la ya enteramente positiva depende del juego de la ordenación territorial y urbanística. Prueba de ello es que esta última no conduce a la ampliación de la superficie que está en la situación de suelo rural según la aparentemente negativa; antes al contrario, tiene como efecto tan sólo, al superponerse a la determinación general, una gradación interna del medio rural por razón justamente de las características, ya diferenciadas, que presente en sus diversas partes y que o bien demanden su preservación de la transformación que implica la urbanización, o bien no obsten a la previsión o permisión de su paso —mediante dicha transformación— a la situación final de suelo urbanizado. En la primera de estas alternativas, las características del medio rural prevalecen sobre cualquier otro interés en la utilización del suelo y, en particular, el derivado de la cobertura de las necesidades sociales que impliquen ocupación y urbanización de nuevas superficies de suelo. En la segunda de ellas la prevalencia en la ponderación corresponde a este último interés, aunque sólo en la medida misma en que lo justifiquen las necesidades sociales a satisfacer. De ahí que, caso de restar aún superficies de suelo rural con características no equiparables a las de las que requieran preservación, la ponderación debe decantarse del lado del medio rural para la protección del carácter de éste que la presencia de dichas características en todo caso comporta.

De lo dicho se desprende ya que la doble determinación negativa y positiva expuesta no supone una correlativa doble y sucesiva operación de aplicación de la Ley. Implica sólo que:

a) De un lado, *la colocación en la situación de suelo rural tiene lugar por imperio directo de la Ley general o estatal,* al tratarse de un efecto legal del carácter propio del medio en el que están localizados los terrenos, cuyos contornos fronterizos con el medio urbano resultan igualmente del dato real de la urbanización efectiva. La situación de una concreta superficie de suelo en la legal básica de suelo rural es, pues, desde la entrada en vigor de la LdS, una situación determinada y mantenida directamente por el marco legal estatal y a la que ha de estar, debe respetar y no puede desconocer cualquier sujeto, público y privado, incluidos los poderes públicos con competencia en materia de ordenación territorial y urbanística.

b) Pero que, de otro lado, *la vocación* (incluso en su dimensión temporal) *y el grado de integración en el medio rural de las distintas superficies de suelo colocadas por la Ley en la referida situación básica de suelo rural derivan sólo de la aplicación a las mismas de los criterios legales de identificación y apreciación de sus características concretas precisamente por la ordenación territorial y urbanística.* Aplicación ésta en la que el margen decisional de que dicha ordenación goza varía en función de la precisión de los referidos criterios. Conforme a las letras a) y b), inciso inicial, del apartado comentado a esa ordenación o, en todo caso, a sus instrumentos corresponde, en efecto, la decisión —aplicando al caso los criterios de identificación y ponderación de las características de que se viene hablando— sobre: i) la preservación de determinadas superficies de suelo de su transformación mediante la urbanización; ii) la previsión o permisión del paso de otras superficies de suelo (sin que éstas salgan, por ello, de la situación de suelo rural) a la situación de suelo urbanizado, o, finalmente, iii) la entrega de la superficie aún restante a la acción ordenadora del desarrollo rural con protección en todo caso del carácter del medio al que pertenece.

En todo caso, es el diferente grado de precisión de los criterios legales determinantes de la apuntada gradación en la integración en el medio rural el que otorga el soporte necesario para que el legislador estatal pueda, bien determinar por sí mismo un mínimo común en cuanto al destino y la utilización (en el supuesto de mayor precisión de los criterios), bien encuadrar el proceso de asignación de destinos y usos en sede ya de la ordenación territorial y urbanística.

Los criterios legales que debe emplear (todos ellos y sólo ellos) la ordenación territorial y urbanística para concretar, dentro del que esté en la situación legal básica de suelo rural, el grado de integración en el medio rural de las distintas superficies, son los siguientes:

1.º Los *articulados por la predeterminación del máximo grado de integración en el medio rural,* o, dicho de otra forma, la preservación de la transformación mediante la urbanización como consecuencia que se sigue necesariamente de la identificación de las características a que hacen referencia y que prevalece ante cualquier otra alternativa de solución posible en abstracto en función de las múltiples necesidades sociales existentes [letra a)]:

1.1. La sujeción de los terrenos (la correspondiente porción del suelo rural) por la legislación sectorial correspondiente, y en los términos que de ella resulten (directamente o a través de ulteriores decisiones normativas o concretas), a un régimen excluyente de la transformación mediante la urbanización por razón de la protección o policía del dominio público (natural o artificial); la protección de la naturaleza, y la protección del patrimonio cultural.

En este caso, el criterio es taxativo y limitativo de la potestad de ordenación territorial y urbanística, reglando completamente el ejercicio de ésta, que no puede sino, como mínimo (aunque puede ser más restrictivo en la preservación), «traducir» en determinaciones propias las que resulten del régimen sectorial ya establecido. Esto significa que la aplicación de este criterio requiere la recogida y el análisis de la pertinente información sobre la existencia, vigencia, alcance y contenido de las vinculaciones sectoriales aludidas.

La integración en el medio rural que deriva del resultado positivo de la aplicación del criterio tiene en principio vocación de definitiva, lo que luce especialmente en las superficies de suelo en que dicha integración proceda de su condición de espacios naturales protegidos o incluidos en la Red Natura 2000, conforme a lo dispuesto en el artículo 13.4, párrs. 2 y 3, TRLdS08. Pero también en las que provenga de su condición de terrenos forestales, como resulta de su mantenimiento en la situación de suelo rural —como regla general— tras su degradación por un incendio al menos durante el plazo previsto en el artículo 50 de la Ley de montes (disp. ad. sexta TRLdS08).

1.2. La existencia de riesgos naturales o tecnológicos [61], incluidos los de inundación o de otros accidentes graves, así como —además— de cualesquiera otros identificados por la legislación de ordenación territorial y urbanística, referibles a determinados terrenos.

La aplicación de este criterio requiere obviamente la recogida, el análisis y la valoración de la pertinente información sobre la existencia de los indicados riesgos y de los demás que prevea la legislación de ordenación territorial y urbanística. La normativa, comunitario-europea o interna que regule en abstracto los riesgos y determine las medidas de prevención a adoptar, reduce, en función directa de su densidad reguladora, el margen de apreciación de que goza la potestad de ordenación.

[61] Por riesgo ha de entenderse la contingencia suficientemente probable de un daño, que ha de valorarse a la luz, en su caso, de la legislación que lo regule en abstracto.

Riesgos naturales son todos los que deriven de la acción de las fuerzas de la naturaleza y, cuando menos, el de inundación y aquellos cuya actualización merezca la consideración de catástrofe o infortunio públicos a que se refiere la competencia extraordinaria de los Alcaldes prevista en el artículo 21.2.m) LrBRL o de catástrofe o calamidad pública desencadenante de la declaración de situación de emergencia conforme a la Ley 2/1985, de 21 de enero, sobre protección civil.

Riesgos tecnológicos son todos cuantos dimanen del desarrollo de actividades cuyas características determinen su tipificación en abstracto en la regulación de que sean objeto y, desde luego, las incluidas como peligrosas en el viejo Reglamento de actividades molestas, nocivas, insalubres y peligrosas de 30 de noviembre de 1961. Pertenecen a esta categoría, además, los riesgos de accidentes graves previstos en la Directiva 96/82/CE, de 9 de diciembre (Seveso II), relativa al control de los riesgos inherentes a los accidentes graves en los que intervengan sustancias peligrosas, cuyo ámbito de aplicación ha sido ampliado por la Directiva 2003/105/CE.

1.3. La concurrencia de valores en determinadas porciones del suelo rural (distintas de aquellas a las que se aplique el criterio consignado en el punto 1.1 anterior) que, en virtud de su identificación y apreciación directas por la ordenación territorial y urbanística, deba determinar —conforme a la legislación reguladora de esa ordenación— la preservación de las referidas porciones de su transformación mediante la urbanización y su sujeción a un régimen de protección de los valores que presenten.

Los valores a identificar y apreciar son: i) por de pronto, los enumerados directamente por el legislador estatal: los ecológicos, los agrícolas, los ganaderos, los forestales y los paisajísticos; pero, además ii) cuantos otros prevea la legislación autonómica de ordenación territorial y urbanística.

2.º Los *agrupados implícitamente por el de previsión o permisión del paso del suelo rural a la situación final de suelo urbanizado* [letra b)]:

El criterio apunta a la satisfacción de necesidades sociales que deban tener como soporte suelo urbanizado y escenario el medio urbano, pero que excedan de la capacidad de acogida del suelo urbanizado ya existente, so pena de degradación de la calidad de vida en el medio urbano actual [en los términos resultantes del art. 2.2.c) TRLdS08]. En esta hipótesis, dicha satisfacción sólo es posible a costa de la ocupación, para tal fin, de suelo rural, dando lugar a la inevitable concurrencia de otros dos criterios:

a) En primer lugar, el de protección —adecuada a su carácter— del medio rural, con preservación de los valores del que sea innecesario o inidóneo para atender las necesidades de transformación urbanística, que deriva del principio consignado en el artículo 2.2.b) LS.

b) En segundo lugar, el de cobertura de las necesidades sociales en usos productivos y residenciales antes apuntadas mediante la adscripción del suelo preciso al destino genérico consistente en su transformación cualitativa, que deriva del mandato-deber asignado a las Administraciones Públicas competentes en el artículo 10.1.a) TRLdS08.

La ponderación a que da lugar esta concurrencia desde la perspectiva de la cobertura de las pertinentes necesidades sociales se resuelve aquí a favor de la prevalencia del segundo de los criterios implícitos expuestos siempre que se cumplan —en la o las correspondientes superficies de suelo— las siguientes condiciones:

— Que no sean de aplicación, con resultado de exigencia de la preservación de la trasformación urbanizadora o la inidoneidad para servir de soporte a usos urbanos, los criterios recogidos en los puntos 1.1, 1.2 y 1.3 precedentes.

Esta condición trae causa de que la prevalencia únicamente puede operar cuando las características que presenten, en concreto, los terrenos de suelo rural expresen, como máximo, valores ordinarios del medio rural, es decir, sean las propias del carácter general y propio de éste, sin que, de otro lado, contengan contraindicación alguna relevante para su paso al medio urbano. Nunca, desde luego, cuando esas características manifiesten valores destacados y determinantes de la entrada en juego del criterio preferente al citado punto 1.1.

— Que las necesidades sociales a cubrir estén suficientemente justificadas y la superficie de suelo que se destine a su cobertura sea sólo la precisa a tal fin (en los términos que resultan del art. 10 TRLdS08).

La vocación de permanencia en la situación básica de suelo rural de los terrenos de que ahora se trata queda afectada por la previsión o permisión de su destino a pasar a la situación de suelo urbanizado. Cuando ese destino se prevea directamente, dicha vocación es simplemente temporal, dependiendo la permanencia en el medio rural exclusivamente de la ejecución de la pertinente ordenación urbanística. La culminación de la correspondiente actuación de urbanización determina, en efecto, el pase efectivo de dicha situación básica a la de suelo urbanizado. Hasta tanto los terrenos correspondientes siguen estando, a todos los efectos de la Ley estatal, en la situación de suelo rural.

Se alcanza aquí, por tanto, el grado mínimo de integración del suelo en el medio rural.

3.º Finalmente, el *residual* de *permanencia en el medio rural de todos cuantos terrenos, presentando únicamente* —por no contar desde luego con las del medio urbano— las *características generales y ordinarias del referido medio rural,* es decir, el carácter que es propio de éste sin mayor cualificación, *no hayan sido objeto de previsión o simple permisión de su pase a la situación de suelo urbanizado* en aplicación del criterio inmediatamente anterior [letra b), inciso final].

Así pues, permanecen indefinidamente en la situación básica de suelo rural los terrenos cuyas características no sobrepasen las que determinan el carácter general del medio rural y no reúnan los requisitos suficientes para: i) su preservación de la transformación mediante la urbanización, y ii) su inidoneidad para servir de soporte a usos propios del medio urbano, o su precisión para la cobertura de necesidades sociales justificativas del paso, en su caso, a la situación de suelo urbanizado. Y ello, porque el principio de la preservación de los valores que en todo caso se hagan presentes en ellos demanda la protección de éstos [adecuada al carácter del medio rural, art. 2.2.b) TRLdS08].

El criterio es residual, por tanto, únicamente por los términos de la enumeración de todos los que operan para la determinación del medio rural, en modo alguno por su contenido y virtualidad.

4. La situación básica de suelo urbanizado (apdo. 3)

También la colocación en esta segunda situación básica del suelo es un efecto directo del marco legal estatal, que se ha producido sin más desde la entrada en vigor de la LdS, y, desde ella y en lo sucesivo, para todas las superficies de suelo que, en cada momento, reúnan efectivamente y en la realidad todas y cada una las características que el texto legal determina. Y ello, por tanto, sin necesidad de desarrollo o aplicación algunos, ni tampoco de la intermediación de la legislación autonómica de ordenación territorial y urbanística o de los instrumentos de que ésta se sirva.

Cuestión distinta es el grado mayor o menor de evidencia de la reunión, en el caso concreto, de alguna o algunas de las características legales requeridas. Pues ésta alude a la dificultad de la acreditación de tal extremo; dificultad, que depende de las circunstancias múltiples de la realidad.

Esta situación expresa, en todo caso, la pertenencia al medio urbano y, al propio tiempo, sirve a la delimitación de éste. El dato que la define es, por ello, *la integración en el tejido constitutivo del soporte característico de todo núcleo de población*. Los demás elementos normativos se articulan y giran en torno a este decisivo dato, contribuyendo a su precisión:

a) Tratándose del medio urbano, lo que se integra no es, sin más, un terreno (una superficie de suelo desde luego concreta, pero no adornada de mayores características); es justa y únicamente una parcela; mejor: una serie de parcelas, es decir, de superficies de suelo que, además de ser concretas, constituyan —conforme al art. 17.1.b) TRLdS08— unidades (tanto en la rasante, como en el vuelo o el subsuelo) que tengan atribuidas edificabilidad y uso o sólo uso urbanístico independiente. La exigencia legal apunta, pues, a una cualidad, cabalmente la consistente en tener un destino urbanístico preciso y diferenciado (concretado, como mínimo, en uso o usos urbanísticos y, en su caso, también en edificabilidad determinados) que permite una utilización independiente; siendo indiferente, a este efecto, el estado —edificado o no— en el que se encuentre el suelo. La atribución de ese destino ya es cuestión entregada por entero a la ordenación territorial y urbanística, que será la encargada de definir las características en dimensiones y forma, la atribución de uno o varios usos alternativos (compatibles) y la determinación de la separación o no del vuelo y/o el subsuelo respecto de la rasante.

El tejido urbano en el que se produce la integración es el formado por la red de dotaciones y servicios propios de los núcleos de población; dotaciones y servicios que no son otros que los requeridos para el desarrollo de los usos de que sean susceptibles todas y cada una de las parcelas en tanto que unidades en que dicho desarrollo se produce de forma independiente. Tampoco aquí va la legislación estatal más allá de la exigencia de que cada tipo de dotación o servicio forme una red capaz de atender las necesidades de las diferentes parcelas, llegando hasta ellas. La determinación, en concreto, de las dotaciones y los servicios exigibles (en red y como propios de los núcleos de población) es cuestión ya de la legislación sobre ordenación territorial y urbanística [62].

b) La integración misma requiere:

— La conexión de la parcela de que en cada caso se trate a todas y cada una de las redes de las dotaciones y los servicios requeridos legalmente (por la legislación de ordenación territorial y urbanística), de modo que desde dicha parcela pueda accederse y hacerse uso (en los términos derivados de las características y la funcionalidad propias de cada dotación o servicio) de unas y otros.

— La legalidad y efectividad de tal conexión.

La LS establece, en todo caso, una presunción: la conexión se entiende existente no sólo si la parcela cuenta (de forma legal y efectiva) con todas y cada una de las dotaciones y de los servicios legalmente requeridos, sino también si puede (de forma legal) llegar a contar efectivamente con ellos sin otras obras que las de conexión a las instalaciones (de las redes correspondientes) ya en funcionamiento.

Artículo 13. *Utilización del suelo rural.*

1. Los terrenos que se encuentren en el suelo rural se utilizarán de conformidad con su naturaleza, debiendo dedicarse, dentro de los límites que dispongan las leyes y la ordenación territorial y urbanística, al uso agrícola, ganadero, forestal, cinegético o cualquier otro vinculado a la utilización racional de los recursos naturales.

Con carácter excepcional y por el procedimiento y con las condiciones previstas en la legislación de ordenación

[62] El legislador autonómico goza de un amplio margen, de un lado, para concretar el concepto jurídico indeterminado «núcleo de población», que hace alusión a la agrupación o concentración de usos, especialmente residenciales, determinante de suyo —por la misma naturaleza de las cosas— de la necesidad de dotaciones y servicios colectivos, y, de otro lado, para i) precisar las dotaciones y los servicios, en red, requeridos en todo caso o como mínimo, y ii) modular tales dotaciones y servicios mínimos en función del tipo (urbano o tradicional rural) del núcleo.

territorial y urbanística, podrán legitimarse actos y usos específicos que sean de interés público o social por su contribución a la ordenación y el desarrollo rurales o porque hayan de emplazarse en el medio rural.

2. Están prohibidas las parcelaciones urbanísticas de los terrenos en el suelo rural, salvo los que hayan sido incluidos en el ámbito de una actuación de urbanización en la forma que determine la legislación de ordenación territorial y urbanística.

3. Desde que los terrenos queden incluidos en el ámbito de una actuación de urbanización, únicamente podrán realizarse en ellos:

a) Con carácter excepcional, usos y obras de carácter provisional que se autoricen por no estar expresamente prohibidos por la legislación territorial y urbanística o la sectorial. Estos usos y obras deberán cesar y, en todo caso, ser demolidas las obras, sin derecho a indemnización alguna, cuando así lo acuerde la Administración urbanística. La eficacia de las autorizaciones correspondientes, bajo las indicadas condiciones expresamente aceptadas por sus destinatarios, quedará supeditada a su constancia en el Registro de la Propiedad de conformidad con la legislación hipotecaria.

El arrendamiento y el derecho de superficie de los terrenos a que se refiere el párrafo anterior, o de las construcciones provisionales que se levanten en ellos, estarán excluidos del régimen especial de arrendamientos rústicos y urbanos, y, en todo caso, finalizarán automáticamente con la orden de la Administración urbanística acordando la demolición o desalojo para ejecutar los proyectos de urbanización. En estos supuestos no resultará aplicable lo establecido en la Disposición Adicional Undécima, segundo párrafo.

b) Obras de urbanización cuando concurran los requisitos para ello exigidos en la legislación sobre ordenación territorial y urbanística, así como las de construcción o edificación que ésta permita realizar simultáneamente a la urbanización.

4. No obstante lo dispuesto en los apartados anteriores, la utilización de los terrenos con valores ambientales, culturales, históricos, arqueológicos, científicos y paisajísticos que sean objeto de protección por la legislación aplicable, quedará siempre sometida a la preservación de dichos valores, y comprenderá únicamente los actos de alteración del estado

natural de los terrenos que aquella legislación expresamente autorice.

Sólo podrá alterarse la delimitación de los espacios naturales protegidos o de los espacios incluidos en la Red Natura 2000, reduciendo su superficie total o excluyendo terrenos de los mismos, cuando así lo justifiquen los cambios provocados en ellos por su evolución natural, científicamente demostrada. La alteración deberá someterse a información pública, que en el caso de la Red Natura 2000 se hará de forma previa a la remisión de la propuesta de descatalogación a la Comisión Europea y la aceptación por ésta de tal descatalogación.

El cumplimiento de lo previsto en los párrafos anteriores no eximirá de las normas adicionales de protección que establezca la legislación aplicable.

Procedencia

Este artículo es el resultado de la inserción en el correlativo de la LdS, cuya redacción se mantiene, del artículo 136.2 TRLS92, referido a determinados aspectos de los denominados «usos y obras provisionales». El dictamen del Consejo de Estado no formuló observación en este punto.

La apuntada inserción se realiza mediante la introducción de un párrafo segundo en la letra a) del apartado 3 del artículo 13 LdS. Los usos y las obras a que aludía el precepto del TRLS92 sólo pueden tener lugar tradicionalmente en los terrenos que por su clasificación estén destinados a ser transformados mediante la urbanización, siendo tal destino la justificación de la provisionalidad de los usos y las obras susceptibles de ser legitimados antes de la urbanización.

Este tipo de usos y obras se recogía igualmente en la LdS, justamente al tratar de la utilización del suelo rural y, más concretamente (apdo. 3 del art. 13 LdS), de aquella parte de dicho suelo que quede incluida en el ámbito de una actuación de urbanización (sin que ésta haya comenzado aún a ser ejecutada). La ubicación escogida para la incorporación es, pues, plenamente acertada. Hasta tal punto es así, que es ella la que permite la máxima fidelidad al texto incorporado, incluyendo su referencia al párrafo anterior que —en el contexto del

TRLS92— había perdido su sentido por mor de la declaración de la inconstitucionalidad de tal párrafo anterior así remitido.

No obstante, en el texto original se efectúan —aparte la supresión del inciso «a que se refiere el párrafo anterior» en tanto que afectado por la declaración de inconstitucionalidad del párrafo objeto de remisión por la STC 61/1997— dos modificaciones absolutamente inevitables y, por tanto, correctas:

a) La sustitución de la expresión «del Ayuntamiento» por la de «la Administración urbanística», que es procedente para evitar invadir el espacio competencial del legislador autonómico.

b) La sustitución de la referencia a la «disposición adicional cuarta» (del TRLS92) por la que ahora se hace a la «disposición adicional undécima, párrafo segundo» (que sustituye en el texto refundido a aquélla).

Comentario

1. Introducción. El sentido y alcance del régimen de utilización del suelo rural

Aunque la determinación del destino urbanístico de los terrenos sea cuestión de la ordenación territorial y urbanística, la diferenciación de dos situaciones básicas del suelo permite complementar las condiciones básicas de igualdad del estatuto de la propiedad del suelo con las bases del régimen objetivo del suelo en la única situación —la rural— en la que son precisas por imperativo medioambiental; bases, que no van más allá de las ya tradicionales, pero que aseguran en todo caso la utilización del suelo de conformidad bien con la obligada preservación de los valores que en él estén presentes, bien con la conservación del carácter del medio rural al que pertenece.

De esta forma, y sin perjuicio de su aplicación directa desde luego, el régimen de la utilización del suelo rural que establece el TRLdS08 constituye un mínimo que, aparte de no impedir ni condicionar el juego, la efectividad y la aplicación de cualesquiera reglas más severas de protección que pueda contener la legislación sectorial de pertinente aplicación, debe ser respetado por la legislación sobre ordenación territorial y urbanística, aunque ésta puede sobrepasarlo (incrementando, mediante normas adicionales, el grado de protección y preservación de los valores correspondientes). En todo caso, aparece graduado en directa función del criterio legal al que, conforme al artículo 12.2 TRLdS08, la correspondiente superficie de suelo deba su pertenencia al medio rural.

Al mínimo que supone el régimen de que ahora se trata, que supera la parca regulación que establecía el artículo 20 LRSV desde la perspectiva de los derechos de los propietarios del suelo, debe añadirse aún la regla de adaptación al ambiente que, siempre como norma de aplicación directa, ahora recoge el artículo 10.2 TRLdS08.

2. La utilización del suelo rural con las características propias del medio rural, comprensivo, en todo caso, del innecesario e inidóneo para satisfacer las necesidades de transformación urbanística (apdos. 1 y 2)

Los terrenos pertenecientes al medio rural que no presenten valores determinantes o justificativos de su sujeción al régimen de utilización antes expuesto, pero tampoco sean idóneos o resulten necesarios para atender las necesidades sociales demandantes de la transformación consistente en la urbanización, quedan sometidos al régimen básico siguiente:

A) Reglas generales:

a) Utilización de conformidad con su naturaleza. Lo que significa: prohibición de la alteración cualitativa de esa naturaleza, es decir, la que les hace formar parte del carácter propio del medio rural.

b) Dedicación, dentro de los límites que dispongan las Leyes y la ordenación territorial y urbanística, a un uso vinculado a la utilización racional de los recursos naturales (concepto jurídico indeterminado directamente establecido por el art. 45.2 CE), entendiéndose que en todo caso lo están los usos agrícola, ganadero, forestal y cinegético.

c) Prohibición de las parcelaciones urbanísticas, es decir, de los actos previstos en el artículo 17.2 TRLdS08 (salvo los autorizados por la legislación sectorial aplicable al medio rural —fundamentalmente la agraria y la forestal o de montes— y no prohibidos por la legislación de ordenación territorial y urbanística o, en virtud de ella, por los instrumentos a que remita).

B) Regla excepcional: Permisión de la legitimación por la ordenación territorial y urbanística (por el procedimiento y con las condiciones previstas en la legislación sobre dicha ordenación territorial y urbanística) de actos y usos específicos de interés público o social por su contribución a la ordenación y el desarrollo rurales o porque hayan de emplazarse en el medio rural. La aplicación de esta regla requiere, pues, la interposición de la legislación autonómica de ordenación territorial y urbanística y, en su caso, de la ordenación concreta establecida por los instrumentos por ésta establecidos, pues la regla como marco a respetar por una y otros.

Presenta esta regla la novedad destacable de i) no permitir la legitimación de «actuaciones» y sí exclusivamente de concretos actos, aunque éstos siguen pudiendo desbordar los autorizados por la regla general e implicar, por tanto, la alteración del estado de los terrenos, y ii) extender el supuesto capaz de activar la expresada legitimación, toda vez que pasa a comprender la apreciación de la concurrencia, además de un interés público, de un interés social, pero restringiéndolo al propio tiempo, puesto que incluye el requerimiento de que dicha apreciación resulte precisamente bien de la contribución del acto de que se trate a la ordenación y el desarrollo rurales, bien a la estricta necesidad del emplazamiento en el medio rural. Queda así definitivamente claro que, al igual que sucede en el caso de la expropiación forzosa (art. 9 LEF), el interés público o social debe ser declarado a la vista y en función de precisas características del acto a ejecutar (el destino del suelo que va a legitimarse y al que va a quedar dicho suelo vinculado); características que se reconducen en último término, sea al principio de preservación del carácter propio del medio rural y, por tanto, protección y fomento (desarrollo sostenible) de éste [art. 2.2.b) TRLdS08], sea a requerimientos legales del propio acto a ejecutar (por ej. prevención de los riesgos de catástrofe, inundación o de accidentes mayores).

Salvo la que acaba de señalarse, no hay en el precepto comentado sustancial innovación en el tratamiento tradicional en nuestro Derecho del suelo perteneciente al medio rural y mantenido en el artículo 20 LRSV.

3. La utilización del suelo rural para el que los instrumentos de ordenación territorial y urbanística permitan su paso a la situación de suelo urbanizado (apdo. 3)

Los terrenos que, aun estando en la situación básica de suelo rural, deban o simplemente puedan pasar, mediante su inclusión en el ámbito de una actuación de urbanización y la ejecución de ésta, a la situación de suelo urbanizado, reciben obviamente un tratamiento específico. Pues su destino final demanda su transformación cualitativa. Pero su utilización ni consiste, ni puede consistir en esa transformación —la urbanización—, es decir, ni se confunde, ni puede confundirse con ella. La razón es bien sencilla:

— A tenor de su estado real, el suelo únicamente es idóneo para servir de soporte a usos propios del medio rural. El destino final es aún, en efecto, virtual, pues se limita a marcar un objetivo, con la consiguiente vinculación a su cumplimiento. No hay todavía suelo urbanizado que pueda constituir soporte válido a usos típicos del medio urbano.

— La urbanización tiene por objeto no la utilización del suelo, sino la transformación para hacer posible fáctica y legalmente la utilización para él prevista. *Se agota en la actuación (de duración limitada) precisa justamente para, a su terminación, es decir, a la culminación de la alteración de la «naturaleza» o el «carácter» del suelo, hacer posible la utilización (continuada) de éste conforme ya a su nueva condición, la de suelo urbanizado.*

Por eso mismo, durante la urbanización el suelo no cambia su «situación básica», es decir, su pertenencia al medio rural, se limita a quedar sometido al régimen propio de la transformación de su condición. Pues sigue siendo una parte del medio rural, aunque sujeta a un proceso que ha de convertirlo en tejido urbanizado inscrito ya en el medio urbano. Y la índole de ese proceso hace al suelo, mientras dure, insusceptible de cualquier utilización en términos de uso y edificabilidad (que, prescindiendo de las dotaciones y los servicios, son los propios de su destino final). En definitiva: por lo mismo que la construcción no es el edificio final, la urbanización no «es» utilización del suelo, sino actuación de lógica propia «para» (presupuesto o condición de) la utilización del suelo mediante la alteración de la naturaleza de éste.

En el deslinde neto entre régimen de la urbanización, es decir, de la transformación misma del suelo, de un lado, y régimen de la utilización del suelo (una vez transformado o urbanizado), de otro, radica, pues, la novedad del régimen comentado. Ésta clarifica definitivamente la confusión, progresivamente perturbadora, hasta ahora reinante en nuestro Derecho; confusión que había llegado al punto de hacer de los derechos y deberes del responsable o responsables de la urbanización parte integrante, sin la debida matización, del régimen urbanístico delimitador de las facultades y los deberes de la propiedad del suelo (véanse los arts. 15 y 18 LRSV).

Se entiende, así, que el momento determinante para la aplicación efectiva del régimen básico (ahora sí) de utilización del suelo de que ahora se trata sea el de inclusión de los correspondientes terrenos en el ámbito de una actuación de urbanización. Este momento:

a) Puede coincidir con el de aprobación y entrada en vigor del instrumento al que la legislación de ordenación territorial y urbanística encomiende la adopción simultánea de las decisiones de i) prever el paso de la situación de suelo urbanizado, y ii) delimitar el ámbito de la o las actuaciones correspondientes.

b) Puede ser posterior al de aprobación y entrada en vigor al citado instrumento, en la medida en que la legislación de ordenación y urbanística le permita, además, simplemente posibilitar el pase a la situación de suelo urbanizado, remitiendo la previsión de tal pase y consiguiente delimitación del ámbito de la actuación o actuaciones de urbanización correspondientes a un momento e instrumento posteriores.

Lo decisivo es que, desde la inclusión en el ámbito de una actuación de urbanización, la superficie de suelo correspondiente —aun permaneciendo en la situación básica de suelo rural— queda enteramente afectada a ésta, de modo que en ella:

1.º Sólo pueden realizarse ya, en principio y como regla general, i) las pertinentes obras de urbanización, naturalmente desde el momento en que concurran los requisitos para ello exigidos en la legislación sobre ordenación territorial y urbanística, así como ii) las de construcción o edificación que esta legislación permita realizar simultáneamente a la urbanización.

2.º Quepa, no obstante y con carácter excepcional, una utilización residual, transitoria y en precario: la cumplida mediante los usos y las obras de carácter provisional que se autoricen por no estar expresamente prohibidos por la legislación de ordenación territorial y urbanística o la sectorial. Los usos y las obras excepcionales así compatibilizados (temporalmente, gracias a su provisionalidad) con la anterior regla general, deben, por ello, cesar —con demolición desde luego de las obras correspondientes y sin derecho a indemnización alguna— cuando así lo acuerde la Administración urbanística. Y los derechos de arrendamiento o de superficie que se constituyan sobre los terrenos o las construcciones provisionales quedan excluidos del régimen especial de arrendamientos rústicos y urbanos (así como de lo prevenido en la disposición adicional undécima, segundo párrafo, del propio TRLdS08), finalizando, en todo caso y automáticamente, con la orden de la Administración urbanística acordando la demolición o el desalojo para ejecutar los proyectos de urbanización. Ésta es la razón por la que las autorizaciones correspondientes han de ser otorgadas bajo las indicadas condiciones —las cuales han de ser aceptadas expresamente por los destinatarios— y, además, a la de supeditación de su eficacia a su constancia en el Registro de la Propiedad de conformidad con la legislación hipotecaria.

Esta regla excepcional está lejos de constituir una innovación, limitándose a actualizar la tradicional que seguía recogiendo el artículo 17 LRSV (en relación con el art. 136.2 TRLS92). Lo que de paso prueba que la LRSV, no obstante la confusión que originaba su preferencia por el modelo de la urbanización como parte del régimen de la propiedad del suelo, era perfectamente consciente de que el régimen de utilización se agotaba, en el que llamaba suelo no urbanizable comprendido en sectores o ámbitos ya delimitados con vistas a su desarrollo inmediato, en los usos provisionales autorizables conforme a la regla excepcional.

4. La utilización del suelo rural preservado de su transformación urbanística por la concurrencia de valores dignos de protección (apdo. 4)

Dos son las reglas básicas, una general y una especial, que rigen la utilización de los terrenos en la situación de suelo rural por razón de la concurrencia de valores ambientales, culturales, históricos, arqueológicos, científicos y paisajísticos que sean objeto de protección, bien directamente por la legislación sectorial pertinente o por decisiones (declaraciones, catalogaciones, etc.) adoptadas en virtud de ella, bien por los instrumentos previstos por la legislación sobre ordenación territorial y urbanística y en función de las previsiones de ésta sobre apreciación y preservación de valores.

La regla general contiene dos prescripciones: una expresa y otra implícita.

La primera aparece referida a los terrenos cuya situación básica provenga de la legislación sectorial reguladora de la protección de los valores ambientales (entre los que se entienden comprendidos los de la naturaleza), culturales, históricos, arqueológicos, científicos y paisajísticos y supone la *predeterminación completa por dicha legislación del destino territorial-urbanístico de los terrenos,* de modo que el régimen de la utilización del suelo por ella dispuesto es intocable para la ordenación urbanística. De ahí que desde el punto de vista de la ordenación territorial y urbanística dicha utilización *pueda sólo comprender los actos de alteración del estado natural de los terrenos que la repetida legislación expresamente autorice* [63].

Aunque nada más disponga expresamente el legislador, es evidente que no muy distinta puede ser la utilización de los terrenos preservados de la transformación urbanística (y, por ello, en la misma situación básica) por imperio de la ordenación territorial y urbanística y en virtud de la apreciación por ésta —directamente y al margen de la referida legislación sectorial protectora— de valores igualmente medioambientales, culturales, históricos, arqueológicos, científicos y paisajísticos. De ahí que deba entenderse que la regla (expresa) de la sumisión a la preservación de los valores apreciados se extiende implícitamente a este caso, de modo que la determinación de la utilización, que corresponde ciertamente a la ordenación territorial y urbanística, debe ser congruente con ella y en modo alguno es, por tanto, libre.

La regla especial se refiere a los espacios naturales protegidos y los espacios incluidos en la Red Natura 2000 y debe entenderse que no suple, sino que se añade, a la regla general anterior. Siendo novedosa e importante, no deja de plantear —desde el punto de vista jurídico— algunos problemas de no escasa entidad. Sujeta toda alteración de la delimitación de estos espacios, que suponga bien la reducción de su superficie total, bien la exclusión de cualesquiera terrenos de los mismos, a tres requisitos:

1.º La provocación en el espacio de que se trate, por su evolución natural, de cambios de entidad suficiente para justificar la alteración. Para que se cumpla este requisito es preciso, pues, que los cambios traigan causa de la evolución natural, por lo que no pueden ser tenidos en

---

[63] Esta determinación implica, con toda naturalidad, la aplicabilidad desde luego a los terrenos en la concreta situación de que ahora se trata de la prohibición de las parcelaciones urbanísticas consignada en el artículo 13.2 TRLdS08. Pues la prohibición se formula para todo el suelo rural, con la sola excepción de los terrenos que hayan sido incluidos en el ámbito de una actuación de urbanización.

cuenta al efecto los inducidos por acciones del hombre. Normalmente será difícil, si no imposible, sin embargo, que los cambios no guarden alguna relación, aunque sea indirecta, con la acción del hombre. Debe entenderse, pues, que la exclusión de ésta se limita a la que desconozca o infrinja la protección del correspondiente espacio, produciendo lesión de sus valores y, con ello, una evolución «no natural» en el espacio de que se trate. Lo cual suscita la cuestión de la lesión por omisión o inactividad, tanto por parte de la Administración Pública que sea propietaria o responsable en todo caso de la conservación o protección del espacio, como, en su caso, por la del sujeto particular al que éste pertenezca. Ni en un caso, ni en el otro parece lógico primar la actitud de pasividad o negligencia (adoptada, incluso, con vistas a provocar las condiciones que posibiliten finalmente la alteración). Ello no ofrece duda cuando la responsabilidad del mantenimiento de las condiciones precisas para una evolución natural que no degrade las características del espacio corresponde a una Administración Pública. Cuando dicha responsabilidad incumbe, sin embargo, a un propietario particular, parece que la exclusión del supuesto como idóneo para justificar la alteración sólo es posible de haberse incumplido el deber legal de conservación del artículo 9.1, párr. 1.º, TRLdS08 (lo que requiere la fijación por Ley del límite de tal deber), salvo que esté establecida de modo efectivo una política pública de fomento compensatoria en lo necesario de la carga que a favor de la colectividad pueda suponer el coste total de la conservación (la diferencia entre el importe del deber de conservación y dicho coste).

Salvo la regla especial a que acaba de hacerse referencia no son apreciables en este régimen básico de utilización, pues y en cuanto a su resultado, cambios significativos respecto del que derivaba del juego de los artículos 9 y 20 LRSV.

2.º La demostración científica de la evolución natural que ha determinado los cambios capaces de justificar la alteración. Tampoco este requisito puede interpretarse literalmente y, concretamente, en el sentido de una exigencia absoluta de demostración que el estado de la ciencia y la técnica, en cada momento, no permita cumplimentar. Ha de estarse más bien a ese estado. La demostración debe tenerse por hecha cuando desde las ciencias pertinentes al caso se proporcione, con el auxilio y, por tanto, el empleo de las técnicas y los medios mejores disponibles, una opinión autorizada (conforme a las pautas de la comunidad científica de que se trate) y que deba tenerse por suficientemente fundada a la luz del estado del conocimiento en la materia; opinión, por tanto, capaz de sustentar un juicio de justificación de la alteración que en la delimitación del espacio pretenda llevarse a cabo.

3.º El procedimiento que tenga por objeto la decisión sobre la procedencia o no de la alteración del espacio correspondiente debe someterse a información pública, la cual en el caso de pertenencia a la Red Natura 2000 ha de ser previa a la remisión de la propuesta de descatalogación a la Comisión Europea y, por tanto, a la aceptación por ésta de tal descatalogación. No se trata de un requisito puramente formal, ya que tiene por objeto, con toda evidencia, propiciar un debate público que contribuya, incluso mediante la aportación de estudios científicos, a la determinación del carácter justificado o no de la alteración.

Artículo 14. *Actuaciones de transformación urbanística.*

1. A efectos de esta Ley, se entiende por actuaciones de transformación urbanística:

a) Las actuaciones de urbanización, que incluyen:

1) Las de nueva urbanización, que suponen el paso de un ámbito de suelo de la situación de suelo rural a la de urbanizado para crear, junto con las correspondientes infraestructuras y dotaciones públicas, una o más parcelas aptas para la edificación o uso independiente y conectadas funcionalmente con la red de los servicios exigidos por la ordenación territorial y urbanística.

2) Las que tengan por objeto reformar o renovar la urbanización de un ámbito de suelo urbanizado.

b) Las actuaciones de dotación, considerando como tales las que tengan por objeto incrementar las dotaciones públicas de un ámbito de suelo urbanizado para reajustar su proporción con la mayor edificabilidad o densidad o con los nuevos usos asignados en la ordenación urbanística a una o

más parcelas del ámbito y no requieran la reforma o renovación integral de la urbanización de éste.

2. A los solos efectos de lo dispuesto en esta Ley, las actuaciones de urbanización se entienden iniciadas en el momento en que, una vez aprobados y eficaces todos los instrumentos de ordenación y ejecución que requiera la legislación sobre ordenación territorial y urbanística para legitimar las obras de urbanización, empiece la ejecución material de éstas. La iniciación se presumirá cuando exista acta administrativa o notarial que dé fe del comienzo de las obras. La caducidad de cualquiera de los instrumentos mencionados restituye, a los efectos de esta Ley, el suelo a la situación en que se hallaba al inicio de la actuación.

La terminación de las actuaciones de urbanización se producirá cuando concluyan las obras urbanizadoras de conformidad con los instrumentos que las legitiman, habiéndose cumplido los deberes y levantado las cargas correspondientes. La terminación se presumirá a la recepción de las obras por la Administración o, en su defecto, al término del plazo en que debiera haberse producido la recepción desde su solicitud acompañada de certificación expedida por la dirección técnica de las obras.

Procedencia

Procede este artículo del correlativo de la LdS, cuya redacción no ha sido objeto de alteración alguna.

El dictamen del Consejo de Estado no formuló a este precepto observación alguna.

Comentario

1. El tratamiento de las actuaciones de transformación urbanística; el juego en ellas, en particular, de la técnica de los actos consensuales

La diferenciación de las dos situaciones básicas en las que se encuentra todo el suelo permite [64] efectuar un tratamiento independen-

[64] Además de articular —en los términos que ya han quedado expuestos en los comentarios correspondientes— las condiciones básicas de igualdad del estatuto de

diente del asimismo régimen básico de las actuaciones de transformación urbanística, sin perjuicio de su conexión con las condiciones básicas del estatuto de la propiedad, como ya nos consta, a través del reconocimiento a los propietarios (en tanto que titulares, también, de la libertad de empresa) de la facultad de participar en tales actuaciones [art. 8.1, párr. 2.°c), TRLdS08]. Lo que, como también nos consta, lleva al giro decisivo de que los derechos y deberes hasta la LdS erróneamente conceptuados de la propiedad del suelo pasan a ser los básicos del régimen de las actuaciones de urbanización. A título de condición básica del estatuto del ciudadano se impone así a la legislación sobre ordenación territorial y urbanística [art. 6.a) TRLdS08] la regulación del derecho de iniciativa para la actividad de ejecución de la urbanización, en ejercicio del derecho de libre empresa y para la habilitación pertinente —cuando la actividad no deba o vaya a ser realizada por la Administración— mediante procedimiento con publicidad y concurrencia y con criterios que salvaguarden una adecuada participación de la comunidad en las plusvalías derivadas de las actuaciones urbanísticas en las condiciones dispuestas por la legislación aplicable (sin perjuicio de las peculiaridades o excepciones que la legislación autonómica prevea a favor de la iniciativa de los propietarios).

El régimen básico de las actuaciones de transformación urbanística se establece, en lo que ahora importa, desde una doble perspectiva: los tipos de actuaciones y los deberes que éstas comportan frente a la Administración Pública competente, en tanto que representante de los intereses de la comunidad (arts. 14 y 16 TRLdS08). En todo caso, persigue la clarificación de dos cuestiones problemáticas en la práctica: de un lado, la de cuáles actuaciones suponen el proceso urbanístico que actualiza los deberes legales vinculados a la transformación del suelo, y, de otro lado, la de la determinación de los momentos de iniciación y terminación de tales actuaciones. La primera de ellas ha dado lugar, especialmente durante el período de vigencia de la LRSV

---

la propiedad de todo el suelo con las bases del régimen objetivo del suelo que esté en la única situación —la que se corresponde con el medio rural— en la que son precisas por imperativo medioambiental.

y aprovechando los términos de la regulación por ésta de la clasificación del suelo, a interpretaciones diversas en sede de la legislación autonómica de ordenación territorial y urbanística, motivadas en último término por el propósito, según los casos, del juego de un concreto régimen urbanístico, o su exclusión, para el suelo comprendido en determinadas actuaciones; interpretaciones diversas, que han repercutido negativamente en la integración del bloque ordinamental que en la materia ha de formar aquella legislación con la estatal. El origen de la segunda es anterior en el tiempo y guarda relación con la imprecisa regulación legal de la dimensión temporal de la ejecución de las actuaciones de transformación urbanística de iniciativa privada, que ha sido causa eficiente de importantes distorsiones en la funcionalidad de diversas técnicas urbanísticas, en particular en la de planeamiento a la hora de la admisión de nuevos desarrollos de iniciativa privada sin la adecuada previsión de la integración de éstos, una vez ultimados, en la gestión municipal ordinaria, especialmente por lo que hace a la conservación de las dotaciones y la prestación de los servicios correspondientes.

A propósito de la promoción y, por tanto, ejecución de las actuaciones de transformación urbanística, el legislador aborda, por último e igualmente con carácter básico, la difícil y polémica cuestión del ejercicio convencional de la necesariamente existente [conforme al art. 3.2.a) TRLdS08] potestad administrativa de dirección y control de la actividad de ejecución urbanística. Lo que es consecuente, a su vez, con la definición de la ordenación territorial y urbanística como funciones públicas no susceptibles de transacción, entendida en todo caso —como debe serlo— en términos no impidientes de acuerdos de estricta ejecución. La finalidad perseguida es obvia y guarda relación con las disfunciones y los excesos más frecuentes, graves y evidentes que se han venido poniendo de manifiesto en la práctica urbanística con ocasión del recurso a la técnica convencional y cuya corrección es factible en sede competencial estatal [65].

---

[65] La regla que establece el artículo 16.3 TRLdS08 traduce, en forma de prohibición, un claro límite al ejercicio de la potestad aludida, haciendo uso de la remisión que al efecto hace el artículo 88.1 LRJPAC. Los convenios o negocios jurídicos que

2. La categoría básica de actuación de transformación urbanística y las clases, asimismo básicas, de actuaciones (apdo. 1)

Sin perjuicio de lo que, al respecto y a efectos del sistema que diseñen, puedan establecer las Leyes de ordenación territorial y urbanística, desde el marco legal estatal se predeterminan, por razón de su objeto, las actuaciones que en todo caso implican la transformación urbanística del suelo y determinan, por ello, i) el juego, en su ejecución, de los deberes legales precisados por el artículo 16 TRLS08 y, cuando son de urbanización, ii) el cumplimiento de las previsiones de evaluación y seguimiento de la sostenibilidad del desarrollo urbano contenidas en el artículo 15 TRLdS08 tanto en la fase previa de su planificación como en la ulterior de su ejecución.

La determinación de las actuaciones de transformación urbanística no pretende tanto innovar, cuanto sistematizar las consideradas en nuestro Derecho urbanístico, desde 1956, desencadenantes del llamado «proceso urbanístico». Integran, pues, esta categoría:

1. Las actuaciones de urbanización, es decir, las que tienen por objeto la realización de obras bien de nueva urbanización, bien de reforma o renovación; obras que el TRLdS08 no determina, al depender de las dotaciones y los servicios constitutivos de las redes definitorias del tejido urbano cuya precisión corresponde, conforme a su artículo 12.3, a la legislación de ordenación territorial y urbanística.

La desagregación del objeto de esta clase de actuaciones conduce a la diferenciación en ella de las dos siguientes variedades:

---

se celebren no pueden establecer, en perjuicio de los propietarios afectados por la actuación (se entiende: que no sean parte en el convenio o negocio jurídico, es decir, sean terceros respecto del mismo), obligaciones adicionales a las establecidas legalmente, ni más gravosas que éstas. La sanción por la infracción de esta prohibición es, al amparo de la letra g) del artículo 62.1 LRJPAC, la nulidad del pacto (la cláusula correspondiente, no el entero convenio o negocio jurídico) en el que se prevean tales obligaciones adicionales o más gravosas.

1.1. Las actuaciones de nueva urbanización, que son aquellas cuya ejecución supone el paso de un ámbito de suelo de la situación de suelo rural a la de urbanizado, mediante la creación, junto con las correspondientes infraestructuras y dotaciones públicas, de una o más parcelas aptas para la edificación o uso independiente y conectadas funcionalmente con la red de los servicios exigidos por la ordenación territorial y urbanística.

1.2. Las actuaciones de reforma o renovación de la urbanización, que tienen por objeto justamente reformar o renovar la urbani zación ya existente en un ámbito de suelo urbanizado.

2. Las actuaciones de dotación; clase integrada por aquellas actuaciones que tienen por objeto incrementar las dotaciones públicas (sólo las de este carácter, obviamente de acuerdo con la legislación de ordenación territorial y urbanística) de un ámbito de suelo urbanizado para reajustar su proporción con la mayor edificabilidad o densidad o con los nuevos usos asignados en la ordenación urbanística a una o más parcelas del ámbito y no requieren la reforma o renovación integral de la urbanización de éste.

ACTUACIONES DE DOTACIÓN

Ejemplos de aplicación

— Las actuaciones de dotación contempladas en los artículos 14.1.b) y 16.1.a) TRLdS08 vienen a establecer el régimen urbanístico de la propiedad del suelo en aquellos casos en que en el suelo urbanizado (ciudad preexistente) se propongan incrementos de aprovechamiento que comporten mayores valores residuales del suelo (derivados de incrementos de edificabilidad o de cambio de uso por otro de mayor rentabilidad); incrementos que se atribuyan como adicionales a los preexistentes lícitamente materializados y a aplicar a parcelas individualizadas (solares o cuasi solares) en una zona urbana de usos y tipologías homogéneas (zona de ordenación urbanística), lo que la exime de llevar a cabo una actuación de transformación urbanizadora integral (operación de reforma interior).

— La atribución de aprovechamientos adicionales a una zona urbana concreta (por incremento de edificabilidad o por cambio de uso), debe de contrastarse previamente con la legislación autonómica correspondiente. Existen legislaciones urbanísticas que establecen unos límites indisponibles al crecimiento en el suelo urbano. Normalmente, el límite al crecimiento se establece en forma de índice máximo de edificabilidad bruta (global en la zona) de residencial, que suele oscilar en las diferentes legislaciones autonómicas alrededor de 1 m^2t/m^2s.

— En el caso de que sea legalmente posible cambiar el uso o incrementar el aprovechamiento urbanístico a determinadas parcelas edificables en una zona urbana concreta, esa nueva atribución de edificabilidades y/o usos lucrativos, comportará la disposición de la reserva de suelos con destino a zonas verdes y equipamientos públicos, también en parcelas concretas localizadas coherente y deseablemente en la misma zona, y dimensionadas en la proporción adecuada que establezca la legislación urbanística, con la finalidad de garantizar un crecimiento urbano equilibrado y sin déficit dotacionales.

— El principio general del urbanismo español de reparto de cargas y beneficios, recogido explícitamente en el artículo 7 TRLdS08, exige que si un propietario desea patrimonializar el eventual aprovechamiento adicional en relación al preexistente que el plan le hubiera atribuido, deberá asumir, previa o simultáneamente, la cuota parte de cesión de suelo dotacional correspondiente al incremento de aprovechamiento otorgado derivado de la mayor edificabilidad o del cambio de uso atribuidos. Para ello, las técnicas de la reparcelación voluntaria y discontinua mediante las transferencias de aprovechamiento urbanístico (TAUs), son instrumentos perfectamente conocidos y de solvencia jurídica contrastada para su eficiente ejecución.

— Asimismo, el mandato constitucional de participación pública de la comunidad en las plusvalías generadas por la acción administrativa, comporta que del incremento de aprovechamiento atribuido (del incremento del valor del suelo), el porcentaje que establezca la legislación autonómica corresponderá a la Administración actuante.

— En consecuencia, el aprovechamiento subjetivo que corresponda al propietario de una parcela que reciba un aprovechamiento adicional con relación al preexistente, será el resultado de restar del aprovechamiento total materializable en la misma, la cuota parte correspondiente al suelo dotacional y el porcentaje sobre el incremento que vengan establecidos, respectivamente, en la legislación urbanística.

— Para su mejor comprensión, se desarrollan a continuación dos ejemplos aplicativos de actuaciones de dotación.

PRIMER EJEMPLO
ACTUACIÓN DE DOTACIÓN POR INCREMENTO DE EDIFICABILIDAD

— Considerando una zona de ordenación urbanística existente, semiconsolidada por la edificación y cuyo índice de edificabilidad media preexistente de uso global residencial para toda la zona asciende a ...

$$IEM \equiv 0{,}60\ m^2t/m^2s$$

— Considerando que se pretende incrementar la edificabilidad preexistente en la zona en un índice de edificabilidad media de 0,20 m^2t/m^2s (sin modificar el uso residencial de la zona), lo que comporta una superficie total edificable distribuida en diversas parcelas concretas de ...

$$INC \equiv 100.000\ m^2t$$

— Suponiendo que la legislación urbanística establece un índice para reservas dotacionales de 30 m^2 de suelo por cada 100 m^2t edificables, es decir ...

$$ID \equiv 30 \ m^2s/100 \ m^2t$$

lo que comporta que el plan proceda a reservar suelo para zonas verdes y equipamientos públicos localizados en parcelas concretas de la zona en una superficie de ...

$$RD \equiv 30.000 \ m^2s$$

— Suponiendo que la legislación urbanística establece un porcentaje de participación pública en las plusvalías del 10% del aprovechamiento adicional atribuido. En este caso, al no modificarse el uso de la zona, el aprovechamiento se «mide» exclusivamente en edificabilidad.

— La aplicación, por tanto, de una actuación de dotación a una parcela edificable concreta que dispone de un aprovechamiento (edificabilidad residencial) preexistente de 400 m^2t y un adicional atribuido de 200 m^2t, comporta una de estas alternativas:

a) La satisfacción de los deberes mediante la entrega de suelo correspondiente a la cuota dotacional y al porcentaje de plusvalías a través de la aplicación de la técnica de la reparcelación voluntaria y discontinua (TAUs) previamente a la obtención de la preceptiva licencia de obras.

— Suelo dotacional: parcela o parcelas localizadas en dicha zona, de superficie ...

$$SD = (30.000 \ m^2s/100.00 \ m^2t) \times 200 \ m^2t = 60 \ m^2s$$

— Suelo de % plusvalías: parcela o parcelas susceptibles de construir en ellas una superficie edificable de ...

$$SP = 200 \ m^2t \times [VRS \cdot VL \ (€/m^2t)/VRS \cdot VPP \ (€/m^2t)]$$

siendo VRS · VL y VRS · VPP los valores de repercusión de suelo correspondientes a las viviendas libres y a las protegidas.

b) La satisfacción de los deberes mediante compensación económica a la Administración previamente a la obtención de la preceptiva licencia de obras.

— Compensación suelo dotacional:

$$CD = 60\ m^2s \times 0{,}60\ m^2t/m^2s \times VRS\ (€/m^2t)$$

siendo 0,60 m^2t/m^2s la edificabilidad media preexistente en la zona y VRS el valor de repercusión del suelo correspondiente al uso que se incrementa (residencial). En el caso (poco probable) que el incremento medio de edificabilidad superase a la media preexistente, se aplicaría aquel índice en vez del relativo a la edificación preexistente.

— Compensación del % de plusvalías:

$$CP = 200\ m^2t \times VRS\ (€/m^2t)$$

Las compensaciones económicas se integrarán en el patrimonio público de suelo, la primera con destino a la obtención del suelo correspondiente a las dotaciones y la segunda para la obtención de suelo con destino a la promoción de vivienda protegida.

SEGUNDO EJEMPLO

ACTUACIÓN DE DOTACIÓN POR CAMBIO DE USO

— Considerando una finca existente en una zona de ordenación urbanística destinada por el plan general a uso residencial y dotado de una edificabilidad de 1.000 m^2t.

— Considerando que una modificación del plan propicia el cambio del uso residencial al uso terciario, manteniéndose la edificabilidad total de 1.000 m^2t (en este caso, el aprovechamiento se «mide» exclusivamente en uso).

— Considerando también, en este caso, que el cambio de uso no exige un incremento de las reservas dotacionales de suelo.

— Suponiendo asimismo que, según estudio de mercado, el valor en venta del uso residencial asciende a 2.000 €/m^{2}t y el valor de repercusión del suelo determinado por la metodología residual alcanza el 33% del VV y para el caso del uso terciario, el valor en venta de la edificabilidad asciende a 3.000 €/m^{2}t y el valor de repercusión del suelo al 40% del VV.

— El incremento del aprovechamiento (es decir, del valor) por el cambio de uso ascendería a un valor unitario de ...

$$VU = 3.000 \text{ €/m}^2\text{t} \times 0,40 - 2.000 \text{ €/m}^2\text{t} \times 0,33 = 540 \text{ €/m}^2\text{t}$$

— Si se considera esta actuación como de rentabilidad media, el porcentaje de participación de plusvalías que le correspondería a la Administración se podría estimar en el 10% del incremento del aprovechamiento (del valor), cantidad a ingresar en el patrimonio público de suelo y que ascendería a ...

$$10\% \text{ s/}540 \text{ €/m}^2\text{t} \equiv 54 \text{ €/m}^2\text{t}$$

... que aplicado a la edificabilidad total atribuida, supondría ...

$$54 \text{ €/m}^2\text{t} \times 1.000 \text{ m}^2\text{t} \equiv 54.000 \text{ €}$$

3. La iniciación y la terminación de las actuaciones subsumibles en la clase de las actuaciones de urbanización (apdo. 2)

La duración temporal de la ejecución de las actuaciones de la clase de las de urbanización (nueva o de reforma o renovación de la existente) es, cuando son de iniciativa privada o su ejecución se encomienda a ésta, un elemento esencial de la correspondiente relación jurídico-administrativa entre la Administración Pública competente y el o los responsables de la referida ejecución y, en particular, es decisiva para el cumplimiento de los deberes legales que ésta comporta. Ésta es la razón por la que la imprecisión hasta ahora de los momentos claves del comienzo y la terminación de la ejecución de esta clase de actuaciones ha venido suscitando innumerables problemas en la práctica. El legislador estatal ha decidido no sólo atajar estos problemas prácticos, sino, yendo más lejos, introducir i) disciplina en la relación entre la Administración responsable del desarrollo urbano y los sujetos encargados de la ejecución de las actuaciones en el que éste se traduzca y, sobre ello, ii) rigor en el ejercicio de la potestad de planeamiento a la hora del diseño de aquel desarrollo, mediante la anticipación de sus consecuencias para la hacienda y la gestión públicas y la exigencia del seguimiento y la evaluación del proceso de ejecución de las actuaciones.

Las reglas que se establecen son de directa aplicación, articulándose en los siguientes términos:

1. Iniciación de las actuaciones:

— Presupuesto indispensable: la aprobación y la eficacia de todos y cada uno de los instrumentos de ordenación y ejecución que requiera la legislación sobre ordenación territorial y urbanística para legitimar las obras de nueva urbanización o reforma o renovación de la existente.

Ninguna ejecución material que haya podido ser realizada puede tenerse por legalmente iniciada sin la concurrencia de este presupuesto, cuya lógica desde el punto de vista de la disciplina del proceso urbanístico es clara y exonera de cualquier mayor explicación.

Este presupuesto juega asimismo como requisito legal a todo lo largo de la ejecución de las obras y hasta su terminación. Las obras han de contar siempre, pues, con la cobertura de todos y cada uno de los instrumentos exigidos por la legislación de ordenación territorial y urbanística. La caducidad de cualquiera de dichos instrumentos mencionados restituye, a los efectos siempre de la legislación estatal, el suelo a la situación en que se hallaba al inicio de la actuación, es decir, a la de pertenencia al medio rural o urbanizado originario en actuaciones de reforma interior. Corresponde a la legislación autonómica en la materia determinar las consecuencias que se siguen de tal restitución.

— Requisito necesario: el comienzo real de la ejecución material de las obras, de suerte que —supuesta la cobertura de éstas por instrumento aprobado y eficaz— el momento de inicio se confunde con el de dicho comienzo.

A efectos de facilitar la acreditación y, por tanto, prueba del inicio, éste se presume legalmente de existir acta administrativa o notarial dando fe del comienzo de las obras. Sin perjuicio de su fuerza y trascendencia, se trata de una presunción legal *iuris tantum* que puede, por tanto, ser destruida por otros medios de prueba suficientes al efecto.

2. Terminación de las actuaciones:

Para que puedan tenerse por legalmente concluidas es precisa la concurrencia de todos y cada uno de los tres requisitos sustantivos siguientes:

— La ejecución de las obras de conformidad (de todas ellas y en cada una de sus partes) con las determinaciones de los instrumentos de ordenación territorial y urbanística que le otorgan cobertura.

— El completo cumplimiento de todos y cada uno de los deberes legales enumerados en el artículo 16 TRLdS08 y el levantamiento de las correspondientes cargas.

— La completa realización material de las obras, que determina el momento de terminación de éstas. La terminación se presume a la recepción de las obras por la Administración o, en su defecto, al término del plazo en que hubiera debido haberse producido la recepción desde su solicitud acompañada de certificación expedida por la dirección técnica de las obras.

La apreciación de la efectiva concurrencia de estos requisitos precisa, como es obvio, la práctica de las necesarias comprobaciones, es decir, de la pertinente actividad administrativa. De ahí que, aunque, como en el caso del inicio y también para facilitar la acreditación y prueba de la terminación, se establezca en principio la presunción *iuris tantum* de ésta a la verificación del acto formal de la recepción de las obras por la Administración, la posibilidad de inactividad administrativa justifica la extensión de dicha presunción para el supuesto de no producirse aquella recepción. En este último caso la terminación se entiende producida al término del plazo en que debiera haberse efectuado la recepción. El juego efectivo de este efecto legal del silencio observado por la Administración, establecido en calidad evidentemente de pieza del procedimiento común, precisa, sin embargo, de:

a) La expedición por la dirección técnica de las obras de certificación final de las obras.

b) La presentación por el o los responsables de la ejecución de las obras de solicitud de recepción de éstas por la Administración competente, acompañada de la aludida certificación de la dirección técnica.

c) El transcurso del plazo máximo legal para resolver sobre la solicitud sin notificación de resolución administrativa sobre ella; plazo que es el que fije al efecto la legislación de ordenación territorial y urbanística y, en su defecto, el de tres meses previsto en el artículo 42.3 LRJPAC.

Considerando la relativa innovación que suponen las actuaciones de dotación y con la finalidad de facilitar su mejor comprensión, procede, por último, desarrollar algún ejemplo práctico en el que se expongan las dos posibilidades derivadas de un incremento de edificabilidad o de un cambio de uso.

Artículo 15. *Evaluación y seguimiento de la sostenibilidad del desarrollo urbano.*

1. Los instrumentos de ordenación territorial y urbanística están sometidos a evaluación ambiental de conformidad con lo previsto en la legislación de evaluación de los efectos de determinados planes y programas en el medio ambiente y en este artículo, sin perjuicio de la evaluación de impacto ambiental de los proyectos que se requieran para su ejecución, en su caso.

2. El informe de sostenibilidad ambiental de los instrumentos de ordenación de actuaciones de urbanización debe-

rá incluir un mapa de riesgos naturales del ámbito objeto de ordenación.

3. En la fase de consultas sobre los instrumentos de ordenación de actuaciones de urbanización, deberán recabarse al menos los siguientes informes, cuando sean preceptivos y no hubieran sido ya emitidos e incorporados al expediente ni deban emitirse en una fase posterior del procedimiento de conformidad con su legislación reguladora:

a) El de la Administración hidrológica sobre la existencia de recursos hídricos necesarios para satisfacer las nuevas demandas y sobre la protección del dominio público hidráulico.

b) El de la Administración de costas sobre el deslinde y la protección del dominio público marítimo-terrestre, en su caso.

c) Los de las Administraciones competentes en materia de carreteras y demás infraestructuras afectadas, acerca de dicha afección y del impacto de la actuación sobre la capacidad de servicio de tales infraestructuras.

Los informes a que se refiere este apartado serán determinantes para el contenido de la memoria ambiental, que solo podrá disentir de ellos de forma expresamente motivada.

4. La documentación de los instrumentos de ordenación de las actuaciones de urbanización debe incluir un informe o memoria de sostenibilidad económica, en el que se ponderará en particular el impacto de la actuación en las Haciendas Públicas afectadas por la implantación y el mantenimiento de las infraestructuras necesarias o la puesta en marcha y la prestación de los servicios resultantes, así como la suficiencia y adecuación del suelo destinado a usos productivos.

5. Las Administraciones competentes en materia de ordenación y ejecución urbanísticas deberán elevar al órgano que corresponda de entre sus órganos colegiados de gobierno, con la periodicidad mínima que fije la legislación en la materia, un informe de seguimiento de la actividad de ejecución urbanística de su competencia, que deberá considerar al menos la sostenibilidad ambiental y económica a que se refiere este artículo.

Los Municipios estarán obligados al informe a que se refiere el párrafo anterior cuando lo disponga la legislación

en la materia y, al menos, cuando deban tener una Junta de Gobierno Local.

El informe a que se refieren los párrafos anteriores podrá surtir los efectos propios del seguimiento a que se refiere la legislación de evaluación de los efectos de determinados planes y programas en el medio ambiente, cuando cumpla todos los requisitos en ella exigidos.

6. La legislación sobre ordenación territorial y urbanística establecerá en qué casos el impacto de una actuación de urbanización obliga a ejercer de forma plena la potestad de ordenación del municipio o del ámbito territorial superior en que se integre, por trascender del concreto ámbito de la actuación los efectos significativos que genera la misma en el medio ambiente.

Procedencia

En este artículo se recoge literalmente el correlativo de la LdS.

El dictamen del Consejo de Estado no formuló observación alguna a este precepto.

Comentario

1. Introducción

La preocupación del legislador estatal por asegurar la corrección y el acierto del proceso de determinación del interés general en la regulación de la utilización del suelo (art. 47 CE), se plasma —en los arts. 1 a 3 y 10 TRLdS08— en la identificación de los valores determinantes y la fijación de los principios y criterios que deben gobernarlo, alcanzando, incluso, a los procedimientos de aprobación de los instrumentos de ordenación y ejecución a que remita la legislación sobre ordenación territorial y urbanística. Así resulta ya de la imposición por el artículo 11 TRLdS08 del sometimiento de estos últimos al importante trámite de información pública, pero se muestra nuevamente, con todo vigor y novedad, en este artículo, que pone especial énfasis en los instrumentos de ordenación de actuaciones de urbanización. La razón es obvia: es en la formulación y aprobación de estos últimos donde el principio de desarrollo sostenible se juega principalmente su eficacia.

En este precepto luce, en todo caso, la consecuencia del legislador estatal con el orden de rango constitucional derivado del bloque formado por el Tratado de la Comunidad Europea [arts. 2; 3.1.l); 174.1 y 2; y 175.2.b)] y la CE (arts. 45.1 y 2, 46 y 47); bloque, del que resulta i) la imbricación entre medio ambiente y ordenación territorial y urbanística, y ii) el obligado servicio de esta última ordenación a los valores medioambientales.

2. La preceptiva evaluación de todos los instrumentos de ordenación territorial y urbanística (apdo. 1)

Todos los instrumentos de ordenación que prevea la legislación autonómica sobre ordenación territorial y urbanística quedan sometidos a evaluación ambiental. Están aludidos aquí exclusivamente los instrumentos (sean de la del territorio, sean de la urbanística) de ordenación, es decir, de planificación y programación, no así, pues, los —subordinados a éstos— cuyo objeto sea la proyectación o programación de la pura ejecución.

El sometimiento mismo a evaluación recoge ciertamente la prescripción ya contenida en el bloque normativo medioambiental formado por la Directiva comunitaria europea 2001/42/CE, de 27 de junio, relativa a la evaluación de los efectos de determinados planes y programas en el medio ambiente, y la Ley 9/2006, de 28 de abril, sobre —igualmente (es transposición de la anterior)— evaluación de los efectos de determinados planes y programas en el medio ambiente. Pero, con tal motivo, introduce reglas propias en la evaluación a efectuar conforme a dicho bloque normativo, según resulta de su temor literal: «... de conformidad con lo previsto en la legislación de evaluación... y en este artículo». En consecuencia, la evaluación así ordenada de los instrumentos de ordenación territorial y urbanística ha de llevarse a cabo en los términos de:

a) La legislación medioambiental antes indicada. Y ...

b) Las reglas contenidas en el precepto ahora comentado.

En todo caso, la evaluación de los instrumentos de ordenación no exime de la del impacto ambiental a que estén legalmente sujetos los proyectos requeridos para su ejecución.

3. Las reglas especiales de evaluación de los instrumentos de ordenación de actuaciones de urbanización (apdos. 2, 3, 4 y 6)

Sin perjuicio de la regla general anterior, la evaluación de los instrumentos de ordenación territorial y urbanística que tengan por objeto actuaciones de urbanización, es decir, cualquiera de las variedades que comprende esta clase de las actuaciones de transformación urbanística conforme al artículo 14.1.a) TRLdS08, se sujeta a reglas especiales. Éstas se establecen, sin embargo, siguiendo la sistemática del proceso de la evaluación ambiental prescrito por la Ley 9/2006, de 28 de abril. Son las siguientes:

1.ª Documentación de los instrumentos de ordenación (apdos. 2 y 4):

Los instrumentos de ordenación deben contener, además del informe de sostenibilidad ambiental preceptivo desde la legislación de evaluación ambiental, un informe o memoria de sostenibilidad económica. La elaboración de ambos corresponde a la Administración Pública competente para la elaboración y aprobación del instrumento de que se trate (de conformidad con la legislación autonómica), pues el precepto ahora comentado nada dice al respecto y el artículo 5 de la Ley 9/2006, de 28 de abril, remite a dicha Administración. De este modo, la determinación en concreto de la documentación que deba integrar cada instrumento de ordenación, que es cuestión de la com petencia del legislador autonómico, queda vinculada por la anterior prescripción, de modo que dicha documentación tendrá que incluir, en todo caso, los informes o memorias de sostenibilidad ambiental o económica, los cuales, a su vez, deberán incluir, como mínimo, los extremos a que obligue su regulación específica por el legislador estatal, sin perjuicio de que el autonómico pueda incrementar el grado de exigencia en el desarrollo de los mismos o añadir otros nuevos.

1.1. El informe de sostenibilidad ambiental.

El contenido de este documento está determinado conjuntamente por la legislación ambiental y la Ley comentada.

Conforme a la primera, debe identificar, describir y evaluar los probables efectos significativos sobre el medio ambiente que puedan derivarse de la aplicación del instrumento de ordenación, así como unas alternativas razonables, técnica y ambientalmente viables, incluida entre otras la alternativa cero (entendiéndose por tal la no realización de la actuación correspondiente), que tengan en cuenta los objetivos y el ámbito territorial de aplicación del instrumento (art. 8 de la Ley 9/2006 [66]).

A este contenido añade el número 2 del precepto comentado un mapa de riesgos naturales del ámbito objeto de ordenación.

Ambos contenidos son, por tanto, preceptivos, de modo que, en cuanto parte integrante de la documentación del instrumento de ordenación, debe entenderse que se les aplican por igual las siguientes exigencias que para el primero disponen los artículos 8 y 9 de la Ley 9/2006: i) amplitud, nivel de detalle y grado de especificación en función de las características tanto del instrumento de ordenación de que se trate, como de su objeto (al no estar fijados con carácter general, su determinación definitiva corresponde, en cada caso, al órgano

[66] De conformidad con este precepto legal, el informe de sostenibilidad ambiental debe facilitar la información especificada en el anexo I de la Ley, así como aquella que se considere razonablemente necesaria para asegurar la calidad del informe. A estos efectos, deben tenerse en cuenta los siguientes extremos: a) los conocimientos y métodos de evaluación existentes; b) el contenido y nivel de detalle del instrumento de ordenación; c) la fase del proceso de decisión en que se encuentra, y d) la medida en que la evaluación de determinados aspectos necesita ser complementada en otras fases de dicho proceso, para evitar su repetición. Cabe utilizar la información pertinente disponible que se haya obtenido en otras fases del proceso de decisión o en la elaboración de planes y programas promovidos por otras Administraciones Públicas, así como los que se deriven de la aplicación de la normativa vigente.

ambiental competente); ii) redacción de forma tal que sean accesibles e inteligibles para el público y las Administraciones Públicas, y iii) inclusión de un resumen no técnico de la información pertinente.

1.2. El informe o la memoria de sostenibilidad económica.

Es una exigencia novedosa y específica de la LdS y, por tanto, del texto legal comentado, cuya finalidad es, primariamente, la de favorecer el acierto en la toma de decisiones de carácter territorial y urbanística, pero que —al referirse a la determinación del contenido documental del instrumento a someter a evaluación— contribuye evidentemente a mejorar la formación del juicio pertinente desde la perspectiva estrictamente medioambiental. Pues enriquece, con datos sin duda relevantes, la aportación de información al proceso de evaluación de esta última naturaleza.

En este documento debe ponderarse, en particular, el impacto de la actuación en: i) las Haciendas públicas afectadas por la implantación; ii) el mantenimiento de las infraestructuras necesarias o la puesta en marcha y la prestación de los servicios resultantes, y iii) la suficiencia y adecuación del suelo destinado a usos productivos.

2.ª Predeterminación de los términos del ejercicio de la potestad de ordenación (apdo. 6).

En congruencia con la teleología definida para la ordenación territorial y urbanística (utilización del suelo conforme al interés general según el principio de desarrollo sostenible; art. 2.1 TRLdS08), el legislador estatal extrae de la exigencia de evaluación anterior la debida consecuencia. Pues la información facilitada por los informes de evaluación requeridos proporciona de suyo datos suficientes, ya desde el inicio mismo del procedimiento, sobre el impacto ambiental de la actuación de urbanización de cuya ordenación se trata. Lo que permite y, al propio tiempo, lleva a ligar el grado de impacto constatado con los términos del ejercicio de la potestad a ejercer en el procedimiento de aprobación del correspondiente instrumento de ordenación, para requerir que —traspasado un determinado umbral— dicho ejercicio se efectúe, en su caso (alteración de una ordenación ya existente, por contar el ámbito territorial afectado con instrumento de ordenación en vigor), de forma plena o, lo que es igual, que el procedimiento a seguir para la aprobación tenga por objeto precisamente la completa revisión del instrumento previamente existente.

La regla legal está formulada como mandato dirigido al legislador autonómico de la ordenación territorial y urbanística para que sea éste el que determine los casos en los que el impacto de una actuación de urbanización obliga a ejercer de forma plena la potestad de ordenación autonómica o municipal. Lo que quiere decir que, en principio, la aplicación efectiva de la regla básica estatal requiere la intermediación de la legislación autonómica. El margen de que dispone al efecto el legislador autonómico es, en principio, amplio, pero resulta limitado por dos vías diferentes (en virtud del juego, en este punto y además, de la disposición transitoria cuarta TRLdS08):

— De un lado, por el establecimiento de una regla directriz para la determinación de los casos aludidos: la generación por la actuación de que se trate de efectos significativos para el medio ambiente que trascienden su concreto ámbito.

Se toma aquí a préstamo una técnica propiamente ambiental: la determinación tanto de los efectos de una actuación como de la significación de tales efectos; circunstancia ésta que contribuye a precisar el contenido y el alcance de la directriz estatal. Y se hace de forma plenamente congruente con la lógica y los criterios de aplicación de la técnica. Pues el artículo 4 de la Ley 9/2006, referido justamente a la determinación de la existencia de efectos significativos en el medio ambiente, i) permite que tal determinación se haga tanto por categorías o tipos de instrumentos de ordenación, como caso por caso, y ii) remite para ello a los criterios que, para la determinación de la posible significación de los efectos sobre el medio ambiente, enumera el anexo II de dicha Ley. Y el de la significación y trascendencia (respecto del ámbito correspondiente) de los efectos de la actuación de urbanización no hace otra cosa que especificar el segundo de los criterios recogidos en dicho anexo: el relativo a las características de los efectos y del área afectada por éstos [67].

---

[67] El punto segundo del anexo II citado reza así:

— De otro lado, por la fijación directa del umbral del impacto preciso para el supuesto de que, transcurrido un año desde la entrada en vigor de la Ley estatal, el legislador autonómico no haya cumplido el mandato anterior.

Esta determinación, destinada a suplir la inactividad del legislador autonómico, se justifica —al igual que sucede con la reserva de suelo para vivienda sujeta a algún régimen de protección pública prevista en el art. 10— en la necesidad de garantizar la efectividad de la directriz misma y, a su través, del principio de desarrollo sostenible; efectividad que, en otro caso, quedaría enteramente en manos del legislador autonómico.

De ahí su complemento por la fijación directa del impacto a partir del cual se torna obligatorio el ejercicio pleno de la potestad de ordenación territorial y urbanística: el incremento en más del 20% de la población o de la superficie de suelo urbanizado del ámbito territorial pertinente (en su caso, del Municipio) por consecuencia de la actuación o de ella en unión de las aprobadas en los últimos dos años. El umbral así establecido es plenamente consecuente con la directriz: alude a la significación del efecto ambiental (el incremento de la población o del suelo urbanizado) y su trascendencia del ámbito de la

---

«2. Las características de los efectos (comprendiendo los secundarios, acumulativos, sinérgicos, a corto, medio y largo plazo, permanentes y temporales, positivos y negativos) y del área probablemente afectada, considerando en particular:

a) La probabilidad, duración, frecuencia y reversibilidad de los efectos.

b) El carácter acumulativo de los efectos.

c) El carácter transfronterizo de los efectos.

d) Los riesgos para la salud humana o el medio ambiente (debidos, por ejemplo, a accidentes).

e) La magnitud y el alcance espacial de los efectos (área geográfica y tamaño de la población que puedan verse afectadas).

f) El valor y la vulnerabilidad del área probablemente afectada a causa de:

1.º Las características naturales especiales o el patrimonio cultural.

2.º La superación de estándares de calidad ambiental o de valores límite.

3.º La explotación intensiva del suelo.

4.º Los efectos en áreas o paisajes con rango de protección reconocido en los ámbitos nacional, comunitario o internacional».

actuación de urbanización concreta (afectación a un ámbito territorial mayor; en su caso, el correspondiente término municipal).

La regla complementaria así establecida es ciertamente de aplicación directa, pero su efectiva aplicación depende de: i) el transcurso, en todo caso, de un año desde la entrada en vigor de la propia LdS, es decir, del plazo que necesariamente ha de otorgarse al legislador autonómico de la ordenación territorial y urbanística para que pueda cumplir el mandato legal básico de fijación del umbral de impacto; y, además y una vez transcurrido dicho año, ii) el incumplimiento por el legislador de la ordenación territorial y urbanística de dicho mandato legal y, por tanto, de la no vigencia de norma legal autonómica que fije el referido umbral de impacto. Lo que quiere decir que viene siendo de aplicación directa, en su caso, desde el 1 de julio de 2008.

3.ª Preceptividad y carácter determinante de determinados informes (apdo. 3).

Con carácter supletorio de lo prescrito al efecto en la respectiva legislación sectorial, se dispone, además y por último, la preceptividad de la emisión y el carácter determinante de los siguientes informes:

— El de la Administración hidrológica sobre la existencia de recursos hídricos necesarios para satisfacer las nuevas demandas y sobre la protección del dominio público hidráulico.

— El de la Administración de costas sobre el deslinde y la protección del dominio público marítimo-terrestre, en su caso.

— Los de las Administraciones competentes en materia de carreteras y demás infraestructuras afectadas, acerca de dicha afección y del impacto de la actuación sobre la capacidad de servicio de tales infraestructuras.

La lógica de la exigencia de estos informes resulta sin más de i) la condición de la ordenación territorial y urbanística de política común a ella misma (en su paralela condición de competencia específica) y las competencias sectoriales servidoras de los intereses públicos que deben expresarse a través de tales informes, y ii) los deberes de información mutua y colaboración (mediante la cooperación y, en su caso, la coordinación) que por ello pesan sobre las Administraciones Públicas titulares de una y otras sobre el trasfondo del principio de lealtad institucional. A lo que se añade la pertinencia de la previsión para la efectividad del principio de desarrollo sostenible (art. 2.1 TRLdS08) y de los criterios básicos de utilización del suelo por relación a las situaciones asimismo básicas en que éste se encuentra (arts. 10 y 12 TRLdS08).

La determinación legal no pretende agotar todos los informes que, desde la perspectiva expuesta, son pertinentes, pues se limita a identificar los que considera que, como mínimo, deben incorporarse al procedimiento para ser tenidos en cuenta en el proceso decisional correspondiente. No excluye, por tanto, ni la preceptividad (que puede ser establecida desde la correspondiente legislación), ni la pertinencia en todo caso (por razón de los intereses públicos implicados) de otros informes. Tiene por objeto, en todo caso, asegurar:

a) La solicitud y la emisión de los informes a que se refiere con ocasión de la fase de consultas del proceso de evaluación ambiental diseñado por la legislación reguladora de ésta.

Esta finalidad explica el carácter supletorio de la previsión legal: en principio los informes deben solicitarse y emitirse de conformidad con las previsiones de la respectiva legislación sectorial (de aguas, costas, carreteras, ferrocarriles, etc.), de modo que sólo si no han sido emitidos e incorporados ya al expediente al alcanzarse la citada fase de consultas o la referida legislación ordena su emisión en una fase posterior del procedimiento, procede su solicitud y emisión con ocasión de la celebración de la repetida fase de consultas.

De acuerdo con el artículo 10.1 de la Ley 9/2006, la fase de consultas debe realizarse sobre la versión preliminar del instrumento de ordenación, que incluya, sin embargo, el informe de sostenibilidad ambiental (y, por tanto, también el de sostenibilidad económica), e implica, además de la puesta a disposición del público (información pública), justamente la consulta a las Administraciones Públicas afectadas.

b) La ponderación efectiva y adecuada por la Administración responsable del procedimiento de aprobación del correspondiente instrumento de ordenación de una actuación de urbanización de los intereses públicos sectoriales correspondientes.

Esta segunda finalidad justifica el otorgamiento a los informes de la condición, además de preceptivos, de determinantes, prevista con carácter general en el artículo 83.3 LRJPAC.

Esta última condición aparece referida a la memoria ambiental —documento que es de elaboración preceptiva a la finalización de la fase de consultas del proceso de evaluación ambiental—, lo que es de todo punto significativo. Pues a tenor del artículo 12 de la Ley 9/2006, dicha memoria tiene por objeto valorar la integración de los aspectos ambientales en la propuesta de instrumento de ordenación, analizando el proceso de evaluación, el informe de sostenibilidad ambiental (y el de sostenibilidad económica) y su calidad, así como evaluando tanto el resultado de las consultas realizadas y cómo se han tomado en consideración, como la previsión de los impactos significativos de la aplicación del instrumento de ordenación. Debe contener, por ello, las determinaciones finales que deban incorporarse a la propuesta del instrumento de ordenación y ser tenida en cuenta en éste antes de su aprobación definitiva.

Resulta así de todo punto congruente con la especial trascendencia que a estos informes se otorga para la resolución del procedimiento y que luce ya, con carácter general, en la autorización legal (art. 83.3 LRJPAC) para interrumpir el plazo de los trámites sucesivos del procedimiento de que se trate a la espera de su emisión incluso fuera de plazo, pero también en la doctrina sentada por el Consejo de Estado y la jurisprudencia contencioso-administrativa, que expresamente se disponga que el contenido de la memoria ambiental sólo puede llegar a disentir de ellos de forma expresamente motivada.

Es claro, así, por todo lo dicho, que tanto la omisión de la solicitud de estos informes preceptivos y determinantes, como el apartamiento inmotivado de ellos de la memoria ambiental o la motivación insuficiente por ésta de su disentimiento de ellos, vician de nulidad el procedimiento de aprobación del correspondiente instrumento de ordenación.

4. El preceptivo informe de seguimiento de la actividad de ejecución urbanística (apdo. 5)

La preocupación del legislador estatal por la evaluación de la sostenibilidad ambiental y económica de las actuaciones de urbanización, ya comentada, atraviesa el plano de la ordenación y llega hasta el de su ejecución, concretamente de la ejecución de la ordenación urbanística, para imponer con carácter general a las Administraciones Públicas competentes (recuérdese que el legislador estatal no es competente para determinar cuál o cuáles de ellas deban serlo y en qué medida) la elaboración y elevación a la consideración del órgano al que corresponda de entre sus órganos de gobierno de un informe de seguimiento de la actividad de ejecución urbanística de su competencia.

De esta prescripción resulta:

a) La directa imposición del expresado deber a todas y cada una de las Administraciones Públicas (sin perjuicio de lo que inmediatamente se dirá para los Municipios) que tengan competencia en materia de actividad de ejecución urbanística (propia y de dirección y control de la de los privados); deber que juega así sin necesidad de la interposición del legislador autonómico.

La dotación con competencias en la referida materia sólo puede provenir de la legislación autonómica de ordenación territorial y urbanística, por lo que la efectividad del deber respecto de una concreta Administración depende de lo que establezca ésta. En la medida, sin embargo, en que el legislador estatal puede operar y opera aquí, además y respecto de los Municipios, en calidad de legislador básico del régimen local, el expresado deber se impone directamente a los Municipios que, de acuerdo con este último régimen local básico, deban contar con Junta de Gobierno Local, quedando en manos del legislador autonómico la decisión de su imposición a los restantes Municipios.

b) El objeto del deber: el informe de seguimiento aludido y su elevación al pertinente órgano colegiado de gobierno (cuya determinación, sin embargo, corresponde, en su caso, al legislador autonómico).

c) El contenido mínimo del informe: el seguimiento de la actividad de ejecución desde el doble punto de la sostenibilidad ambiental y económica establecidas en el o los correspondientes instrumentos de ordenación que otorguen cobertura a dicha actividad. De lo que se infiere que el informe ha de cubrir, cuando menos, los aspectos a que se refieran los referidos informes, emitidos con ocasión de la aprobación de dichos instrumentos de ordenación. No obstante, parece obvio que el legislador autonómico de la ordenación territorial y urbanística puede, no sólo precisar —sin desnaturalizarlo— ese contenido mínimo, sino también añadirle otros adicionales.

d) La funcionalidad del informe: éste puede, con la consiguiente economía en la gestión y el consecuente reforzamiento recíproco de las políticas medioambiental y urbanística, surtir los efectos legales propios del seguimiento a que se refiere la legislación de evaluación ambiental; legislación que contiene, a su vez (art. 15.2 de la Ley 9/2006), prescripción igualmente preceptiva, al autorizar —para evitar duplicidades— la utilización, a sus efectos, de los mecanismos de seguimiento ya existentes.

Esta última legislación impone, en efecto y por su parte, la obligación de un seguimiento (en el que debe participar el órgano ambiental) de los efectos en el medio ambiente de la aplicación o ejecución de cualesquiera planes y programas con la finalidad de identificar, con prontitud, los efectos adversos no previstos y permitir llevar a cabo las medidas adecuadas para evitarlos.

La imbricación de ambos tipos de seguimiento así establecida permite afirmar que la especificación de la finalidad del ambiental es perfectamente extensible al de la ejecución urbanística.

La Ley estatal no prescribe directamente, sin embargo, la periodicidad con la que debe formularse y discutirse el informe de seguimiento. Remite este extremo sin más a la legislación autonómica de ordenación territorial y urbanística.

Artículo 16. ***Deberes de la promoción de las actuaciones de transformación urbanística.***

1. Las actuaciones de transformación urbanística comportan, según su naturaleza y alcance, los siguientes deberes legales:

a) Entregar a la Administración competente el suelo reservado para viales, espacios libres, zonas verdes y restantes dotaciones públicas incluidas en la propia actuación o adscritas a ella para su obtención.

En las actuaciones de dotación, la entrega del suelo podrá ser sustituida por otras formas de cumplimiento del deber en los casos y condiciones en que así lo prevea la legislación sobre ordenación territorial y urbanística.

b) Entregar a la Administración competente, y con destino a patrimonio público de suelo, el suelo libre de cargas de urbanización correspondiente al porcentaje de la edificabilidad media ponderada de la actuación, o del ámbito superior de referencia en que ésta se incluya, que fije la legislación reguladora de la ordenación territorial y urbanística.

En las actuaciones de dotación, este porcentaje se entenderá referido al incremento de la edificabilidad media ponderada atribuida a los terrenos incluidos en la actuación.

Con carácter general, el porcentaje a que se refieren los párrafos anteriores no podrá ser inferior al 5 por ciento ni superior al 15 por ciento.

La legislación sobre ordenación territorial y urbanística podrá permitir excepcionalmente reducir o incrementar este porcentaje de forma proporcionada y motivada, hasta alcanzar un máximo del 20 por ciento en el caso de su incremento, para las actuaciones o los ámbitos en los que el valor de las parcelas resultantes sea sensiblemente inferior o superior, respectivamente, al medio en los restantes de su misma categoría de suelo.

La legislación sobre ordenación territorial y urbanística podrá determinar los casos y condiciones en que quepa sustituir la entrega del suelo por otras formas de cumplimiento del deber, excepto cuando pueda cumplirse con suelo destinado a vivienda sometida a algún régimen de protección pública en virtud de la reserva a que se refiere la letra b) del apartado primero del artículo 10.

c) Costear y, en su caso, ejecutar todas las obras de urbanización previstas en la actuación correspondiente, así como las infraestructuras de conexión con las redes genera-

les de servicios y las de ampliación y reforzamiento de las existentes fuera de la actuación que ésta demande por su dimensión y características específicas, sin perjuicio del derecho a reintegrarse de los gastos de instalación de las redes de servicios con cargo a sus empresas prestadoras, en los términos establecidos en la legislación aplicable.

Entre las obras e infraestructuras a que se refiere el párrafo anterior, se entenderán incluidas las de potabilización, suministro y depuración de agua que se requieran conforme a su legislación reguladora y la legislación sobre ordenación territorial y urbanística podrá incluir asimismo las infraestructuras de transporte público que se requieran para una movilidad sostenible.

d) Entregar a la Administración competente, junto con el suelo correspondiente, las obras e infraestructuras a que se refiere la letra anterior que deban formar parte del dominio público como soporte inmueble de las instalaciones propias de cualesquiera redes de dotaciones y servicios, así como también dichas instalaciones cuando estén destinadas a la prestación de servicios de titularidad pública.

e) Garantizar el realojamiento de los ocupantes legales que se precise desalojar de inmuebles situados dentro del área de la actuación y que constituyan su residencia habitual, así como el retorno cuando tengan derecho a él, en los términos establecidos en la legislación vigente.

f) Indemnizar a los titulares de derechos sobre las construcciones y edificaciones que deban ser demolidas y las obras, instalaciones, plantaciones y sembrados que no puedan conservarse.

2. Los terrenos incluidos en el ámbito de las actuaciones y los adscritos a ellas están afectados, con carácter de garantía real, al cumplimiento de los deberes del apartado anterior. Estos deberes se presumen cumplidos con la recepción por la Administración competente de las obras de urbanización o, en su defecto, al término del plazo en que debiera haberse producido la recepción desde su solicitud acompañada de certificación expedida por la dirección técnica de las obras, sin perjuicio de las obligaciones que puedan derivarse de la liquidación de las cuentas definitivas de la actuación.

3. Los convenios o negocios jurídicos que el promotor de la actuación celebre con la Administración correspondiente, no podrán establecer obligaciones o prestaciones adi-

cionales ni más gravosas que las que procedan legalmente en perjuicio de los propietarios afectados. La cláusula que contravenga estas reglas será nula de pleno Derecho.

Procedencia

Este artículo incorpora, con su misma redacción original, el correlativo de la LdS.

El dictamen del Consejo de Estado no formuló observación alguna a este precepto.

Comentario

1. La principal novedad: la titularidad de los deberes ligados a la promoción de las actuaciones (apdo. 1, inciso inicial)

La clara distinción por el marco legal estatal entre el régimen urbanístico básico de la propiedad del suelo y de la utilización de éste, de un lado, y el de las actuaciones de transformación urbanística, de otro, aboca en la principal novedad respecto de la legislación anterior a la LdS: *los deberes que hasta la LRSV* (art. 18) *vinieron considerándose «deberes de los propietarios del suelo urbanizable» se convierten simplemente en «deberes de la promoción de las actuaciones de transformación urbanística» o, lo que es lo mismo, deberes que han de ser cumplidos sencillamente por quien —sea o no propietario— haya asumido legalmente la responsabilidad de llevar a cabo la actuación de que se trate, tras ejercer el derecho a que se refiere el artículo 6.a) TRLdS08*. La razón radica en la ruptura de la necesaria correlación, en la hipótesis de iniciativa privada en la ejecución de la actividad urbanística, entre esta última y la propiedad del suelo afectado (más bien la agrupación forzosa de esa propiedad). Lo que no quiere decir, como ya nos consta, ni supresión de la intervención de la propiedad en aquella actividad [puede aún protagonizarla y, en todo caso, participar en ella: art. 8.1.c) TRLdS08], ni, sobre todo, desaparición de la afectación de dicho suelo a dicha actividad (tal afectación subsiste, sólo que con el carácter de garantía real que le corresponde; art. 16.2 TRLdS08). Esto último, porque toda actuación de transformación urbanística implica, como su denominación indica, la transformación de un ámbito de suelo con finalidad urbanística y esta transformación comporta, a su vez, la reorganización jurídica de dicho ámbito conforme a la ordenación ejecutada y en términos de i) generación de nuevos bienes inmuebles (fincas, parcelas y solares); ii) división de éstos según su sujeción al régimen del dominio público o al de la propiedad privada, y iii) asignación de los mismos bien a la Administración Pública competente para ello, bien a quienes deban ser sus nuevos titulares. Para todo lo cual es indispensable la afectación objetiva (real) del suelo afectado al resultado de la ejecución, sin perjuicio de que la obtención efectiva de éste deba tener lugar de un modo u otro según intervengan o no los propietarios en dicha ejecución.

En definitiva, lo que en la LRSV no pasaba de ser una «concesión» a la legislación autonómica, insinuada, más que establecida, de modo incidental (art. 4.3, inciso final, TRLdS08), es ahora una regla principal y precisa en el contexto del entero sistema legal.

El precepto añade aún otra novedad de no menor significación, en la que se muestra, una vez más, la restricción del texto legal estatal a la función de marco directivo de la legislación de ordenación territorial y urbanística y, por tanto, el pleno respeto al campo propio de ésta. Pues precisa que la naturaleza (es decir, la clase y variedad: de urbanización —sea nueva o de reforma o renovación de la existente— o de dotación; véase art. 14.1 TRLdS08) y el alcance de la actuación de que se trate son capaces de modular y graduar los deberes que la ejecución de ésta comporta.

2. Los deberes legales inherentes a las actuaciones de transformación urbanística [apdo. 1, letras a) a f)]

En la enumeración de los deberes legales que comportan las actuaciones de transformación urbanística no es apreciable tanto innovación sustancial, como mejora técnica desde el cuádruple punto de vista de la compleción de los deberes legales (cuyo elenco, sin embargo, ni se amplía, ni se reduce), la superación de malentendidos alimentados por la terminología legal (por ej. mediante la sustitución del término «cesión obligatoria y gratuita» por el de «entrega»), la mayor precisión y la actualización de la determinación de alguno de los deberes (como, p. ej. el relativo a la participación de la comunidad en las plusvalías generadas por la acción pública) y el respeto al papel que en este campo corresponde al legislador autonómico de la ordenación territorial y urbanística. Este respeto luce en la desaparición, por estrechamente imbricados con técnicas propiamente urbanísticas, de los deberes, tradicionales, de distribución equitativa de beneficios y cargas antes del comienzo de la ejecución y de edificación de los solares resultantes en el plazo establecido por el planeamiento, previstos hasta la LdS en los puntos 5 y 7 del artículo 18 LRSV; lo que no impide que, de acuerdo con el planteamiento ahora del TRLdS08, i) la distribución de beneficios y cargas aparezca, a título de condición básica garantizada, en la regulación del derecho de los propietarios a participar en las actuaciones de urbanización [art. 8.1, párr. 2.°c) TRLdS08]; y ii) el deber de edificar dentro de plazo figure entre los deberes del contenido básico del derecho de propiedad del suelo (art. 9.1, párr. 2.° TRLdS).

2.1. *El deber relativo a las dotaciones públicas [letra a)]*

Se traduce no en una cesión obligatoria y gratuita, sino en una entrega. Pues en el cumplimiento del deber no existe propiamente cesión alguna. La existencia del suelo reservado para las correspondientes dotaciones públicas es presupuesto de la de las parcelas y, en su caso, solares susceptibles de edificación y uso independientes y de utilidad privada. Y desde su reserva por el instrumento de ordenación correspondiente quedan inscritas en el ámbito de las cosas que deben regirse por el régimen propio del dominio público. Por tanto, en puridad, la entrega del suelo así reservado no supone pérdida patrimonial alguna, sino cumplimiento de una condición legal indispensable para la generación de parcelas-solares y la realización y patrimonialización de la edificabilidad de que éstas sean susceptibles (y que antes no poseían).

Al desaparecer la distinción —que era resultado del empleo de técnicas urbanísticas impropias del marco estatal— entre los tradicionalmente denominados sistemas locales y generales, se confunden en uno sólo los deberes que hasta la LdS diferenciaba, en sus puntos 1 y 2, el artículo 18 LRSV. En este único deber se comprende todo el suelo reservado para todas las dotaciones públicas, cualquiera que sea el alcance de éstas. De ahí la precisión de que las reservas pueden estar incluidas en el ámbito de la actuación, como ubicarse fuera del mismo y vincularse a la gestión de la actuación vía «adscripción» a ésta para su obtención.

El suelo a entregar es el destinado a las dotaciones públicas que determine la legislación de ordenación territorial y urbanística, entre las que debe figurar en todo caso, sin embargo y como mínimo, el previsto para viales, espacios libres y zonas verdes.

Para el cumplimiento del deber se establecen dos reglas: i) conforme a la general, ha de producirse siempre en especie, es decir, mediante entrega del suelo correspondiente; pero ii) a tenor de la especial, referida únicamente a la variedad de las actuaciones de dotación [las previstas en el art. 14.1.b) TRLdS08], dicha entrega en especie puede ser sustituida por otras formas de cumplimiento [68].

2.2. *El deber relativo a la participación de la comunidad en las plusvalías generadas por la acción pública [letra b)]*

También en este caso el deber consiste en una entrega (no en una «cesión») a efectuar a la Administración que determine la legislación de ordenación territorial y urbanística.

---

[68] Esta segunda regla especial no especifica cuáles puedan ser las formas alternativas de cumplimiento posibles, por lo que remite —como es lógico— a la legislación de la ordenación territorial y urbanística la determinación tanto de los casos en los que sean factibles, como las condiciones que, en su caso, deban ser observadas. A esta última legislación corresponde igualmente la identificación de la Administración destinataria de la entrega.

El contenido del deber se precisa en los siguientes y novedosos términos:

i) El deber tiene carácter finalista, pues la entrega de suelo lo es con destino a patrimonio público de suelo. Es ésta una innovación destacable, destinada a cerrar el paso a cualesquiera fórmulas de defraudación objetiva por parte de la Administración beneficiaria del destino del suelo entregado por este concepto (su justificación reside, pues, en el régimen básico establecido para los patrimonios públicos de suelo en los arts. 38.1 y 39.1 TRLdS08).

ii) Ha de entregarse no simplemente suelo, sino suelo libre ya de cargas de urbanización (lo que quiere decir: urbanizado).

El cumplimiento ha de tener lugar en especie: 1) siempre que el deber pueda cumplirse con suelo destinado a vivienda sometida a algún régimen de protección pública en virtud de la reserva a tal fin prevista en el artículo 10.1.b) TRLdS08; 2) como regla general, en todos los restantes casos [69].

iii) La superficie de suelo a entregar es la correspondiente al porcentaje de 1) la edificabilidad media ponderada de la actuación o del ámbito superior de referencia (no, por tanto y como sucedía hasta la LdS, del llamado aprovechamiento del sector o ámbito: art. 18, punto 4, LRSV) o —pero sólo en el caso de las actuaciones de dotación— 2) el incremento de la referida edificabilidad media ponderada atribuida a los terrenos incluidos en la actuación, que fije la legislación de la ordenación territorial y urbanística.

La fijación de este porcentaje corresponde, pues, a dicha legislación autonómica, pero con sujeción a las siguientes reglas: 1.ª) con carácter general no puede ser inferior al 5%, ni superior al 15% (se establece, pues, una horquilla frente al porcentaje máximo que preveía antes de la LdS el art. 18, punto 4, LRSV); y 2.ª) con carácter excepcional es posible, sin embargo, tanto la reducción como el incremento

[69] Se entiende así que quede en manos del legislador autonómico de la ordenación territorial y urbanística la determinación de cuáles de entre estos últimos casos sea posible sustituir la entrega en especie por otras formas de cumplimiento.

del porcentaje que se haya fijado dentro de la horquilla anterior, cuando la legislación de ordenación territorial así lo prevea expresamente. Se logra así la flexibilización de la regla general para posibilitar la adaptación del deber —dados su fundamento y finalidad— a las características y dinámica de los diferentes ámbitos territoriales. Pero se hace con la necesaria cautela para evitar la desnaturalización del deber legal y, en último término, de la previsión constitucional (art. 47, párr. 2.º CE) de la que trae causa. El legislador autonómico no puede proceder, por ello, de forma enteramente libre al efecto. Las modulaciones del porcentaje que contemple: a) han de estar referidas, por su carácter excepcional, a actuaciones o ámbitos en los que el valor de las parcelas resultantes sea sensiblemente inferior o superior al medio en los restantes de su misma categoría de suelo (se recoge aquí un criterio comparativo de larga tradición en el Derecho urbanístico); b) deben ser proporcionadas y estar debidamente motivadas, y iii) carecen de límite mínimo en el caso de reducción, porque ni siquiera el 5% de la horquilla general opera como tal (se alcanza aquí, en cuanto este límite, un resultado idéntico al que derivaba del art. 18, punto 4, LRSV, aunque sólo para los aludidos supuestos excepcionales) y tienen como límite —en el caso de incremento— el máximo del 20%.

Finalmente y para mayor claridad, procede desarrollar un ejemplo práctico explicativo de la aplicación del deber ahora comentado.

PARTICIPACIÓN PÚBLICA EN LAS PLUSVALÍAS

EJEMPLO DE APLICACIÓN

Con el objeto de facilitar la comprensión de lo que comporta la nueva concepción y la también nueva «horquilla» reguladora de la participación pública en las plusvalías generadas por la acción administrativa, se desarrolla, en efecto, un ejemplo aplicativo correspondiente a tres actuaciones urbanizadoras de diferente rentabilidad económica.

Para ello se adopta como «actuación tipo» una unidad de ejecución con capacidad para edificar 1.000 viviendas (uso exclusivo residencial), con una superficie media de 100 m^2t/vivienda (100.000 m^2t totales) y destinándose una parte a vivienda de protección pública (VPP) y otra a vivienda libre (VL).

Se supone asimismo, en primer lugar, que el valor en venta de la vivienda protegida (VVP) asciende a un máximo de 800 €/m^2t y que el valor de repercusión del suelo urbanizado (VRSP) establecido por la Comunidad Autónoma asciende al 15% del valor en venta de la VVP, lo que implica que alcanza un valor de ...

$$VRSP = 15\%\ s/800\ €/m^2t = 120\ €/m^2t$$

En segundo lugar, se supone que el valor en venta de la vivienda libre (VL) asciende a 2.000 €/m^2t y que el valor de repercusión del suelo urbanizado (VRSL) determinado por la metodología residual sobre la base de un estudio de mercado, asciende al 33% del valor en venta de la VL, lo que implica que alcanza un valor de ...

$$VRSL = 33\%\ s/2.000\ €/m^2t = 660\ €/m^2t$$

Se analizan, a continuación, los tres escenarios señalados aplicando diferentes reservas para vivienda protegida, lo que comporta tres rentabilidades diferentes.

1.er escenario:
Actuación de rentabilidad media

— Suponiendo que se destina el 50% de la edificabilidad total a vivienda protegida y el 50% a vivienda libre.

— El valor total del suelo urbanizado correspondiente a la edificabilidad ponderada atribuida (aprovechamiento objetivo de la actuación) asciende a ...

$$VRS \equiv 120\ €/m^2t \times 50.000\ m^2t + 660\ €/m^2t \times \times 50.000\ €/m^2t \equiv 39,\text{-M€}$$

— Si la legislación autonómica considera esta actuación como de rentabilidad económica media, la participación pública en las plusvalías a integrar en el patrimonio público de suelo (PPS), podría estimarse en el porcentaje medio de la «horquilla», es decir, en el 10% del valor de la edificabilidad ponderada (del aprovechamiento), es decir ...

PPS ≡ 10% s/39.-M€ ≡ 3,9 M€

y teniendo en cuenta que el destino de los PPS es para vivienda protegida, ese valor económico (aprovechamiento) equivaldría a una edificabilidad para VVP de ...

3,9 M€/120 €/m^{2}t ≡ 32.500 m^{2}t de VPP

lo que supondría suelo urbanizado (parcelas edificables) para la Administración actuante con una capacidad de edificar 325 VPP.

— Finalmente, a los propietarios del suelo de la actuación les correspondería el 90% de la edificabilidad ponderada (del aprovechamiento), es decir ...

90% s/39.-M€ ≡ 35,10 M€

valor que se materializaría en parcelas edificables para poder construir ...

17.500 m^{2}t de VPP (175 viviendas) y 50.000 m^{2}t de VL (500 vivs.)

2.° escenario:
Actuación de rentabilidad moderada

— Suponiendo que se destina el 75% de la edificabilidad total a vivienda protegida y el 25% restante a vivienda libre.

— El valor total del suelo urbanizado asciende a ...

VRS ≡ 120 €/m^{2}t × 75.000 m^{2}t + 660 €/m^{2}t ×
× 25.000 m^{2}t ≡ 25,5 M€

— Si la legislación autonómica considera esta actuación como de rentabilidad económica moderada, el porcentaje de participación en las plusvalías podría estimarse en el 7% del valor del aprovechamiento, es decir ...

PPS ≡ 7% s/ 25,5 M€ ≡ 1,785 M€

... lo que implicaría una edificabilidad para VPP de ...

1,785 M€/120 €/m²t = 14.875 m²t de VPP

... lo que supondría parcelas urbanizadas para la Administración con capacidad de edificar 148,75 VPP.

— A los propietarios del suelo de la actuación les correspondería el 93% del aprovechamiento, es decir ...

93% s/ 25,5 M€ ≡ 23,715 M€

... lo que se materializaría en parcelas edificables para poder construir ...

60.125 m²t de VPP (601,25 VPP) y 25.000 m²t de VL (250 VL)

3.er escenario:
Actuación de rentabilidad superior a la media

— Suponiendo que se destina el 25% de la edificabilidad total a vivienda protegida y el 75% restante a vivienda libre.

— El valor total del suelo urbanizado asciende a ...

VRS ≡ 120 €/m²t × 25.000 m²t + 660 €/m²t ×
× 75.000 m²t × 52,5 M€

— Si la legislación autonómica considera esta actuación como de rentabilidad económica «superior» a la media, el porcentaje de participación en las plusvalías podría estimarse en el 13% del valor del aprovechamiento, es decir ...

PPS ≡ 13% s/ 52,5 M€ ≡ 6,825 M€

... lo que implicaría toda la edificabilidad de VPP (25.000 m²t de valor: 25.000 m²t × 120 €/m²t ≡ 3.-M€) para 250 VPP y un resto de 3,825 M€ que se ingresarían en el PPS bien para la promoción de viviendas protegidas en otras localizaciones, bien a otros usos de interés social en función de lo establecido por la legislación autonómica correspondiente.

— A los propietarios de suelo de la actuación les correspondería el 87% del aprovechamiento, es decir ...

87% s/ 52,5 M€ ≡ 45,675 M€

lo que se materializa en parcelas edificables para poder construir toda la edificabilidad libre, es decir ...

75.000 m²t y 750 VL

tras abonar a la Administración actuante los 3,825 M€ señalados, como complemento económico del 13% del aprovechamiento con destino al PPS.

— Una alternativa a la anterior, si así lo permitiera la legislación autonómica, sería proceder a la modificación del planeamiento con la finalidad de destinar la edificabilidad total derivada del 13% del aprovechamiento público a vivienda protegida, disponiendo el resto de usos lucrativos (sin vivienda protegida) para distribuir entre los propietarios del suelo.

2.3. *El deber de costeamiento y, en su caso, ejecución de obras [letra c)]*

En este deber se reúnen también los que, con peor técnica, se recogían, separadamente, en los puntos 3 y 6 del artículo 18 LRSV.

El contenido del deber consiste en costear en todo caso y, además y cuando se haya asumido también la correspondiente actividad, en ejecutar las obras de urbanización y las de conexión de éstas a las correspondientes redes generales.

Estas obras son las siguientes:

a) Las de urbanización de la actuación de transformación urbanística de que se trate, que comprenden todas las que contemple el instrumento que otorgue cobertura a la ejecución. Teniendo en cuenta la diversidad de las clases y variedades de actuaciones, la especificación de que el deber se refiere a la totalidad de las obras representa una innovación, que hace más importante aún —a efectos de los límites del deber— la determinación legal (que únicamente puede llevar a cabo el legislador autonómico) de las obras susceptibles de ser previstas, según la actuación de que se trate, en los pertinentes instrumentos como de urbanización. Y

b) Las de las infraestructuras de conexión con las redes generales de servicios y las de ampliación y reforzamiento de las existentes fuera de la actuación que ésta demande por su dimensión y características específicas.

Dos reglas básicas dirigidas a limitar la libertad del legislador autonómico a la hora de definir las obras de urbanización y conexión, acaban de determinar el régimen del deber comentado: 1) entre dichas obras deben entenderse incluidas en cualquier caso las de potabilización, suministro y depuración de agua requeridas conforme a su legislación reguladora y la de ordenación territorial y urbanística (que, obviamente, puede ser más, pero no menos, exigente que la anterior), y 2) pueden incluirse, además y por decisión del legislador autonómico (a todas luces en función de las características del medio urbano de que se trate), las infraestructuras de transporte público requeridas para una movilidad sostenible. Teniendo una actuación de transformación urbanística por objeto bien la generación de nuevo tejido urbano, bien la regeneración o la adecuación de tejido urbano ya existente y siendo consustancial a éste la articulación por las correspondientes redes de dotaciones y servicios, es de todo punto lógica la extensión del deber de que se trata a este otro tipo de obras y a todas las que sean precisas para asegurar la (re)integración en forma legal y efectiva del ámbito de la actuación correspondiente en el medio urbano, cabalmente en los términos requeridos por el artículo 12.3 TRLdS08.

2.4. *El deber de entrega de las obras e infraestructuras a que se refiere el deber anterior, junto con el suelo correspondiente [letra d)]*

Sólo formalmente puede entenderse que éste es un nuevo deber (añadido por la LdS a los previstos por la LRSV), pues, en realidad, debía entenderse comprendido en todo caso en el anterior. Las dudas que, sin embargo, se planteaban en la práctica al respecto justifican sobradamente su formalización expresa e independiente.

Teniendo en cuenta la liberalización de muchos servicios, el deber se extiende sólo a: 1) las obras e infraestructuras que legalmente deban incorporarse al dominio público como soporte inmueble de las instalaciones propias de cualesquiera redes de dotaciones y servicios (incluidas, pues, las de empresas privadas de servicios, cuyas redes deben ubicarse o transcurrir por el dominio público), y 2) las instalaciones mismas, si están destinadas a la prestación de servicios de titularidad pública (no así, pues, las instalaciones de los servicios prestados por empresas privadas o por empresas públicas en régimen de libre competencia).

Y consiste el deber en la entrega a la Administración competente (cuya determinación corresponde a la legislación de ordenación territorial y urbanística) tanto de las obras, infraestructuras e instalaciones a que acaba de hacerse referencia, como del suelo correspondiente.

2.5. *El deber de garantía del realojamiento y retorno [letra e)]*

Para la enumeración exhaustiva de los deberes legales, se recoge aquí el regulado en la disposición adicional undécima TRLdS08 (en relación con la disposición adicional octava de la Ley 29/1994, de 24 de noviembre, de arrendamientos urbanos).

La garantía del realojamiento aparece acabadamente regulada: puesta a disposición de viviendas en las condiciones de venta o alquiler vigentes para las sujetas a régimen de protección pública y superficie adecuada a sus necesidades, dentro de los límites establecidos por la legislación protectora [70].

Respecto de la garantía de retorno, el TRLdS08 se remite en cuanto a la existencia misma del derecho y a los términos de su ejercicio y disfrute a la legislación vigente, es decir, a la Ley de arrendamientos urbanos desde luego, pero también a la disposición adicional undécima TRLdS08 (que recoge la cuarta del TRLS92), que se refiere de nuevo exclusivamente al supuesto de ejecución (de alcance meramente edificatorio) por expropiación [71].

2.6. *El deber de indemnización [letra f)]*

Se introduce este deber justamente como consecuencia del nuevo planteamiento sobre el régimen de las actuaciones de transformación urbanística, es decir, su independización del régimen básico de la propiedad del suelo. Cualquiera que sea, pues, el sistema que la legislación de ordenación territorial y urbanística adopte para asegurar —respetando la garantía básica de reparto equitativo de beneficios y cargas— el levantamiento de las cargas reales que pesan sobre el suelo de los propietarios afectados por —y partícipes en— una actuación, es claro que los derechos constituidos sobre las construcciones y edificaciones existentes y que deban ser demolidas y las obras, instalacio-

[70] Sin perjuicio, pues, de tal especificación, la garantía: a) tiene como presupuesto que la actividad de ejecución haga necesario el desalojo de inmuebles situados dentro del ámbito de la actuación, y b) son beneficiarios únicamente los ocupantes legales de viviendas en los inmuebles desalojados que constituyan precisamente su residencia habitual, pero todos ellos.

[71] En tal supuesto y conforme a esta última disposición, son beneficiarios de la garantía exclusivamente los arrendatarios de las viviendas demolidas; el derecho de que éstos gozan es el regulado por la legislación de arrendamientos; tal derecho es ejercitable frente al dueño de la nueva edificación, cualquiera que éste sea; propietario, que ha de garantizar el alojamiento provisional de los inquilinos hasta que sea posible el retorno.

nes, plantaciones y sembrados asimismo existentes que no puedan ser conservados deben ser objeto, en todo caso, de adecuada indemnización por el o los responsables de la ejecución de la actuación.

La determinación legal traduce así la garantía de una condición básica de los derechos que deban desaparecer (por supresión de su objeto como consecuencia de la actuación) en la de cumplimiento del correlativo deber.

3. La afectación real de los terrenos al cumplimiento de los deberes legales (apdo. 2, inciso inicial)

Conforme al artículo 7.1 TRLdS08, el régimen urbanístico de la propiedad del suelo es estatutario y se integra por las determinaciones que, sucesivamente y según el sistema de ordenación determinado por la correspondiente legislación de ordenación territorial y urbanística, vayan concretando el destino de los diferentes terrenos; destino del que, justamente, deriva la sujeción, a su vez, al pertinente y diferenciado estatuto. Se entiende así que, ahora, el artículo 16.2 TRLdS08 prescriba como efecto de aquella vinculación y esta sujeción:

a) La afectación de todos los terrenos a los que se extienda una actuación de transformación urbanística —sea porque han quedado incluidos en el ámbito propio de ésta, sea porque han sido adscritos a ella— al cumplimiento de los deberes legales que han quedado expuestos en el apartado anterior.

b) El carácter legal de garantía real de la precedente afectación.

4. La presunción legal del cumplimiento de los deberes legales inherentes a las actuaciones de transformación urbanística y sus consecuencias (apdo. 2, inciso final)

La preocupación del legislador estatal por la certidumbre en punto al inicio y a la terminación de las actuaciones de transformación urbanística conduce a una regulación precisa del comienzo y la terminación de tales actuaciones (art. 14.2 TRLdS08) y se manifiesta también, de forma congruente, en la presunción legal del cumplimiento de todos y cada uno de los deberes legales con ocasión de la recepción de las obras correspondientes (el texto legal se refiere únicamente a las de urbanización, pero la expresión debe entenderse extensiva a las de infraestructuras de conexión).

La posibilidad y —a la vista de la experiencia práctica— incluso probabilidad de inactividad administrativa (cuando menos de actuación tempestiva) han aconsejado al legislador, para asegurar el rigor en la relación derivada de la atribución de la actividad de ejecución de que se trate, conectar al transcurso del plazo máximo para efectuar la recepción el efecto positivo de tenerse legalmente por cumplidos los deberes inherentes a aquella actividad en el caso.

Es ciertamente singular este efecto producido por el juego del silencio de la Administración sobre la recepción, pero —por analogía con lo dispuesto con carácter general en el art. 43.1 y 4 LRJPAC— debe entenderse que, aunque no libere de la obligación de pronunciamiento expreso, sí excluye que éste pueda ser ya desestimatorio de la recepción. Quiere decirse, pues, que, en aras al rigor por ambas partes en el desarrollo y cumplimiento de la relación jurídico-administrativa que las une por razón de la ejecución de la correspondiente actuación, a la inactividad administrativa a la hora de la recepción de las obras se anudan las siguientes consecuencias: i) para la Administración: la de no poder negar ya dicha recepción, ni poder retrasar más, por tanto, la asunción, en su caso, de la gestión y, por tanto, la conservación de las correspondientes infraestructuras e instalaciones y la prestación de los pertinentes servicios; y ii) para el o los responsables de la ejecución: la de entenderse legalmente producida la entrega a la Administración, junto con el suelo correspondiente, de las obras, infraestructuras e instalaciones a que se refiere el propio artículo 16.1.d) TRLdS08 [de donde se sigue la posibilidad de la ocupación por la Administración de tales obras, infraestructuras e instalaciones].

En todo caso, la producción del efecto legal comentado:

a) Depende de la formulación en forma de solicitud de recepción y el acompañamiento de ésta con certificación final de obra expedida por la dirección técnica.

b) No afecta a las obligaciones que puedan llegar a derivarse de la liquidación de las cuentas definitivas de la actuación.

5. El régimen básico de validez de los convenios o negocios jurídicos celebrados en relación con una actuación (apdo. 3)

Se establece aquí, a propósito de la promoción y, por tanto, ejecución de las actuaciones de transformación urbanística, una regla básica sobre el ejercicio convencional de la necesariamente existente [conforme al art. 3.2.a) TRLdS08] potestad administrativa de dirección y control de la actividad de ejecución urbanística. Lo que es consecuente, a su vez, con la definición de la ordenación territorial y urbanística como funciones públicas no susceptibles de transacción, entendida —como debe serlo— en los términos expuestos al comentar el artículo 3.1 TRLdS08. La finalidad perseguida es obvia y guarda relación con las disfunciones y los excesos más frecuentes, graves y evidentes que se han venido poniendo de manifiesto en la práctica urbanística con ocasión del recurso a la técnica convencional y cuya corrección es factible en sede competencial estatal.

La regla traduce, en forma de prohibición, un claro límite al ejercicio de la potestad aludida, haciendo uso de la remisión que al efecto hace el artículo 88.1 LRJPAC. Los convenios o negocios jurídicos que se celebren no pueden establecer, en perjuicio de los propietarios afectados por la actuación (se entiende: que no sean parte en el convenio o negocio jurídico, es decir, sean terceros respecto del mismo), obligaciones adicionales a las establecidas legalmente, ni más gravosas que éstas. La sanción por la infracción de esta prohibición es, al amparo de la letra g) del artículo 62.1 LRJPAC, la nulidad del pacto (la cláusula correspondiente, no el entero convenio o negocio jurídico) en el que se prevean tales obligaciones adicionales o más gravosas.

Artículo 17. ***Formación de fincas y parcelas y relación entre ellas.***

1. Constituye:

a) Finca: la unidad de suelo o de edificación atribuida exclusiva y excluyentemente a un propietario o varios en proindiviso, que puede situarse en la rasante, en el vuelo o en el subsuelo. Cuando, conforme a la legislación hipotecaria, pueda abrir folio en el Registro de la Propiedad, tiene la consideración de finca registral.

b) Parcela: la unidad de suelo, tanto en la rasante como en el vuelo o el subsuelo, que tenga atribuida edificabilidad y uso o sólo uso urbanístico independiente.

2. La división o segregación de una finca para dar lugar a dos o más diferentes sólo es posible si cada una de las resultantes reúne las características exigidas por la legislación aplicable y la ordenación territorial y urbanística. Esta regla es también aplicable a la enajenación, sin división ni segregación, de participaciones indivisas a las que se atribuya el derecho de utilización exclusiva de porción o porciones concretas de la finca, así como a la constitución de asociaciones o sociedades en las que la cualidad de socio incorpore dicho derecho de utilización exclusiva.

En la autorización de escrituras de segregación o división de fincas, los notarios exigirán, para su testimonio, la acreditación documental de la conformidad, aprobación o autorización administrativa a que esté sujeta, en su caso, la división o segregación conforme a la legislación que le sea aplicable. El cumplimiento de este requisito será exigido por los registradores para practicar la correspondiente inscripción.

Los notarios y registradores de la propiedad harán constar en la descripción de las fincas, en su caso, su cualidad de indivisibles.

3. La constitución de finca o fincas en régimen de propiedad horizontal o de complejo inmobiliario autoriza para considerar su superficie total como una sola parcela, siempre que dentro del perímetro de ésta no quede superficie alguna que, conforme a la ordenación territorial y urbanística aplicable, deba tener la condición de dominio público, ser de uso público o servir de soporte a las obras de urbanización o pueda computarse a los efectos del cumplimiento del deber legal a que se refiere la letra a) del apartado 1 del artículo anterior.

4. Cuando, de conformidad con lo previsto en su legislación reguladora, los instrumentos de ordenación urbanística destinen superficies superpuestas, en la rasante y el subsuelo o el vuelo, a la edificación o uso privado y al dominio público, podrá constituirse complejo inmobiliario en el que aquéllas y ésta tengan el carácter de fincas especiales de atribución privativa, previa la desafectación y con las limitaciones y servidumbres que procedan para la protección del dominio público.

5. El acto administrativo que legitime la edificación de una parcela indivisible, por agotamiento de la edificabilidad permitida en ella o por ser la superficie restante inferior a la parcela mínima, se comunicará al Registro de la Propiedad para su constancia en la inscripción de la finca.

Procedencia

Proviene este artículo del correlativo de la LdS, en el que se han insertado —dando lugar al párrafo 3.º del apartado 2 y el apartado 5 (ambos nuevos respecto de la redacción original en la LdS)— los artículos 258.2 y 3 y parte del 259.3 TRLS92, que se refieren a obligaciones de los Notarios y los Registradores de la Propiedad con ocasión de actos de parcelación.

El dictamen del Consejo de Estado sólo efectuó la siguiente observación: «En el artículo 17.5 se ha omitido la palabra "superficie" al aludir a la "restante inferior a la parcela mínima"». Observación que, obviamente, fue aceptada por el Gobierno.

El artículo 259.3 TRLS92 no da lugar, correctamente, a alteración alguna del texto original de la LdS, por deber entenderse subsumido su contenido en el del párrafo 2.º del apartado 2 de la versión original de este artículo en la LdS, careciendo de sentido ampliar este último para comprender el supuesto específico de «declaración municipal de innecesariedad (de la licencia)». Y ello porque tal supuesto supone, desde la perspectiva asumida en la LdS y determinante así para el TRLdS08, una invasión en el espacio decisional propio del legislador autonómico, predetermina en todo caso (en contra del criterio que inspiró la LdS) el empleo de una técnica (la licencia) y es incompatible con el propio artículo 17 en el que se inserta (que parte de la necesidad de un acto de aprobación, autorización o conformidad).

Por lo que hace al artículo 258.2 TRLS92 da lugar al nuevo párrafo 3.º del apartado 2. Su incorporación respeta la redacción original del TRLS92.

Finalmente, el artículo 258.3 TRLS92 se transforma en el nuevo apartado 5 con una redacción que actualiza adecuadamente la original. En efecto:

a) Se sustituye correctamente (por las razones que ya se han expuesto al comentar los artículos precedentes) la expresión «licencia de edificación» por la de «el acto administrativo que legitime la edificación». Y

b) Se colma de manera impecable el vacío generado por haber quedado sin objeto la remisión que hace la frase «comprendida en el apartado d) del número 1» tras su declaración de inconstitucionalidad por la STC 61/1997 con la frase «por agotamiento de la edificabilidad permitida en ella o por ser la superficie restante inferior a la parcela mínima» (que responde al sentido de la remisión aludida).

La ubicación escogida para la incorporación es, en todo caso, plenamente acertada, pues el apartado 2 del artículo 17 versaba, en su redacción original, sobre los actos de disposición respecto de fincas que den lugar a alteración (segregación o división) de su configuración.

Comentario

1. La definición legal de finca y de parcela y el supuesto especial del complejo inmobiliario (apdos. 1, 3 y 4)

Teniendo en cuenta la decisiva importancia, incluso para la seguridad del tráfico jurídico, de la coordinación de la ordenación territorial y urbanística no sólo con el Catastro, sino con el Registro de la Propiedad, y con la finalidad de acabar con los diversos problemas que la práctica urbanística diaria ha puesto de manifiesto, clarificando, en su juego respectivo, las técnicas jurídico-civiles e hipotecarias, de un lado, y las urbanísticas, de otro, en punto tan importante como es el de los bienes inmuebles sobre los que pueden recaer el dominio y los demás derechos reales, el legislador establece una definición de:

a) Finca (concepto tanto jurídico-civil, como hipotecario o registral):

Se entiende por tal el bien inmueble que reúna las siguientes características:

— Constituir una unidad de suelo o de edificación.

— Estar atribuida exclusiva y excluyentemente a un propietario o varios en proindiviso.

— Estar situada (desde la perspectiva del suelo natural) en: i) el subsuelo; ii) la rasante, o iii) el vuelo.

La coordinación con la institución registral se produce en función de la siguiente regla: cuando la finca así definida pueda abrir folio registral conforme a la legislación hipotecaria (que, por tanto, no resulta alterada), tiene incluso a efectos del TRLdS08 la condición de finca registral (téngase en cuenta que, en términos hipotecarios, es finca registral tanto el inmueble completo, como —caso de división horizontal— cada uno de los pisos en que se divida).

b) Parcela (concepto jurídico-urbanístico):

Se entiende por tal el bien inmueble que reúna las siguientes características:

— Constituir una unidad de suelo (tanto natural como construido).

— Ser objeto (por la ordenación territorial y urbanística) de atribución (en función de su destino urbanístico) de: i) edificabilidad y uso, o ii) sólo uso.

— Determinar o permitir la materialización de la edificabilidad o el desarrollo de los usos en ella de forma independiente. Lo que significa: cuando las características urbanísticas de la parcela sean las mínimas para tal edificación o uso independientes, aquélla es indivisible legalmente (a ello se refiere el concepto «parcela mínima» que utiliza el apartado 5). La parcela mínima determina obviamente la condición de finca.

La nota común a ambos conceptos es la de unidad: en ambos casos debe tratarse de un bien definido en forma tal que pueda constituir por sí mismo el soporte y el objeto, bien del uso, disfrute y disposición integrantes del contenido propio del derecho de propiedad (pudiendo constituirse sobre él derechos reales), bien de la gestión específica y propia del régimen del dominio público. La unidad tiene una significación esencialmente subjetiva en el caso de la finca (atribución del dominio), mientras que en el de la parcela la tiene fundamentalmente objetiva: las características justificativas, de acuerdo con la ordenación, de edificabilidad y/o uso independientes.

La coordinación que así se hace posible, a través de la exigencia de unidad, consiste en que:

1.º En el medio urbano (todo el suelo que esté en la situación básica de suelo urbanizado), las fincas (urbanas) deben tener la condición de parcela (urbanística) de acuerdo con la ordenación territorial y urbanistica y, a la inversa, toda parcela de acuerdo con ésta debe ser una finca.

2.º En el medio rural, es decir, el suelo que esté en la situación básica de suelo rural:

2.1. Cuando en el suelo, por su régimen de utilización, sea posible la edificación, las fincas (rústicas) deben tener la condición de unidad apta para la edificación conforme a la ordenación territorial y urbanística, por reunir las condiciones físicas y jurídicas requeridas para ello [arts. 6.c) y 8.1, párr. 2.º, letra b) TRLdS08] y, a la inversa, toda unidad apta para la edificación a tenor de la referida ordenación debe ser una finca. Téngase en cuenta que en el suelo en situación básica de rural no puede jugar, por definición y dado el carácter del medio rural, la técnica urbanística de la parcela. En el suelo en tal situación están prohibidas, en efecto, dichas técnicas (salvo cuando aquél haya sido incluido en el ámbito de una actuación de urbanización) [art. 13.2 TRLdS08].

2.2. Cuando en el suelo, por el contrario y por su régimen de utilización, no sea posible la edificación, sólo puede haber fincas (rústicas).

Justamente la finalidad de coordinación es la que está en la base de dos previsiones que pretenden encuadrar a efectos de la ordenación territorial y urbanística las principales de las diversas hipótesis a que, teniendo en cuenta las posibilidades de la técnica constructiva, puedan dar lugar, conforme a la experiencia de la práctica, las flexibles fórmulas desarrolladas en el tráfico jurídico-privado (capaces de dar lugar a una defraudación del régimen establecido por la ordenación urbanística para la parcelación). Son las siguientes:

1.ª En primer lugar, la integrada por la constitución de finca o fincas, de un lado, en régimen de propiedad horizontal (lo que no supone novedad alguna) y, de otro lado, en complejo inmobiliario no obsta a la consideración de la superficie total de la finca como una sola parcela y ello porque no quiebra la nota de unidad común a la finca y la parcela (sin perjuicio de que en la primera puedan coexistir diversas fincas registrales).

Pero —para evitar todo fraude a la parcelación urbanística y, en especial, la «privatización» de viales o espacios públicos— esta hipótesis sólo es admisible y, por tanto, legal cuando dentro del perímetro de la unidad al propio tiempo finca y parcela no quede superficie alguna que, conforme a la ordenación territorial y urbanística aplicable, deba tener la condición de dominio público, ser de uso público o servir de soporte a las obras de urbanización o pueda computarse a los efectos del cumplimiento del deber legal previsto en el artículo 16.1.a).

2.ª En segundo lugar, la previsión de la división entre dominio público y dominio privado en «horizontal», la cual se da cuando, de conformidad con su legislación reguladora, la ordenación urbanística destina de forma diversa superficies superpuestas (en el subsuelo, la rasante y el vuelo): una o unas a la edificación o uso privados y otra u otras al dominio público.

En esta hipótesis, novedosa en la legislación, pero no así en la práctica (piénsese, por ejemplo, en los aparcamientos municipales subterráneos situados bajo una plaza o una zona verde), y que ahora se generaliza, el hecho de que el complejo inmobiliario que se autoriza a constituir (la totalidad de la superficie que el mismo ocupe) constituya la correspondiente finca-parcela no empece a que la porción o porciones susceptibles de dominio privado, de un lado, y la o las de dominio público sean fincas especiales de atribución privativa (incluso registrales), previa —de ser necesaria— la desafectación de la primeras y siempre con las limitaciones y servidumbres que procedan para la protección del dominio público.

De modo satisfactorio y a la altura de las necesidades actuales, la regla cubre así todas las dimensiones en que puede desplegarse la potencia de la potestad de ordenación territorial y urbanística para la división de las cosas inmuebles en apropiables en régimen de propiedad privada y pertenecientes al dominio público. Y colma así un vacío, dada la contemplación tradicional de la dimensión en rasante de la referida potencia.

2. El régimen básico de la división o segregación de fincas; su extensión a la enajenación de participaciones indivisas que confieran derechos de utilización exclusiva de porciones (apdos. 2 y 5)

La coordinación así establecida entre las figuras de finca y parcela permite que el régimen de los actos de disposición que supongan alteración de las características de las correspondientes «unidades» de suelo pueda utilizar ya exclusivamente la de la finca. Ello es lógico, teniendo en cuenta que dichos actos se inscriben en el tráfico jurídico regido por el Derecho civil (incluso cuando los realiza una Administración en calidad de propietaria). El tráfico propio de los bienes de dominio público sigue, en efecto, otra lógica, cabalmente la de su gestión programada por la legislación que los regule.

El régimen que se establece:

a) Es aplicable a.

i) Los actos de división de una finca o de segregación de superficie o superficies de una finca que den lugar, cuando sea legalmente posible, a dos o más fincas diferentes (ámbito de aplicación propio del régimen).

ii) Los actos de enajenación de participaciones indivisas en una finca por los que, sin división, ni segregación alguna, se atribuya a todas o algunas de dichas participaciones el derecho de utilización exclusiva de porción o porciones concretas de la finca (ámbito de aplicación añadido).

iii) La constitución de asociaciones o sociedades en las que la cualidad de socio incorpore o lleve aparejado el derecho a la utilización exclusiva de porción o porciones concretas de una finca (ámbito de aplicación añadido).

La previsión de los dos supuestos que integran, por extensión, el ámbito de aplicación «añadido» del régimen comentado tiene por objeto, a la vista de la experiencia suministrada por la práctica urbanística, evitar la defraudación objetiva de dicho régimen y, a través del mismo, del de la parcelación establecido por la ordenación territorial y urbanística.

b) Contiene las dos reglas siguientes:

1.ª Los actos sometidos al régimen comentado sólo son posibles y, por tanto, válidos si cada una de las fincas resultantes de su realización reúne las características exigibles por la legislación aplicable (por ej. la agraria) y, además, la ordenación territorial y urbanística.

Este segundo requisito —el de reunión de las características exigidas por la ordenación territorial y urbanística— va dirigido también a la coordinación de los ordenamientos civil y urbanístico. Para ello se contempla el eventual juego concurrente de técnica jurídico-administrativa de control de su cumplimiento (sea en forma de conformidad, aprobación, autorización o cualquier otra). No se trata de que la existencia y el juego efectivos de tal técnica se impongan desde la legislación estatal. Antes al contrario, ésta se limita a asegurar, desde el ordenamiento civil e hipotecario, la efectividad de tales técnicas para el caso de su previsión por la legislación competente para ello, que es justamente la de ordenación territorial y urbanística.

2.ª Cuando la legislación de ordenación territorial y urbanística prevea una técnica jurídico-administrativa de control:

— Los Notarios —en la autorización de las escrituras correspondientes (se entiende de todas las que se refieran a los actos sujetos al régimen considerado, aunque el precepto aluda sólo a las de división o segregación)— deben i) exigir la acreditación documental de la conformidad, aprobación o autorización a que esté efectivamente sujeto el acto correspondiente; ii) testimoniar en el documento público del pertinente acto administrativo, y iii) hacer constar en la descripción de las fincas, en su caso, su cualidad de indivisibles.

— Los Registradores, para practicar la correspondiente inscripción, deben exigir, en todo caso, el cumplimiento de tal acreditación documental y correspondiente testimonio notarial, así como hacer constar en la descripción de las fincas, en su caso, su cualidad de indivisibles.

Se entiende, así (siempre desde la perspectiva de coordinación de los planos jurídico-urbanístico y jurídico-civil), la imposición a la Administración urbanística competente del deber de comunicación al Registro de la Propiedad correspondiente de cuantos actos dicte legitimando la edificación de una parcela mínima o indivisible, sea por agotamiento de la edificabilidad permitida en ella, sea por ser la superficie restante (exenta de edificación) inferior a la parcela mínima.

Artículo 18. *Operaciones de distribución de beneficios y cargas.*

1. El acuerdo aprobatorio de los instrumentos de distribución de beneficios y cargas produce el efecto de la subrogación de las fincas de origen por las de resultado y el reparto de su titularidad entre los propietarios, el promotor de la actuación, cuando sea retribuido mediante la adjudicación de parcelas incluidas en ella, y la Administración, a quien corresponde el pleno dominio libre de cargas de los terrenos a que se refieren las letras a) y b) del apartado 1 del artículo 16. En este supuesto, si procede la distribución de beneficios y cargas entre los propietarios afectados por la

actuación, se entenderá que el titular del suelo de que se trata aporta tanto la superficie de su rasante como la del subsuelo o vuelo que de él se segrega.

2. En los supuestos de subrogación real, si existiesen derechos reales o cargas que se estimen incompatibles con la ordenación urbanística, el acuerdo aprobatorio de la distribución de beneficios y cargas declarará su extinción y fijará la indemnización correspondiente a cargo del propietario respectivo.

3. Existiendo subrogación real y compatibilidad con la ordenación urbanística, si la situación y características de la nueva finca fuesen incompatibles con la subsistencia de los derechos reales o cargas que habrían debido recaer sobre ellas, las personas a que estos derechos o cargas favorecieran podrán obtener su transformación en un derecho de crédito con garantía hipotecaria sobre la nueva finca, en la cuantía en que la carga fuera valorada. El registrador de la propiedad que aprecie tal incompatibilidad lo hará constar así en el asiento respectivo. En defecto de acuerdo entre las partes interesadas, cualquiera de ellas podrá acudir al Juzgado competente del orden civil para obtener una resolución declarativa de la compatibilidad o incompatibilidad y, en este último caso, para fijar la valoración de la carga y la constitución de la mencionada garantía hipotecaria.

4. Cuando no tenga lugar la subrogación real, el acuerdo aprobatorio de la distribución de beneficios y cargas producirá la extinción de los derechos reales y cargas constituidos sobre la finca aportada, corriendo a cargo del propietario que la aportó la indemnización correspondiente, cuyo importe se fijará en el mencionado acuerdo.

5. No obstante lo dispuesto en los apartados 2 y 4, las indemnizaciones por la extinción de servidumbres prediales o derechos de arrendamiento incompatibles con el instrumento de ordenación urbanística o su ejecución, se considerarán gastos de urbanización en el instrumento de distribución de beneficios y cargas correspondiente.

6. Una vez firme en vía administrativa el acuerdo de aprobación definitiva de la distribución de beneficios y cargas, se procederá a su inscripción en el Registro de la Propiedad en la forma que se establece en el artículo 54.

7. Las transmisiones de terrenos a que den lugar las operaciones distributivas de beneficios y cargas por aportación de los propietarios incluidos en la actuación de trans-

formación urbanística, o en virtud de expropiación forzosa, y las adjudicaciones a favor de dichos propietarios en proporción a los terrenos aportados por los mismos, estarán exentas, con carácter permanente, si cumplen todos los requisitos urbanísticos, del Impuesto sobre Transmisiones Patrimoniales y Actos Jurídicos Documentados, y no tendrán la consideración de transmisiones de dominio a los efectos de la exacción del Impuesto sobre el Incremento del Valor de los Terrenos de Naturaleza Urbana.

Cuando el valor de las parcelas adjudicadas a un propietario exceda del que proporcionalmente corresponda a los terrenos aportados por el mismo, se girarán las liquidaciones procedentes en cuanto al exceso.

Procedencia

Este artículo es el resultado de la combinación del apartado 5 del artículo 17 de la versión original de la LdS (que se convierte, en el texto refundido, en el apartado 1) y el conjunto de preceptos del TRLS92 que establecían regulaciones referidas a la operación de distribución de beneficios y cargas (los cuales se incorporan al texto refundido). El dictamen del Consejo de Estado no formuló a este artículo observación alguna.

La conversión del apartado 5 de artículo 17 LdS en el primer apartado del ahora comentado tiene pleno sentido, ya que se refiere a los instrumentos de distribución de beneficios y cargas y sus efectos.

El apartado 2 del precepto trae causa del artículo 168.2 TRLS92 y su incorporación tiene lugar con respeto a su redacción original, en la que sólo se introducen las siguientes alteraciones:

a) La supresión de la frase inicial «en los supuestos de subrogación real», que es obligada para el adecuado enlace con el texto precedente.

b) La sustitución de «planeamiento» por «ordenación urbanística», que es puramente terminológica y tiene la justificación ya expuesta en anteriores comentarios repetidas veces. Y

c) La sustitución de «reparcelación» por «distribución de beneficios y cargas», que es igualmente terminológica y se justifica también por la necesidad de evitar cualquier intromisión (por predeterminación de técnicas urbanísticas concretas) en el espacio decisional del legislador autonómico y de armonizar y regularizar el texto refundido.

El apartado 3 del artículo trae causa del artículo 168.3 TRLS92, cuya redacción respeta en su literalidad con la sola excepción de la expresión «planeamiento urbanístico», que es sustituida por la de «ordenación urbanística» por las razones ya conocidas y enteramente plausibles.

El apartado 4 reproduce el artículo 168.1 TRLS92 en su misma literalidad, con la única variación (por razón ya conocida) de «reparcelación» por «distribución de beneficios y cargas».

El apartado 5 incorpora el artículo 168.4 TRLS92 sin más cambios que i) la rectificación de las remisiones internas al propio artículo; ii) la sustitución de «planeamiento» por «instrumento de ordenación urbanística», y iii) la supresión, por innecesaria ya (al introducirse la expresión «instrumento de distribución de beneficios y cargas correspondiente», del inciso final «correspondiendo a los propietarios en proporción a la superficie de sus respectivos terrenos».

El apartado 6 incorpora el artículo 169 TRLS92 con respeto absoluto a su redacción original, con las siguientes justificadas salvedades:

1.ª La sustitución, puramente terminológica, de «reparcelación» por «distribución de beneficios y cargas», que responde a las razones repetidamente expuestas.

2.ª La sustitución del reenvío, ya sin sentido, al artículo 310 TRLS92 por el de al artículo 54 del texto refundido (que incorpora justamente dicho art. 310 TRLS92).

Y, finalmente, el apartado 7 trae causa tanto del artículo 159.4 como del artículo 170.1, ambos del TRLS92.

El párrafo primero recoge el texto coincidente de uno y otro precepto del TRLS92, respetando en la mayor medida posible su redacción original, si bien con la sustitución —de alcance puramente terminológico, por las razones ya expuestas reiteradamente y con empleo siempre de expresiones propias de la LdS— de «constitución de la Junta de Compensación» y «reparcelación» por «operaciones distributivas de beneficios y cargas»; y de «unidad de ejecución» por «actuación de transformación urbanística», así como la supresión de «solares» por ser un término urbanístico y no ser preciso para la integridad del precepto.

Y el párrafo 2.º del mismo apartado incorpora la parte (inciso final) del contenido del artículo 170 TRLS92 que no coincide materialmente con el del artículo 159.4 TRLS92. Esta incorporación es respetuosa con la redacción original del precepto, si bien con la sustitución, puramente terminológica, de «solares» por «parcelas», lo que en todo es más congruente con el carácter de la operación de equidistribución, que desde la legislación estatal al menos no ha de prejuzgarse que haya de hacerse cuando ya el suelo está urbanizado (es decir, las parcelas son solares).

Comentario

1. La subrogación y el reparto de fincas como efecto típico de la distribución de beneficios y cargas (apdos. 1 y 6)

La necesidad de la distribución de beneficios y cargas se manifiesta sólo, como es natural, en las actuaciones de urbanización (en cual quiera de las variedades de esta clase de las actuaciones de transformación urbanística). El derecho de participación en ellas en régimen justamente de equitativa distribución de beneficios y cargas que a los propietarios reconoce el artículo 8.1, párr. 2.º, letra c) TRLdS08 está establecido exclusivamente a título de condición básica que garantiza el ejercicio del derecho de propiedad del suelo. Lo que supone que la forma y el procedimiento en que ha de llevarse a cabo la referida distribución equitativa son cuestiones entregadas completamente al legislador de la ordenación territorial y urbanística.

La coordinación entre el tráfico jurídico civil y el sistema hipotecario, de un lado, y la ordenación territorial y urbanística y sus procesos, de otro lado (véase el comentario al art. 17), requieren aquí nuevamente la intervención del legislador estatal para garantizar la plena eficacia de las consecuencias en los órdenes civil y registral del proceso urbanístico de equitativa distribución de los beneficios y cargas derivados de la ejecución de la correspondiente ordenación.

A este efecto se establece la siguiente regla (en todo conforme con la tradición de nuestro Derecho urbanístico): el acuerdo de aprobación (se entiende, en su caso, definitiva) de los instrumentos que tengan por función, de acuerdo con la legislación autonómica de ordenación territorial y urbanística, la distribución equitativa de beneficios y cargas producen —también y precisamente en los órdenes civil y registral— los dos efectos legales siguientes:

a) El de subrogación de las fincas de origen (las aportadas para el desarrollo de la actividad de ejecución urbanística) por las fincas-parcelas de resultado (es decir, que responden ya a la ordenación de cuya ejecución se trate).

Por lo que hace a la aportación de las fincas de origen, se presume legalmente que el titular del suelo aporta tanto la superficie de su rasante, como el subsuelo y el vuelo que de él se segrega.

Y, además:

b) El de reparto de la titularidad de las fincas-parcelas resultantes entre:

— Los propietarios participantes en la ejecución de la actuación [por ser los promotores y responsables de la ejecución o, en otro caso, por haber ejercido el derecho previsto en el art. 8.1, párr. 2.°, letra c) TRLdS08].

En este caso, se entiende que el propietario de la finca o fincas de origen aporta, en cuanto titular del suelo, tanto la superficie de su rasante, como la del subsuelo o vuelo que de él se segregue.

— El promotor de la actuación, cuando exista y sea distinto del o los propietarios de suelo, pero sólo cuando esté prevista y proceda su retribución mediante adjudicación de fincas-parcelas resultantes de la actuación.

— La Administración a quien corresponda el pleno dominio libre de cargas de los terrenos en que se concreten los deberes legales previstos en el artículo 16.1.a) y b) TRLdS08.

El acuerdo de aprobación del instrumento de distribución de beneficios y cargas productor de tales efectos tiene acceso, una vez firme en vía administrativa, al Registro de la Propiedad, debiendo procederse a su inscripción en él en la forma prescrita en el artículo 54 TRLdS08 (a cuyo comentario se remite).

2. Las reglas asociadas al efecto de subrogación legal (apdos. 2, 3, 4 y 5)

La producción del efecto de subrogación legal de las fincas de origen por las parcelas-fincas de resultado depende de la suficiencia de los derechos de aportación para la adjudicación de parcela(s)-finca(s) de resultado. De ahí que para unos propietarios (y, en su caso, el promotor) pueda tener lugar y para otros (y, en su caso, el promotor) no.

Los términos de la subrogación dependen, a su vez y cuando tenga lugar, de la existencia o no [en la(s) finca(s) de origen] de derechos reales o cargas (todos, salvo para las servidumbres prediales y los derechos de arrendamiento, cuya suerte sigue regla especial).

De existir tales derechos reales o cargas incompatibles, el acuerdo aprobatorio del instrumento de distribución de beneficios y cargas debe:

a) En caso de su incompatibilidad con la ordenación urbanística en ejecución:

— Declarar su extinción.

— Fijar la indemnización que proceda abonar por tal extinción y que corre a cargo del propietario correspondiente.

b) En caso de compatibilidad con la ordenación urbanística en ejecución, pero incompatibilidad de la parcela(s)-finca(s) de resultado objeto de adjudicación (dadas su situación y características) y la subsistencia de los derechos reales y cargas de que se trate [y que habrían de trasladarse a ella(s)], debe de haber acuerdo entre las partes interesadas sobre el valor de los derechos reales o las cargas de que se trate) transformar éstos (extinguiéndolos) en derechos de crédito con garantía hipotecaria sobre la o las parcelas-fincas de resultado (naturalmente en favor de las personas a las que beneficiaren los correspondientes derechos reales o cargas).

En ausencia de acuerdo entre las partes interesadas sobre el valor, la aprobación de la distribución de beneficios y cargas debe abstenerse de toda decisión (sin perjuicio de poder declarar la incompatibilidad apuntada). Se entiende así que el Registrador de la Propiedad esté obligado, al inscribir el resultado de la operación de beneficios y cargas, a hacer constar tal incompatibilidad en el correspondiente asiento; obligación que pesa sobre él incluso si el instrumento de distribución de beneficios y cargas no se pronuncia sobre ella.

En esta última situación, la competencia para declarar la compatibilidad o no y, en su caso, fijar el valor del derecho real o carga, así como para constituir la pertinente garantía hipotecaria es del Juez del orden civil, al que puede acudir cualquiera de las partes.

La ausencia del efecto de subrogación real determina que el acuerdo de aprobación del instrumento de beneficios y cargas deba:

a) Declarar la extinción de los correspondientes derechos reales o cargas que pesen sobre la o las fincas de origen (aportadas). De nuevo aquí se exceptúan las servidumbres prediales y los derechos de arrendamiento, para los que rige regla especial.

b) Fijar el importe a satisfacer por tales derechos reales o cargas, corriendo el abono de la indemnización de cuenta del propietario o propietarios adjudicatarios.

Las servidumbres prediales y los derechos de arrendamiento que, respectivamente, graven o existan en las fincas de origen reciben siempre, en la operación de distribución de beneficios y cargas, el tratamiento de gastos de urbanización. En consecuencia, cuando sean incompatibles con la ordenación urbanística en ejecución o con esta última, el correspondiente instrumento debe recogerlos como tales y valorarlos, formando parte así de las cargas urbanísticas objeto de equitativa distribución entre todos los propietarios participantes.

3. El tratamiento fiscal de las operaciones de equitativa distribución de beneficios y cargas (apdo. 7)

El supuesto previsto en el apartado 7 del precepto comentado se refiere a las transmisiones de terrenos a que, en el contexto de la ejecución de una actuación urbanística, den lugar:

a) Las operaciones distributivas de beneficios y cargas precisamente por aportación de los propietarios.

b) Las adjudicaciones a favor de dichos propietarios en proporción a los terrenos por ellos aportados.

c) Las expropiaciones forzosas.

Estas transmisiones son objeto del tratamiento tributario que se expresa en las siguientes reglas:

1.ª Exención, con carácter permanente, del impuesto sobre transmisiones patrimoniales y actos jurídicos documentados, siempre que cumplan todos los requisitos urbanísticos.

2.ª No consideración legal de transmisiones de dominio a los efectos del impuesto sobre el incremento del valor de los terrenos de naturaleza urbana.

La aplicación de estas reglas tiene como presupuesto y límite la correspondencia entre aportación y adjudicación (siendo la causa legítima de ésta aquélla). Se entiende así que cuando el valor de las parcelas-fincas de resultado adjudicadas a un propietario sea superior al que proporcionalmente corresponda a las fincas originarias aportadas por dicho propietario, procede desde luego la tributación y, por tanto, el giro de las correspondientes liquidaciones en cuanto al exceso.

Artículo 19. *Transmisión de fincas y deberes urbanísticos.*

1. La transmisión de fincas no modifica la situación del titular respecto de los deberes del propietario conforme a esta Ley y los establecidos por la legislación de la ordenación territorial y urbanística aplicable o exigibles por los actos de ejecución de la misma. El nuevo titular queda subrogado en los derechos y deberes del anterior propietario, así como en las obligaciones por éste asumidas frente a la Administración competente y que hayan sido objeto de inscripción registral, siempre que tales obligaciones se refieran a un posible efecto de mutación jurídico-real.

2. En las enajenaciones de terrenos, debe hacerse constar en el correspondiente título:

a) La situación urbanística de los terrenos, cuando no sean susceptibles de uso privado o edificación, cuenten con edificaciones fuera de ordenación o estén destinados a la construcción de viviendas sujetas a algún régimen de protección pública que permita tasar su precio máximo de venta, alquiler u otras formas de acceso a la vivienda.

b) Los deberes legales y las obligaciones pendientes de cumplir, cuando los terrenos estén sujetos a una de las actuaciones a que se refiere el apartado 1 del artículo 14.

3. La infracción de cualquiera de las disposiciones del apartado anterior faculta al adquirente para rescindir el contrato en el plazo de cuatro años y exigir la indemnización que proceda conforme a la legislación civil.

4. Con ocasión de la autorización de escrituras públicas que afecten a la propiedad de fincas o parcelas, los notarios podrán solicitar de la Administración Pública competente información telemática o, en su defecto, cédula o informe escrito expresivo de su situación urbanística y los deberes y obligaciones a cuyo cumplimiento estén afectas. Los notarios remitirán a la Administración competente, para su debido conocimiento, copia simple en papel o en soporte digital de las escrituras para las que hubieran solicitado y obtenido información urbanística, dentro de los diez días siguientes a su otorgamiento. Esta copia no devengará arancel.

5. En los títulos por los que se transmitan terrenos a la Administración deberá especificarse, a efectos de su inscripción en el Registro de la Propiedad, el carácter demanial o patrimonial de los bienes y, en su caso, su incorporación al patrimonio público de suelo.

Procedencia

Este artículo recoge, en su redacción original, el artículo 18 LdS.

El dictamen del Consejo de Estado no formuló observación específica alguna a este precepto.

Comentario

1. Introducción

En este artículo:

a) De un lado, se recogen —aunque dándoles, en su caso, una redacción más amplia o mejorada técnicamente— reglas (las incluidas en los apdos. 1 a 3) que son consecuencia lógica del carácter estatutario del régimen urbanístico de la propiedad del suelo y figuraban —siendo tradicionales del Derecho urbanístico— en el artículo 21 LRSV.

b) Y, de otro lado, se introducen nuevas reglas dirigidas a asegurar la debida coordinación entre, de una parte, el tráfico jurídico privado y la ordenación territorial y urbanística (de nuevo por intermedio de la fe pública notarial; apdo. 4) y, de otra parte, el régimen y la gestión del patrimonio de las Administraciones Públicas.

2. La no modificación por la transmisión de las fincas de la posición de quien sea en cada momento el propietario del suelo (apdo. 1)

El tráfico jurídico-privado de que sean objeto las fincas no afecta y, por tanto, no puede perjudicar, ni perjudica en modo alguno la eficacia plena de las determinaciones de la ordenación territorial y urbanística que integren el régimen urbanístico de la propiedad del suelo y el de utilización de éste conforme a su destino. La razón es sencilla: ese régimen, que vincula a la propiedad del suelo (cualquiera que sea el titular), es objetivo y estatutario (art. 7.1 TRLdS08).

Por ello:

a) La transmisión de las fincas no modifica la situación del titular respecto de los deberes que para el propietario resulten o sean exigibles en virtud de todos o cualquiera de las normas o los actos siguientes:

— La Ley estatal comentada.

— La legislación de ordenación territorial y urbanística aplicable.

— Los actos de ejecución de la ordenación territorial y urbanística.

b) El nuevo titular (resultante de la transmisión) queda, por ello, subrogado *ex lege* en: i) los derechos y deberes del anterior propietario, y ii) las obligaciones que haya asumido este último frente a la Administración competente (según la legislación de ordenación territorial y urbanística), siempre que se encontraran inscritas en el Registro de la Propiedad (al tiempo de la transmisión) y se refieran a un posible efecto de mutación jurídico-real.

3. Los datos de obligatoria consignación en el título de la transmisión de fincas; la consecuencia de su omisión (apdos. 2, 3, 4 y 5)

En la enajenación de fincas se impone la obligación de hacer constar en el título (el documento privado o la escritura pública) determinados datos de índole urbanística.

La obligación es obviamente del propietario, como resulta del hecho de que su infracción faculte al adquirente para rescindir el contrato. La acción de rescisión es efectivamente deducible en el plazo de cuatro años, pudiendo ser acompañada de la de indemnización de los daños y perjuicios causados; todo ello conforme a la legislación civil. En la previsión de esta consecuencia del incumplimiento de la mencionada obligación no hay novedad alguna, pero sí en la acomodación de su régimen al Código civil, especialmente en cuanto al plazo de ejercicio de la acción, que ahora ya coincide con el establecido por el artículo 1.299 Cc.

Pero el legislador estatal, recurriendo nueva y acertadamente a la fe pública notarial o, en su caso, administrativa para asegurar la disciplina territorial y urbanística, complementa la anterior obligación con:

a) Cuando la transmisión se formalice en escritura pública:

a') La atribución expresa a los Notarios de facultad para, con ocasión de la autorización de la que afecte a la propiedad de fincas o parcelas, solicitar de la Administración Pública competente (de acuerdo con la legislación de ordenación territorial y urbanística) información telemática o, en su defecto, cédula o informe escrito expresivo de:

— La situación urbanística de la o las fincas o parcelas.

— Los deberes legales y demás obligaciones a cuyo cumplimiento estén afectas.

b') La simultánea imposición a los mismos Notarios del deber de remitir a la Administración competente, dentro de los diez días siguientes al otorgamiento, para el debido conocimiento de ésta (y, por tanto, del ejercicio de las pertinentes potestades de protección de la legalidad y disciplina urbanísticas) y sin devengar arancel alguno, de copia simple —en papel o en soporte digital— de las escrituras para las que hubieran solicitado y obtenido previamente la información urbanística anterior.

Parece claro que aquí, bajo la forma de facultad combinada con deber y como efecto, se corresponsabiliza al Notario de la integridad de la información urbanística cuya consignación en la escritura sea legalmente preceptiva, de modo que, en caso de su no aportación o deficiencia de la aportada por el transmitente, sea aquél el que —para autorizar la escritura— se vea precisado a interesar de la Administración la necesaria para completar la legalmente preceptiva (remitiendo ulteriormente a la Administración competente copia de la escritura efectivamente otorgada). Pero al propio tiempo, no parece que de la omisión por el Notario de tal solicitud (o de la no espera a la recepción de la información interesada, caso de haber transcurrido, sin efecto, un plazo suficiente y razonable desde la solicitud) y tampoco del incumplimiento del deber de remisión de copia simple de las escrituras otorgadas sobre la base de la información efectivamente recibida, pueda hacerse seguir responsabilidad alguna de dicho Notario, sea civil por cualquiera de las partes contratantes, sea sancionadora administrativa por parte de la Administración Pública. Téngase en cuenta que el funcionamiento eficaz del mecanismo complementario de esta forma arbitrado para incrementar el grado de disciplina territorial y urbanística depende también de la Administración Pública, que es la que debe facilitar la información, en su caso, interesada por el Notario. Y no estableciendo nada el legislador (porque nada podía determinar al respecto, por tratarse de la regulación de una actividad administrativa urbanística) sobre el régimen de la respuesta administrativa, no puede hacerse descansar el referido funcionamiento exclusivamente sobre el comportamiento del Notario, el cual, por su función, se debe primariamente al tráfico jurídico-privado. De ahí que la efectividad de la corresponsabilidad implícitamente asignada al Notario y las posibles consecuencias de su desconocimiento dependerán, en definitiva, del grado de colaboración que, en la corporación notarial, logre inducir la Administración Pública competente en la materia (por ejemplo, mediante convenios de colaboración en los que la Administración se comprometa a no entorpecer, con su inactividad o actividad tardía, el tráfico jurídico-privado).

b) Tratándose de cualquier título (por ej. documento público administrativo) en el que se formalice la transmisión de terrenos a la Administración Pública y deba tener acceso al Registro de la Propiedad: la obligación, que debe entenderse pesa sobre el funcionario o autoridad que intervenga, de especificar —a efectos del referido acceso— el carácter demanial o patrimonial de los bienes y, en su caso, su incorporación al patrimonio público de suelo.

Con esta obligación se logra no sólo un efecto de refuerzo de la disciplina territorial y urbanística y en la gestión del patrimonio de las Administraciones Públicas, sino de coordinación entre ambas y el Registro de la Propiedad. Debe destacarse, en especial, la contribución de la regla a la integridad y efectividad de la finalidad propia de los patrimonios públicos de suelo. Pues conforme a los artículos 38.1 y 39.1 TRLdS08, integran necesariamente dichos patrimonios: i) los bienes adquiridos por la Administración Pública en virtud del deber previsto en el artículo 16.1.b) TRLdS08, y ii) todos los demás que determine la legislación autonómica de ordenación territorial y urbanística. Cuando el título se refiera, pues, a cualquiera de estos bienes, debe precisar su incorporación al correspondiente patrimonio público, en tanto que patrimonio separado y afectado a los destinos precisados en el artículo 39.2 TRLdS08.

Artículo 20. ***Declaración de obra nueva.***

1. Para autorizar escrituras de declaración de obra nueva en construcción, los notarios exigirán, para su testimonio, la aportación del acto de conformidad, aprobación o autorización administrativa que requiera la obra según la legislación de ordenación territorial y urbanística, así como certificación expedida por técnico competente y acreditativa del ajuste de la descripción de la obra al proyecto que haya sido objeto de dicho acto administrativo.

Tratándose de escrituras de declaración de obra nueva terminada, exigirán, además de la certificación expedida por técnico competente acreditativa de la finalización de ésta conforme a la descripción del proyecto, la acreditación documental del cumplimiento de todos los requisitos impuestos por la legislación reguladora de la edificación para la entrega de ésta a sus usuarios y el otorgamiento, expreso o por silencio administrativo, de las autorizaciones administrativas que prevea la legislación de ordenación territorial y urbanística.

2. Para practicar las correspondientes inscripciones de las escrituras de declaración de obra nueva, los registradores exigirán el cumplimiento de los requisitos establecidos en el apartado anterior.

Procedencia

Este artículo cambia sólo de numeración, coincidiendo su redacción con la del artículo 19 LdS.

Lógicamente, el dictamen del Consejo de Estado no formuló observación alguna en este punto.

Comentario

La regulación de la declaración de obra nueva no constituye novedad alguna. Introducida por primera vez por el artículo 25 de la Ley 8/1990, de 25 de julio, que reformó el TRLS76, pasó a ser el artículo 37 TRLS92 y dio lugar a los artículos 45 y ss. del Real Decreto 1093/1997, de 4 de julio, aprobatorio de normas complementarias al Reglamento para la ejecución de la Ley Hipotecaria sobre inscripción en el Registro de la Propiedad de actos de naturaleza urbanística. La que efectúa este artículo recoge, en lo sustancial, la contenida en el artículo 22 LRSV, si bien introduciendo alguna precisión nueva importante y, en todo caso, mejoras técnicas que se traducen en las siguientes alteraciones:

— Diferenciación y, por tanto, tratamiento separado de las obligaciones que se imponen, respectivamente, a Notarios y Registradores.

— Inversión del orden en la regulación de los dos supuestos de declaración de obra nueva (en construcción y terminada), con supresión, por tanto, de la previsión de la formalización de la segunda mediante acta notarial (en caso de haberse otorgado escritura previa de la de obra en construcción).

— La sustitución de la referencia concreta a la técnica de la licencia municipal por la genérica al acto de conformidad, aprobación o autorización requerida por la obra de conformidad con la legislación de ordenación territorial y urbanística competente para ello.

A los Notarios se les impone la obligación de exigir (a efectos de su testimonio):

a) Para la autorización de escrituras de declaración de obra nueva en construcción, la aportación de:

a') Acto administrativo de conformidad, aprobación o autorización que la legislación de ordenación territorial y urbanística de aplicación requiera según las características de la obra de que se trate. Pues dicha legislación puede configurar el control administrativo de la construcción y edificación de forma diversa, especialmente desde el punto de vista de la entidad y el alcance de las obras que precise.

a") Certificación i) acreditativa del ajuste de la descripción de la obra al proyecto que haya sido objeto del acto administrativo aportado y ii) expedida por técnico competente.

Dos son, pues, los requisitos que debe satisfacer la certificación para surtir sus efectos propios. De un lado, el sustantivo de acreditar el ajuste de la obra ejecutada al documento técnico pertinente, el cual, de acuerdo con la Ley 38/1999, de 5 de noviembre, de ordenación de la edificación, y, en su caso, la legislación de ordenación territorial y urbanística, puede ser diverso, en tanto que, de acuerdo con la referida Ley, sólo determinadas obras son de edificación y precisan, por ello, del proyecto regulado en ella [72]. Y, de otro lado, el formal de estar expedida por técnico competente, que puede ser diverso justamente en función de la entidad y características de las obras (a las que atiende la normativa reguladora de las profesiones técnicas, en particular desde la Ley 12/1986, de 1 de abril, sobre regulación de las atribuciones profesionales de los Arquitectos e Ingenieros Técnicos), pero debiendo tenerse en cuenta, en todo caso, que la ya citada Ley de ordenación de la edificación contempla la llamada dirección facultativa como integrada, en su caso, por dos profesionales técnicos (encargado uno de la dirección propiamente dicha de las obras y otro de la mera dirección de la ejecución de las obras; es al primero, pues, al que corresponde la expedición de la certificación de que aquí se trata [73]).

---

[72] A tenor del artículo 2.2 de la Ley 38/1999, de 4 de noviembre, *tienen la consideración de edificación a los efectos de dicha Ley y requieren, por ello, del proyecto en ésta regulado,* las siguientes obras: i) obras de edificación de nueva construcción, excepto aquellas construcciones de escasa entidad constructiva y sencillez técnica que no tengan, de forma eventual o permanente, carácter residencial ni público y se desarrollen en una sola planta; ii) obras de ampliación, modificación, reforma o rehabilitación que alteren la configuración arquitectónica de los edificios, entendiendo por tales las que tengan carácter de intervención total o las parciales que produzcan una variación esencial de la composición general exterior, la volumetría, o el conjunto del sistema estructural, o tengan por objeto cambiar los usos característicos del edificio, y iii) obras que tengan el carácter de intervención total en edificaciones catalogadas o que dispongan de algún tipo de protección de carácter ambiental o histórico-artístico, regulada a través de norma legal o documento urbanístico y aquellas otras de carácter parcial que afecten a los elementos o partes objeto de protección.

[73] A tenor del artículo 12 de la Ley 38/1999, de 4 de noviembre, en efecto, el

b) Para la autorización de escrituras de declaración de obra terminada:

b') La certificación, expedida por técnico competente, acreditativa de la finalización de ésta conforme a la descripción del proyecto.

Vale para esta certificación cuanto ha quedado dicho antes sobre la preceptiva aportación para la autorización de escritura de declaración de obra en construcción, con las siguientes precisiones: i) el objeto de la certificación es ahora la acreditación de encontrarse ya finalizadas, conforme al proyecto (o, en su caso, documento técnico requerido en el caso de las obras llamadas menores) aprobado o autorizado administrativamente, y ii) no procede confundir este documento técnico acreditativo del final de las obras con el de formalización del acto de recepción de éstas previsto en el artículo 6 de la Ley 38/1999, repetidamente citada. Pues en este acto pueden formularse reservas a la recepción para la subsanación por el constructor de los defectos o las deficiencias apreciados, todo lo cual es cuestión que atañe exclusivamente a la relación entre dicho constructor y el promotor de las obras.

b'') La acreditación documental de: i) el cumplimiento de todos los requisitos impuestos por la legislación reguladora de la edificación para la entrega de ésta a sus usuarios y ii) el otorgamiento, expreso o

---

director de obra es el agente que, formando parte de la dirección facultativa, *dirige el desarrollo de la obra en los aspectos técnicos, estéticos, urbanísticos y medioambientales, de conformidad con el proyecto que la define, la licencia de edificación y demás autorizaciones preceptivas y las condiciones del contrato, con el objeto de asegurar su adecuación al fin propuesto.* Aunque, bajo su coordinación, puedan dirigir las obras de los proyectos parciales otros técnicos, bajo la coordinación del director de obra, son obligaciones del director de obra: i) estar en posesión de la titulación académica y profesional habilitante de arquitecto, arquitecto técnico, ingeniero o ingeniero técnico, según corresponda y ii) cumplir las condiciones exigibles para el ejercicio de la profesión. Tal titulación es distinta según las diferentes clases de obras que se especifican en el precepto.

Según el artículo 13 de idéntico texto legal, en cambio, el director de la ejecución de la obra es el agente que, formando parte de la dirección facultativa, asume sólo la función técnica de dirigir la ejecución material de la obra y de controlar cualitativa y cuantitativamente la construcción y la calidad de lo edificado.

por silencio administrativo, de las autorizaciones administrativas que prevea la legislación de ordenación territorial y urbanística.

La acreditación del cumplimiento de los requisitos impuestos por la legislación reguladora de la edificación únicamente es exigible, obviamente, cuando las obras ejecutadas sean de edificación y el inmueble resultante tenga, así, la condición legal de edificio. En otro caso, el objeto de la acreditación será el que venga determinado por la legislación de ordenación territorial y urbanística y, en último término, por la pertinente Ordenanza municipal.

En el caso de una edificación, la acreditación se refiere obviamente a la elaboración de la que el artículo 7 de la Ley 38/1999 denomina «documentación de la obra ejecutada» constitutiva del «Libro del Edificio», que debe ser facilitada por el director de la obra al promotor a la finalización de las obras (para la realización de los pertinentes trámites administrativos y la entrega, en último término, a los usuarios finales) y que ha de estar integrada por el proyecto —con la incorporación, en su caso, de las modificaciones debidamente aprobadas—, acompañado, como mínimo, del acta de recepción, la relación identificativa de los agentes que han intervenido durante el proceso de edificación y las instrucciones de uso y mantenimiento del edificio y sus instalaciones (de conformidad con la normativa que le sea de aplicación). Obviamente puede y debe producirse mediante certificación expedida por el director de la obra, en las que se especifique la elaboración de toda la documentación integrante del «Libro del Edificio».

La acreditación documental de las autorizaciones administrativas ha de serlo del otorgamiento de todas y cada una de ellas, cuando estén previstas como preceptivas y previas a la ocupación y el uso del edificio de que se trate en la legislación de ordenación territorial y urbanística y la restante sectorial aplicable. Cuando exista acto expreso, basta su notificación. Cuando no se haya notificado resolución expresa y haya transcurrido el plazo legal máximo para ello previsto en la legislación de pertinente aplicación en cada caso o, en su defecto, el fijado en el artículo 42.3 LRJPAC, la acreditación consiste en la del juego del silencio positivo, siempre que éste sea el sentido que la referida legislación otorgue al incumplimiento por la Administración de su obligación de resolver y notificar dentro del expresado plazo máximo. Pues —excepcionando el art. 43.2 LRJPAC el efecto positivo del silencio establecido con carácter general en los supuestos de establecimiento del efecto contrario, negativo, por una norma con rango legal o de Derecho comunitario— en modo alguno cabe entender la referencia por el precepto ahora comentado al otorgamiento por silencio como previsión del sentido positivo de éste en todos los casos. Y ello porque carece del carácter de regla del procedimiento administrativo común a tenor del apartado 3 de la disposición final primera TRLdS08, razón que basta para excluir toda modificación por el mismo de lo dispuesto por el citado artículo 43.2 LRJPAC.

En todo caso, las reglas referidas a esta última acreditación valen exclusivamente para las intervenciones administrativas configuradas como autorizaciones administrativas o controles a ellas equiparables. No valen, por tanto, para las intervenciones administrativas en las que el acto resolutorio del procedimiento haya de transferir facultades referidas al dominio público o al servicio público, por razón de su exclusión por el inciso final del artículo 43.2 LRJPAC, en todo caso, del ámbito de aplicación de la técnica del silencio administrativo positivo. La acreditación de estos actos ha de referirse, pues, siempre a su otorgamiento expreso.

En sede ya del procedimiento para la práctica de las inscripciones a que puedan dar lugar cualesquiera de los dos tipos anteriores de escrituras públicas autorizadas notarialmente, el Registrador de la Propiedad queda obligado, conforme al apartado 2.º del precepto, a exigir, a efectos de la referida práctica, el cumplimiento en dichas escrituras de las obligaciones de exigencia de aportación y testimonio de las pertinentes acreditaciones documentales que pesan sobre los Notarios autorizantes.

Una última precisión: las reglas contenidas en los artículos 45 y ss. del Real Decreto 1093/1997, de 4 de julio, aprobatorio de normas complementarias al Reglamento para la ejecución de la Ley Hipotecaria sobre inscripción en el Registro de la Propiedad de actos de naturaleza urbanística, de no resultar incompatibles con la regulación legal hasta aquí expuesta, deben interpretarse de conformidad con ésta.

TÍTULO III
VALORACIONES

Artículo 21. *Ámbito del régimen de valoraciones.*

1. Las valoraciones del suelo, las instalaciones, construcciones y edificaciones, y los derechos constituidos sobre o en relación con ellos, se rigen por lo dispuesto en esta Ley cuando tengan por objeto:

a) La verificación de las operaciones de reparto de beneficios y cargas u otras precisas para la ejecución de la ordenación territorial y urbanística en las que la valoración determine el contenido patrimonial de facultades o deberes propios del derecho de propiedad, en defecto de acuerdo entre todos los sujetos afectados.

b) La fijación del justiprecio en la expropiación, cualquiera que sea la finalidad de ésta y la legislación que la motive.

c) La fijación del precio a pagar al propietario en la venta o sustitución forzosas.

d) La determinación de la responsabilidad patrimonial de la Administración Pública.

2. Las valoraciones se entienden referidas:

a) Cuando se trate de las operaciones contempladas en la letra a) del apartado anterior, a la fecha de iniciación del procedimiento de aprobación del instrumento que las motive.

b) Cuando se aplique la expropiación forzosa, al momento de iniciación del expediente de justiprecio individualizado o de exposición al público del proyecto de expropiación si se sigue el procedimiento de tasación conjunta.

c) Cuando se trate de la venta o sustitución forzosas, al momento de la iniciación del procedimiento de declaración del incumplimiento del deber que la motive.

d) Cuando la valoración sea necesaria a los efectos de determinar la indemnización por responsabilidad patrimonial de la Administración Pública, al momento de la entrada en vigor de la disposición o del comienzo de la eficacia del acto causante de la lesión.

Procedencia

Este precepto reproduce literalmente el artículo 20 LdS.

El dictamen del Consejo de Estado no realizó observación específica alguna al precepto.

Comentario

1. Consideraciones generales y antecedentes legislativos

Se regulan en este artículo los criterios generales que definen el ámbito aplicativo de las valoraciones de bienes inmuebles y derechos con ellos relacionados que se prescriben en este TRLdS08.

En consecuencia, el contenido del mismo afecta a los actos concretos relacionados con el régimen del suelo y su proceso de transformación y las circunstancias que exigen proceder a su valoración, en función del objeto de la misma.

Por lo tanto, de acuerdo a la sistemática establecida en la formulación de la nueva legislación, el artículo se desagrega en dos apartados, el primero que analiza las situaciones jurídico-administrativas en las que resulta obligada la aplicación de las diferentes metodologías aplicativas previstas en la misma y, en segundo lugar, el momento de referencia que debe considerarse a los efectos de proceder al inicio del procedimiento de tasación.

Por otro lado, esta regulación viene a derogar la establecida en los artículos 23 y 24 de la Ley 6/1998, de 13 de abril, sobre régimen de suelo y valoraciones (LRSV), si bien al tratarse de aspectos procedimentales genéricos, ya muy consolidados por la tradición urbanística, sólo aporta algunas novedades importantes, como son la indemnización por responsabilidad patrimonial de la Administración y el procedimiento para las técnicas correspondientes a la Venta o Sustitución Forzosa por causa del incumplimiento por los propietarios del deber de edificar o rehabilitar, previsto en los artículos 36 y 37 TRLdS08.

En cualquier caso, conviene resaltar que la incorporación de este nuevo supuesto, así como la redacción abierta dada al primero de ellos, son perfectamente conformes con la distribución competencial en la materia, tal y como ha sido interpretada por el Tribunal Constitucional, que justifica que las reglas de valoración del Estado se apliquen en todos los supuestos de expropiación material o determinación imperativa del valor a un bien o derecho. En efecto, el nuevo marco legal extiende la aplicación del régimen de valoraciones no sólo a las operaciones de reparto de beneficios y cargas, sino en general a las «precisas para la ejecución de la ordenación territorial y urbanística en las que la valoración determine el contenido patrimonial de facultades o deberes propios del derecho de propiedad», siempre y cuando sea «en defecto de acuerdo entre todos los sujetos afectados». Y es que no sólo en los procedimientos de equidistribución puede ser preciso hacer valoraciones imperativas, no convencionales, sino también son aplicables en otros procedimientos urbanísticos, como los de ocupación directa, o de venta o sustitución forzosas, o de declaración de la situación de ruina. En ellos concurre el criterio último exigido por la doctrina del Tribunal Constitucional para aceptar que las reglas valorativas sean competencia del Estado, que en definitiva se trate de «una tasación expropiatoria» en sentido material, lo que encuentra amparo en el título del artículo 149.1.18.ª CE y, menos directamente, el 149.1.1.ª CE. Véase STC 164/2001, de 11 de julio, F.J. 34.º

Pasemos, en cualquier caso, a analizarlos pormenorizadamente.

2. La determinación del ámbito objetivo del sistema de valoración (apdo. 1)

Se establecen en este precepto las cuatro situaciones jurídico-urbanísticas y administrativas en las que resulta obligada la aplicación de los métodos concretos de valoración que se regulan en los artículos siguientes de la Ley y que afectan, tanto al suelo como a las edificaciones, construcciones e instalaciones sobre aquel «superpuestas», así como a los derechos constituidos sobre o en relación con ellos.

a) La primera situación a aplicar los criterios de valoración se establece con carácter subsidiario al acuerdo entre los propietarios afectados. En efecto, se trata de ponderar las aportaciones de los particulares en el ejercicio de desarrollo de una actuación urbanizadora en aplicación del principio general del urbanismo español, recogido expresamente en la letra c) del número 1 del artículo 8 TRLdS08, como es el de reparto equitativo de beneficios y cargas. Obviamente, en una actuación en que los particulares (propietarios y promotor-urbanizador, en su caso), asumen costear las obras y repartirse los beneficios que se deriven de la actividad inmobiliaria de acuerdo a su criterio y siempre que, obviamente, se cumpla la finalidad del planeamiento y no se menoscabe el interés general de la actuación, la unanimidad de voluntades en sus decisiones, incluso definiendo criterios valorativos diferentes a los establecidos en el TRLdS08, deben ser respetados. Ahora bien, si no existe acuerdo unánime entre la totalidad de los afectados, resulta obligada la aplicación estricta de los métodos establecidos en la nueva legislación, pues lo contrario posibilitaría una indefensión inaceptable de los propietarios minoritarios y un retraso inasumible en el proceso de desarrollo de las actuaciones de urbanización.

b) La segunda situación a aplicar los criterios de valoración se refiere a la más propia de su contenido, es decir, a la fijación de los justiprecios derivados de los procedimientos de expropiación, sean cuales fueren las finalidades o la legislación que la motive, tal como se ha señalado al comienzo del artículo. En este sentido, la definición unívoca de un solo criterio legal de valoración del justiprecio expropiatorio y sin perjuicio de su convivencia con otras metodologías valoratorias relativas a otras finalidades públicas (*v. gr.,* fiscales), debe ser siempre bienvenida. Téngase en cuenta que la diversidad de metodologías de tasación diferenciadas en relación a la fijación de los justiprecios, lo único que han producido es introducir gran confusión en un tema tan complejo y controvertido como es la valoración expropiatoria de los bienes inmuebles.

De acuerdo a ello, el TRLdS08 realiza un esfuerzo de concreción y casuística para recoger la totalidad de las posibles situaciones valorativas y el establecimiento de unos criterios propios y uniformes que permitirán garantizar mucho mejor, por un lado, la seguridad jurídica de los procedimientos puestos en marcha, así como también por otro lado, coadyuvarán a facilitar la comprensión y, por consiguiente, la asunción social de unas técnicas jurídicas de contenido matemático-financiero, no siempre fácilmente asimilables por los no especializados.

c) La tercera situación contemplada en este precepto a los efectos de la aplicación de los criterios de valoración previstos en el nuevo marco legislativo, recoge, quizá, la única novedad más genuina con respecto a la legislación anterior y que no es otra que la que se refiere a la circunstancia derivada del incumplimiento, por parte de los propietarios, del deber de edificar o rehabilitar sus fincas, en los plazos y condiciones establecidas, deber ya regulado en el sistema tradicional urbanístico español, pero que en la nueva legislación su procedimiento se recoge de manera más pormenorizada en el número 1 de su artículo 9 y, sobre todo, en la regulación de las consecuencias que de dicho incumplimiento se derivan, establecidas en los artículos 36 y 37 TRLdS08.

En este punto, convendría señalar, al menos en términos generales, esas novedades que comporta la nueva legislación. De hecho, es conocido que el incumplimiento del deber de edificar o rehabilitar en el plazo y la no satisfacción de las condiciones que tuvieran establecidas, bien en el planeamiento, bien en la Orden de Ejecución correspondiente, aparte de la adopción de medidas administrativas sancionatorias de «menor calado», como la imposición de multas coercitivas, etc., la auténtica y esencial disposición sancionatoria consistía en la expropiación del bien inmueble para su ejecución posterior, bien por la propia Administración, bien por un tercero beneficiario de la expropiación.

Sin embargo, también es de público conocimiento la escasísima experiencia aplicativa de esta drástica medida, justificada, seguramente, en dos razones básicas: una, a la dificultad sociológica de proceder a la expropiación de un bien a un particular mediante la aplicación de una institución, la expropiación, dotada de un gran rechazo social y, más aún, cuando la autoconsideración de incumplidor por no proceder a ejecutar lo establecido por Ley, no es un valor moral internalizado por la mayoría de los ciudadanos. En segundo lugar, como razón explicativa de la falta de aplicabilidad de la medida de la expropiación-sanción, habría que encontrarla en la «hipervaloración» del bien inmueble que, en numerosos supuestos, comportaba el sistema de valoraciones de la legislación anteriormente vigente, lo que venía a suponer una dificultad añadida a la inaplicabilidad generalizada de la norma.

En cualquier caso, sean cuales fueren las razones que explicaran la inactividad pública ante el incumplimiento del deber de edificar-rehabilitar, el TRLdS08 viene a ofrecer cobertura jurídica a un nuevo sistema de actuación administrativa alternativo al tradicional, más eficaz y menos drástico y «dramático» que la expropiación y más propio y acorde a una economía social de mercado que debe operar en coherencia con la función pública que el urbanismo y su desarrollo comporta.

Así, en sus artículos 36 y 37 se recoge el procedimiento regulador relativo a la facultad administrativa de proceder a la ejecución sustitutoria forzosa por tercero no propietario, mediante la aplicación de procedimiento concurrencial, en el cual se posibilite la imposición del régimen de propiedad horizontal con el propietario del inmueble y señalándose en el número 3 del artículo 36, como medida definitoria del contenido mínimo del derecho de propiedad (aun en el caso, como es el que nos ocupa, derivado del incumplimiento de un deber legal), que el valor del suelo, a efectos sancionatorios por las legislaciones autonómicas, no podrá ser minorado por debajo del 50% del valor resultante de las metodologías establecidas en este TRLdS08, correspondiéndole, en cualquier caso, la diferencia a la Administración actuante.

Pues bien, a esta novedosa situación jurídico-urbanística se refieren los criterios de valoración establecidos en la nueva legislación y en la que en este apartado nada más se profundiza, sometiéndose a los comentarios correspondientes a los citados artículos 36 y 37 en aras de evitar reiteraciones impropias.

d) La última situación definitoria de la aplicabilidad de los criterios de valoración establecidos en la Ley se refiere a la determinación de la responsabilidad patrimonial de la Administración Pública.

De nuevo la justificación de esta prescripción es obvia y responde al principio de coherencia que preside la formulación sistemática y jurídica del TRLdS08. Las eventuales indemnizaciones que deba asumir la Administración por causa de alguna actuación pública derivada de una alteración eventual del planeamiento que causase perjuicio a un tercero deberán valorarse de manera análoga a los métodos aplicables en los casos de tasación de bienes por razones expropiatorias, quedando explícita la trascendental novedad de la disposición prescrita.

3. La referencia temporal de las valoraciones (apdo. 2)

Se establece en este precepto la referencia temporal aplicable a la valoración que se pretenda realizar, en función de las diversas situaciones jurídico-urbanísticas previstas en el número anterior.

La trascendencia de lo preceptuado se deriva, obviamente, de la propia lógica del desarrollo urbano. Si como se verá a lo largo de la explicación de los diferentes artículos que establecen las diversas metodologías valorativas aplicativas para cada caso concreto, el TRLdS08 asume una doble perspectiva a la hora de tasar los bienes inmuebles: una primera «estática», derivada de la realidad fáctica del bien en el momento de la valoración y una segunda consideración «dinámica», derivada del proceso de transformación, bien de rural o urbanizado, bien del relativo a la edificación del solar o de su eventual renovación urbana. De esta doble concepción se deduce, sin más comentario adicional, la importancia de la adopción del momento al que se debe referir la tasación a realizar.

Pues bien, pasemos a analizar pormenorizadamente las prescripciones señaladas.

a) Cuando la valoración se realice en el ámbito propio de una actuación urbanizadora desarrollada por los particulares afectados en aplicación del régimen de reparto de beneficios y cargas, se considerará como «momento cero» la fecha en que se adopte el inicio de la aprobación del instrumento que la motive que, tradicionalmente, es el denominado «proyecto de reparcelación». Obviamente, será la legislación autonómica la que, en función de su competencia urbanística exclusiva, establezca el acto concreto que determine el inicio del procedimiento (aprobación inicial, exposición pública, etc.). Por lo tanto, en lo que respecta a esta situación, habrá que estar a la regulación concreta que establezca la legislación urbanística y territorial aplicable.

b) Cuando la valoración se aplique en función de una actuación de expropiación forzosa, se adoptará como referente el momento de la iniciación del expediente de fijación del justiprecio individualizado que vendrá determinado por la aprobación de la relación de bienes y derechos objeto de la expropiación o bien, desde el inicio del período de exposición al público, en el caso de aplicación del procedimiento de tasación conjunta.

c) Para los casos señalados como más novedosos del TRLdS08 relativos a la venta o sustitución forzosa por incumplimiento del deber de edificar-rehabilitar, se adoptará como «momento cero» la iniciación del procedimiento de declaración de incumplimiento del deber legal, declaración necesaria y obligada (previa audiencia al interesado), como es sabido, para poder legitimar la aplicación del procedimiento sancionatorio consistente, en este caso, en la ejecución sustitutoria forzosa prevista en sus artículos 36 y 37.

d) Finalmente, para los casos de determinación de la indemnización por causa de una eventual responsabilidad patrimonial de la Administración Pública, se adoptará como momento de referencia la entrada en vigor de la disposición que determine la responsabilidad o del inicio de la eficacia del acto o situación que hubiera producido la lesión en el administrado.

Artículo 22. *Criterios generales para la valoración de inmuebles.*

1. El valor del suelo corresponde a su pleno dominio, libre de toda carga, gravamen o derecho limitativo de la propiedad.

2. El suelo se tasará en la forma establecida en los artículos siguientes, según su situación y con independencia de la causa de la valoración y el instrumento legal que la motive.

Este criterio será también de aplicación a los suelos destinados a infraestructuras y servicios públicos de interés general supramunicipal, tanto si estuvieran previstos por la ordenación territorial y urbanística como si fueran de nueva creación, cuya valoración se determinará según la situación básica de los terrenos en que se sitúan o por los que discurren de conformidad con lo dispuesto en esta Ley.

3. Las edificaciones, construcciones e instalaciones, los sembrados y las plantaciones en el suelo rural, se tasarán con independencia de los terrenos siempre que se ajusten a la legalidad al tiempo de la valoración, sean compatibles con el uso o rendimiento considerado en la valoración del suelo y no hayan sido tenidos en cuenta en dicha valoración por su carácter de mejoras permanentes.

En el suelo urbanizado, las edificaciones, construcciones e instalaciones que se ajusten a la legalidad se tasarán conjuntamente con el suelo en la forma prevista en el apartado 2 del artículo 24.

Se entiende que las edificaciones, construcciones e instalaciones se ajustan a la legalidad al tiempo de su valoración cuando se realizaron de conformidad con la ordenación urbanística y el acto administrativo legitimante que requiriesen, o han sido posteriormente legalizadas de conformidad con lo dispuesto en la legislación urbanística.

La valoración de las edificaciones o construcciones tendrá en cuenta su antigüedad y su estado de conservación. Si han quedado incursas en la situación de fuera de ordenación, su valor se reducirá en proporción al tiempo transcurrido de su vida útil.

4. La valoración de las concesiones administrativas y de los derechos reales sobre inmuebles, a los efectos de su constitución, modificación o extinción, se efectuará con arreglo a las disposiciones sobre expropiación que específicamente determinen el justiprecio de los mismos; y subsidiariamente, según las normas del derecho administrativo, civil o fiscal que resulten de aplicación.

Al expropiar una finca gravada con cargas, la Administración que la efectúe podrá elegir entre fijar el justiprecio de cada uno de los derechos que concurren con el dominio, para distribuirlo entre los titulares de cada uno de ellos, o bien valorar el inmueble en su conjunto y consignar su importe en poder del órgano judicial, para que éste fije y dis-

tribuya, por el trámite de los incidentes, la proporción que corresponda a los respectivos interesados.

Procedencia

Este precepto recoge, sin alterarlo, el artículo 21 LdS.

El dictamen del Consejo de Estado no formuló observación alguna en este punto.

Comentario

1. Consideraciones generales y antecedentes legislativos

Se regulan en este artículo los criterios generales aplicables para la valoración de inmuebles, diseñados sobre la base de los nuevos principios rectores que presiden la formulación de la nueva legislación del suelo.

Para ello y desagregado en cuatro apartados, se regula en primer lugar el criterio de valoración considerado en sí mismo; en segundo lugar, las causas que motivan la valoración del mismo, con la salvedad al siempre controvertido tema de las infraestructuras y servicios públicos generales («sistemas generales» en la terminología tradicional urbanística), para continuar, en tercer lugar, con los criterios de valoración de edificaciones, instalaciones, plantaciones y demás bienes «sobrepuestos» eventualmente al suelo, para terminar, en cuarto lugar, con la regulación de las concesiones y derechos reales que pudieran existir sobre los inmuebles objeto de valoración.

En consecuencia, la nueva regulación viene a derogar la establecida en el artículo 25 de la Ley 53/2002, de 30 de diciembre, de medidas fiscales, administrativas y de orden social que modifica dicho artículo, así como también los artículos 31 y 32, todos ellos de la LRSV.

Obviamente, al ser criterios generales de valoración urbanística referidos a los objetos de bienes a valorar, causas de la misma, etc., y no entrar a pormenorizar las técnicas concretas de valoración, pocas innovaciones se producen con referencia a lo establecido en la Ley anterior, pues éstas adquieren toda su trascendencia en los artículos concretos en que se definen las diferentes metodologías valorativas.

No obstante, cabría destacar dos aspectos en este artículo: una mayor precisión y la modificación en el sistema de valoración de las edificaciones preexistentes, que no siempre se tasan independientemente del suelo, pues en la nueva legislación, en el suelo urbanizado, se valoran de manera conjunta (véase art. 24 TRLdS08).

Procede, por tanto, analizar pormenorizadamente la regulación establecida en el artículo 22.

2. Metodología de valoración

Como ya se ha señalado, la regulación establecida en este artículo atiende a los criterios generales que presiden la valoración de los diferentes bienes inmuebles, analizando diferenciadamente cada uno de ellos (suelo, edificaciones, derechos, etc.), por lo que procede pasar a explicar el contenido de cada uno de los apartados en que se desagrega el artículo.

2.1. *La correspondencia del valor del suelo (apdo. 1)*

Se establece en este precepto el principio general relativo a la valoración del suelo en este TRLdS08 entendido en sentido amplio como bien inmueble, considerando que debe ser tasado por su pleno dominio, es decir, analizado en sí mismo y en consecuencia, exento de las eventuales cargas, gravámenes o derechos que limitaran su propiedad y que, en el caso de que existieran, deberían valorarse de manera autónoma de la del «soporte suelo».

Por estas razones, en los artículos subsiguientes definitorios de las diferentes metodologías de valoración, se establecen los criterios de tasación relativos al suelo en situación básica de rural y de urbanizado, de manera independiente a las cargas establecidas en los artículos 9 y 16 TRLdS08, junto a los eventuales gravámenes o derechos limitativos que se recogen en los apartados correspondientes de los artículos afectados, así como las indemnizaciones por las pérdidas o alteraciones de la facultad de participar o de la iniciativa y promoción referentes a las actuaciones de transformación urbanística.

En todo caso, para evitar reiteraciones improcedentes, este apartado remite a la explicación pormenorizada y casuística correspondiente a los comentarios de los artículos concretos señalados.

2.2. *La forma de tasación del suelo (apdo. 2)*

Se establece en este precepto, en toda su expresividad, la trascendental concepción que comporta el nuevo régimen de valoración del TRLdS08: que el suelo se tasará por su valor real y no por expectativas de futuro incierto no derivadas del esfuerzo inversor de su titular. Asimismo, se establece que la metodología de valoración del suelo según los principios de la nueva legislación se llevará a cabo de acuerdo a las técnicas establecidas en los artículos correspondientes y que la aplicación de dichas metodologías serán independientes, en todo caso, de la causa o instrumento legal que motive la valoración, con lo que se establece de manera definitiva y con toda rotundidad, la universalidad de los métodos de valoración inmobiliaria que en el TRLdS08 se prescriben.

Asimismo, en el precepto se aclara también, de manera expresa, el controvertido caso de los denominados tradicionalmente «sistemas generales». De hecho, es conocido que a causa de su insuficiente definición concreta, se han producido interpretaciones doctrinales que han llegado a considerar que los suelos por donde discurren (*v. gr.*, grandes vías de comunicación-carreteras, autovías, etc.) disponen de una categoría jurídico-urbanística «autónoma» o «especial» independiente de las establecidas legalmente, lo que ha producido que, en ocasiones, se produjera una sorprendente «travestización jurídica» que ha posibilitado que en, algunos casos, carreteras que discurran por medio del campo se valoraran análogamente al valor de los urbanos de los núcleos o ciudades que conectaban.

A este respecto, alguna jurisprudencia ha venido considerando, sorprendentemente, que los suelos no urbanizables con destino a sistemas generales no debían ser valorados por su clasificación real y formal, sino por su «destino», esto es, teniendo en cuenta sus expectativas urbanísticas, como si de urbanizable se tratara. El razonamiento de esta interpretación parte de que la expropiación como no urbanizable de un suelo destinado a infraestructuras que dan servicio a usos urbanos o urbanizables, desvirtuaría el principio de equitativa distribución de beneficios y cargas para sus propietarios.

Sin perjuicio de la sorprendente consideración relativa a la «virtual» atribución de aprovechamiento urbanístico al no urbanizable («beneficio») que en ningún caso se contempla en el sistema urbanístico tradicional español, se crea así una doctrina jurisprudencial basada en el principio de que los suelos con destino a sistemas generales (comunicaciones viarias, aeropuertos, etc.) contribuyen a «crear ciudad», y que, al ser una materia específica de los planes de urbanismo, se deberían clasificar como urbanizables, entendiéndose que, aunque «formalmente» no lo sean, su valoración responderá a esta clase de suelo, dado que su «destino» no depende del título (suelo no urbanizable) que formalmente se le atribuye desde el planeamiento.

La Sentencia del Tribunal Supremo de 23 de mayo de 2000 y otras que se refieren al mismo asunto, señalan que el suelo de sistemas generales, si cuenta con los servicios que marca la Ley, es suelo urbano. Y si no cuenta con ellos, cabe decir, como única posible alternativa contraria, que, cualquiera que sea el tipo de suelo en el que está incluido, tendrá, a efectos de su valoración, naturaleza de suelo urbanizable, con apoyo legal en el artículo 26.2 del Reglamento de Planeamiento y su tasación ha de hacerse con arreglo al valor urbanístico. Entienden que es plenamente coherente con la equidistribución y los sistemas de obtención de sistemas generales, según los referidos pronunciamientos judiciales.

Esta abstracción de la clasificación formal del suelo para determinar su valor ha devenido en cierta deriva que no siempre ha mantenido una posición coherente, no sólo a la hora de reinterpretar el concepto de «crear ciudad», sino en el establecimiento de un método de valoración de dichos suelos como creación estrictamente jurisprudencial que, si bien se inspira en el artículo 2 del Real Decreto 3148/1978, no está determinado en el mismo.

Concretamente, el principio de «crear ciudad» produce ciertos conflictos dado que habría que definir qué sistemas generales sirven para tal fin. La jurisprudencia considera que un centro penitenciario es una instalación de ámbito ajeno al conjunto urbano del municipio, que, por razones sociales, puede autorizarse en suelo no urbanizable (como así sostiene la Sentencia del Tribunal Supremo de 28 de octubre de 2005) y, por tanto, no puede aceptarse que sirva para crear ciudad, siendo valorado como suelo no urbanizable, siendo en este caso de aplicación lo preceptuado en el artículo 36 LEF.

Por el contrario, la implantación de Universidades, aeropuertos, etc., «crea ciudad», y su valoración debe tener en cuenta las expectativas urbanísticas como consecuencia del destino del mismo, abstrayéndose de la redacción del artículo 36 LEF.

Sin embargo, debe advertirse que esta doctrina es una consecuencia espuria de la metodología de valoración introducida con la anterior LRSV.

La aprobación de la LRSV no vino a dar solución a esta doctrina interpretativa de la norma. Más bien al contrario, para la valoración de los suelos no urbanizables y urbanizables sin condiciones para su desarrollo establecidas se priorizaba el método de comparación, sin especificar que no deberá considerarse expectativa urbanística alguna.

La Ley 53/2002, de 30 de diciembre, ya citada, modificó el artículo 25 LRSV, estableciendo que la valoración de los suelos destinados a infraestructuras y servicios públicos de interés general «supramunicipal», autonómico o estatal, tanto si estuvieran incorporados al planeamiento urbanístico como si fueran de nueva creación, se valorarían según la clase de suelo en que se sitúen o por los que discurrieran. No obstante, en el supuesto que el planeamiento urbanístico los hubiera adscrito o incluido en algún ámbito de gestión, a los efectos de su obtención a través de los mecanismos de equidistribución de beneficios y cargas, su valoración se determinará en función del aprovechamiento de dicho ámbito, conforme a lo dispuesto en los artículos correspondientes.

No obstante, esta redacción no modifica la metodología de valoración por comparación para las clases de suelo comentadas anteriormente, sin entrar a matizar el alcance del mismo, en referencia a la inclusión o no de expectativas urbanísticas.

La Ley 10/2003, de 20 de mayo, de medidas urgentes de liberalización en el sector inmobiliario y transportes, introdujo una redefinición de la forma de valorar los suelos urbanizables que no contaran con las condiciones de desarrollo aprobadas, estableciendo taxativamente que deberían ser valorados como de no urbanizable, pero «sin consideración alguna de su posible utilización urbanística». Esta matización, sin embargo, no se introdujo en el sistema de valoración del no urbanizable cuando fuera posible la utilización del método de comparación.

En resumen, la malograda metodología de valoración que introdujo la LRSV y sus sucesivas modificaciones sobre este caso concreto, añadido al paradigma introducido en dicha legislación relativa al concepto del «todo urbanizable» (la totalidad del suelo es urbanizable, salvo el no urbanizable especialmente protegido), no sólo no vino a solventar el problema, sino que justificó, en la práctica, la doctrina jurisprudencial antes citada (ver Comentario 1 al art. 23 de este Manual).

Obviamente, estos dislates no podían seguir manteniéndose y por ello resulta ser más adecuada la valoración establecida en este precepto en el que se aclara, definitivamente, que los terrenos en los que se localicen cualquier «sistema general», tanto relativo al de comunicaciones y transportes, como dotacionales, grandes parques urbanos, etc., deberán valorarse en función de la situación básica de rural o de urbanizado en el que se ubiquen y siempre en los términos y metodologías que se establecen en la Ley, con criterios técnicos de valoración objetivables y sin consideración alguna de expectativas urbanísticas extrañas, por definición, al no urbanizable.

2.3. *La tasación independiente de las edificaciones, construcciones e instalaciones, sembrados y plantaciones (apdo. 3)*

Se establecen en este precepto los criterios generales de valoración relativos a los bienes y derechos que eventualmente puedan existir, «superpuestos» a la mera consideración del suelo en sí mismo, como son las edificaciones, construcciones, instalaciones, sembrados y plantaciones, ubicadas tanto en suelo rural como en el urbanizado, estableciéndose los dos criterios de consideración diferentes, en función de la situación del suelo en que se encuentren, tal como ya se ha señalado en la introducción de este artículo.

En efecto, para aquellas preexistencias localizadas en el suelo rural, deberán valorarse de manera independiente a la del suelo siempre que, obviamente, se ajusten a la legalidad, sean compatibles con la finalidad de la valoración y no hayan sido computadas en la valoración primaria del terreno.

Sin embargo, para el suelo urbanizado, las edificaciones e instalaciones existentes, por las razones que explícitamente se exponen en el número 2 del artículo 24 TRLdS08, se valorarán conjuntamente con el suelo, con las salvedades que en dicho precepto se establecen.

No se entran a describir las metodologías concretas relativas a la valoración de estas preexistencias pues, en aras de evitar redundancias improcedentes, se remite este apartado a lo explicado en los artículos 23 y 24 subsiguientes de la nueva legislación.

En cualquier caso, sí se aclara en este precepto la controvertida consideración del ajuste a la legalidad de estas edificaciones en el momento de su valoración. De hecho, en su tercer párrafo se regula esta circunstancia circunscribiéndola al momento de la valoración y disponiendo que se ajustará a la legalidad si así se realizaron de conformidad con el planeamiento vigente y el acto administrativo que lo autorizara en su momento o en el caso de una posterior legalización, siempre que se hubieran realizado, obviamente, de acuerdo a la legislación urbanística aplicable. En este sentido, debe tenerse en cuenta la trascendencia de este precepto, pues la consideración jurídica de ilegalidad comportaría la no realización de valoración alguna y ello sin perjuicio de las medidas disciplinarias y de restitución a la legalidad del orden infringido.

Por último, en el cuarto párrafo del precepto se establece la necesidad de considerar en la valoración el estado de conservación y antigüedad de las mismas, clarificando, también, otro aspecto de cierta controversia relativo a las edificaciones situadas en la condición jurídico-urbanística en la condición de «fuera de ordenación», señalando que, lógicamente, su valor deberá depreciarse en proporción al tiempo transcurrido de su vida útil, entendiendo esa depreciación en función de su situación física y no como una variable adicional a considerar en la minoración de su valor de tasación.

Igualmente a lo señalado anteriormente, este apartado se remite a los artículos 23 y 24 TRLdS08, donde se describen exhaustivamente las metodologías aplicables.

2.4. *La valoración de las concesiones y los derechos reales sobre inmuebles (apdo. 4)*

Se establecen en este precepto los mismos criterios generales de valoración de las concesiones administrativas y derechos reales que, en su caso, pudieran afectar a los inmuebles objeto de tasación (*v. gr.* usufructos, servidumbres, etc.), disponiéndose que se realizarán de acuerdo a los regulados en la legislación de expropiación forzosa y, subsidiariamente, a la normativa del Derecho administrativo, civil o fiscal que fueran aplicables y que, en el caso de expropiación, la Administración, al estar integrados estos valores en el valor total del inmueble, podrá optar por cualquiera de una de estas dos alternativas:

1. Fijar el justiprecio que corresponda a cada uno de esos derechos y distribuirlo entre los titulares de los mismos.

2. Obviamente, en el caso de inexistencia de acuerdo entre los interesados, la Administración deberá valorar el inmueble en conjunto y trasladar su importe al órgano judicial correspondiente para que sea éste el que cuantifique y distribuya, de acuerdo a un procedimiento de tipo contradictorio, la proporción que le pertenezca a cada interesado.

De esta forma, queda clarificado definitivamente que las indemnizaciones de derechos (*v. gr.* por arrendamientos), no son independientes del derecho de propiedad, suprimiéndose de una vez por todas criterios de valoración «yuxtapuestos» que ocasionaban justiprecios expropiatorios superiores a los de mercado.

En cualquier caso y de manera análoga a los apartados anteriores, se remite éste a las explicaciones realizadas en los subsiguientes artículos 23 y 24 en aras de evitar reiteraciones improcedentes.

Artículo 23. *Valoración en el suelo rural.*

1. Cuando el suelo sea rural a los efectos de esta Ley:

a) Los terrenos se tasarán mediante la capitalización de la renta anual real o potencial, la que sea superior, de la explotación según su estado en el momento al que deba entenderse referida la valoración.

La renta potencial se calculará atendiendo al rendimiento del uso, disfrute o explotación de que sean susceptibles los terrenos conforme a la legislación que les sea aplicable, utilizando los medios técnicos normales para su producción. Incluirá, en su caso, como ingresos las subvenciones que, con carácter estable, se otorguen a los cultivos y aprovechamientos considerados para su cálculo y se descontarán los costes necesarios para la explotación considerada.

El valor del suelo rural así obtenido podrá ser corregido al alza hasta un máximo del doble en función de factores objetivos de localización, como la accesibilidad a núcleos de población o a centros de actividad económica o la ubicación en entornos de singular valor ambiental o paisajístico, cuya aplicación y ponderación habrá de ser justificada en el correspondiente expediente de valoración, todo ello en los términos que reglamentariamente se establezcan.

b) Las edificaciones, construcciones e instalaciones, cuando deban valorarse con independencia del suelo, se tasarán por el método de coste de reposición según su estado y antigüedad en el momento al que deba entenderse referida la valoración.

c) Las plantaciones y los sembrados preexistentes, así como las indemnizaciones por razón de arrendamientos rústicos u otros derechos, se tasarán con arreglo a los criterios de las Leyes de Expropiación Forzosa y de Arrendamientos Rústicos.

2. En ninguno de los casos previstos en el apartado anterior podrán considerarse expectativas derivadas de la asignación de edificabilidades y usos por la ordenación territorial o urbanística que no hayan sido aún plenamente realizados.

Procedencia

Este precepto coincide, en su literalidad, con el artículo 22 LdS.

El dictamen del Consejo de Estado no hizo observación alguna en relación con esta norma.

Comentario

1. Consideraciones generales y antecedentes legislativos

Se regulan en este artículo los criterios de valoración legal de los terrenos que se encuentran en la situación básica de suelo rural (apartado 2 del art. 12 TRLdS08) y, más en concreto, de aquellos que se encuentren en la posición más esencial y prístina posible, es decir, sin existencia de previsiones de transformación urbanística atribuidas por algún instrumento de planeamiento.

De hecho, para aquellos terrenos en situación de rural que ya tuviesen prevista su urbanización «inmediata» en algún instrumento de ordenación o gestión territorial o urbanística, o que aquélla se encontrara ya iniciada en los términos establecidos en el apartado 2 del artículo 14 de la nueva legislación, procede adicionar al valor del suelo determinado, según este articulado, el valor de la indemnización derivada, bien por la pérdida de la facultad de participar, bien por la pérdida de la iniciativa de la promoción reguladas en los artículos 25 y 26, respectivamente, del TRLdS08.

En consecuencia de lo señalado, esta regulación viene a sustituir el método de valoración establecido hasta ahora en el artículo 26 LRSV relativo al «suelo no urbanizable» y al establecido en el apartado 2 del artículo 27 de la Ley 10/2003, de medidas urgentes de liberalización en el sector inmobiliario, relativo al «suelo urbanizable no incluido por el planeamiento en los ámbitos delimitados y hasta tanto no se apruebe el planeamiento de desarrollo [...]», ambas definiciones según la terminología urbanística que en esa Ley se empleaba.

En concreto, la nueva legislación viene a derogar la específica regulación que, basada en el método de comparación, la LRSV establecía como sistema preferente de valoración, sustituyéndolo por criterios más objetivables apoyados en la realidad física existente. De hecho, la regulación que establecía el citado artículo 19 se basaba en la comparación con «fincas análogas» y cuya identidad de razón llegaba a alcanzar a «la naturaleza de las citadas fincas» o a los «usos y aprovechamientos de que sean susceptibles». Esta ambigua redacción ha dado pie a interpretaciones doctrinales e incluso jurisprudenciales que han llegado a valorar suelos no urbanizables o los que vendremos a denominar urbanizables «no activados» (los no delimitados y sin las condiciones de desarrollo aprobadas), por el valor residual que correspondería a los suelos urbanizables que denominaremos «activados» (los delimitados que ya tienen aprobadas las condiciones para su desarrollo), lo que venía a introducir los valores especulativos en un suelo que, por definición, debe estar exento de dichas consideraciones y, adicionalmente, llegaba a confrontarse flagrantemente con el mandato constitucional antiespeculativo de su artículo 47.

De hecho, la regulación derogada venía también a vulnerar el viejo y sensato artículo 36 LEF, aún vigente, que establece el mandato a no considerar en absoluto «las plusvalías que sean consecuencia directa del plano o proyecto de obras que dan lugar a la expropiación y las previsibles para el futuro».

Por todo ello, la nueva regulación relativa a la valoración legal del suelo rural, resulta ser más acorde al mandato constitucional y a la sensatez jurídico-económica que debe presidir la actividad urbanística y la inversión productiva en un sector tan explícitamente vinculado a la función pública como es el del desarrollo urbanístico y territorial de nuestras ciudades.

2. Metodología de valoración

El artículo regula el método de valoración del suelo rural desagregado en las diferentes circunstancias en que pueda presentarse.

Así, en la letra a) del número 1 se establece el modo de tasación de los terrenos, exclusivamente considerados en sí mismos, mientras que en la letra b) se procede a regular la valoración de las eventuales edificaciones, construcciones o instalaciones que pudieran existir y terminando en la letra c) con la valoración de las plantaciones y sembrados, así como de los arrendamientos u otros derechos que pudieran existir sobre los predios en cuestión.

Se cierra el artículo con el número 2 que viene a prohibir explícitamente la consideración valorativa de cualquier uso o edificabilidad atribuibles por el planeamiento que no se encontrase plenamente realizada en el momento de la valoración.

Pasemos a analizarlos pormenorizadamente.

2.1. *La tasación de terrenos [apdo. 1.a)]*

El precepto establece, en su primer párrafo, que la tasación de los terrenos rurales se determinará por la capitalización de la mayor de las rentas del uso, disfrute o explotación existente en la finca rústica, sea ésta agraria, minera o cualquier otra, incluso de carácter recreativo relacionada con el sector primario, considerándose bien la renta real, bien la potencial, tomando en cuenta solamente el estado de la finca en el momento de la valoración. A continuación, en el segundo párrafo, se establece el método de determinación de la renta potencial señalando que atenderá al rendimiento de cualquier explotación legal de la que sean susceptibles los terrenos (obviamente, los de mayor rentabilidad posible —aplicación del «principio de mayor y mejor uso»—) siempre que se consiga mediante la utilización de los medios técnicos e instrumentos normales de producción, incluyéndose, en su caso, en la partida de ingresos las eventuales subvenciones estables que se otorguen a la actividad y a los cultivos y descontándose, lógicamente, los gastos necesarios de explotación.

Por último, en el tercer párrafo se recupera un viejo criterio tradicional en la determinación del precio de la tierra y que no es otro que la «renta de localización». En concreto, se prescribe que el valor que se obtenga por la metodología anterior se podrá corregir al alza en función de su posición locacional y de la accesibilidad de los terrenos a núcleos urbanos de población o a centros de actividad económica o entornos naturales de singular valor medioambiental que generen una relevante demanda social (*v. gr.*, playas, parques naturales, etc.), según una metodología que se determinará reglamentariamente, pero que se acota expresamente en un máximo del duplo de aquélla.

Pues bien, procede desarrollar el método de capitalización de rentas rústicas, debiendo comprender en las mismas los rendimientos derivados de su explotación agrícola, forestal, ganadera, cinegética o cualquier otra semejante, no urbanística, a la que estuviera destinada.

Para ello, se seguirá el procedimiento clásico y tradicional de cálculo del valor de la tierra ya determinado en la valoración catastral y urbanística tradicional española. Para determinar el rendimiento bruto de la explotación, se restará del producto (real o potencial) los gastos de explotación necesarios directos e indirectos para su producción y que en el caso del rendimiento real, se debe promediar en función de sus resultados en los últimos cinco años, con lo que el rendimiento (RBM) será:

$$RBM \equiv \frac{\sum_{i=1}^{5} \text{Valor del Producto Real o Potencial}_i - \text{Gastos de Explotación (Directos e Indirectos)}_i}{5 \text{ años}}$$

La renta bruta de la tierra se obtendrá restando del rendimiento bruto medio el beneficio empresarial (beneficio del cultivador o renta del empresario) de la actividad económico-productiva y que dependerá del tipo de cultivo o explotación, costumbres, aparcerías, medianías, diferentes medios, etc., pero que no suele exceder del 50% del rendimiento bruto ni ser inferior al 15% del mismo.

$$RB \equiv (0{,}85 \sim 0{,}50)\ RBM$$

La renta neta será el resultado de detraer a la renta bruta de la tierra los gastos propios del inmueble (anuales), a los que denominaremos G_P, que sufraga el propietario (por ej.: gastos de conservación, amortizaciones de obras, construcciones e instalaciones, etc.), siempre que no hubieran sido deducidos en el apartado anterior, para el cálculo de la renta bruta.

$$RN \equiv RB - G_P$$

Finalmente, la renta neta se capitalizará a perpetuidad (entendiendo que la vida útil de producción de renta es «infinita») al interés que denominaremos «i» (en tanto por ciento) que se establezca para obtener el valor que denominaremos «básico» del suelo en situación de rural (antes de su corrección locacional).

$$VR \equiv \frac{RN}{i\ \%}$$

Aquí se manifiesta un problema ya clásico, sobre la determinación del tipo de interés al que capitalizar la renta, pues la rentabilidad económica de una explotación rústica no tiene por qué ser análoga al de otras actividades productivas, por lo que la referencia a tipos de interés normales en el tráfico económico, dada su variabilidad (interés legal, por ejemplo), pueden producir distorsiones y resultados no deseables o injustos. Por ello, en la disposición adicional séptima del TRLdS08, se establece que el tipo de interés aplicable a la capitalización será el publicado por el Banco de España para determinar el rendimiento de la deuda pública del Estado en mercados secundarios a tres años, índice más estable y acorde a la finalidad perseguida. No obstante, si se observara un alejamiento significativo en los precios de mercado de los suelos rústicos «puros» (sin expectativas urbanísticas), el número 2 de la citada disposición habilita al Gobierno para que en la Ley de presupuestos generales del Estado se pueda modificar el tipo de interés para adecuarlo a la realidad.

Pues bien, una vez obtenido el valor «básico» del suelo, procede la determinación definitiva del valor del suelo rural mediante su corrección por la situación relativa de los terrenos en función de su cercanía y sistemas de accesibilidad a centros de población, de actividad económica o a espacios naturales (playas, riberas fluviales, etc.) de demanda social intensa, corrección que viene a considerar una cierta «renta de posición» diferencial en función del entorno espacial y territorial en el que se integra. Indudablemente, esta circunstancia siempre ha sido considerada como un factor relevante en la formación tradicional del «precio de la tierra», la cual es independiente de sus propias expectativas jurídico-urbanísticas y que, en ningún caso, son tomadas en consideración en su valoración legal, tal como la nueva legislación establece explícitamente.

Obviamente, la metodología de aplicación en su cálculo excede el contenido del TRLdS08 y se remite a su desarrollo reglamentario que será el que determinará el modelo a aplicar (gravitatorio, de potenciales, etc.). No obstante, para evitar posibles resultados incoherentes con la realidad empíricamente objetivable, el propio texto legal establece que el valor de la renta de posición no podrá superar al duplo del valor derivado de la capitalización de la renta real o potencial.

En definitiva, el TRLdS08 consigue definir una metodología para calcular el valor del suelo rural «puro» (sin atribución de derechos a su transformación por algún instrumento de planeamiento) que le permite alcanzar valores más adecuados a la realidad al trascender de la eventualidad de su situación productiva en un momento concreto, al aplicar la consideración de la renta de su posible explotación potencial y a la que se le adiciona su renta de posición, lo que viene a compensar, más que razonablemente, la «valoración afectiva» derivada de la pérdida de la propiedad y, todo ello, sin consideración de expectativa urbanística alguna.

Para conocer el orden de magnitud de los valores reales alcanzados por el suelo rústico, según datos publicados por el Ministerio de Agricultura para el 2005, los precios de mercado de la tierra en España varían entre los 0,27 €/m^{2}s para pastizal de secano, a los 0,98 €/m^{2}s para el prado natural de regadío, o a los 6,8 €/m^{2}s para un determinado tipo de cítricos. Si consideramos que la aplicación de la renta potencial y el coeficiente de localización pueden multiplicar por 3 o por 4 el valor derivado de la renta real puntual derivada exclusivamente de su situación originaria momentánea, se observa la razonable metodología compensatoria que para los intereses del propietario la Ley viene a establecer.

Como ejemplo numérico plausible, podríamos considerar que un suelo de rentabilidad real de 3 €/m^{2}s, puede alcanzar un valor derivado de la renta potencial de 6 € y aplicando el coeficiente de localización medio ascendería a los 10 €/m^{2}s, ejemplo que aplicaremos en el resto de metodologías valorativas para facilitar una mejor comprensión de lo regulado en el TRLdS08.

2.2. *La tasación independiente, si procede, de las edificaciones, construcciones e instalaciones [apdo. 1.b)]*

El precepto establece el criterio de valoración de las edificaciones, construcciones e instalaciones que eventualmente pudieran existir en el suelo rural y que deban tasarse con independencia del valor del suelo por no haber sido tenidos en cuenta en la valoración de aquél, tal como establece el número 3 del artículo 22 TRLdS08 y determinando que la técnica a aplicar será la del método del coste de reposición según el estado de conservación en que se encuentre en el momento de la valoración.

Para explicar el procedimiento de cálculo del método del coste de reposición (también denominado de reemplazamiento), procede recurrir a dos normas que recogen el citado método de valoración.

A) Método de reposición de la Orden del Ministerio de Economía 805/2003, de 27 de marzo, sobre normas de valoración de bienes inmuebles y de determinados derechos para ciertas finalidades financieras.

Los artículos 17, 18 y 19 de esta Orden recogen la metodología para el cálculo del coste de reposición de un inmueble.

Pues bien, procede, en primer lugar, calcular el valor bruto de reposición de los bienes construidos objeto de la valoración. Para ello se debe sumar al coste por contrata los gastos necesarios para su reposición (honorarios, tasas, gastos de administración, etc., pero no el beneficio de la promoción ni los gastos de financiación o de comercialización).

Restando del valor bruto la depreciación física y la funcional de la construcción, se determinará el valor neto de reposición perseguido. La depreciación física se calculará atendiendo al estado de conservación de la misma y la depreciación funcional se calculará como el valor de los costes y gastos necesarios para adaptar el edificio a los usos a los que se destina, o para corregir errores de diseño u obsolescencia.

En consecuencia, el valor neto de reposición se determinará por la fórmula:

$$VNR \equiv CRN \times (1 - d_1) - D_2$$

siendo:

VNR = Valor de reposición de las edificaciones, construcciones e instalaciones.

CRN = Coste de reposición de las edificaciones, construcciones o instalaciones consideradas como nuevas.

d_1 = Coeficiente de depreciación por antigüedad y conservación.

D_2 = Gastos de adaptación funcional.

B) Método de reposición del Real Decreto 1020/1993, de 25 de junio, por el que se aprueban las normas técnicas de valoración y cuadro marco de valores del suelo y la construcción para determinar el valor catastral de los bienes inmuebles de naturaleza urbana.

La normativa catastral sobre valoraciones queda recogida en esta disposición, que establece la forma de cálculo de los valores catastrales de los inmuebles urbanos.

La norma 12 de la norma reglamentaria establece que, para valorar las construcciones, se utilizará el valor de reposición, calculando su coste actual teniendo en cuenta uso, calidad y carácter histórico-artístico depreciándose, cuando proceda, en función de la antigüedad, estado de conservación y demás circunstancias contempladas en la norma 14 para su adecuación al mercado.

1. *Valor actual*

Según la norma 12.1 del comentado Real Decreto, se entenderá por coste actual el resultado de sumar al coste de ejecución los beneficios de contrata, honorarios profesionales e importe de los tributos que gravan la construcción.

El valor de la construcción actual, según la norma 11, será el resultado de multiplicar la superficie construida por el precio unitario obtenido a partir del módulo básico de construcción (MBC) correspondiente al área económica homogénea donde se encuentre el inmueble, por los coeficientes de tipología (CT) recogidos en el cuadro de coeficientes del valor de las construcciones (norma 20).

TIPOLOGÍAS CONSTRUCTIVAS			CATEGORÍA								
USO	**CLASE**	**MODALIDAD**	**1**	**2**	**3**	**4**	**5**	**6**	**7**	**8**	**9**
1 RESIDENCIAL	1.1 VIVIENDAS COLECTIVAS DE CARÁCTER URBANO	1.1.1 EDIFICACIÓN ABIERTA	1,65	1,4	1,2	1,05	0,95	0,85	0,75	0,65	0,55
		1.1.2 EN MANZANA CERRADA	1,6	1,35	1,15	1	0,9	0,8	0,7	0,6	0,5
		1.1.3 GARAJES, TRASTEROS Y LOCALES EN ESTRUCTURA	0,8	0,7	0,62	0,53	0,46	0,4	0,3	0,26	0,2
	1.2 VIVIENDAS UNIFAMILIARES DE CARÁCTER URBANA	1.2.1 EDIFICACIÓN AISLADA O PAREADA	2,15	1,8	1,45	1,25	1,1	1	0,9	0,8	0,7
		1.2.2 EN LINEA O MANZANA CERRADA	2	1,65	1,35	1,15	1,05	0,95	0,85	0,75	0,65
		1.2.3 GARAJES Y PORCHES EN PLANTA BAJA	0,9	0,85	0,75	0,65	0,6	0,55	0,45	0,4	0,35
	1.3 EDIFICACIÓN RURAL	1.3.1 USO EXCLUSIVO DE VIVIENDA	1,35	1,2	1,05	0,9	0,8	0,7	0,6	0,5	0,4
		1.3.2 ANEXOS	0,7	0,6	0,5	0,45	0,4	0,35	0,3	0,25	0,2
2 INDUSTRIAL	2.1 NAVES DE FABRICACIÓN Y ALMACENAMIENTO	2.1.1 FABRICACIÓN EN UNA PLANTA	1,05	0,9	0,75	0,6	0,5	0,45	0,4	0,37	0,35
		2.1.2 FABRICACIÓN EN VARIAS PLANTAS	1,15	1	0,85	0,7	0,6	0,55	0,52	0,5	0,4
		2.1.3 ALMACENAMIENTO	0,85	0,7	0,6	0,5	0,45	0,35	0,3	0,25	0,2
	2.2 GARAJES Y APARCAMIENTOS	2.2.1 GARAJES	1,15	1	0,85	0,7	0,6	0,5	0,4	0,3	0,2
		2.2.2 APARCAMIENTOS	0,5	0,5	0,45	0,4	0,35	0,3	0,2	0,1	0,05
	2.3 SERVICIOS DE TRANSPORTE	2.3.1 ESTACIONES DE SERVICIO	1,8	1,6	1,4	1,25	1,2	1,1	1	0,9	0,8
		2.3.2 ESTACIONES	2,55	2,25	2	1,8	1,6	1,4	1,25	1,1	1
3 OFICINAS	3.1 EDIFICIO EXCLUSIVO	3.1.1 OFICINAS MÚLTIPLES	2,35	2	1,7	1,5	1,3	1,15	1	0,9	0,8
		3.1.2 OFICINAS UNITARIAS	2,55	2,2	1,85	1,6	1,4	1,25	1,1	1	0,9
	3.2 EDIFICIO MIXTO	3.2.1 UNIDO A VIVIENDAS	2,05	1,8	1,5	1,3	1,1	1	0,9	0,8	0,7
		3.2.2 UNIDO A INDUSTRIA	1,4	1,25	1,1	1	0,85	0,65	0,55	0,45	0,35
	3.3 BANCA Y SEGUROS	3.3.1 EN EDIFICIO EXCLUSIVO	2,95	2,65	2,35	2,1	1,9	1,7	1,5	1,35	1,2
		3.3.2 EN EDIFICIO MIXTO	2,65	2,35	2,1	1,9	1,7	1,5	1,35	1,2	1,05
4 COMERCIAL	4.1 COMERCIOS EN	4.1.1 LOCALES COMERCIALES Y TALLERES	1,95	1,6	1,35	1,2	1,05	0,95	0,85	0,75	0,65
		4.1.2 GALERÍAS COMERCIALES	1,85	1,65	1,45	1,3	1,15	1	0,9	0,8	0,7
	4.2 COMERCIOS EN EDIFICIO EXCLUSIVO	4.2.1 EN UNA PLANTA	2,5	2,15	1,85	1,6	1,4	1,25	1,1	1	0,85
		4.2.2 EN VARIAS PLANTAS	2,75	2,35	2	1,75	1,5	1,35	1.20	1,05	0,9
	4.3 MERCADOS Y SUPERMERCADOS	4.3.1 MERCADOS	2	1,8	1,6	1,45	1,3	1,15	1.00	0,9	0,8
		4.3.2 HIPERMERCADOS Y SUPERMERCADOS	1,8	1,6	1,45	1,3	1,15	1	0,9	0,8	0,7
5 DEPORTES	5.1 CUBIERTOS	5.1.1 DEPORTES VARIOS	2,1	1,9	1,7	1,5	1,3	1,1	0,9	0,7	0,5
		5.1.2 PISCINAS	2,3	2,05	1,85	1,65	1,45	1,3	1,15	1	0,9
	5.2 DESCUBIERTOS	5.2.1 DEPORTES VARIOS	0,7	0,55	0,5	0,45	0,35	0,25	0,2	0,1	0,05
		5.2.2 PISCINAS	0,9	0,8	0,7	0,6	0,5	0,4	0,35	0,3	0,25
	5.3 AUXILIARES	5.3.1 VESTUARIOS, DEPURADORAS, CALEFACCIÓN, ETC.	1,5	1,35	1,2	1,05	0,9	0,8	0,7	0,6	0,5
	5.4 ESPECTÁCULOS DEPORTIVOS	5.4.1 ESTADIOS, PLAZAS DE TOROS	2,4	2,15	1,9	1,7	1,5	1,35	1,2	1,05	0,95
		5.4.2 HIPÓDROMOS, CANÓDROMOS, VELÓDROMOS, ETC.	2,2	1,95	1,75	1,55	1,4	1,25	1,1	1	0,9

6 ESPECTÁCULOS	6.1 VARIOS	6.1.1 CUBIERTOS	1,9	1,7	1,5	1,35	1,2	1,05	0,95	0,85	0,75
		6.1.2 DESCUBIERTOS	0,8	0,7	0,6	0,55	0,5	0,45	0,4	0,35	0,3
	6.2 BARES MUSICALES SALAS DE FIESTAS	6.2.1 EN EDIFICIO EXCLUSIVO	2,65	2,35	2,1	1,9	1,7	1,5	1,35	1,2	1,05
		6.2.2 UNIDO A OTROS USOS	2,2	1,95	1,75	1,55	1,4	1,25	1,1	1	0,9
	6.3 CINES Y TEATROS	6.3.1 CINES	2,55	2,3	2,05	1,8	1,6	1,45	1,3	1,15	1
		6.3.2 TEATROS	2,7	2,4	2,15	1,9	1,7	1,5	1,35	1,2	1,05
7 OCIO Y HOSTELERÍA	7.1 CON RESIDENCIA	7.1.1 HOTELES, HOSTALES, HOTELES	2,65	2,35	2,1	1,9	1,7	1,5	1,35	1,2	1,05
		7.1.2 APARTAHOTELES, BUNGALOWS	2,85	2,55	2,3	2,05	1,85	1,65	1,45	1,3	1,15
	7.2 SIN RESIDENCIA	7.2.1 RESTAURANTE	2,6	2,35	2	1,75	1,5	1,35	1,2	1,05	0,95
		7.2.2 BARES Y CAFETERÍAS	2,35	2	1,7	1,5	1,3	1,15	1	0,9	0,8
	7.3 EXPOSICIONES Y REUNIONES	7.3.1 CASINOS Y CLUBS SOCIALES	2,6	2,35	2,1	1,9	1,7	1,5	1,35	1,2	1,05
		7.3.2 EXPOSICIONES Y CONGRESOS	2,5	2,25	2	1,8	1,6	1,45	1,25	1,1	1
8 SANIDAD Y BENEFICENCIA	8.1 SANITARIOS CON CAMAS	8.1.1 SANATORIOS Y CLÍNICAS	3,15	2,8	2,5	2,25	2	1,8	1,6	1,45	1,3
		8.1.2 HOSPITALES	3,05	2,7	2,4	2,15	1,9	1,7	1,5	1,35	1,2
	8.2 SANITARIOS VARIOS	8.2.1 AMBULATORIOS Y CONSULTORIOS	2,4	2,15	1,9	1,7	1,5	1,35	1,2	1,05	0,95
		8.2.2 BALNEARIOS, CASAS DE BAÑOS	2,65	2,35	2,1	1,9	1,7	1,5	1,35	1,2	1,05
	8.3 BENEFICIOS Y ASISTENCIA	8.3.1 CON RESIDENCIA (Asilos, Residencia, etc.)	2,45	2,2	2	1,8	1,6	1,4	1,25	1,1	1
		8.3.2 SIN RESIDENCIA (Comedores, Clubs, Guarderías, etc.)	1,95	1,75	1,55	1,4	1,25	1,1	1	0,9	0,8
9 CULTURALES Y RELIGIOSOS	9.1 CULTURALES CON RESIDENCIA	9.1.1 INTERNADOS	2,4	2,15	1,9	1,7	1,5	1,35	1,2	1,05	0,95
		9.1.2 COLEGIOS MAYORES	2,6	2,35	2,1	1,9	1,7	1,5	1,35	1,2	1,05
	9.2 CULTURALES SIN RESIDENCIA	9.2.1 FACULTADES, COLEGIOS, ESCUELAS	1,95	1,75	1,55	1,4	1,25	1,1	1	0,9	0,8
		9.2.2 BIBLIOTECAS Y MUSEOS	2,3	2,05	1,85	1,65	1,45	1,3	1,15	1	0,9
	9.3 RELIGIOSOS	9.3.1 CONVENTOS Y CENTROS PARROQUIALES	1,75	1,55	1,4	1,25	1,1	1	0,9	0,8	0,7
		9.3.2 IGLESIAS Y CAPILLAS	2,9	2,6	2,3	2	1,8	1,6	1,4	1,2	1,05
10 EDIFICIOS SINGULARES	10.HISTÓRICO ARTÍSTICO	10.1.1MONUMENTALES	2,9	2,6	2,3	2	1,8	1,6	1,4	1,2	1,05
		10.1.2 AMBIENTALES O TÍPICOS	2,3	2,05	1,85	1,65	1,45	1,3	1,15	1	0,9
	10.2 DE CARÁCTER OFICIAL	10.2.1 ADMINISTRATIVOS	2,55	2,2	1,85	1,6	1,3	1,15	1	0,9	0,8
		10.2.2 REPRESENTATIVOS	2,75	2,35	2	1,75	1,5	1,35	1,2	1,05	0,95
	10.3 DE CARÁCTER ESPECIAL	10.3.1 PENITENCIARIOS, MILITARES Y VARIOS	2,2	1,95	1,75	1,55	1,4	1,25	1,1	1	0,85
		10.3.2 OBRAS URBANIZACIÓN INTERIOR	0,26	0,22	0,18	0,15	0,11	0,08	0,06	0,04	0,03
		10.3.3 CAMPINGS	0,18	0,16	0,14	0,12	0,1	0,08	0,06	0,04	0,02
		10.3.4 CAMPOS DE GOLF	0,05	0,04	0,035	0,03	0,025	0,02	),015	0,01	0,005
		10.3.5 JARDINERÍA	0,17	0,15	0,13	0,11	0,09	0,07	0,03	0,03	0,01
		10.3.6 SILOS Y DEPÓSITOS PARA SÓLIDOS (M/3)	0,35	0,3	0,25	0,2	0,17	0,15	0,14	0,12	0,1
		10.3.7 DEPÓSITOS LÍQUIDOS (M/3)	0,37	0,34	0,31	0,29	0,25	0,23	0,2	0,17	0,15
		10.3.8 DEPÓSITOS GASES (M/3)	0,8	0,65	0,5	0,4	0,37	0,35	0,31	0,27	0,25

El MBC recogido en la ponencia de valores del Municipio correspondiente será aquel que se determinó en el momento de su redacción, pudiendo encontrarse desfasado respecto al del mercado actual.

A este respecto, el Ministerio de Economía elabora y actualiza los MBC, siendo la última actualización la producida por la Orden Ministerial de 26 de abril de 2005:

Valores de repercusión del suelo — **Euros/m²**	**Valores de las construcciones** — **Euros/m²**
MBR_1 = 588,00	MBC_1 = 650,00
MBR_2 = 420,00	MBC_2 = 600,00
MBR_3 = 304,50	MBC_3 = 550,00
MBR_4 = 210,00	MBC_4 = 500,00
MBR_5 = 115,50	MBC_5 = 475,00
MBR_6 = 69,30	MBC_6 = 450,00
MBR_7 = 37,80	MBC_7 = 400,00

Si a pesar de lo anterior, el VC actual no coincidiera con el valor de mercado de construcción análoga, lo lógico será recurrir a otros medios: valores de revistas especializadas (BEC, Construc, EME DOS), módulos del Colegio de Arquitectos, etc.

Por todo lo anterior,

$$\text{el coste actual o nuevo} = VC_{NUEVO} = \sum_{i=1}^{n} MBC \times CT_i = €/m^2 t,$$

Siendo «i» el coeficiente relativo a los distintos usos/tipologías que se den en la construcción a valorar.

2. *Valor de reposición corregido*

El valor de reposición actual será corregido por los coeficientes correctores que, según la norma 11, le sean de aplicación.

La norma 13 recoge los coeficientes correctores del valor de las construcciones a los que hace mención el apartado tercero del artículo 22 TRLdS08. Dichos coeficientes son:

a) *Coeficiente H.* Antigüedad de la construcción:

Este coeficiente pondera la antigüedad de la construcción, teniendo en cuenta el uso predominante del edificio y la calidad constructiva.

— «u» (uso predominante del edificio), adopta en la fórmula los siguientes valores:

• Uso 1.º Residencial, oficinas y edificios singulares: 1,00.

• Uso 2.º Industrial no fabril, comercial, deportivo, ocio y hostelería, turístico, sanitario y beneficencia, cultural y religioso: 0,90.

• Uso 3.º Fábricas y espectáculos (incluso deportivos): 0,80.

Las ponencias de valores podrán recoger cuantías distintas, aplicables a algunas modalidades de edificios singulares.

— «c» (calidad constructiva según categorías del cuadro de coeficientes), adopta en la fórmula los siguientes valores:

• Categorías 1 y 2: 1,20.

• Categorías 3, 4, 5 y 6: 1,00.

• Categorías 7, 8 y 9: 0,80.

— «t» (años completos transcurridos desde su construcción, reconstrucción, rehabilitación integral), adopta los valores incluidos en la tabla siguiente:

T	H								
	Uso 1			Uso 2			Uso 3		
Años completos	Categorías			Categorías			Categorías		
	1-2	3-4-5-6	7-8-9	1-2	3-4-5-6	7-8-9	1-2	3-4-5-6	7-8-9
0-4	1,00	1,00	1,00	1,00	1,00	1,00	1,00	1,00	1,00
5-9	0,93	0,92	0,90	0,93	0,91	0,89	0,92	0,90	0,88
10-14	0,87	0,85	0,82	0,86	0,84	0,80	0,84	0,82	0,78
15-19	0,82	0,79	0,74	0,80	0,77	0,72	0,78	0,74	0,69
20-24	0,77	0,73	0,67	0,75	0,70	0,64	0,72	0,67	0,61
25-29	0,72	0,68	0,61	0,70	0,65	0,58	0,67	0,61	0,54
30-34	0,68	0,63	0,56	0,65	0,60	0,53	0,62	0,56	0,49
35-39	0,64	0,59	0,51	0,61	0,56	0,48	0,58	0,51	0,44
40-44	0,61	0,55	0,47	0,57	0,52	0,44	0,54	0,47	0,39
45-49	0,58	0,52	0,43	0,54	0,48	0,40	0,50	0,43	0,35
50-54	0,55	0,49	0,40	0,51	0,45	0,37	0,47	0,40	0,32
55-59	0,52	0,46	0,37	0,48	0,42	0,34	0,44	0,37	0,29
60-64	0,49	0,43	0,34	0,45	0,39	0,31	0,41	0,34	0,26
65-69	0,47	0,41	0,32	0,43	0,37	0,29	0,39	0,32	0,24
70-74	0,45	0,39	0,30	0,41	0,35	0,27	0,37	0,30	0,22
75-79	0,43	0,37	0,28	0,39	0,33	0,25	0,35	0,28	0,20
80-84	0,41	0,35	0,26	0,37	0,31	0,23	0,33	0,26	0,19
85-89	0,40	0,33	0,25	0,36	0,29	0,21	0,31	0,25	0,18
90-más	0,39	0,32	0,24	0,35	0,28	0,20	0,30	0,24	0,17

El período de antigüedad se expresará en años completos transcurridos desde la fecha de su construcción, reconstrucción o rehabilitación integral, hasta el 1 de enero del año siguiente al de la aprobación de la ponencia de valores.

Dicha ponencia podrá contemplar los casos de reformas que no puedan interpretarse como rehabilitación integral a efectos de la aplicación de este coeficiente. Asimismo, podrá incluir una relación de edificios a los que el mismo no sea de aplicación.

A los efectos de determinar la corrección de la fecha de antigüedad y para calcular la fecha de antigüedad efectiva por la existencia de reformas, se procederá de acuerdo con la siguiente fórmula:

$$Fa = Fc + (Fr - Fc)i$$

siendo:

Fa = Fecha de antigüedad efectiva a efectos de aplicación del coeficiente H.

Fc = Fecha de construcción.

Fr = Fecha de reforma.

i = Coeficiente que contempla el tipo de reforma. Adoptará los siguientes valores:

i = 0,25 para reforma mínima.

i = 0,50 para reforma media.

i = 0,75 para reforma total.

i = 1,00 para rehabilitación.

Reforma mínima.—Cuando las obras afecten a elementos constructivos no fundamentales y su coste sea inferior al 25% de lo que supondría realizar esa misma obra de nueva planta.

Reforma media.—Cuando las obras afecten a fachada o a algún elemento que suponga alteración de las características constructivas y su coste sea superior al 25% e inferior al 50% de la cantidad que supondría realizar la obra de nueva fachada.

Reforma total.—Cuando las obras afecten a elementos fundamentales de la construcción, suponiendo un coste superior al 50% e inferior al 75% de la cantidad que supondría realizar la obra de nueva planta.

Rehabilitación integral.—Cuando las obras de reforma se ajusten a lo estipulado como rehabilitación en el planeamiento o normativa municipal vigente, y, en su defecto, cuando la cuantía económica de las obras supere el 75% de la cantidad que supondría realizar la obra de nueva planta.

b) *Coeficiente I.* Estado de conservación:

Se encuadrará en una de las siguientes categorías:

• *Normal* (construcciones que, a pesar de su edad, cualquiera que fuera ésta, no necesitan reparaciones importantes): 1,00.

• *Regular* (construcciones que presentan defectos permanentes, sin que comprometan las normales condiciones de habitabilidad y estabilidad): 0,85.

• *Deficiente* (construcciones que precisan reparaciones de relativa importancia, comprometiendo las normales condiciones de habitabilidad y estabilidad): 0,50.

• *Ruinoso* (construcciones manifiestamente inhabitables o declaradas legalmente en ruina): 0,00.

El valor de reposición de la construcción, corregido por antigüedad y estado de conservación será:

$$VC = \sum_{i-1}^{n} MBC \times CT_i \times H \times I$$

2.3. *La tasación de las plantaciones y los sembrados y las indemnizaciones por razón de arrendamientos rústicos u otros derechos [apdo. 1.c)]*

El precepto establece el criterio de valoración de las plantaciones y los sembrados preexistentes, así como las indemnizaciones por arrendamientos rústicos u otros derechos, remitiéndose, para ello, a los establecidos en las Leyes de Expropiación Forzosa y de Arrendamientos Rústicos.

2.3.1. *La valoración de plantaciones y sembrados*

Debe advertirse que la LEF no recoge un criterio de valoración concreto, sino que, en su artículo 43, remite a la posibilidad de utilizar cualquier criterio estimativo que se juzgue más adecuado para alcanzar el valor real. No obstante, los métodos de valoración tradicionales que suelen utilizarse en este tipo de bienes, siempre que permitan alcanzar el valor real, son:

A) Plantaciones no ornamentales, no tenidos en cuenta en la valoración del suelo:

a) Cosechas pendientes (sólo indemnizables cuando la recolección no se hubiera realizado ni se hubiera podido realizar antes de su ocupación): en función de los precios de Boletines Agrarios, etc.

b) Arbolado productivo: en función de su producción (precios de los Boletines Agrarios, etc.).

B) Plantaciones ornamentales: Norma ICONA o Norma GRANADA. A pesar de que estos métodos de valoración carecen de rango legal, su utilización se ha generalizado para la valoración de plantaciones de tipo ornamental:

a) Norma ICONA (Instituto Nacional para la Conservación de la Naturaleza): Método elaborado en 1975, denominado «El cálculo de indemnizaciones derivadas de la pérdida de árboles ornamentales».

b) Norma GRANADA: Método denominado «Método de valoración del arbolado ornamental. Norma Granada», fue elaborado en 1990 por la Asociación Española de Parques y Jardines Públicos, en colaboración con el Comité español del Programa «El hombre y la Biosfera» de la UNESCO y con el Ayuntamiento de Granada.

2.3.2. *La valoración de arrendamientos*

La LEF remite en su artículo 44 a la correspondiente legislación de arrendamientos. Por tratarse de suelo rural, deberá atenderse a la propia de los arrendamientos rústicos, a saber, Ley 49/2003, de 26 de noviembre.

El apartado primero de la disposición adicional segunda de la citada norma establece los métodos de cálculo de las indemnizaciones correspondientes a los arrendatarios rústicos, siendo acordes con los criterios a tener en cuenta a la hora de la determinación de las citadas indemnizaciones que se recogen en el apartado 3 del artículo 137 del Reglamento de Gestión Urbanística aprobado por Real Decreto 3288/1978, de 25 de agosto, de aplicación supletoria conforme a la disposición transitoria tercera de este Texto Refundido, en tanto en cuanto no se desarrolle reglamentariamente la misma y que, en concreto, establece:

«A) En arrendamientos rústicos:

a) Carácter de actividad económica principal del arrendatario.

b) Dificultad de sustitución de dicha actividad.

c) Cuantía del beneficio del cultivador fijada en el cálculo del rendimiento bruto.

d) Valor de los elementos mecánicos propios del arrendamiento utilizados en la explotación.

e) Tener el arrendatario su domicilio habitual en la finca arrendada.»

Concretamente, el apartado primero de la disposición adicional segunda de la Ley de Arrendamientos Rústicos recoge los siguientes criterios:

«De conformidad con el artículo 44 de la Ley de Expropiación Forzosa de 1954, se establece el siguiente régimen de expropiación forzosa en materia de arrendamientos rústicos y aparcería:

1. Expropiación de fincas arrendadas:

a) En el supuesto de expropiación total o parcial del derecho del arrendatario, éste tendrá derecho frente al expropiante:

1.º Al importe de una renta anual actualizada y además al de una cuarta parte de dicha renta por cada año o fracción que falte para la expiración del período mínimo o el de la prórroga legal en que se halle. Cuando la expropiación sea parcial, estos importes se referirán a la parte de renta que corresponda a la porción expropiada.

2.º Al importe de lo que el arrendador deba por gastos y mejoras.

3.º A exigir que la expropiación forzosa comprenda la totalidad cuando la conservación de arrendamiento sobre la parte de la finca no expropiada resulte antieconómica para el arrendatario, aunque se redujera la renta.

4.º Al importe de las cosechas pendientes que pierda con la expropiación.

5.º A la indemnización de los daños y perjuicios que sufra la explotación agrícola de la que el arrendamiento sea uno de los elementos integrantes.

6.º A la indemnización que comporte el cambio de residencia, en su caso.

7.º Al premio de afección calculado sobre el importe total.

b) El expropiante descontará al arrendador del justo precio lo que haya de pagarse al arrendatario por gastos y mejoras cuyo importe corresponda abonar al arrendador.

c) En los casos de fincas que tuvieran la condición de rústicas al iniciarse el arrendamiento y hayan adquirido un plusvalor en el expediente de expropiación por corresponderles en tal momento distinta calificación, el propietario expropiado deberá abonar al arrendatario, con cargo a dicho plusvalor, una doceava parte del precio de la tierra por cada año que le reste de vigencia al contrato, valorada la tierra según el precio que tengan las fincas rústicas similares a la arrendada y sin que lo que abone el propietario pueda alcanzar nunca el valor total atribuido a las fincas ni la mitad del plusvalor.

d) En los casos de expropiación por causas de interés social, zonas regables u otros en los que el arrendatario tenga un derecho preferente a que se le adjudique otra explotación en sustitución de la expropiada se tendrá en cuenta esta circunstancia para disminuir equitativamente la cuantía de la indemnización.»

2.3.3. *La valoración del derecho de realojo y retorno*

Como un supuesto especial, deberá considerarse la regulación de la disposición adicional undécima de este texto refundido, que establece que, en la ejecución de actuaciones urbanísticas que requieran el desalojo de los ocupantes legales de inmuebles que constituyan su residencia habitual, se deberá garantizar el derecho de aquéllos al realojamiento, con sujeción a las siguientes reglas:

- Cuando se actúe por expropiación, la Administración expropiante o, en su caso, el beneficiario de la expropiación deberán poner a disposición de los ocupantes legales afectados viviendas en las condiciones de venta o alquiler vigentes para las sujetas a régimen de protección pública y superficie adecuada a sus necesidades, dentro de los límites establecidos por la legislación protectora.

- En las actuaciones aisladas no expropiatorias, los arrendatarios de las viviendas demolidas tendrán el derecho de retorno regulado en la legislación arrendaticia, ejercitable frente al dueño de la nueva edificación, cualquiera que sea éste. En estos casos, el propietario deberá garantizar el alojamiento provisional de los inquilinos hasta que sea posible el retorno.

2.3.4. *La valoración de derechos reales sobre inmuebles*

El artículo 42 LEF remite, a los efectos de valoración, a la Ley del impuesto de derechos reales, hoy sustituida por el texto refundido de la Ley del impuesto sobre transmisiones patrimoniales y actos jurídicos documentados (RDLeg 1/1993, de 24 de septiembre; LITP) y el Reglamento del impuesto sobre transmisiones patrimoniales y actos jurídicos documentados (RD 828/1995, de 29 de mayo; RITP).

Asimismo, de conformidad con el apartado 4 del artículo 22 TRLdS08, al expropiar una finca gravada con cargas, la Administración que la efectúe podrá elegir entre fijar el justiprecio de cada uno de los derechos que concurren con el dominio, para distribuirlo entre los titulares de cada uno de ellos, o bien valorar el inmueble en su conjunto y consignar su importe en poder del órgano judicial, para que éste fije y distribuya, por el trámite de los incidentes (procedimiento contradictorio), la proporción que corresponda a los respectivos interesados.

A) *Usufructo (arts. 10 LITP y 41 RITP)*

a) Usufructo temporal (Vu):

Vu = u × 2% × Vb

Vb = Valor total de los bienes.

u = N.º de años pendientes, con un máximo de 35 años. Es decir, 70% Vb ≥ Vu.

b) Usufructo vitalicio:

Vu = u × Vb

u = Igual al 70% del Vb cuando el usufructuario es menor de 20 años, minorando anualmente un 1%, con un límite mínimo del 10% del Vb.

Edad usufructuario								
< 20 años	20	21	22	23	---------	77	78	79
70%	69%	68%	67%	66%		12%	11%	10%

B) *Uso y habitación*

El valor de los derechos reales de uso y habitación será el que resulte de aplicar al 75% del valor de los bienes (Vb) sobre los que fueron impuestos, las reglas correspondientes a la valoración de los usufructos temporales o vitalicios, según los casos.

C) *Otros derechos reales (arts. 10 LITP y 45 RITP)*

El valor de las servidumbres y de otros derechos reales no contemplados en la legislación de transmisiones patrimoniales se calculará por el capital, precio o valor que las partes hubiesen pactado al constituirlos, si fuere igual o mayor que el que resulte de la capitalización al interés básico del Banco de España de la renta o pensión anual, o éste si aquél fuera menor. A este respecto, se debe tener en cuenta que según el artículo 68 de la Ley 66/1997, de 30 de diciembre, las referencias efectuadas en la legislación vigente al tipo de interés básico del Banco de España se entenderán realizadas al tipo de interés legal del dinero determinado en la Ley de Presupuestos Generales del Estado.

En el supuesto de no establecerse capital, precio, valor, renta o pensión, habrá que acudir al artículo 43 LEF

No obstante, para la valoración de las servidumbres, como consecuencia de la abundante casuística existente, habrá que acudir a las reglas de valoración establecidas en la legislación sectorial por las que se hubieran constituido y en la jurisprudencia (método de «antes y después», etc.).

2.3.5. *La valoración de las concesiones administrativas*

La LEF, en su artículo 41, establece unos métodos de valoración, sólo aplicables cuando la legislación especial (p. ej. costas, carreteras, aguas,...) correspondiente no establezca los suyos propios.

A) *Concesiones perpetuas de bienes de dominio público que tengan establecido un canon concesional*

En primer lugar se calculará la media aritmética entre la cantidad resultante de capitalizar al interés legal la renta líquida de rústica aumentada en un 5 o en un 10%, según sea catastrada o amillarada, y el valor en venta actual de fincas análogas por su clase y situación en el mismo término municipal o comarcal. En segundo lugar, de esta cantidad se descontará el importe capitalizado al interés legal del canon concesional.

B) *Concesiones de servicios públicos o de concesiones mineras otorgadas en fecha anterior a tres años*

Capitalización al interés legal de los rendimientos líquidos de la concesión de los tres últimos años, teniendo en cuenta, en su caso, el plazo de reversión. Sin embargo, en ningún caso el precio podrá ser inferior al valor material de las instalaciones de que disponga la concesión y que estén afectadas a la misma, teniendo en cuenta, en el caso de concesiones temporales, el valor de amortización de estas instalaciones, considerando el plazo que resta para la reversión.

C) *Concesiones a que se refiere el número anterior, que lleven menos de tres años establecidas o que no estén en funcionamiento por estar todavía dentro del plazo de instalación*

La determinación del precio se ajustará a las normas del artículo 43 (valor real).

Artículo 24. ***Valoración en el suelo urbanizado.***

1. Para la valoración del suelo urbanizado que no está edificado, o en que la edificación existente o en curso de ejecución es ilegal o se encuentra en situación de ruina física:

a) Se considerarán como uso y edificabilidad de referencia los atribuidos a la parcela por la ordenación urbanística, incluido en su caso el de vivienda sujeta a algún régimen de protección que permita tasar su precio máximo en venta o alquiler.

Si los terrenos no tienen asignada edificabilidad o uso privado por la ordenación urbanística, se les atribuirá la edificabilidad media y el uso mayoritario en el ámbito espacial homogéneo en que por usos y tipologías la ordenación urbanística los haya incluido.

b) Se aplicará a dicha edificabilidad el valor de repercusión del suelo según el uso correspondiente, determinado por el método residual estático.

c) De la cantidad resultante de la letra anterior se descontará, en su caso, el valor de los deberes y cargas pendientes para poder realizar la edificabilidad prevista.

2. Cuando se trate de suelo edificado o en curso de edificación, el valor de la tasación será el superior de los siguientes:

a) El determinado por la tasación conjunta del suelo y de la edificación existente que se ajuste a la legalidad, por el método de comparación, aplicado exclusivamente a los usos de la edificación existente o la construcción ya realizada.

b) El determinado por el método residual del apartado 1 de este artículo, aplicado exclusivamente al suelo, sin consideración de la edificación existente o la construcción ya realizada.

3. Cuando se trate de suelo urbanizado sometido a actuaciones de reforma o renovación de la urbanización, el método residual a que se refieren los apartados anteriores considerará los usos y edificabilidades atribuidos por la ordenación en su situación de origen.

Procedencia

Este precepto se corresponde, en su literalidad, con el artículo 23 LdS.

El dictamen del Consejo de Estado no le formuló observación alguna.

Comentario

1. Consideraciones generales y antecedentes legislativos

Se regulan en este artículo los criterios de valoración legal de los terrenos que se encuentran en la situación básica de suelo urbanizado (apartado 3 del art. 12 TRLdS08), es decir, aquellos suelos dotados de todos (o de «casi todos») los servicios urbanísticos propios de los núcleos de población y que se encuentran integrados en su trama urbana de forma legal y efectiva.

Por lo tanto, el contenido del precepto afecta a aquellas parcelas de suelo conformadoras de los tejidos urbanos de los núcleos de población y de las ciudades (es decir, los solares o «cuasisolares» a los que el planeamiento ha podido atribuirles o no usos o edificabilidades concretos), pudiendo encontrarse edificados, en edificación, ausentes de construcción sobre las mismas o en proceso de reforma o renovación de su entorno urbano. Se trata, en definitiva, del resultado final del proceso de transformación urbanística por la que se ha pasado del suelo rústico al urbano, mediante el desarrollo de actuaciones de transformación urbanística establecidas en la letra a).1) del apartado 1 del artículo 14 TRLdS08, desagregándose en espacios públicos de relación y comunicación (sistema viario, de zonas verdes y de equipamientos sociales) y espacios privativos para usos lucrativos (residencial, industrial o terciario), previa asunción y cumplimiento de los deberes derivados de la promoción urbanizadora en los términos establecidos en el artículo 16 de la nueva legislación.

Obviamente, en función del diferente estadio en que pudiera encontrarse el suelo urbanizado (sin edificación, edificado, en proceso de edificación o sujeto a reforma o renovación urbana), el artículo 24 contempla los tres supuestos, destinando un número para cada uno de ellos.

Finalmente, esta regulación viene a rellenar la lamentable ausencia de método de valoración relativo a aquellos suelos urbanos-solar a los que el planeamiento les atribuye un incremento de edificabilidad sobre la preexistente, así como también viene a sustituir el método de valoración establecido hasta ahora en los artículos 28, 29 y 31.2 LRSV relativos al suelo urbano y a la reforma del apartado 4 y adición de un nuevo apartado 5 al artículo 28 de dicha Ley por la Ley 10/2003, de medidas urgentes de liberalización en el sector inmobiliario.

En concreto, la nueva regulación viene a derogar el controvertido procedimiento de la LRSV aplicable a los casos en que existan edificaciones construidas en los suelos a valorar, pues en ella se valoran de manera independiente el suelo y la edificación, el primero por la metodología residual en función de los usos y edificabilidades atribuidos por el planeamiento (el aprovechamiento urbanístico) y la segunda por el método de reposición.

Obviamente este criterio de valoración comporta problemas y consecuencias injustas o no deseables, pues posibilita superar, en muchas ocasiones, el propio valor de mercado. En primer lugar, porque en la determinación del coste de reposición de la edificación resulta muy difícil no considerar la influencia del suelo en la misma, por lo que se estaría computando, en cierta medida, doblemente el valor del solar, tal como la experiencia práctica nos demuestra. Pero lo más importante es el injusto resultado que se produce en los casos en que la edificación preexistente, a igualdad de uso, disponga de una superficie construida mayor o menor que la edificabilidad atribuida por el planeamiento en vigor.

De hecho, si la edificabilidad es menor, el propietario resulta (¿injustamente?) beneficiado, pues al mayor valor residual que el Plan le atribuye, se le suma el coste de reposición de lo preexistente, liberándose de esta forma de internalizar los costes por la demolición de la edificación obsoleta, como hubiera sido necesario para proceder en régimen de derecho privado a la materialización de la nueva edificación atribuida. Pero si la edificabilidad preexistente fuera superior a la atribuida por el Plan (situación de «fuera de ordenación volumétrica») y sobre todo, en el caso de que fuera muy superior (pensemos en los numerosos —y lamentables— casos de «bloques especulativos» o «edificaciones singulares» de los años sesenta-setenta) la suma de un acotado valor residual del suelo más el de reposición que, además, por su «obsolescencia jurídica» derivada de su situación de fuera de ordenación puede comportar un resultado de escasa entidad (pues su mantenimiento y conservación se verán desincentivados por dicha condición) posibilitará, probablemente, que la valoración final total ni siquiera llegase a alcanzar el valor de mercado de las edificaciones existentes. Si a ello le añadimos la consideración que en la mayoría de los casos estaríamos afectando a bloques de vivienda barata de los años sesenta-setenta, habitados por familias de escasos recursos, se comprende el problema social generado cuando la indemnización no llegue a compensar el valor real de las fincas.

Asimismo, tal como hemos señalado al principio de este apartado, la nueva regulación viene a complementar la ausencia en la LRSV relativa al método de valoración para aquellos suelos urbanos-solar a los que el planeamiento, manteniendo el uso, por ejemplo, les atribuye un incremento de edificabilidad sobre la preexistente, lícitamente realizada.

Obviamente, ese incremento de edificabilidad exige una reserva de suelos dotacionales en la proporción adecuada y sobre la base de la aplicación del principio general de reparto de beneficios y cargas del sistema urbanístico español; los propietarios de los solares dotados de edificabilidad adicional, para poder patrimonializar ese incremento, deberán asumir la cesión de la cuota parte de suelo dotacional correspondiente. Asimismo, sobre la base del principio general de participación de la comunidad en las plusvalías, la Administración deberá reservarse el porcentaje sobre el incremento adicional que se fije por la legislación para patrimonio público de suelo.

Pues bien, la regulación de estas actuaciones que el TRLdS08 define como «actuaciones de dotación» en el número 1.b) del artículo 14, comporta el establecimiento del procedimiento para su valoración, procedimiento para el que la Ley da una respuesta solvente y adecuada.

Finalmente, el apartado 3 del artículo regula la situación de aquellos suelos urbanizados para los que se prevé una actuación de reforma interior posterior mediante la atribución de usos y edificabilidades diferentes a las originarias.

Esta situación debe ser contemplada específicamente en este artículo de la nueva legislación, pues los criterios de valoración a aplicar una vez iniciadas las obras de la reforma interior serán las establecidas en el apartado 2 del artículo 26.

En consecuencia, la nueva regulación cuya finalidad es objetivar claramente la valoración dentro de la ciudad adecuándola a la realidad existente para evitar enriquecimientos-empobrecimientos injustos, resulta muy adecuada a los principios del TRLdS08, pues permitirá un mayor acercamiento al mandato constitucional desde una mejor y siempre favorable seguridad jurídica.

2. Metodologías de valoración

El artículo regula los métodos de valoración pertinentes para cada una de las circunstancias ya señaladas en que se puede encontrar el suelo urbanizado, es decir, la de solar sin edificación alguna, la de solar edificado o en proceso de edificación y, finalmente, el sometido a operaciones de reforma interior o de renovación urbana. Pasemos a analizarlos pormenorizadamente.

2.1. *La valoración del suelo no edificado (apdo. 1)*

Establece el precepto la técnica de tasación de suelos urbanizados (o «cuasiurbanizados») sin edificación existente, refiriéndola al método residual estático.

Como es sabido, el método residual determina el valor del suelo (urbanizado en este caso) descontando de su valor en venta la totalidad de los costes y gastos necesarios para su producción, incluido el beneficio de la promoción de la ejecución urbanizadora. Es decir:

$$VRS = Vv - (Cu + Bp)$$

siendo:

VRS = Valor residual del suelo.

Vv = Ingresos por la venta de solares.

Cu = Cargas de urbanización (incluidos los gastos generales, financieros, etc.).

Bp = Beneficio de la promoción.

La justificación doctrinal de la aplicación de la metodología residual al suelo urbanizado se manifiesta con razonable claridad. Si en las parcelas edificables lucrativas, así establecidas por la ordenación urbanística, no existe edificación construida, ni su superficie tiene un uso productivo concreto que permitiera una valoración económica por su explotación «primaria», la única circunstancia por la que puede ser tasado es la derivada de los exclusivos atributos existentes en el mismo (atribución jurídica, en este caso) y que no son otros que el uso y la edificabilidad que el planeamiento les ha otorgado. Si, además, se considera que para poder entender patrimonializados por el propietario dichos atributos, previamente ha debido asumir todas las cargas y deberes de cesión de suelo dotacional y con destino a patrimonio público (en concepto de participación de la Administración en las plusvalías generadas), así como costear toda la urbanización (apartado 2 del art. 7 TRLdS08), cargas urbanísticas que se definen en proporción directa a la importancia y rentabilidad que el uso y edificabilidad atribuidos puedan producir, se deduce la adecuación justificativa del método aplicado en función de los criterios de «facticidad» que presiden las valoraciones de la nueva legislación.

Asimismo, la justificación de la aplicación de la metodología «estática» también se explica por sí misma. Obviamente, la valoración se realiza en un momento concreto (sea a efectos de definición de justiprecio expropiatorio, de formulación en proyecto de reparcelación, etc.) y es a las circunstancias económicas concretas de ese momento a las que deben referirse las variables que intervienen en el proceso valorativo. De hecho, la consideración de eventuales escenarios de futuro con respecto a la variabilidad de tipos de inflación, tipos de interés o alternativas posibles en el *cash flow,* no tienen sentido en la definición concreta del valor en un momento concreto, en el que, una vez realizada la valoración, se culmina el proceso, lo que permite, adicionalmente, dotar al mismo de una mayor objetividad que viene a redundar, de manera trascendental, en la siempre deseable y necesaria seguridad jurídica del procedimiento y ello, aún más, en un tema tan «vidrioso» y «sensible» como es en la valoración económica futura y potencial de los bienes inmuebles en el que la «subjetividad» de los procedimientos vigentes de tasación produce resultados absolutamente disímiles.

Para explicar el procedimiento de cálculo del valor del suelo según el método residual procede remitirse a la manualística de valoraciones al uso y, en concreto, a las «oficiales» desarrolladas en la Sección 5.ª de la Orden ECO/805/2003, de 27 de marzo, sobre normas de valoración de bienes inmuebles y de determinados derechos para ciertas finalidades financieras o a la normativa catastral (norma 16 del Real Decreto 1020/1993).

De hecho, la fórmula más aplicada tradicionalmente para valorar el suelo urbanizado (suelo urbano) es la catastral, que se define:

$$Vv = 1{,}40 \times (VRS + Vc) \times Fl$$

En la que:

Vv = Valor en venta del producto inmobiliario (€/m^2t).

VRS = Valor residual del suelo urbanizado (€/m^2t).

Vc = Valor de la construcción (€/m^2t).

Fl = Coeficiente de localización del inmueble.

1,40 = Coeficiente que representa la proporción de gastos generales, financieros y demás gastos de la promoción, incluido el beneficio empresarial de la misma.

En cualquier caso, debemos señalar que el coeficiente 1,40 de la norma 16 se manifiesta como un «estándar» administrativo para la definición de la fórmula catastral y cuya efectividad se modula en cada caso concreto de valoración catastral, por lo que debemos señalar la conveniencia de fijar el porcentaje de gastos cuantificados de manera concreta para cada caso de valoración en función de las circunstancias económicas y empresariales que se manifiesten en él.

Con respecto al procedimiento de cálculo del valor, la circunstancia de mayor trascendencia se manifiesta en la determinación del valor en venta del producto inmobiliario a edificar. Obviamente, la única forma rigurosa para su determinación es llevar a cabo un estudio de mercado del producto inmobiliario final a partir del cual se obtendría el valor residual del suelo, de manera que permita definirlo con seguridad y certeza en función de las circunstancias económicas del momento (estático). Lógicamente, en el caso de atribución de usos de valor tasado oficialmente (*v. gr.* para vivienda de protección pública), habrá que considerar el ofrecido por el Departamento autonómico competente en materia de vivienda. Asimismo, en el caso de que subsistieran varios usos en el solar de valores de repercusión de suelo diferentes (uso residencial de vivienda libre o de vivienda protegida junto con uso terciario, por ejemplo) deberán ponderarse cada uso en función de los diferentes valores de repercusión para calcular el «valor de repercusión medio» del mismo.

Una vez determinado el valor de repercusión del suelo urbanizado identificado en euros por metro cuadrado de techo construibles (€/m^2t), se aplicará al coeficiente unitario de edificabilidad atribuido por el planeamiento (m^2t/m^2s) para determinar el valor unitario de venta del suelo. Es decir:

$$Vv = V_R \times E \times Cp$$

siendo:

Vv = Valor en venta (unitario) del suelo en €/m^2s.

V_R = Valor de repercusión del suelo en €/m^2t.

E = Índice de edificabilidad atribuido por el Plan en m^2t/m^2s.

Cp = Coeficiente definitorio del contenido económico del derecho de propiedad derivado del correspondiente a la participación pública en las plusvalías ($0{,}95 \leq Cp \leq 0{,}80$)

Con respecto al coeficiente relativo a la participación pública de la comunidad en las plusvalías generadas se estará a lo dispuesto en el número 1.b) del artículo 16 TRLdS08 y a la legislación autonómica correspondiente, coeficiente que para la Administración oscila entre el 5% y el 15%, y un máximo excepcional del 20% de la edificabilidad media ponderada atribuida al suelo y, en consecuencia, para los propietarios se constituye entre el 95% y el 80%.

Para los casos en que el planeamiento no hubiera asignado edificabilidad concreta a un determinado suelo (algunos planes no atribuyen edificabilidad a las parcelas destinadas a dotaciones públicas-calles, zonas verdes o equipamientos en suelo urbano), el segundo párrafo del número 1.a) del artículo 24 solventa el problema determinando, razonablemente, que se le atribuya el uso mayoritario y la edificabilidad media preexistente del «ámbito espacial homogéneo» por usos y tipologías, es decir, por lo que urbanísticamente se entiende como «zona de ordenanza» en que el solar concreto se encontrara integrado.

La justificación es obvia. Los suelos urbanos destinados a equipamientos o zonas verdes públicas deben dimensionarse y localizarse como resultado de los usos y edificabilidades lucrativas que el planeamiento atribuya a parcelas edificables concretas integradas en una determinada zona de ordenación urbanística. En consecuencia, dichos suelos tendrán derecho a un uso y edificabilidad (aprovechamiento) subjetivo que, si nada establece el planeamiento, podrá hacerse equivalente a la media de las edificabilidades preexistentes en la zona, pudiendo compensarse en las parcelas que tienen atribuido los aprovechamientos adicionales a través de la aplicación de las técnicas de equidistribución voluntaria y discontinua (las conocidas transferencias de aprovechamiento urbanístico —TAUS—), con lo que se viene a satisfacer el principio general del justo reparto de cargas y beneficios y que ya en las actuaciones de dotación de este texto refundido se regulan expresamente.

Volviendo a la metodología de valoración, el valor residual del suelo se determinará restando del valor en venta (unitario y calculado tal como se ha explicado en este apartado) los costes derivados de los factores necesarios para poder patrimonializar el uso y la edificabilidad que el planeamiento les haya otorgado y que, en su caso, aún estuvieran pendientes de ejecutar.

En este punto conviene resaltar que los deberes y cargas a considerar son todos los necesarios para alcanzar la condición completa de solar y así poder materializar la edificabilidad atribuida y que abarcan no sólo a las obras de urbanización y entregas de suelo dotacional y patrimonial necesarias para pasar de suelo rural a urbanizado (primera fase de la «producción de ciudad»), sino también para los casos de renovación del plan en el que se atribuyan a solares concretos usos diferentes o edificabilidades superiores a las preexistentes [las ya referidas actuaciones de dotación contempladas en el mismo 1.b) del art. 14 TRLdS08], para los que se deberán considerar el deber de entregar el suelo dotacional y el destinado a patrimonio público por participación en las plusvalías en proporción al incremento edificatorio atribuido, tal como se establece en el segundo párrafo de los números 1.a) y 1.b) del artículo 16 de la nueva legislación.

Pues bien, si lo normal será que no existan deberes pendientes de satisfacer derivados del paso de rural a urbanizado (salvo «patologías» originarias en planeamientos «insolventes») aunque sí podría faltar algún servicio concreto a causa de una eventual insuficiencia puntual, lo que sí siempre se encontrará pendiente será la satisfacción de los deberes y cargas derivadas de las actuaciones de dotación por lo que, en esos casos, si se pretende patrimonializar el adicional atribuido, deberá procederse a la sustracción del valor en venta los costes correspondientes a ellos achacables.

Para saber el orden de magnitud de los valores residuales de suelo que estamos contemplando, procede analizar el siguiente ejemplo práctico.

1. Considérese, en primer lugar, una actuación transformadora de nueva urbanización (paso de rural a urbanizado) de uso exclusivo de vivienda libre, dotada de una edificabilidad global de 0,60 m^2t/m^2s, un precio de venta de las viviendas de 2.000 €/m^2t (precio «normal» en ciudades medianas y grandes) y una repercusión del suelo del 33% sobre el valor en venta.

Los datos de partida por lo tanto, son:

— Clase de suelo: urbanizable.

— Uso exclusivo: residencial para vivienda libre.

— Edificabilidad global: 0,60 m^2t/m^2s.

— Densidad de viviendas: 55 vivs./ha.

— Porcentaje de participación pública en plusvalías: 10%.

Procede, como primer paso, calcular el valor de repercusión del suelo urbanizado. Teniendo en cuenta que el valor de repercusión del suelo urbanizado para este caso asciende al 33%, es decir

$$V_R = 2.000 \text{ €}/m^2t \times 0{,}33 = 660 \text{ €}/m^2t$$

...... el valor residual unitario total (objetivo) del suelo urbanizado (VRTS) resulta ser ......

$$VRST = 660 \text{ €/m}^2\text{t} \times 0{,}60 \text{ m}^2\text{t/m}^2\text{s} = 396 \text{ €/m}^2\text{s}$$

correspondiéndole a los propietarios el 90% del mismo, es decir VRS = 396 €/m²s × 0,90 = 356,4 €/m²s.

De dicha cantidad no se deduce coste alguno, pues se entiende que ya se han asumido la totalidad de cargas y deberes necesarios para alcanzar la condición de solar.

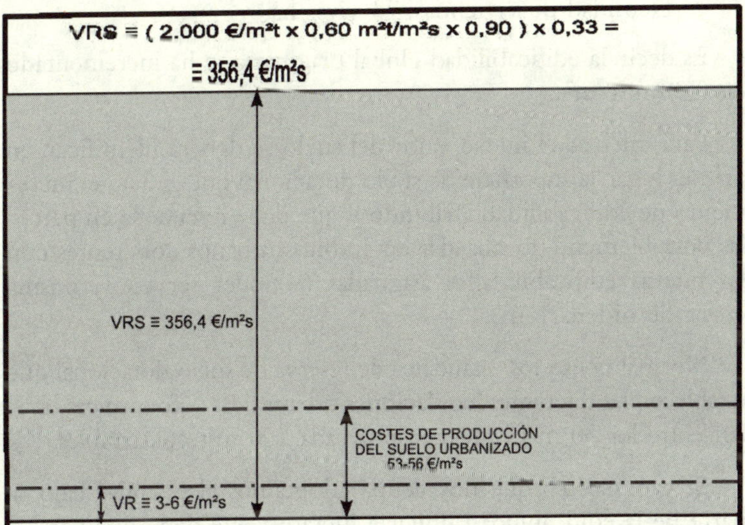

ESQUEMA DE VALORACIÓN RESIDUAL DEL SUELO URBANIZADO.

2. Considérese, en segundo lugar, una actuación transformadora de dotación a desarrollar a continuación de la anterior.

Supóngase que al suelo ya urbanizado anterior (aún no edificado), en una modificación del plan (*v. gr.* operación de reforma interior), se incrementa la edificabilidad y densidad existentes en un 33%, manteniéndose el destino exclusivo de la misma a vivienda libre.

Los nuevos parámetros urbanísticos aplicables al suelo urbanizado son:

— Edificabilidad global (0,60 $m^2t/m^2s \times 1{,}33$): 0,80 m^2t/m^2s.

— Densidad de viviendas: 73 vivs./ha.

Es decir, la edificabilidad global originaria se ha incrementado en 0,20 m^2t/m^2s.

Para calcular el nuevo valor del suelo se deberá identificar, en primer lugar, la superficie de suelo dotacional que genera el incremento de edificabilidad atribuido y que debe reservarse en parcelas deseablemente localizadas en ámbitos urbanos coherentes con las nuevas edificabilidades asignadas (a poder ser en la misma «zona de ordenación»).

Normalmente, los estándares de reserva de suelo dotacional que establecen las diferentes legislaciones urbanísticas autonómicas oscilan entre los 30 m^2s – 40 m^2s por cada 100 m^2t construibles.

Si para el caso que nos ocupa adoptamos el estándar bajo, la parte de la edificabilidad unitaria lucrativa que debe destinarse a compensar el suelo dotacional generado por el incremento de edificabilidad atribuido (aplicación del índice de incremento medio atribuido al tratarse de un desarrollo de un urbanizable, sin edificación realizada), asciende a

$$0{,}30 \times 0{,}20\ m^2t/m^2s = 0{,}06\ m^2t/m^2s$$

Por otro lado, la parte correspondiente a la participación pública en las plusvalías generadas por la edificabilidad adicional se determina por el 10% (en este caso) del incremento, es decir

$$0{,}10 \times 0{,}20\ m^2t/m^2s = 0{,}02\ m^2t/m^2s$$

Finalmente, la operación de «densificación urbana» realizada conllevará la ejecución de un suplemento y ampliación en las infraestructuras y servicios urbanos existentes cuyo coste unitario, a satisfacer por los propietarios como carga, puede estimarse razonablemente en una media de la mitad del coste de la primera (y completa) instalación correspondiente al paso del rural al urbanizado.

Considerando que el coste medio de urbanización completa por contrata para este tipo de actuaciones asciende a 35 €/m²s, que incrementado en los gastos generales, financieros y beneficio de la promoción alcanza un coste de producción total de 50 €/m²s, la estimación del mismo comporta un coste de repercusión por m²t para esta actuación de

$$\frac{50€/m^2s}{0{,}60m^2t/m^2s} = 83{,}33€/m^2t$$

Si se considera que los costes de complemento y ampliación de los servicios de renovación suponen el 50% del coste completo, el coste unitario de las obras de urbanización correspondientes a este ejemplo ascienden a

$$0{,}50 \times 83{,}3\ €/m^2t \times 0{,}20\ m^2t/m^2s = 8{,}33\ €/m^2s$$

Por lo tanto, el valor residual del suelo resultado de esta actuación de dotación, ascendería a

$$Vv = 356{,}4\ €/m^2s + 660\ €/m^2t \times [0{,}20\ m^2t/m^2s - (0{,}06 + 0{,}02)\ m^2t/m^2s] - 8{,}33\ €/m^2s = 427{,}27\ €/m^2s$$

Lo que permite deducir que un incremento en la edificabilidad de un 33% en el urbanizado, viene a comportar un incremento de alrededor de un 20% aproximadamente de su valor originario, al tener que asumir las cargas y deberes que deben satisfacerse para posibilitar su patrimonialización privada.

2.2. *La valoración del suelo edificado o en curso de edificación (apdo. 2)*

Establece este precepto la técnica de tasación de suelos urbanizados que disponen de edificación ultimada (o en curso de construcción), remitiéndola a la mayor de estas dos alternativas: la valoración derivada de la tasación realizada por el método residual explicado en el número anterior aplicado exclusivamente al suelo o a la que resulte de una única tasación conjunta del suelo y de la edificación determinada por el método de comparación aplicado exclusivamente a la edificación ya realizada.

La justificación del precepto está totalmente motivada sobre la base de los criterios de valoración general del TRLdS08 que, como ya se ha explicado abundantemente, se apoyan en la realidad existente. De hecho, los diferentes productos inmobiliarios que constituyan la edificación construida (viviendas, oficinas, locales comerciales, etc.) tienen un valor en venta en el mercado que ya recoge internalizado el valor del suelo correspondiente, por lo que determinado ese valor por el método de comparación, no procede valoración adicional alguna, pues viene a tasar la realidad existente independientemente de las expectativas jurídico-urbanísticas (de materialización incierta) que el planeamiento pudiera tener previstas.

No obstante, resulta muy pertinente y oportuna la alternativa de valorar la finca por el residual para el caso en que éste fuera mayor. Téngase en cuenta que podría ocurrir que el valor residual del solar libre de edificación fuese superior al calculado conjuntamente manteniendo la construcción existente, lo que propiciaría procesos artificiosos de demolición voluntaria no deseables o podría producir situaciones paradójicamente injustas para los casos de ruina física del inmueble.

Pues bien, para explicar el método de comparación podemos remitirnos a la Sección 3.ª de la Orden ECO/805/2003, de 27 de marzo, sobre normas de valoración de bienes inmuebles y de determinados derechos para ciertas finalidades financieras. En sus artículos 21 y 22 se hace una extensa descripción de este método. Del contenido de los citados artículos se recogen aquellos fragmentos (no la totalidad del articulado) que pueden ser utilizados como criterios o guía de aplicación de dicho método a efectos de valoraciones urbanísticas, acompañados de algunas aclaraciones que pueden servir de ayuda para entender la norma.

a) Criterios necesarios a seguir para la utilización del método de comparación:

— La existencia de un mercado representativo de los inmuebles comparables.

— Disponer de suficientes datos sobre transacciones reales o, en su defecto, ofertas (al menos seis, pero que reflejen adecuadamente la situación actual de dicho mercado) y que permitan, en la zona de que se trate, identificar parámetros adecuados para realizar la homogeneización de comparables.

b) Identificación:

Conocido el producto inmobiliario permitido por el planeamiento urbanístico (o aquel que se propone mediante una modificación del mismo), habrá que identificar las características cuantitativas y cualitativas más relevantes que generan valor: tipologías de viviendas, localización (barrio de renta baja, media o alta, proximidad al centro financiero, comercial, parque, playa, etc.), superficie (útil y construida), antigüedad, estado de conservación, características constructivas, calidades, servicios públicos anejos a la promoción-vivienda (equipamientos educativos, hospitalarios, de ocio, transporte público), distribución interior, terrazas, trasteros, garajes, jardines, piscina, equipamientos deportivos o lúdicos (pistas deportivas, parque infantil), etc.

c) Búsqueda de testigos:

Conocidas las características cuantitativas y cualitativas procederá buscar ejemplos reales de dicho inmueble, es decir, testigos análogos. No es habitual encontrar una promoción de viviendas que comparta idénticas características que otra salvo en zonas muy dinámicas o en promociones en distintas fases. Por consiguiente, deberá buscarse el segmento de mercado más parecido, conocer su precio y corregir el mismo.

La mejor fuente de información la representan las promotoras de vivienda nueva que promuevan en las proximidades, debido a que sus precios son los más parecidos a los de compraventa.

La segunda fuente la constituyen las agencias inmobiliarias. Gracias a internet o a las revistas especializadas, se puede realizar una primera búsqueda de testigos, para proceder a su depuración acudiendo a la propia agencia. Generalmente no se dispondrá de una información compuesta por precios reales de compraventa, lo que supondrá trabajar con precios de oferta, que suelen ser superiores al precio real: comisión de la agencia inmobiliaria y el margen de negociación.

d) Homogeneización de los testigos:

Una vez que se disponga de una muestra de inmuebles representativos y similares al inmueble tipo de la promoción, se deberá determinar cuáles son las variables que aportan un mayor valor al mismo. Cuantas más se establezcan, mayor será la dificultad de calcular las variaciones de los precios, pero más ajustado a la realidad será el estudio.

El siguiente paso supone homogeneizar la muestra obtenida, es decir, habrá que modificar el precio de los testigos, disminuyéndolo cuando sus características sean mejores o aumentándolo cuando sean peores que las del inmueble objeto de valoración.

Mediante las sucesivas correcciones se alcanzaría unos valores medios, de los cuales se ha de elegir aquel que se considere más acorde con el inmueble objeto de valoración. Pues bien, de acuerdo a lo expresado y a la dinámica normal del mercado inmobiliario español, la aplicación del método de comparación no presenta dificultades reseñables para poder definir con rigor y solvencia técnica el valor de las fincas edificadas en el suelo urbanizado.

2.3. *La valoración del suelo sometido a actuaciones de reforma o renovación de la urbanización (apdo. 3)*

Regula este precepto la tasación de suelos urbanizados para los cuales el planeamiento prevé una actuación de transformación y reforma interior aplicable al ámbito en que se integran mediante una alteración del planeamiento que dispone usos y edificabilidades diferentes a los atribuidos inicialmente por el plan (o a los preexistentes), y todo ello en los términos regulados en la letra a).2) del apartado 1 del artículo 14 TRLdS08, estableciéndose que los usos y edificabilidades que deben considerarse a los efectos de su valoración residual serán los de la situación de origen, es decir, los atribuidos inicialmente por el plan, sin perjuicio de su regulación concreta con respecto a los usos y edificabilidades preexistentes, en los términos que reglamentariamente se establezcan.

Obviamente, la justificación del precepto resulta coherente con los principios generales de la nueva legislación de no consolidar expectativas no patrimonializadas previamente por el propietario. Que debe valorarse la situación preplan, no la situación que pudiera devenir postplan, cuya materialización depende de la ejecución de una actuación de transformación urbanística, facultad de ejecución que excede del derecho de propiedad, tal como establece el TRLdS08. Otro caso sería, lógicamente, cuando se encuentren en ejecución las obras derivadas de la Reforma Interior, en cuyo caso será de aplicación el régimen previsto para estas circunstancias de transformación activa reguladas en el número 2 del artículo 26 TRLdS08.

Finalmente, la coherencia del sistema establecido en la nueva legislación comporta que en el caso de planeamientos de reforma interior que disminuyeran las circunstancias urbanísticas de origen, deberá estarse a ese valor, aunque fuera superior al previsto, pues ese escenario es el realmente preexistente en el momento de la valoración.

Artículo 25. *Indemnización de la facultad de participar en actuaciones de nueva urbanización.*

1. Procederá valorar la facultad de participar en la ejecución de una actuación de nueva urbanización cuando concurran los siguientes requisitos:

a) Que los terrenos hayan sido incluidos en la delimitación del ámbito de la actuación y se den los requisitos exigidos para iniciarla o para expropiar el suelo correspondiente, de conformidad con la legislación en la materia.

b) Que la disposición, el acto o el hecho que motiva la valoración impida el ejercicio de dicha facultad o altere las condiciones de su ejercicio modificando los usos del suelo o reduciendo su edificabilidad.

c) Que la disposición, el acto o el hecho a que se refiere la letra anterior surtan efectos antes del inicio de la actuación y del vencimiento de los plazos establecidos para dicho ejercicio, o después si la ejecución no se hubiera llevado a cabo por causas imputables a la Administración.

d) Que la valoración no traiga causa del incumplimiento de los deberes inherentes al ejercicio de la facultad.

2. La indemnización por impedir el ejercicio de la facultad de participar en la actuación o alterar sus condiciones será el resultado de aplicar el mismo porcentaje que determine la legislación sobre ordenación territorial y urbanística para la participación de la comunidad en las plusvalías de conformidad con lo previsto en la letra b) del apartado primero del artículo 16 de esta Ley:

a) A la diferencia entre el valor del suelo en su situación de origen y el valor que le correspondería si estuviera terminada la actuación, cuando se impida el ejercicio de esta facultad.

b) A la merma provocada en el valor que correspondería al suelo si estuviera terminada la actuación, cuando se alteren las condiciones de ejercicio de la facultad.

Procedencia

Se corresponde este precepto con el artículo 24 LdS.

El dictamen del Consejo de Estado no le formuló observación alguna.

Comentario

1. Consideraciones generales y antecedentes legislativos

Se regulan en este artículo los criterios que permiten cuantificar la indemnización por la pérdida o alteración de las condiciones establecidas para el ejercicio de la facultad de participar en una actuación de transformación urbanística que se encontrara con todas las determinaciones precisas para su ejecución ya previstas en el planeamiento.

Por lo tanto, el contenido del precepto afecta a aquellos suelos en situación básica de rural para los cuales los instrumentos de ordenación territorial y urbanística hubiera previsto su integración en una actuación de transformación urbanizadora y que tuvieran aprobados todos los requisitos exigidos para iniciarla (suelos urbanizables «activados», tal como los hemos denominado en la explicación del art. 23) y para los cuales se impidieran o alteraran las condiciones jurídico-urbanísticas de su desarrollo por decisión administrativa. Consecuentemente, esta regulación no sería aplicable a aquellos suelos urbanizables «no activados», es decir aquellos que no disponen, aún, de ámbitos de ejecución ni de condiciones de desarrollo aprobados, para los cuales resulta de aplicación lo regulado en el artículo 23 exclusivamente.

Por otro lado, esta regulación viene a derogar el método de valoración de los suelos urbanizables «activados» establecido en el artículo 27 de la Ley 10/2003, de 20 de mayo, de medidas urgentes de liberalización en el sector inmobiliario y que venía a reformar el mismo artículo de la LRSV.

La derogación, sin duda alguna, viene a ser absolutamente necesaria y oportuna, pues el método de valoración residual dinámico previsto en la Ley anterior venía a consagrar, inexplicablemente, la reclasificación especulativa del suelo, tan nefasta para la práctica aplicativa de un urbanismo sensato y acorde a los principios constitucionales. Téngase en cuenta que unos terrenos rústicos, por la mera consideración de su condición como urbanizables, delimitarlos geométricamente en un ámbito espacial y aprobarles sus condiciones de desarrollo, recibían un valor equivalente al beneficio del eventual y mejor negocio inmobiliario pero ello desde el momento de la reclasificación, es decir, sin invertir un euro ni iniciar actividad empresarial alguna, conformándose como una sorprendente y artificiosa anticipación «blindada» del beneficio potencial y, más aún, sin descontar el riesgo, lo que ni siquiera puede justificarse como una valoración de mercado, que, obviamente, sí descuenta riesgos e incertidumbres.

Para entender el orden de magnitud real de la «reclasificación especulativa» derogada, volvamos al ejemplo utilizado para la valoración del suelo urbanizado aplicado al artículo 24 para una actuación urbanizadora de destino exclusivo a vivienda libre.

De acuerdo al método derogado, el valor residual del suelo sin urbanizar se calculaba restando del valor final del suelo urbanizado, los gastos de ejecución no realizados y que, teniendo en cuenta que aun no se han iniciado las obras de urbanización, los costes a detraer ascienden a la totalidad de los mismos. Pues bien, si la totalidad de los costes de producción ascienden a 50 €/m^{2}s y el valor final del suelo alcanzaba en este ejemplo, los 356,4 €/m^{2}s, el valor residual del suelo sin urbanizar que prescribía la legislación derogada resultaba ser

$$\text{VRS} = (356{,}4 - 50)\ \text{€/m}^2\text{s} = 306{,}4\ \text{€/m}^2\text{s}$$

El dislate especulativo que el método derogado planteaba se pone de manifiesto si reflexionamos sobre el valor legal de ese suelo «un minuto» antes de la reclasificación. Como hemos visto en el artículo 23, su valor como rústico (constatado por el Ministerio de Agricultura) oscila entre los 3-6 €/m^{2}s, lo que significa que la mera reclasificación y, en este caso, para un producto inmobiliario de vivienda libre de valor medio en ciudades de tamaño mediano y grande, comporta una hipervaloración entre el 5.000 – 10.000% y todo ello sin que el titular del terreno haya invertido ni realizado nada (al menos «confesable») que pudiera justificarlo.

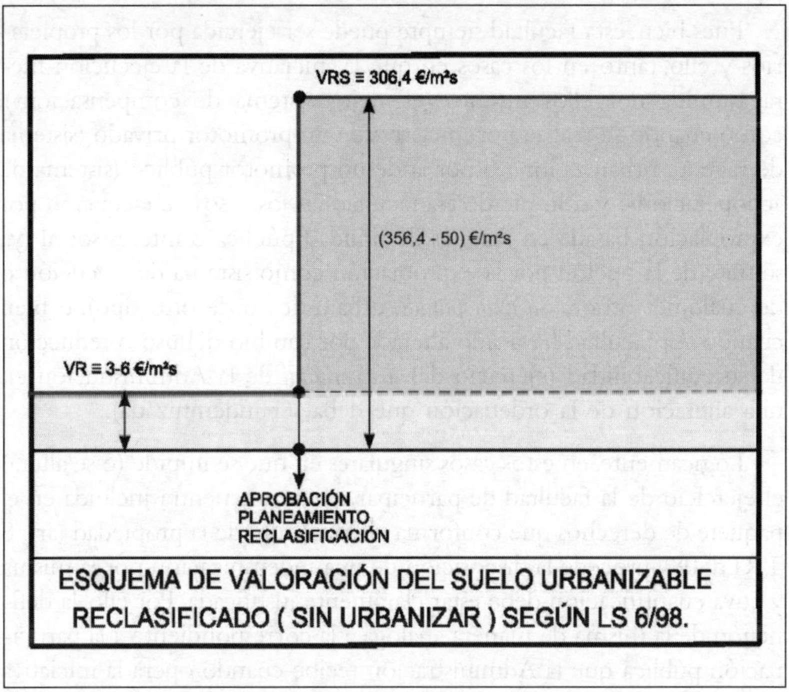

Obviamente, este sorprendente método no podía seguir manteniéndose por más tiempo, no sólo por las nefastas consecuencias inflacionistas y propiciadoras de lamentables prácticas administrativas impropias, sino por su confrontación directa con el mandato antiespeculativo que establece el artículo 47 de la Constitución.

Por ello, la nueva regulación viene a sustituir el insostenible modelo anterior, justificándose en explícitos criterios de justicia distributiva público-privada y de coherencia con los principios rectores del TRLdS08. De hecho, entre los derechos que el sistema urbanístico tradicional español otorga a los propietarios de suelo [y, que en concreto, este texto refundido les reconoce en el apartado 1.c) de su art. 8], se encuentra la facultad «de participar en la ejecución de las actuaciones de urbanización a que se refiere la letra a) del apartado 1 del artículo 14, en un régimen de equitativa distribución de beneficios y cargas entre todos los propietarios afectados en proporción a su aportación».

Pues bien, esta facultad siempre puede ser ejercida por los propietarios y ello, tanto en los casos en que la iniciativa de la ejecución fuera asumida por ellos mismos (el viejo «sistema de compensación»), como cuando se realiza por iniciativa de un promotor privado (sistema de «agente urbanizador») o por la de un promotor público (sistema de «cooperación») y sólo pierde esa facultad en los casos de ejecución por expropiación basada en razones de utilidad pública o interés social (ya se trate de la opción por la expropiación como sistema de ejecución o de cualquier otra *causa expropiandi,* urbanística o de otro tipo), o bien cuando esa facultad haya sido alterada por cambio del uso o reducción de su edificabilidad (ejercicio del *ius variandi* de la Administración en una alteración de la ordenación que deba ser indemnizada).

Lógicamente, en estos casos singulares en que se impide (o se altera) el ejercicio de la facultad de participar que se encuentra incluida en el paquete de derechos que conforma el contenido de la propiedad (art. 8 TRLdS08), procede la disposición de una indemnización por la misma y cuya cuantificación debe estar claramente justificada. Por ello, la definición de la misma de manera análoga a la correspondiente a la participación pública que la Administración recibe cuando opera la iniciativa privada, se manifiesta como un criterio inteligente y razonable. En efecto, si cuando opera la iniciativa privada por gestión indirecta, la Administración se reserva una parte de las plusvalías en concepto de participación de la comunidad en la generación de las mismas por el planeamiento, resulta razonable y acorde con los principios básicos de justicia distributiva que cuando opere la iniciativa pública y se impida, en consecuencia, el ejercicio privado de la facultad de participar, los propietarios afectados participen también de manera análoga en las plusvalías generadas en el mismo porcentaje. De esta forma se consigue una justa compensación para los propietarios por la pérdida de dicha facultad pero que, en cualquier caso, nunca alcanzará los valores hiperinflacionados que hasta ahora estaban vigentes y mediante la aplicación de artificios jurídico-urbanísticos de anticipación de plusvalías sin riesgo alguno, tal como la Ley 6/1998 prescribía.

Por lo tanto, resulta razonable la nueva regulación por la claridad y objetividad que comporta y, sobre todo, por venir a reubicar en la racionalidad la valoración del siempre controvertido suelo urbanizable, que nunca se debió perder.

2. Método de valoración

El artículo regula el método de valoración de la indemnización por la pérdida de la facultad, desagregando su texto en dos apartados: el primero relativo a los requisitos que debe cumplir la actuación urbanizadora para poder aplicar el método y un segundo apartado que establece el método de valoración de la indemnización propiamente dicha.

Pasemos a analizarlos pormenorizadamente.

2.1. *La valoración de la facultad de participar en la ejecución de actuaciones de nueva urbanización (apdo. 1)*

Se establecen en este precepto los requisitos jurídico-urbanísticos que deben cumplir los terrenos integrados en una actuación de transformación urbanística para que pueda ser valorada la facultad de participar.

No obstante y con carácter previo, se establece en primer lugar que sólo será aplicable a las actuaciones de nueva urbanización, es decir, a las que comportan el paso de suelo rural a suelo urbanizado, excluyéndose, por tanto, las de reforma y de dotación del suelo urbanizado. Obviamente, esta exclusión resulta totalmente lógica, pues en el suelo rural para el que no se tuviera prevista actuación transformadora alguna, no se disponía de facultad a participar, mientras que en los suelos ya urbanizados sometidos, en su caso, a actuaciones de reforma o de dotación, no hay tránsito de una situación básica a otra ni, por tanto, cambio en el método de valoración utilizado entre el «antes» y el «después».

Pues bien, los requisitos concretos que deben cumplir los terrenos objeto de la eventual indemnización son los siguientes:

a) Que encontrándose sometidos por el planeamiento a una actuación urbanizadora *ex novo* (suelo urbanizable en terminología clásica), se hubiera delimitado y aprobado el ámbito espacial de desarrollo y se encontraran establecidos y aprobados definitivamente todos los requisitos —se deben entender requisitos jurídico-urbanísticos— para poder iniciar la ejecución o la expropiación de acuerdo a los procedimientos regulados en la legislación urbanística autonómica correspondiente. Es decir, se trata de «suelos urbanizables activados», tal como los hemos definido en este documento, que ya disponen de los parámetros edificatorios y urbanísticos (usos, edificabilidades, ocupación y alturas máximas, etc.) y de las condiciones de desarrollo (sobre todo plazos para el inicio de la ejecución fehacientemente garantizados, conexiones a las redes de infraestructuras y servicios públicos preexistentes, sistemas generales, adscritos, etc.) necesarios y previos para poder iniciar la ejecución de la misma sin más dilación que la aplicación del procedimiento-sistema de desarrollo que prevea la ley autonómica, bien por la iniciativa privada, bien por parte de la pública, mediante la aplicación de expediente de expropiación forzosa.

b) Que el acto administrativo que motiva la valoración impida el ejercicio de la facultad de los propietarios a participar en la ejecución, es decir, la decisión pública que comporte la expropiación de los terrenos objeto de la actuación urbanizadora por motivos de utilidad pública e interés social (*v. gr.*, generación de patrimonio público de suelo para vivienda protegida).

Asimismo, procede también valorar la indemnización por alteración de los parámetros urbanísticos establecidos originariamente y, en concreto, por modificación del uso o disminución de la edificabilidad atribuidas por el planeamiento. En este caso, obviamente, no se pierde la facultad pero sí se merma su eficacia económica, por lo que deberá valorarse la minoración correspondiente.

c) Obviamente, para aplicar los requisitos del apartado anterior, el acto administrativo que lo motiva deberá encontrarse aprobado antes del inicio de la actuación urbanizadora (durante el proceso de reclasificación) o del vencimiento de los plazos que, para el inicio de la actuación, estuvieran establecidos por el planeamiento o, finalmente después de haberse cumplido dichos plazos pero por causa imputable a la Administración.

d) Por último y como resulta obvio, no sería aplicable la indemnización en el caso de que se hubieran incumplido alguno de los deberes que obligatoriamente conlleva el ejercicio de la facultad de participar.

2.2. *La indemnización por impedimento del ejercicio de la facultad de participación (apdo. 2)*

Se establece en este precepto la técnica de valoración de la indemnización por la facultad de participar para las dos circunstancias ya señaladas de pérdida total de la misma por causa expropiatoria o por la alteración de las condiciones para su desarrollo.

Pasemos a un análisis pormenorizado:

a) Para el caso de pérdida total de la facultad, la indemnización correspondiente se determinará aplicando el porcentaje que la Administración se reservaría como participación pública en las plusvalías definido por la legislación autonómica en virtud de la horquilla establecida en el apartado 1.b) del artículo 16 TRLdS08, a la diferencia entre el valor del suelo en situación de origen (es decir, en situación de rural) y el valor que le correspondería si estuviera terminada la actuación (es decir, el residual del suelo urbanizado). En consecuencia, la fórmula de aplicación sería

$$VI = \%\ PP\ (VRSU - VRR)$$

siendo:

VI = Valor de la indemnización por la pérdida de la facultad de participar.

% PP = Porcentaje establecido de participación pública en las plusvalías.

VRSU = Valor Residual del Suelo urbanizado.

VRR = Valor del Suelo en situación de rural.

Obviamente, la aplicación lógica del contenido del artículo debe entenderse considerando al minuendo como la situación de urbanizado y el sustraendo como la de rural.

Para conocer el orden de magnitud de la regulación establecida, apliquemos el ejemplo de actuación urbanizadora con destino exclusivo a vivienda libre que venimos utilizando en artículos anteriores.

Para ello, previamente debemos determinar el valor del suelo en origen, en este caso el correspondiente a la situación básica de rural. Teniendo en cuenta los valores reales ofrecidos por el Ministerio de Agricultura y transcritos en la explicación relativa al artículo 23, podemos adoptar como valor medio derivado de la capitalización de la renta real asciende a 3 €/m^2s y a 6 €/m^2s el calculado sobre la base de la renta potencial, elevándose hasta los 10 €/m^2s el valor final del rural al aplicarle el coeficiente de localización y accesibilidad correspondiente.

Pues bien, tal como se explica en el artículo 24.1, si el valor residual unitario total (100%) del suelo urbanizado asciende a VRST≡ 396 €/m^2s y el porcentaje de participación pública en las plusvalías se encuentra fijado en el 10%, el valor de la indemnización establecida asciende a

$$VI = 10\ \%\ (396 - 10)\ €/m^2s = 38{,}6\ €/m^2s$$

Que, sumada al valor del suelo en situación de rural, completa el valor económico total que recibirían los propietarios de suelo afectados por la expropiación, es decir

$$VS = 10\ €/m^2s + 38{,}6\ €/m^2s = 48{,}6\ €/m^2s$$

Que, si se compara con los 306,4 €/m^2s que resultaba de la aplicación del método anterior, se constata la razonabilidad de la medida y la adecuada determinación de la compensación que recibe el propietario afectado.

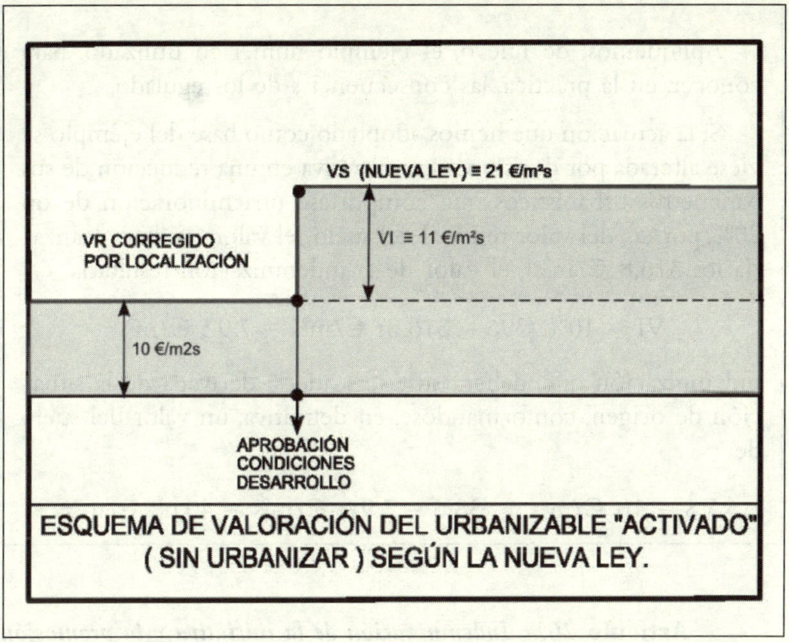

b) Para el caso de una alteración «a la baja» de las condiciones reguladoras del ejercicio de la facultad antes del inicio de la ejecución (a través, por ej., de una modificación de plan), el porcentaje de participación pública en las plusvalías se aplicará a la diferencia entre los valores del suelo correspondientes a la situación de origen y a la final.

En consecuencia, la fórmula de aplicación sería

$$VI = \%\ PP\ (VRSU_I - VRSU_F)$$

siendo:

VI = Valor de la Indemnización por la alteración de la facultad de participar.

% PP = Porcentaje establecido de participación pública en las plusvalías.

$VRSU_I$ = Valor Residual del suelo urbanizado en origen.

$VRSU_F$ = Valor Residual del suelo urbanizado en situación final.

Apliquemos, de nuevo, el ejemplo numérico utilizado, para conocer, en la práctica, las consecuencias de lo regulado.

Si la actuación que hemos adoptado como base del ejemplo se viese alterada por decisión administrativa en una reducción de sus parámetros urbanísticos que comportase una minoración de un 20%, por ej., del valor residual del suelo (el valor residual alcanzaría los 316,8 €/m²s), el valor de la indemnización resultaría

$$VI = 10\% \ (396 - 316{,}8) \ €/m^2s = 7{,}92 \ €/m^2s$$

indemnización que, deberá sustraerse de la derivada de la situación de origen, conformándose, en definitiva, un valor del suelo de

$$VS = 10 \ €/m^2s + (38{,}6 - 7{,}92) \ €/m^2s = 40{,}68 \ €/m^2s$$

Artículo 26. *Indemnización de la iniciativa y la promoción de actuaciones de urbanización o de edificación.*

1. Cuando devengan inútiles para quien haya incurrido en ellos por efecto de la disposición, del acto o del hecho que motive la valoración, los siguientes gastos y costes se tasarán por su importe incrementado por la tasa libre de riesgo y la prima de riesgo:

a) Aquéllos en que se haya incurrido para la elaboración del proyecto o proyectos técnicos de los instrumentos de ordenación y ejecución que, conforme a la legislación de la ordenación territorial y urbanística, sean necesarios para legitimar una actuación de urbanización, de edificación, o de conservación o rehabilitación de la edificación.

b) Los de las obras acometidas y los de financiación, gestión y promoción precisos para la ejecución de la actuación.

c) Las indemnizaciones pagadas.

2. Una vez iniciadas, las actuaciones de urbanización se valorarán en la forma prevista en el apartado anterior o en proporción al grado alcanzado en su ejecución, lo que sea superior, siempre que dicha ejecución se desarrolle de con-

formidad con los instrumentos que la legitimen y no se hayan incumplido los plazos en ellos establecidos. Para ello, al grado de ejecución se le asignará un valor entre 0 y 1, que se multiplicará:

a) Por la diferencia entre el valor del suelo en su situación de origen y el valor que le correspondería si estuviera terminada la actuación, cuando la disposición, el acto o hecho que motiva la valoración impida su terminación.

b) Por la merma provocada en el valor que correspondería al suelo si estuviera terminada la actuación, cuando sólo se alteren las condiciones de su ejecución, sin impedir su terminación.

La indemnización obtenida por el método establecido en este apartado nunca será inferior a la establecida en el artículo anterior y se distribuirá proporcionalmente entre los adjudicatarios de parcelas resultantes de la actuación.

3. Cuando el promotor de la actuación no sea retribuido mediante adjudicación de parcelas resultantes, su indemnización se descontará de la de los propietarios y se calculará aplicando la tasa libre de riesgo y la prima de riesgo a la parte dejada de percibir de la retribución que tuviere establecida.

4. Los propietarios del suelo que no estuviesen al día en el cumplimiento de sus deberes y obligaciones, serán indemnizados por los gastos y costes a que se refiere el apartado 1, que se tasarán en el importe efectivamente incurrido.

Procedencia

Recoge este precepto, en su literalidad, el artículo 25 LdS.

El dictamen del Consejo de Estado no formuló observación alguna al precepto.

Comentario

1. Consideraciones generales y antecedentes legislativos

Se regulan en este artículo los criterios que permitan cuantificar la indemnización por la pérdida de la iniciativa y la promoción relativas a las actuaciones de urbanización o de edificación establecidas en el número 1 del artículo 14 y en la letra c) del artículo 6 TRLdS08.

Por lo tanto, el contenido del mismo afecta a aquellos suelos en situación de rural para los que el planeamiento, habiendo previsto su transformación urbanizadora o su ejecución edificatoria mediante el establecimiento de las condiciones jurídico-urbanísticas necesarias para ello, por razón de interés social y utilidad pública o por incumplimiento de los deberes de obligaciones de la promoción establecidas en el artículo 16, una vez iniciadas, se viera impedido su desarrollo o la continuación ejecutiva de las mismas.

En definitiva, en los suelos sometidos a actuaciones de transformación urbanística se modula la tasación mediante criterios adicionales a los de la pura valoración del suelo, que los complementan en la siguiente forma:

a) En el suelo rural sometido a actuaciones de urbanización, el suelo y las edificaciones se valoran conforme a lo dispuesto en el artículo 23, y a esa tasación se le añade la indemnización de las facultades o iniciativas transformadoras truncadas, en su caso, distinguiendo tres momentos o estadios:

a.1) Si ya se dan todos los requisitos para iniciar la actuación (suelo urbanizable «activado» y se impide participar en ella: indemnización por la pérdida de la facultad conforme al art. 25).

a.2) Si, además, ya se han acometido iniciativas de gestión o burocráticas: indemnización de los gastos realizados incrementados por el tipo libre de riesgo y la prima de riesgo conforme al artículo 26.1.

a.3) Si ya se han iniciado materialmente las obras: o indemnización de gastos, conforme a letra anterior, o atribución de la parte de plusvalía determinada en estricta proporción al grado de ejecución alcanzado, lo que sea superior, conforme al artículo 26.2.

b) En el suelo urbanizado, los terrenos y edificaciones se valoran conforme a lo dispuesto en el artículo 24 y:

b.1) Si está sometido a actuaciones de dotación, se valora conforme al resultado de dicha actuación descontando los gastos y deberes pendientes [art. 241.c)] porque estas actuaciones son una técnica de gestión, no un proceso de transformación urbanizadora sistemática.

b.2) Si está sometido a actuaciones de reforma interior o reurbanización, por el contrario y coherentemente con el trato dado en todo caso al proceso urbanizador en la nueva legislación, se valora conforme a su situación de origen (art. 24.3) y se le añade la indemnización de gastos o atribución proporcional de plusvalías una vez iniciadas conforme al artículo 26.

Siguiendo la sistemática que caracteriza la formulación técnica del articulado del TRLdS08, el artículo 26, se desagrega en cuatro apartados que pueden integrarse en dos grupos: el primero conformado por los números 1 y 2, que hacen referencia a los criterios de valoración de la indemnización relativa a los gastos y costes realizados que devengan inútiles para la ejecución de la misma y, el segundo grupo, integrado por los número 3 y 4 que hacen referencia a la forma de hacerse efectiva la indemnización entre los diversos particulares intervinientes en la actuación (promotor y propietarios) o la eventualidad relativa al incumplimiento de las obligaciones y deberes por algún propietario de suelo integrado en la actuación.

Por lo tanto, esta regulación viene a completar el tercer estadio dinámico en el que puede encontrarse un suelo en situación básica de rural de acuerdo a lo establecido en el número 2 del artículo 12 de la nueva regulación, es decir, el rural en situación «pura», sin previsión urbanizadora (suelo «no urbanizable» en terminología tradicional urbanística), rural con previsión urbanizadora prevista por el planeamiento (suelo «urbanizable activado» en dicha terminología) y rural en proceso de ejecución urbanizadora hasta la culminación de la misma.

En consecuencia, esta nueva regulación «dinámica» viene a derogar el criterio de valoración «estático» establecido en el artículo 27 de la Ley 10/2003, de 20 de mayo, de medidas urgentes de liberalización en el sector inmobiliario, y que ya hemos analizado con motivo de la explicación anterior del artículo 25 TRLdS08, a la que viene a complementar.

La transcendencia de la regulación de este artículo no sólo resulta de lo acertado de la consideración de su ejecución urbanizadora (y edificatoria) como un proceso dinámico incurso en un desarrollo temporal que comporta incrementos sucesivos de abonos de costes, sino que también permite una cuantificación progresiva de la indemnización correspondiente de manera proporcional a las inversiones efectuadas, circunstancia mucho más acorde y coherente al proceso de *cash-flow* consustancial al desarrollo productivo tradicional del sector inmobiliario.

Procede, por tanto, pasar a desarrollar la metodología de cálculo establecida en los diferentes apartados del artículo.

2. Metodología de valoración

Tal como se ha señalado, el artículo regula en primer lugar la metodología de la valoración indemnizatoria para los gastos y costes técnicos y preliminares realizados antes del inicio efectivo de las obras de urbanización (en los términos establecidos en el apartado 2 del art. 14 TRLdS08), así como, en segundo lugar, la indemnización derivada tras el inicio de las obras, para terminar con la forma de hacer efectiva dichas indemnizaciones entre los particulares intervinientes.

Pasemos a analizarlos pormenorizadamente.

2.1. *Los gastos indemnizables y su tasación (apdo. 1)*

Se establecen en este precepto los criterios para valorar la indemnización de los gastos y costes realizados que devengan inútiles para la ejecución de las obras, determinándose que se calculará por su importe incrementado por la tasa libre de riesgo y la prima de riesgo.

A este respecto se debe señalar que, como es conocido, para que un particular decida invertir en una actividad inmobiliaria, debe de obtener un margen de beneficio sobre el capital invertido que, como mínimo, alcance la suma del rendimiento que obtendría de su depósito en activos financieros estables de rentabilidad garantizada (imposición a plazo fijo, por ej.), más un plus derivado del riesgo que genera la inversión en una actividad productiva a medio-largo plazo, como es la inmobiliaria, en vez de hacerlo en otra actividad económica alternativa de resultados más inmediatos.

Pues bien, estos dos factores que conforma y justifican el beneficio de la actividad y vienen a determinar la rentabilidad de la misma, suelen denominarse tasa libre de riesgo y prima de riesgo.

Obviamente, ambos factores formar parte esencial de la inversión efectuada y, consecuentemente, deben ser considerados en la cuantificación de la indemnización correspondiente en el caso que la disposición o acto que motiva la valoración produzca el impedimento a continuar una actividad productiva concreta.

Por lo tanto, el contenido de este precepto se dirige a valorar aquellos gastos ocasionados por inversiones realizadas por los particulares afectados por la actuación y llevadas a cabo con carácter previo al inicio físico de las obras, como pueden ser la redacción de proyectos técnicos de ordenación, urbanización, reparcelación, etc., o los correspondientes por la realización de estudios geotécnicos, arqueológicos, topográficos, jurídico-registrales, indemnizaciones, etc., todos ellos documentos y actos necesarios para definir el proyecto de actuación concreto, así como también los derivados de la ejecución concreta de las obras de urbanización, y que, consecuentemente, devienen inútiles para los particulares que los hubieran asumido al perder la iniciativa y promoción de la actuación a desarrollar.

La cuantificación del valor de dichos actos, trabajos, documentos y obras responderá a las características propias de cada uno de ellos, debiendo señalarse que, en la práctica, la totalidad de los correspondientes a los proyectos técnicos disponen de tarifas oficiales de referencia al ser trabajos y obras que deben ser formulados y suscritos obligatoriamente por profesionales facultados para ello y para el resto de trabajos existen suficientes manuales al uso que estandarizan con razonable rigor su cuantificación.

Asimismo, la indemnización no debe abarcar, exclusivamente, los costes devengados por los particulares, sino que deben incrementarse en el beneficio que dejará de percibirse por la inversión realizada y que se ve frustrada por la interrupción definitiva del proyecto puesto en marcha. Por ello, se debe incrementar a los costes concretos derivados de los documentos y trabajos analizados anteriormente, la tasa libre de riesgo y la prima de riesgo correspondientes a los mismos.

Lógicamente, la cuantificación de ambos factores dependerá de los costes de oportunidad, estrategias empresariales y objetivos concretos que cada particular o grupo de particulares promotores de la actuación consideren conveniente para llevarla a cabo. Consecuentemente, excede de la finalidad de este texto refundido establecer una metodología concreta que permitiera su valoración por lo que se remite a su desarrollo reglamentario, norma legal más adecuada para ello. No obstante, como criterios básicos de utilización transitoria, se acude a los criterios valorativos oficiales que, tal como señala el apartado 3 de la disposición transitoria tercera del TRLdS08, vienen regulados en la Orden ECO/805/2003, de 27 de marzo, que con respecto a la tasa libre de riesgo se establecen el artículo 32 como el tipo medio de la deuda del Estado con vencimiento superior a dos años y la prima de riesgo se establece en su disposición transitoria única, de acuerdo a la siguiente tabla:

Tipo de inmueble	Prima de riesgo sin financiación, ni Impuesto sobre la Renta de Sociedades (IRS)
Edificios de uso residencial:	
Viviendas primera residencia	8%
Viviendas segunda residencia	12%
Edificios de oficinas	10%
Edificios comerciales	12%
Edificios industriales	14%
Plazas de aparcamiento	9%
Hoteles	11%
Residencia de Estudiantes y de la Tercera Edad	12%
Otros	12%

Obviamente, en el caso de edificios destinados a varios usos, la prima de riesgo se obtendrá ponderando las primas de riesgo señaladas anteriormente en función de la superficie destinada a cada uno de los usos.

2.2. *La valoración de las actuaciones de urbanización en curso de ejecución (apdo. 2)*

Se establecen en este precepto los criterios para valorar adicionalmente el «lucro cesante» derivado de la promoción de las actuaciones de urbanización, cuando se impide la continuación de las mismas una vez iniciadas en los términos establecidos en el apartado 2 del artículo 14 TRLdS08 o cuando se alteran de manera sobrevenida las condiciones jurídico-urbanísticas originarias de la actuación, aunque no impidan su culminación.

Es en este precepto donde se aprecia, con toda claridad, el carácter dinámico de la valoración establecido en la nueva regulación de manera coherente y acorde al proceso urbanizador. No obstante, sobre la base del principio de prudencia que preside la formulación técnica de la Ley, se establece que, como mínimo, el valor de la indemnización, sobre todo en los primeros estadios del inicio de las obras, será el resultado de la valoración de los documentos y trabajos analizados en el número 1 anterior. Pero, como resulta lógico, al poco tiempo del inicio de las obras, la indemnización derivada del grado de ejecución urbanizadora realizada superará la anterior y, en consecuencia, a la última habrá que estar para su determinación.

DETERMINACIÓN DE LA INDEMNIZACIÓN PARA LOS CASOS EN QUE SE IMPIDA SU TERMINACIÓN

El criterio establecido en el TRLdS08 se basa en el principio de proporcionalidad, definiéndose la cuantificación de la indemnización por la cuota parte definida por el porcentaje directamente proporcional al grado de ejecución aplicado a la diferencia entre el valor residual del suelo que le correspondería a la culminación de la actuación urbanizadora y el valor del mismo en la situación de origen que se encuentre en el momento de la valoración.

Por lo tanto, la fórmula de aplicación, derivada del esquema de la actuación, sería

$$In \equiv \%\ Ge\ (VRS2 - VRSI)$$

donde:

In ≡ Indemnización por la pérdida de la Iniciativa de Promoción.

% Ge ≡ Porcentaje entre 0% y 100% (0 y 1) en función del grado de ejecución.

VRS2 ≡ Valor residual del suelo al final de la actuación.

VRSI ≡ Valor residual del suelo al principio de la actuación.

Obviamente, si la actuación es de nueva urbanización, la situación de origen será la de suelo en situación rural por lo que, en ese caso, la fórmula de aplicación sería

$$In \equiv \%\ Ge\ (VRSF - VR)$$

Siendo VR el valor correspondiente al suelo rural determinado según lo explicado en el artículo 23.

Como reflexión final, debemos señalar que el valor definitivo del suelo sería el resultado de la suma del correspondiente al suelo considerado en sí mismo según el artículo 23 y la indemnización aquí calculada, lo que comportaría como fórmula aplicativa para las actuaciones de nueva urbanización será

$$VRS1 = VR + \%\ Ge\ (VRS1 - VR)$$

y para los casos de renovación urbana

$$VRS2 = VRS1 + \%\ Ge\ (VRS2 - VRS1)$$

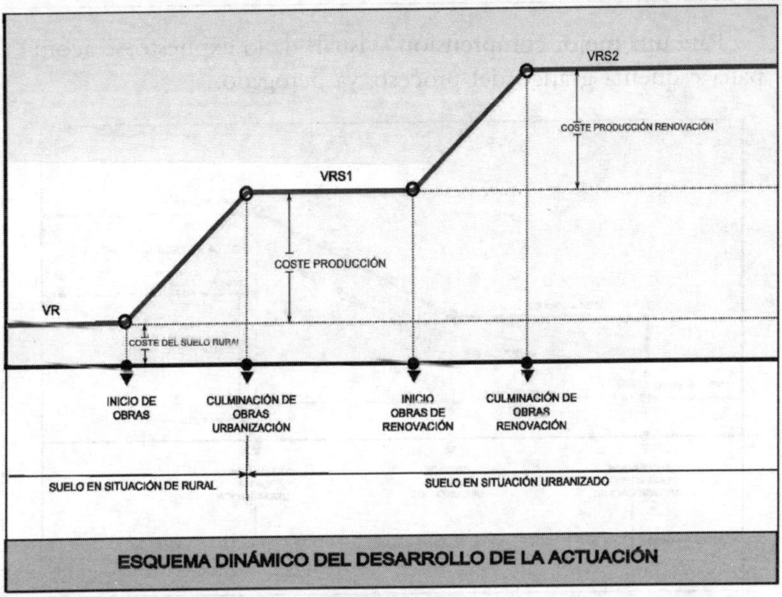

Como en los artículos anteriores, para conocer el orden de magnitud del nuevo procedimiento aplicado a un caso real, procede remitirse al ejemplo de actuación urbanizadora con destino exclusivo a Vivienda Libre utilizado para las valoraciones anteriores, procediendo a su comparación con el método establecido con la legislación del suelo anterior con la finalidad de realizar un contraste entre ambos y expresar las virtualidades de la nueva regulación.

Pues bien, según el método hasta ahora vigente, el valor residual del suelo sin urbanizar en la actuación para vivienda libre que se viene aplicando en este trabajo, asciende a 306,4 €/m²s, tal como se explica en el texto del artículo 25, donde ya se señalaba no sólo el carácter inflacionista y especulativo de dicha valoración, sino también el sorprendente momento temporal en que produce sus efectos, es decir, antes de que los titulares del suelo reclasificado hayan invertido un euro ni arriesgado ni acometido actividad empresarial alguna.

Para una mejor comprensión «visual» de lo expuesto, se acompaña esquema gráfico del proceso, ya derogado.

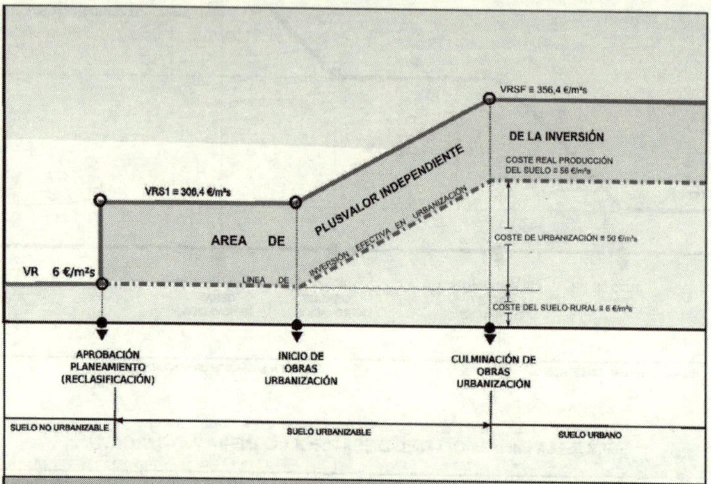

ESQUEMA DE LA EVOLUCIÓN DEL VALOR DEL SUELO EN EL DESARROLLO DE UNA ACTUACIÓN CONCRETA SEGÚN LS 6/98

En el esquema se aprecia de manera claramente expresiva cómo la mera reclasificación jurídica del suelo comporta un plusvalor absolutamente injustificado para el propietario y que se confronta de manera directa con el mandato antiespeculativo establecido en el artículo 47 CE.

Sin embargo, el esquema correspondiente a la regulación del TRLdS08 pone de manifiesto la coherencia metodológica y constitucional de la nueva metodología.

Para ello, debemos partir de la consideración de la aplicabilidad de un nuevo porcentaje de participación en las plusvalías por la Administración actuante que, en este caso, dada la presumible rentabilidad de la actuación derivada del mayor valor de la vivienda utilizada en el ejemplo, se determina en un 15%, con lo que el valor unitario final del suelo urbanizado ascendería a 336 €/m²s (2.000 €/m²s × 0,33 × 0,60 m²t/m²s × 0,85), con lo que ya se disminuye sensiblemente el «techo» final del valor de los solares.

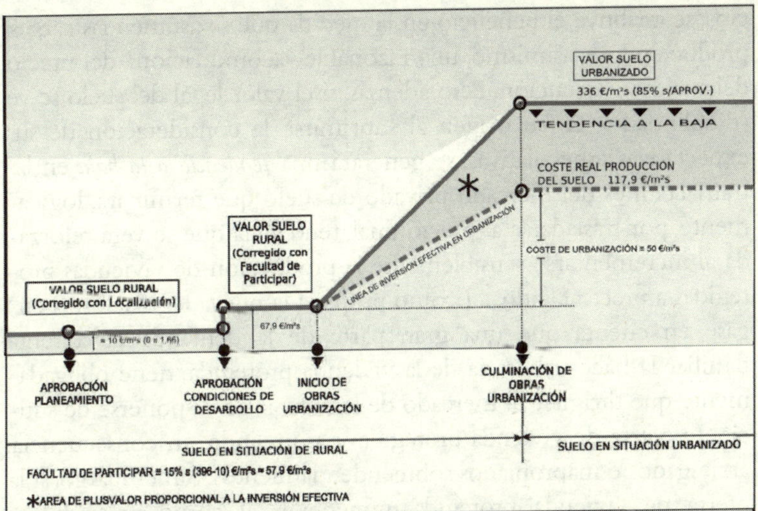

ESQUEMA DE LA EVOLUCIÓN DEL VALOR DEL SUELO EN EL DESARROLLO DE UNA ACTUACIÓN CONCRETA SEGÚN NUEVA LEY DE SUELO

De la mera comparación visual de ambos esquemas, se aprecia la enorme área (dimensión) de plusvalías que en la legislación hasta ahora vigente recibía el propietario por encima de la inversión efectiva realizada y sobre todo en el período (que podía durar muchos años) desde que el suelo se reclasificaba hasta que se iniciaba la ejecución de las obras, lo que viene a explicar el cínico aforismo de «la tierra para el que la reclasifica». En el ejemplo numérico que se viene aplicando, se observa cómo se pasa de los 10 € aproximados que establece el TRLdS08 para los casos de los rústicos no urbanizables, o incluso, los 67,9 € de los urbanizables «activados» frente a los 306,4 € del sistema de la LRSV.

Por otro lado, en el nuevo esquema se aprecia cómo en el proceso de ejecución urbanizadora del suelo rural, el valor del suelo se incrementa en función de las inversiones fehacientemente realizadas y que las plusvalías que reciben los particulares son proporcionales a la inversión productiva realizada, lo que comporta recuperar la coherencia del principio general de reparto de cargas y beneficios: se atribuye el beneficio en la medida que se asumen las cargas, produciéndose, asimismo, una razonable «acomodación» del precio del suelo en ejecución. Pero además, si el valor legal del suelo se ve «desblindado» en su origen al suprimirse la consideración de sus expectativas especulativas, se generará una *tendencia a la baja* en las transacciones del mercado privado de suelo que terminará, lógicamente, por trasladarse al precio final, tendencia que se verá reforzada al incrementarse sensiblemente la producción de viviendas protegidas a precio tasado, tal como propicia la nueva legislación. Téngase en cuenta que una gran parte de la demanda cuya renta familiar la hace tributaria de la vivienda protegida, tiene obligadamente que dirigirse al mercado de la libre al no disponerse de suficiente oferta de vivienda protegida y asumiendo, en consecuencia, arriesgados e inapropiados sobreendeudamientos. Sin embargo, si la oferta de vivienda protegida aumentase tal como prescribe el TRLdS08, gran parte de dicha demanda se trasladará hacia ella disminuyéndose la de la libre, lo que hará que ésta termine por reflejar una sensible acomodación a la baja.

Esta tendencia a la baja del suelo en origen y su corolario en el precio final de la vivienda, se observa con toda claridad en su aplicación a una actuación urbanizadora destinada totalmente a vivienda protegida. En efecto. Si tenemos en cuenta que el coste de producción medio de una vivienda protegida de calidad normal (incluidos gastos generales, financieros y beneficio de la promoción) asciende alrededor de los 700 €/m^{2}t (560 €/m^{2}t × 1,25) y que el suelo urbanizado para una actuación de edificabilidad global de 0,60 m^{2}t/m^{2}s con un valor unitario de suelo sin urbanizar (incluida la facultad de participar) asciende a 20 €/m^{2}s (10 € de valor corregido con la renta de posición más otros 10 € de la facultad de participar), el valor de repercusión del suelo ascendería alrededor de los (20 €/m^{2}s / 0,6 m^{2}t/m^{2}s) 33 €/m^{2}t. Con ello, el valor en venta de la vivienda protegida podría no superar los 733-750 €/m^{2}t, lo que permitiría reajustar los precios medios actuales o mantenerlos, pero mejorando la calidad de las mismas. En cualquier caso, mejorando las condiciones socio-económicas definitorias del producto final para el usuario.

Como complemento numérico de lo explicado y más aclaratorio de lo resultante de aplicar el método anteriormente vigente y el establecido por este texto refundido para el caso de una actuación en ejecución, determinemos el valor del suelo en el momento en que la urbanización se encuentra en el 30% de su desarrollo.

— Según la legislación derogada, el valor legal del suelo se determinaría restando del valor del suelo urbanizado, los costes de urbanización pendientes de abonar (art. 30 LS 6/1998), es decir, alcanzaría la siguiente cantidad

$$VRS = 336\ €/m^2s - 50\ €/m^2s \times 70\% \equiv 301\ €/m^2s$$

— Según la nueva regulación, el valor ascendería a

$$VRS = 67{,}9\ €/m^2s + (336 - 67{,}90)\ €/m^2s \times 0{,}30 = \\ = 148{,}33\ €/m^2s$$

De nuevo queda explícito que «una imagen vale más que cien palabras».

DETERMINACIÓN DE LA INDEMNIZACIÓN PARA LOS CASOS EN QUE SE ALTEREN LAS CONDICIONES DE EJECUCIÓN SIN IMPEDIR SU TERMINACIÓN

El contenido explicativo del criterio aplicable para los casos en que se alteren las condiciones jurídico-urbanísticas iniciales (*v. gr.* mediante una modificación puntual del planeamiento sobrevenida durante la ejecución de la actuación), pero se siga manteniendo la iniciativa particular, no presenta mayores dificultados tras la explicación realizada para el caso anterior. De hecho, el precepto establece que la indemnización se calculará multiplicando el porcentaje determinado proporcionalmente al grado de ejecución por la merma provocada en el valor residual de suelo urbanizado que le hubiera correspondido a la culminación de las obras. Es decir, sería aplicable una formula análoga a la anterior

$$In \equiv \%\ Ge\ (VRSF - VRS1)$$

si bien habrá que calcular el valor residual del suelo en los dos escenarios en consideración, en el original establecido en el planeamiento y en el derivado de la alteración sobrevenida.

Consecuentemente, el valor residual final se determinará sumando la indemnización así calculada al valor residual en la situación original, es decir

$$VRS = VRS1 + In$$

Como aplicación numérica en el ejemplo que venimos utilizando en este documento, consideremos que la alteración «a la baja» que se produce es del 20% de la edificabilidad en la mitad del proceso de ejecución de la actuación.

En este caso, los valores residuales que les corresponde a los propietarios (una vez descontado el 15% que le corresponde a la Administración) serán

$$VRSF \equiv 336\ €/m^2s$$
$$VRS1 \equiv 0{,}8 \times 336\ €/m^2s = 268{,}80\ €/m^2s$$

Por lo que la indemnización asciende a

$$In = 50\%\ (336 - 268{,}80)\ €/m^2s = 67{,}20\ €/m^2s$$

y el valor final del suelo resulta ser

$$VRS = (268{,}80 + 67{,}20)\ €/m^2s = 336\ €/m^2s$$

Finalmente, el precepto establece que las indemnizaciones determinadas nunca deberán ser inferiores a los costes y gastos contemplados en el número 1 anterior y que, en cualquier caso, dichas indemnizaciones deberán distribuirse de manera proporcional entre los adjudicatarios de las parcelas resultantes de la actuación urbanizadora, tal como corresponde al principio de equidistribución general del urbanismo español.

2.3. *La indemnización del promotor retribuido en metálico (apdo. 3)*

Se establece en este precepto el criterio de indemnización que le corresponde al particular promotor de la actuación urbanizadora en el caso de que no sea propietario o adjudicatario de parcelas finales. Esta situación resulta cada vez más habitual, pues no sólo pasaba en muchas ocasiones en el clásico sistema de compensación cuando se integraba una empresa urbanizadora en la Junta de Compensación, sino que cada vez es más cotidiana a través de la aplicación de los sistemas concurrenciales en ejercicio del régimen de libre empresa («agente urbanizador») puestos en vigor en la práctica totalidad de las legislaciones autonómicas a partir de la Ley 6/1994, reguladora de la actividad urbanística de la Comunidad Valenciana.

Como ya es sabido, el agente-urbanizador no propietario, el «promotor» de la actuación, dispone de dos formas «puras» de financiar la ejecución de transformación urbana: bien trasladando los costes derivados de la misma a los propietarios beneficiarios por la actuación (si bien debería tener en cuenta la eventualidad de algún impago parcial) y recibiendo a cambio una retribución en concepto de «gastos de gestión» establecida en el concurso correspondiente, o bien asumiendo él mismo los costes de ejecución y recibiendo, a cambio, parcelas edificables finales de valor equivalente a los costes asumidos en los que, obviamente, irán integrados sus «honorarios» o gastos de gestión por las actuaciones profesional-empresariales realizadas.

Pues bien, si por su retribución total (gastos de gestión más costes), recibiera parcelas finales, éstas se identificarían en el proyecto de reparcelación correspondiente y, en consecuencia, su situación sería equivalente a la de un propietario más, por lo que la indemnización se determinaría por el procedimiento explicado en los dos números anteriores. Pero si su retribución se limitara a los gastos de gestión y la actuación se paralizara sobrevenidamente, la indemnización que le debe corresponder se determinará, a manera de «lucro cesante», por la suma de la tasa libre de riesgo y de la prima de riesgo aplicadas a la parte de la retribución que ya no va a percibir, indemnización que, obviamente, deberá ser descontada de la que le corresponda a los propietarios de la actuación.

En este aspecto y tal como ya se ha señalado en la explicación del número 1 de este artículo, a falta de desarrollo reglamentario se estará a lo fijado en la Orden ECO/805/2003 para la fijación de la tasa libre de riesgo y la prima de riesgo correspondientes.

2.4. *La indemnización de los propietarios de suelo que no estén al corriente en el cumplimiento de deberes y obligaciones (apdo. 4)*

Se establece en este precepto el criterio de actuación en un caso, quizá no demasiado habitual, relativo al eventual impago o al incumplimiento por algún propietario afectado, de alguno de los deberes u obligaciones establecidos.

En este caso procede, como es lógico ante el incumplimiento de un deber legal por algún propietario (bien desde el inicio o en el curso de la ejecución) indemnizarle por los gastos y costes de los establecidos en el número 1 de este artículo fehacientemente realizados sin más adiciones.

Artículo 27. *Valoración del suelo en régimen de equidistribución de beneficios y cargas.*

1. Cuando, en defecto de acuerdo entre todos los sujetos afectados, deban valorarse las aportaciones de suelo de los propietarios partícipes en una actuación de urbanización en ejercicio de la facultad establecida en la letra c) del apartado 1 del artículo 8, para ponderarlas entre sí o con las aportaciones del promotor o de la Administración, a los efectos del reparto de los beneficios y cargas y la adjudica-

ción de parcelas resultantes, el suelo se tasará por el valor que le correspondería si estuviera terminada la actuación.

2. En el caso de propietarios que no puedan participar en la adjudicación de parcelas resultantes de una actuación de urbanización por causa de la insuficiencia de su aportación, el suelo se tasará por el valor que le correspondería si estuviera terminada la actuación, descontados los gastos de urbanización correspondientes incrementados por la tasa libre de riesgo y la prima de riesgo.

Procedencia

Este precepto recoge el contenido del artículo 26 LdS.

El dictamen del Consejo de Estado no realizó observación alguna sobre el mismo.

Comentario

1. Consideraciones generales y antecedentes legislativos

Se regulan en este artículo los criterios de valoración legal del suelo en los procesos de ejecución de actuaciones de urbanización mediante la participación de sus propietarios, bien como promotores de la misma, bien como coadyuvantes de su desarrollo por un promotor público (sistema de cooperación) o privado (agente urbanizador).

En concreto, se regulan los valores que se asignan al suelo en el proceso de equidistribución de beneficios y cargas que preside el desarrollo de la actuación, principio tradicional del sistema urbanístico español que se recoge y asume íntegramente en la letra c) del apartado 1 del artículo 8 TRLdS08.

Por lo tanto, el contenido del artículo viene a determinar las consideraciones valorativas del suelo que, eventualmente, pudieran suscitarse en el denominado (en terminología urbanística) proyecto de reparcelación y en el cual, en función de la facultad de participación establecida en el precepto anteriormente señalado, se procedería a valorar las aportaciones de suelo ponderándolas entre las diversas que existen y, en su caso, con la aportación de la gestión profesional y/o económico-financiera del «promotor» de la actuación, a los efectos de culminar la ejecución urbanizadora de la actuación mediante la adjudicación de parcelas finales urbanizadas en función de los derechos o cuotas porcentuales de participación que les corresponda a los propietarios establecidos en la legislación urbanística constitucionalmente competente para ello (normalmente en función de la superficie de las fincas aportadas) y la satisfacción de los costes y levantamiento de cargas legalmente establecidas.

Pues bien, el TRLdS08, en coherencia con el principio general de reparto de beneficios y cargas en el proceso privado de producción urbana, remite la eventual valoración de las aportaciones a la correspondiente a las parcelas finales de resultado. No obstante, conviene señalar en este punto que el criterio de valoración legal establecido en este artículo es subsidiario de cualquier otro que la totalidad de los particulares afectados pudieran adoptar, tal como establece la letra a) del número 1 del artículo 21 de la nueva regulación. La salvedad prescrita resulta totalmente lógica pues, al tratarse de una actuación en la que una vez se encuentren satisfechos los deberes y cargas públicos (entrega de suelo, costeamiento de las obras y participación pública en las plusvalías), la forma en que voluntariamente la totalidad de los particulares afectados procedan a valorar sus aportaciones y se repartan los beneficios y las cargas derivadas de la actuación, debe ser respetada siempre que, obviamente, los criterios aplicados no defrauden ni vulneren el ordenamiento ni obliguen a terceros a aceptar procedimientos no asumidos. Por lo tanto, si hay unanimidad para adoptar criterios de valoración diferentes a los expresados en este artículo y se cumplen los requisitos legales señalados, nada impide que se puedan desarrollar. Pero si la unanimidad no es posible, deberá aplicarse la concreta regulación prescrita en este artículo.

Finalmente, el artículo regula una circunstancia bastante habitual en las actuaciones de transformación urbanizadora y que ha supuesto bastantes controversias, como es la relativa a la situación generada por un propietario que, deseando participar en el desarrollo de la actuación, no puede hacerlo al impedirlo su escasa aportación de suelo en origen, lo que no le permite ser adjudicatario de una parcela edificable final (no tiene derecho a «parcela mínima»).

Obviamente, éste no es el caso del propietario incumplidor que se describía en el apartado 4 del artículo 26 de la Ley ni del que declina o rechaza voluntariamente participar en los costes y riesgos de la actuación urbanizadora y, consecuentemente, debe ser tratado de manera distinta.

Pasemos, entonces, a analizar pormenorizadamente el contenido del artículo.

2. La valoración de las aportaciones de suelo de los propietarios (apdo. 1)

Establece el precepto el criterio de valoración aplicable al proceso de desarrollo de una actuación urbanizadora, de los suelos aportados por los propietarios sobre la base de la aplicación del principio de reparto de beneficios y cargas, prescribiendo que, a los efectos de su ponderación con los diferentes suelos aportados por el resto de propietarios intervinientes o en la eventual aportación del promotor-agente urbanizador, el suelo se tasará por el valor residual final de la actuación urbanizadora.

La justificación del criterio, ya conocido por ser el tradicional aplicado en los clásicos procesos de «reparcelación» del viejo sistema urbanístico español, está claramente motivada en explícitos principios de justicia distributiva. Si los propietarios que voluntariamente deciden participar activamente en la ejecución de la actuación asumiendo la cuota parte que les corresponde de costes y cargas [letra c) del apartado 1 del art. 8 TRLdS08] en función de las cuotas porcentuales que definen su proporción participatoria establecidas por la legislación autonómica (*v. gr.*, normalmente por superficie de suelo o, en su caso, por valor del mismo), deberán participar en los beneficios en análoga proporción, considerando, para ello, el valor final de los solares de resultado, pues ése es el objetivo final del proyecto empresarial inmobiliario que estén acometiendo voluntaria y profesionalmente de manera solvente.

Téngase en cuenta que, a estos efectos, los propietarios que decidan intervenir en el proceso de urbanización, se convierten también en «promotores» de la misma, más activos y protagonistas del mismo si ellos son los «urbanizadores» directos (*v. gr.* Junta de Compensación), o «promotores pasivos», si se limitan a aportar su suelo y sus derechos al proceso urbanizador que otros lideran y dirigen.

Por lo tanto, desde el inicio de la formulación del tradicionalmente denominado proyecto de reparcelación, la propuesta de adjudicación final de las parcelas urbanizadas a los particulares intervinientes en el proceso se realizará en la proporción establecida por la legislación urbanística a la superficie pero valorada según la situación final ya urbanizada y ponderada, obviamente, en función de los diferentes valores de repercusión del uso que le correspondiera.

3. La valoración de participaciones en la actuación insuficientes para la participación en la adjudicación de parcelas resultantes (apdo. 2)

Establece el precepto el criterio de valoración de la aportación de un propietario que por no disponer de suficiente superficie de suelo originaria no tiene derecho a recibir parcela edificable final, siendo su deseo, sin embargo, su participación en la misma.

Obviamente, el impedimento a participar trae causa de la ordenación urbanística establecida en la que la definición de las tipologías edificatorias y la dimensión de las parcelas mínimas edificables exigen una aportación de suelo originaria cuya superficie permita generar la suficiente edificabilidad para poder recibir, al menos, una parcela mínima edificable.

En este sentido conviene llamar la atención a los técnicos redactores del planeamiento en aras de procurar que, en la medida que el modelo de ciudad propuesto lo posibilite, se prevean parcelas mínimas edificables acordes a la mayor parte, sino a la totalidad, de la superficie de las parcelas originarias aportadas. Sin embargo, cuando la estructura de la propiedad originaria se encuentra muy «atomizada», puede resultar prácticamente imposible conseguir dicha adecuación, por lo que, salvo acuerdos voluntarios de adjudicación en *pro indiviso* en las condiciones que las legislaciones autonómicas establezcan, no existirá otra posibilidad que la «expulsión» del pequeño propietario, previo abono de la valoración correspondiente a su aportación.

Pues bien, teniendo en cuenta que la situación se produce a pesar de la voluntad del afectado, no resultaría justo tasar su aportación por el «momento cero» del inicio de la ejecución, lo que supondría, además, un cierto enriquecimiento injusto para el adjudicatario (Junta de Compensación, agente urbanizador, etc.) de sus derechos.

Por estas razones y de manera razonable y justa, el TRLdS08 establece que se valorará por el valor residual final de la actuación del que se descontarán la totalidad de los gastos que no va a abonar, incrementados en la tasa libre de riesgo y la prima de riesgo de la inversión que no va a asumir. Es decir, se trata de valorarlo por el valor residual del suelo sin urbanizar descontados los componentes del riesgo, derivados de la inversión empresarial que el propietario no va a acometer, cuya fórmula sería

$$VS = VRSF - (Cp + TLR + PR)$$

siendo:

VS ≡ Valor de la aportación.

VRSF ≡ Valor residual final del suelo urbanizado.

Cp ≡ Costes de producción (sin margen de beneficio)

TLR ≡ Tasa libre de riesgo (aplicada a Cp).

PR ≡ Prima de riesgo (aplicada a Cp).

Para conocer la magnitud de lo establecido, aplicando el ejemplo que se viene utilizando en la explicación de los anteriores artículos relativos a una actuación urbanizadora con destino exclusivo a vivienda protegida, el valor de la aportación alcanzaría a

$$VS = 336\ €/m^2s - 50\ €/m^2s + (0{,}0298 + 0{,}18)\ 50\ €/m^2s$$

Siendo:

— 336 €/m²s el valor residual final urbanizado (descontado, en este caso, el 15% de la Administración).

— 50 €/m²s los costes de producción.

— 0,0298, la tasa libre de riesgo definida como la rentabilidad media de los bonos del Estado a 3 años (mercado primario de valores) en el período comprendido entre septiembre 2005 y agosto de 2006. El artículo 32 de la Orden ECO/805/2003, de 27 de marzo, sobre normas de valoración de bienes inmuebles y de determinados derechos para ciertas finalidades financieras, establece que, para determinar la rentabilidad media anual, se tomará el tipo medio durante un período continuado no inferior a tres meses ni superior a un año contados antes de la fecha de la tasación. El tipo medio deberá haber sido publicado por un organismo público o por un mercado organizado.

— 0,18, la prima de riesgo para el uso de vivienda de primera residencia establecido en la Orden ECO/805/2003, de 27 de marzo, sobre normas de valoración de bienes inmuebles y de determinados derechos para ciertas finalidades financieras,

resultando, finalmente, la valoración en

$$VS = 275{,}51\ €/m^2s$$

cantidad que se considera justa para el propietario afectado, pues obtiene el valor del suelo resultante del final del proceso, pero descontándole todos los gastos y factores de riesgo y empresariales al no acometer inversión alguna, mientras que el adjudicatario de la misma obtendrá el margen económico definido como mínimo en la tasa libre de riesgo y la prima de riesgo que se derive de la inversión en las obras que al final deberá asumir.

En cualquier caso y como comentario final a la regulación de ambos preceptos, reseñar de nuevo que serán aplicables en defecto de acuerdo entre los propietarios afectados, tal como se regula en la letra a) del apartado 1 del artículo 21 TRLdS08.

Artículo 28. ***Régimen de la valoración.***

La valoración se realiza, en todo lo no dispuesto en esta Ley:

a) Conforme a los criterios que determinen las Leyes de la ordenación territorial y urbanística, cuando tenga por objeto la verificación de las operaciones precisas para la ejecución de la ordenación urbanística y, en especial, la distribución de los beneficios y las cargas de ella derivadas.

b) Con arreglo a los criterios de la legislación general de expropiación forzosa y de responsabilidad de las Administraciones Públicas, según proceda, en los restantes casos.

Procedencia

Este precepto se corresponde, en su literalidad, con el artículo 27 LdS.

El dictamen del Consejo de Estado no formuló observación alguna en este punto.

Comentario

Se regulan en este artículo los criterios valorativos complementarios a los dispuestos en el TRLdS08, cuando por razones especiales o circunstancias particulares en determinadas situaciones propias de una actuación concreta, bien la legislación autonómica relativa a la ordenación territorial y urbanística o bien la propia legislación general de expropiación forzosa, así lo prevean.

En consecuencia, la regulación establecida en este artículo viene a completar las posibles eventualidades valorativas no siempre fácilmente «estandarizables» como las que en la nueva legislación se prevén, para el proceso de producción urbana y territorial, y que puedan ser recogidas por las Comunidades Autónomas, sobre la base de la competencia exclusiva en materia de territorio, urbanismo y vivienda o las diferentes casuísticas que sobrevenidamente puedan ofrecer o derivarse de la legislación de expropiación forzosa, incluyendo, incluso, la tasación de posibles bienes muebles.

Pasemos, entonces, a su análisis pormenorizado.

a) Se establece en este precepto el criterio de valoración adicional que pudiera regular la legislación autonómica urbanística competente en la materia, señalándose, como situación fundamental, la relativa a la verificación de las aportaciones a realizar en la ejecución de actuaciones urbanizadoras por particulares en aplicación del principio de reparto de beneficios y cargas pero circunscrito, obviamente, cuando no se aplique la metodología general establecida en el artículo 27 TRLdS08, es decir, cuando no exista acuerdo unánime entre los particulares afectados por la actuación o por la previsión de un procedimiento específico concreto para la ponderación de las participaciones que ellos ofrezcan.

b) Se establecen asimismo los posibles criterios de valoración adicional por remisión a la legislación de expropiación forzosa y de la determinación de la responsabilidad patrimonial de las Administraciones públicas para aquellos casos que, eventualmente, no hayan sido tenidos en cuenta en las metodologías establecidas a lo largo de la nueva legislación.

A este respecto, sólo cabe señalar lo regulado en el apartado 2 de la disposición adicional quinta del TRLdS08, en la que se procede a modificar el artículo 43 LEF para acomodarlo, obviamente, a los principios generales actualizados que presiden este texto refundido. Así se establece que:

> «2. El régimen estimativo a que se refiere el párrafo anterior:
>
> a) No será en ningún caso de aplicación a las expropiaciones de bienes inmuebles, para la fijación de cuyo justiprecio se estará exclusivamente al sistema de valoración previsto en la Ley que regule la valoración del suelo.
>
> b) Sólo será de aplicación a las expropiaciones de bienes muebles cuando éstos no tengan criterio particular de valoración señalado por Leyes especiales».

TÍTULO IV
EXPROPIACIÓN FORZOSA Y RESPONSABILIDAD PATRIMONIAL

Artículo 29. ***Régimen de las expropiaciones por razón de la ordenación territorial y urbanística.***

1. La expropiación por razón de la ordenación territorial y urbanística puede aplicarse para las finalidades previstas en la legislación reguladora de dicha ordenación, de conformidad con lo dispuesto en esta Ley y en la Ley de Expropiación Forzosa.

2. La aprobación de los instrumentos de la ordenación territorial y urbanística que determine su legislación reguladora conllevará la declaración de utilidad pública y la necesidad de ocupación de los bienes y derechos correspondientes, cuando dichos instrumentos habiliten para su ejecución y ésta deba producirse por expropiación.

Dicha declaración se extenderá a los terrenos precisos para conectar la actuación de urbanización con las redes generales de servicios, cuando sean necesarios.

3. Cuando en la superficie objeto de expropiación existan bienes de dominio público y el destino de los mismos, según el instrumento de ordenación, sea distinto del que motivó su afectación o adscripción al uso general o a los servicios públicos, se seguirá, en su caso, el procedimiento previsto en la legislación reguladora del bien correspondiente para la mutación demanial o desafectación, según proceda.

Las vías rurales que se encuentren comprendidas en la superficie objeto de expropiación se entenderán de propiedad municipal, salvo prueba en contrario. En cuanto a las vías urbanas que desaparezcan se entenderán transmitidas de pleno derecho al Organismo expropiante y subrogadas por las nuevas que resulten de la ordenación urbanística.

4. Tendrán la consideración de beneficiarios de la expropiación las personas naturales o jurídicas subrogadas en las facultades del Estado, de las Comunidades Autónomas o de las Entidades locales para la ejecución de planes u obras determinadas.

Procedencia

En el artículo 28 del texto original de la LdS, que pasa a ser el artículo 29 del texto refundido, se introducen las siguientes modificaciones:

a) El añadido de un párrafo segundo al apartado 2, que incorpora el artículo 183 TRLS92.

b) La sustitución de los apartados 3 y 4, que pasan a ser los primeros apartados de los siguientes artículos 30 y 31 del texto refundido, por sendos nuevos apartados que traen causa de los artículos 210.1 y 2 y 214 TRLS92, respectivamente.

La solución dada así al problema de la integración en el texto de la LdS de los preceptos del TRLS92 de que se trata (y otros posteriores) merece un juicio positivo. La separación del contenido del artículo 28 de la versión original de la LdS permite, en efecto, conectar adecuadamente —de forma agrupada y en artículos distintos— los preceptos del TRLS92 que guardan relación con el régimen general de las expropiaciones por razón de urbanismo, con el justiprecio y con la ocupación y la inscripción en el Registro de la Propiedad.

Dado el carácter general del texto original (en la LdS) del apartado 2, que lo hace englobar perfectamente la primera parte del artículo 183 TRLS92, está plenamente justificado que el nuevo párrafo que se le añade incorpore únicamente el inciso final de este último precepto.

Los dos párrafos del nuevo apartado 3 recogen literalmente los dos apartados del artículo 210 TRLS92, con la única salvedad —absolutamente justificada por las razones ya conocidas— de la sustitución del término «planeamiento» por «instrumento de ordenación».

Y por lo que respecta al nuevo apartado 4 recoge en su estricta literalidad el artículo 214 TRLS92, pudiendo considerarse justificado el mantenimiento aquí del término «planes» por aparecer referido a todas las Administraciones Públicas, incluida la del Estado, con lo que puede entenderse que no se emplea en sentido técnico equivalente a planeamiento urbanístico.

El dictamen del Consejo de Estado no formuló observación alguna a este artículo.

Comentario

1. Introducción

En su artículo 28 la LdS recogió, sin introducir en ellas variaciones o innovaciones sustanciales, aunque sí mejoras técnicas apreciables, las reglas que sobre expropiación se contenían en los artículos 33, 34, 36, 37 y 39 LRSV.

No sucedió lo mismo con las reglas de los artículos 35 y 38 LRSV. Las razones que motivaron este distinto tratamiento de la regulación legal preexistente a la LdS son las siguientes:

— Constituyendo las normas estatales sobre expropiación forzosa (con independencia de si figuran en la Ley referida a la política de ordenación territorial y urbanística o en la LEF y su Reglamento) legislación que, en cuanto referida a la institución que articula la primaria garantía constitucional del derecho de propiedad privada (art. 33.3 CE), es de la completa competencia estatal y, por ello, de plena y directa aplicación, lo único que debe asegurar el legislador estatal es justamente que toda aplicación de la institución expropiatoria deba producirse de conformidad con las referidas normas. Conforme a doctrina constitucional bien establecida, el objeto de tal legislación estatal no alcanza en modo alguno a la determinación de los supuestos de expropiación y, por tanto, a los términos concretos (más allá de los previstos como garantías inherentes al juego de la propia institución) de aplicación de la misma, es decir, de ejercicio de la potestad de expropiación. Pues estos extremos deben ser considerados más bien accesorios ya del objeto propio de la legislación sectorial pertinente y cuya ordenación corresponde, por tanto, al legislador al que, conforme al bloque de la constitucionalidad, sea competente por razón de la materia determinante para la *causa expropiandi*.

Desde el planteamiento de la LdS (continuado por el texto refundido), la referencia que hacía el artículo 34 LRSV a las condiciones de ejercicio de la potestad expropiatoria, siendo ambigua en cuanto a su alcance y, por ello, interpretable como en exceso condicionante de la competencia propia del legislador autonómico, resultaba de todo punto prescindible, por ser, además, estrictamente innecesaria para salvaguardar la integridad y efectividad del régimen general y único de la expropiación forzosa.

Sin entrar siquiera en su corrección técnica, el mismo carácter innecesario ofrecía, obviamente, la precisión legal de la aplicabilidad con carácter supletorio de la LEF. Ésta no es, en efecto, una norma estatal básica a la que sea aplicable la doctrina constitucional de la restricción de sus disposiciones a los aspectos igualmente básicos, con la consecuencia de no poder contener una regulación completa que pudiera desempeñar una función supletoria de la legislación autonómica. Es, sin más, una norma estatal que ocupa la totalidad de la materia reservada al poder central (la institución expropiatoria) y, como tal, es decir, en cuanto pieza integrante del ordenamiento del Estado, es de aplicación supletoria en todo caso por virtud del artículo 149.3 CE. Esa aplicación no depende, pues, de prescripción legal ordinaria alguna, la cual, de otro lado, debe estimarse en todo caso incorrecta en buena técnica legislativa. Sobre ello, la que desde luego resultaba confusa y, por ello, improcedente era la extensión de la función supletoria a la propia LRSV, es decir, respecto de otra Ley estatal.

— La acotación por la doctrina constitucional antes aludida del ámbito propio de la competencia legislativa estatal en materia expropiatoria hacía de todo punto pertinente no mantener las concretas reglas que sobre la aprobación y los efectos del procedimiento de tasación conjunta susceptible de previsión y regulación por aquel legislador autonómico contenía el artículo 38 LRSV. Sobre todo teniendo en cuenta el tinte «urbanístico» de la tasación conjunta ya desde el artículo 122 (en relación con el art. 85.1) de la Ley sobre régimen del suelo y ordenación urbana de 12 de mayo de 1956 y el planteamiento del legislador estatal actual de no predeterminación de opción o técnica urbanísticas algunas y de respeto estricto del espacio competencial propio del legislador autonómico. Tanto más cuanto que la función que pretendían en último término cumplir las expresadas reglas queda suficientemente cubierta con la exigencia de aplicación de la institución expropiatoria de conformidad con su regulación estatal.

2. La función de la expropiación forzosa por razón de la ordenación territorial y urbanística (apdo. 1)

Como resulta ya de la LEF, la determinación de la función propia de la institución expropiatoria pertenece a la regulación estatal de ésta. Así debe entenderse en todo caso que es cuando se trata de su juego al servicio de tarea tan importante hoy como la ordenación territorial y urbanística, la cual constituye por ello parte en modo alguno secundaria o accesoria de su campo de aplicación. Al punto de que la legislación estatal urbanística dictada entre 1956 y 1992 hizo de ésta, con progresiva firmeza y para el suelo, la sede propia de las reglas de valoración, con desplazamiento de las de la LEF.

Sobre esta base y en primer lugar, la formulación sustitutiva de la del artículo 34 (en relación con el art. 35) LRSV, a saber, la de que la expropiación por razón de la ordenación urbanística es aplicable para las finalidades previstas en la legislación reguladora de dicha ordenación, presenta la indudable ventaja sobre aquélla de dejar simultáneamente claro (acomodándose a la doctrina sentada por el Tribunal Constitucional) que:

— De un lado, la única regulación de la institución expropiatoria como tal es la estatal, de modo que todo empleo de ésta por cualquier poder público constituye estricta aplicación de aquella regulación, sin perjuicio de que la legislación sectorial (estatal o autonómica) pueda determinar las finalidades del referido empleo en función de las características de la materia de que se trate y de la acción pública en ella. Por eso mismo se habla aquí de expropiación por razón de la ordenación territorial y urbanística, al igual que la LEF hace referencia, en el contexto de los procedimientos especiales, a las expropiaciones por incumplimiento de la función social de la propiedad y por las entidades locales o razón de urbanismo.

— De otro lado, el empleo de la institución expropiatoria para fines de la política territorial y urbanística es diferente de la regulación por la legislación urbanística de instrumentos, mecanismos, sistemas, técnicas o procedimientos específicos de aquella política y referidos a la ejecución de la actividad urbanística (como, por ej., el tradicional «sistema de expropiación» para la ejecución de actuaciones de urbanización). Pues aquí ya no se está tanto ante el empleo y, por tanto, la mera aplicación de la institución expropiatoria, cuanto en la ordenación de la acción pública en la materia territorial y urbanística propiamente dicha; materia que es de la entera competencia legislativa de las Comunidades Autónomas.

Ahora bien, interesa precisar aquí, complementando lo ya dicho al comentar el artículo 6.a) TRLdS08, que la libertad de que goza el legislador autonómico para la regulación de los sistemas de ejecución de la actividad urbanística (en particular, del tradicional sistema de expropiación) en modo alguno es total. Del marco legal estatal resulta, en efecto, que:

— Todos los supuestos de ejecución basados en la iniciativa privada descansan en el ejercicio de la libertad de empresa, por lo que en ellos se agota el empleo de la expropiación por causa de interés social y, por tanto, con beneficiario privado. Lo que, dado el derecho reconocido en el artículo 8.1.c) TRLdS08 a los propietarios de suelo, significa que en ellos la expropiación sólo cabe por negativa del propietario a participar en la ejecución de la correspondiente actuación de urbanización o, en todo caso, no ejercicio en tiempo y forma de la facultad de participación que se le atribuye.

— La ejecución pública implica siempre —conforme al artículo 6.a) TRLdS08, que es la Administración actuante la que va a realizar la correspondiente actividad. Esta asunción por la Administración de la actividad no excluye ciertamente la determinación por ésta de la forma de gestión de esa actividad, ni, por tanto, el recurso a la gestión indirecta. Pero sí excluye el empleo de la expropiación por causa distinta a la de utilidad pública y, por tanto, cualquier posibilidad de que quien realice efectivamente la actividad por cuenta de la Administración pueda ser beneficiario en cualquier forma de la expropiación. O, dicho en otros términos, que perciba retribución, beneficio o ventaja algunos distintos a los que correspondan estrictamente a su actividad urbanizadora. Las plusvalías generadas por la acción urbanística administrativa que no correspondan, conforme al artículo 25 TRLdS08, a los propietarios de suelo, corresponden, en efecto, exclusivamente a la comunidad, es decir, a la Administración actuante. Cualquier otra solución, como se razona en el comentario al artículo 6.a) TRLdS08, supondría una defraudación objetiva del marco legal estatal.

Desde las precedentes consideraciones adquiere todo su sentido y se muestra el verdadero alcance del inciso final del apartado comentado: cuando de la aplicación de la institución expropiatoria se trate, ésta ha de tener lugar de conformidad con i) la regulación legal estatal de dicha institución en cuanto tal, es decir, la LEF, y, además, ii) la propia Ley aquí analizada, en tanto que marco legal estatal de todas las políticas autonómicas de ordenación territorial y urbanística capaz, por ello, de complementar, con vistas a dichas políticas, la LEF. Se salvaguarda así limpia y plenamente, pues, la integridad y efectividad de la legislación estatal sin, por ello, dejar de respetar escrupulosamente el espacio competencial autonómico en la materia.

Una aclaración final: la referencia al incumplimiento de la función social de la propiedad como causa o finalidad para la aplicación de la expropiación no ha desaparecido del marco legal estatal. Ocurre que figura ahora en lugar sistemático distinto, concretamente el del Título V referido precisamente, además de a la gestión del suelo, a dicha función social de la propiedad. La formulación legal actual a este respecto es más precisa, de acuerdo con su función normativa de puente entre la LEF y la legislación de ordenación territorial y urbanística. El incumplimiento de la función social se identifica, en el artículo 36.1 TRLdS08, con el incumplimiento de los deberes de edificación o rehabilitación previstos precisamente en el marco legal estatal comentado.

3. La legitimación de la expropiación (apdo. 2)

La reformulación por la LdS del hasta ahora artículo 33 LRSV, al que responde este precepto, obedeció, en lo fundamental, a la preocupación del legislador estatal, a efectos del respeto pleno y efectivo de la competencia legislativa autonómica, por no predeterminar técnica alguna propia de la política territorial y urbanística. Se entiende así:

a) La sustitución de las siguientes expresiones:

— La de «planes de ordenación urbana y... delimitación de ámbitos de gestión» por la de «instrumentos de la ordenación territorial y urbanística que determine su legislación reguladora».

— La de «terrenos y edificios correspondientes» por la de «bienes y derechos correspondientes».

b) La introducción del inciso «cuando dichos instrumentos habiliten para su ejecución».

No se emplea así concepto alguno que evoque técnica urbanística concreta y, además, se deja claro que es al legislador autonómico al que corresponde determinar cuál deba ser el instrumento al que pueda o deba imputarse el efecto previsto en el precepto estatal.

En su redacción actual, por tanto, la regla legal se limita —justamente para asegurar su integridad y efectividad— a conectar la LEF con la legislación de ordenación territorial y urbanística, prescribiendo que ésta debe precisar cuales de los instrumentos que prevea i) legitiman el desarrollo de la actividad de ejecución y cuya aprobación debe producir, por tanto y cuando dicha ejecución conlleve la expropiación de bienes y derechos, ii) conllevan la declaración de la utilidad pública y la necesidad de ocupación de éstos regulada en la LEF; con precisión, además, iii) de la extensión de dicha declaración a los terrenos precisos para conectar la actuación de urbanización con las redes generales de servicios, cuando sean necesarias [lo que resulta consecuente con lo dispuesto en el art. 16.1.c) TRLdS08].

4. El efecto de mutación o desafectación de bienes de dominio público (apdo. 3)

La vinculación estatutaria que del suelo a un destino produce la ordenación territorial y urbanística afecta tanto al suelo de propiedad privada como al de dominio público. Si para la efectividad del destino así impuesto ha de procederse, en caso de propiedad privada y actuación por expropiación, a la aplicación de este instituto, no sucede lo mismo cuanto los bienes afectados tienen la condición demanial.

Para la facilitación de la ejecución urbanística en este último caso, este precepto establece, en efecto, una doble determinación legal tradicional en nuestro Derecho urbanístico (párr. 2.º):

— De un lado y ante las dudas, frecuentes en la práctica, sobre la condición de los caminos y vías en el medio rural, la presunción *iuris tantum* y, por tanto, destruible mediante prueba en contrario, de que aquellos de los caminos y las vías rurales que queden comprendidos en la superficie objeto de expropiación (obviamente en virtud de un instrumento de ordenación territorial y urbanística) se entienden de propiedad municipal. Presunción que permite excluir tales bienes de la operación expropiatoria, salvo lo que resulte del cuestionamiento de la propiedad municipal.

— Y, de otro lado y en el ámbito urbano, la transmisión *ex lege* a la Administración expropiante (normalmente el Municipio) —caso de desaparición de vías y previsión de otras nuevas y distintas— de las primeras (las suprimidas por la ordenación) y su subrogación por las segundas (las nuevas simplemente previstas).

La transmisión y subrogación prescritas por esta última regla pueden ser y son efecto directo de la vinculación al correspondiente destino (vialidad) urbanístico de nuevas superficies por una doble razón: i) no variar el destino (vialidad) en la situación existente y la prevista por la ordenación, y ii) inscribirse normalmente el supuesto en que se producen aquellos efectos en el ciclo de gestión de una misma Administración (la municipal). Tal efecto directo no es posible con carácter general, pues implicaría la afectación ilegítima por la competencia (no la política) de ordenación territorial y urbanística a las competencias sectoriales con relevancia o repercusión física incluso de otras Administraciones.

La regla general para el caso de nueva vinculación por la ordenación territorial y urbanística de bienes dominiales es, pues, la de que dicha vinculación —efectiva desde luego en su ámbito propio— no enerva, sin embargo, el régimen propio de los bienes afectados. De esta suerte, cuando el nuevo destino impuesto por la ordenación territorial y urbanística sea distinto del que otorgue soporte a la afectación o adscripción al uso general o el servicio público actuales, el efecto sobre una u otra de la vinculación a tal destino se limita la obligación de incoar y seguir el procedimiento previsto por la legislación reguladora del bien correspondiente para producir la mutación demanial o la desafectación pertinentes. Quiere decirse, pues, que la implantación efectiva del nuevo destino urbanístico requiere una u otra, conforme a las previsiones, en su caso, de la Ley 33/2003, de 3 de noviembre, de patrimonio de las Administraciones Públicas (arts. 69 a 77).

Esta última Ley contiene, además, reglas de coordinación con la ordenación urbanística. Se trata de las siguientes:

— Comunicación de actuaciones urbanísticas (con responsabilización de los Secretarios de los Ayuntamientos de su cumplimiento; art. 189 LPAAPP): preceptividad de la notificación en cualquier caso a la Administración titular de la aprobación inicial, la provisional y la definitiva de instrumentos de planeamiento urbanístico que afecten a bienes de titularidad pública.

— Ejecución del planeamiento (art. 190 LPAAPP):

1.º Prohibición a los Notarios de otorgamiento de escrituras públicas de constitución de juntas de compensación u otras entidades urbanísticas colaboradoras sin i) justificación previa por los otorgantes de la identificación plena de la superficie incluida en la correspondiente unidad de ejecución, en cuanto a la titularidad de las fincas que la componen, o ii) notificación fehaciente a la Delegación de Economía y Hacienda correspondiente de la existencia de terrenos de titularidad desconocida o no acreditada.

2.º Regimiento de las cesiones y demás operaciones patrimoniales sobre bienes y derechos del Patrimonio del Estado derivadas de la ejecución del planeamiento por lo dispuesto en la legislación urbanística, con estricta aplicación del principio de equidistribución de beneficios y cargas.

— Régimen urbanístico de los inmuebles afectados (art. 190 bis LPAAPP): Participación de la Administración General del Estado o los organismos públicos titulares que hayan adquirido los bienes por expropiación u otra forma onerosa en las operaciones de distribución de beneficios y cargas cuando los instrumentos de ordenación territorial y urbanística incluyan en el ámbito de las actuaciones de urbanización o adscriban a ellas terrenos afectados o destinados a usos o servicios públicos de competencia estatal.

— Régimen urbanístico de los inmuebles desafectados (art. 191 LPAAPP): Procedencia, cuando los inmuebles del Patrimonio del Estado dejen de estar afectados a un uso o servicio público, de:

a) Valoración del suelo y las edificaciones conforme al TRLdS08.

b) Comunicación a las autoridades urbanísticas de la desafectación de los bienes a los efectos del otorgamiento de la nueva calificación urbanística que corresponda, que debe respetar el principio de equidistribución de beneficios y cargas y ser coherente con la política urbanística municipal, el tamano y situación de los inmuebles y cualesquiera otras circunstancias relevantes. Transcurridos dos años desde la notificación de la desafectación sin que el planeamiento urbanístico haya otorgado nueva calificación, el Ayuntamiento correspondiente debe responsabilizarse de su custodia y mantenimiento, sin perjuicio, además y desde el transcurso del plazo establecido por la legislación urbanística aplicable para instar la expropiación por ministerio de la Ley, de la advertencia por la Administración General del Estado o el organismo público a la Administración municipal de su propósito de comenzar el expediente de justiprecio en la forma prevista en dicha legislación.

c) Convenio con otras Administraciones, sobre la base del valor calculado, para la obtención de estos inmuebles mediante la aportación de contraprestaciones equivalentes. En el supuesto de que los usos permitidos en los inmuebles desafectados determinen su utilización exclusiva por otra Administración Pública, ésta está obligada a convenir con la Administración General del Estado o el organismo público que ha desafectado el bien los términos para su obtención.

5. El beneficio de la expropiación (apdo. 4)

De modo plenamente congruente con lo dispuesto en el artículo 6.a) TRLdS08, este apartado atribuye *ex lege* la condición de beneficiarios de la expropiación a las personas naturales o jurídicas subrogadas en las facultades del Estado, de las Comunidades Autónomas o de las entidades locales para la ejecución de planes u obras determinadas.

Artículo 30. *Justiprecio.*

1. El justiprecio de los bienes y derechos expropiados se fijará conforme a los criterios de valoración de esta Ley mediante expediente individualizado o por el procedimiento de tasación conjunta. Si hay acuerdo con el expropiado, se podrá satisfacer en especie.

2. Las actuaciones del expediente expropiatorio se seguirán con quienes figuren como interesados en el proyecto de delimitación, redactado conforme a la Ley de Expropiación Forzosa o acrediten, en legal forma, ser los verdaderos titulares de los bienes o derechos en contra de lo que diga el proyecto. En el procedimiento de tasación conjunta, los errores no denunciados y justificados en la fase de información pública no darán lugar a nulidad o reposición de actuaciones, conservando no obstante, los interesados su derecho a ser indemnizados en la forma que corresponda.

3. Llegado el momento del pago del justiprecio, sólo se procederá a hacerlo efectivo, consignándose en caso contrario, a aquellos interesados que aporten certificación registral a su favor, en la que conste haberse extendido la nota del artículo 32 del Reglamento Hipotecario o, en su defecto, los títulos justificativos de su derecho, completados con certificaciones negativas del Registro de la Propiedad referidas a la

misma finca descrita en los títulos. Si existiesen cargas deberán comparecer los titulares de las mismas.

4. Cuando existan pronunciamientos registrales contrarios a la realidad, podrá pagarse el justiprecio a quienes los hayan rectificado o desvirtuado mediante cualquiera de los medios señalados en la legislación hipotecaria o con acta de notoriedad tramitada conforme al artículo 209 del Reglamento Notarial.

Procedencia

Este artículo 30 se ha formado con el apartado 3 del artículo 28 LdS y los tres apartados del artículo 222 TRLS92.

Se agrupan así en el precepto, de manera irreprochable, las reglas de la LdS y del TRLS92 referidas al justiprecio. Se trata de las siguientes:

a) El apartado 3 del artículo 28 LdS, que se recoge en su literalidad en el apartado 1 del artículo.

b) Los apartados 1 a 3 del artículo 222 TRLS92 que, en su estricta literalidad, pasan a ser los apartados 2 a 4 del artículo.

El dictamen del Consejo de Estado no formuló observación a este artículo.

Comentario

1. La fijación del justiprecio y su pago en especie (apdo. 1)

La primera de las dos reglas contenidas en este apartado es, con redacción no sustancialmente diversa, la que, antes de la LdS, establecía el artículo 36 LRSV. Cumple, a efectos de la aplicación de la expropiación forzosa, idéntica función de conexión entre la LEF y la legislación de ordenación territorial y urbanística, pero ahora mediante la precisión de la fijación del justiprecio en el supuesto de mera aplicación de la expropiación en la ejecución de la ordenación urbanística, de conformidad con los criterios del régimen de valoraciones establecido por el TRLdS08. Y ello, en virtud de su comprensión en el ámbito de aplicación de dicho régimen según la capital prescripción del artículo 21.1.b) TRLdS08; prescripción que hace de los criterios de valoración del TRLdS08 los únicos pertinentes cuando de los bienes enumerados en el inciso inicial de su artículo 21.1 se trata [para los restantes bienes ha de estarse —según su art. 28.b) y por remisión— justamente a la LEF].

Por lo que hace al pago del justiprecio en especie, se mantiene —en razón de la doctrina sentada por el Tribunal Constitucional— la regla del acuerdo o conformidad del expropiado como requisito necesario. Pero —en beneficio de la competencia legislativa autonómica— se suprime la restricción, en cuanto a la forma del pago, a la adjudicación de terrenos de valor equivalente que contenía el artículo 37 LRSV. El marco legal se limita ahora a exigir el apuntado requisito para el pago en especie sin más.

Esta exigencia abre, sin embargo, la puerta a que la legislación autonómica de ordenación territorial y urbanística pueda contemplar, por ejemplo, la ejecución pública en términos de práctica reducción de la Administración actuante a la realización de la urbanización, resultando para ella misma únicamente las parcelas resultantes equivalentes al coste de la urbanización; parcelas que habría de destinar al correspondiente patrimonio público de suelo.

2. El procedimiento expropiatorio: los interesados necesarios y beneficiarios de la indemnización (apdos. 1, 2, 3 y 4)

El ejercicio de la potestad expropiatoria puede producirse mediante:

a) Expediente individualizado.

b) Tasación conjunta.

Son interesados necesarios (de modo que las actuaciones expropiatorias han de seguirse con ellos): i) en primer término, los que figuren como interesados en el proyecto de delimitación de los derechos y los bienes afectados redactado conforme a la LEF, y, ii) en todo caso, es decir, incluso en contra de los datos consignados en tal proyecto, los que acrediten, en legal forma, ser los verdaderos titulares de los derechos y los bienes (debiendo obtener la rectificación o desvirtuación de los correspondientes pronunciamientos registrales contrarios a la realidad, caso de que existan, mediante cualquiera de los medios habilitados por la legislación hipotecaria o acta de notoriedad tramitada conforme al art. 209 del Reglamento Notarial). Los titulares de cargas que graven las fincas afectadas deben comparecer en el procedimiento para ser tenidos como interesados.

A este respecto rige, sólo para el procedimiento de tasación conjunta, una regla especial: los errores no denunciados y justificados en la fase de información pública no pueden dar ya lugar ulteriormente a declaración de nulidad de las actuaciones y ni siquiera a la reposición de éstas al trámite inmediatamente anterior a aquel en que se haya cometido el error. Esta regla se entiende sin perjuicio de la conservación por los afectados por el error de su derecho a ser indemnizados en la forma que corresponda.

Beneficiarios del pago en su momento sólo pueden ser aquellos interesados que efectivamente hayan acreditado en debida forma la titularidad del correspondiente derecho o bien

3. El pago del justiprecio (apdos. 3 y 4)

El pago del justiprecio ha de hacerse a los que figuren en el procedimiento como titulares de los correspondientes derechos o bienes (en su caso, incluso en virtud de rectificación o desvirtuación de pronunciamiento contrario del Registro de la Propiedad o de título obtenido mediante acta de notoriedad) y hayan aportado:

1.º En su caso, certificación registral a su favor en la que conste haberse extendido la nota del artículo 32 del Reglamento Hipotecario. O, en su defecto,

2.º Los correspondientes títulos justificativos, completados, en su caso, con certificaciones registrales negativas referidas a la misma finca descrita en los títulos.

En otro caso, ha de procederse a la consignación del importe correspondiente en espera de la acreditación de la titularidad del derecho o bien correspondiente.

Artículo 31. *Ocupación e inscripción en el Registro de la Propiedad.*

1. El acta de ocupación para cada finca o bien afectado por el procedimiento expropiatorio será título inscribible, siempre que incorpore su descripción, su identificación conforme a la legislación hipotecaria, su referencia catastral y su representación gráfica mediante un sistema de coordenadas y que se acompañe del acta de pago o justificante de la consignación del precio correspondiente.

A efectos de lo dispuesto en el párrafo anterior, la referencia catastral y la representación gráfica podrán ser sustituidas por una certificación catastral descriptiva y gráfica del inmueble de que se trate.

La superficie objeto de la actuación se inscribirá como una o varias fincas registrales, sin que sea obstáculo para ello la falta de inmatriculación de alguna de estas fincas. En las fincas afectadas y a continuación de la nota a que se refiere la legislación hipotecaria sobre asientos derivados de procedimientos de expropiación forzosa, se extenderá otra en la que se identificará la porción expropiada si la actuación no afectase a la totalidad de la finca.

2. Si al proceder a la inscripción surgiesen dudas fundadas sobre la existencia, dentro de la superficie ocupada, de alguna finca registral no tenida en cuenta en el procedimiento expropiatorio, se pondrá tal circunstancia en conocimiento de la Administración competente, sin perjuicio de practicarse la inscripción.

3. Los actos administrativos de constitución, modificación o extinción forzosa de servidumbres serán inscribibles en el Registro de la Propiedad, en la forma prevista para las actas de expropiación.

Procedencia

Se agrupan en este artículo del texto refundido las reglas de la LdS y del TRLS92 referidas a la ocupación e inscripción en el Registro de la Propiedad, concretamente las siguientes:

a) El apartado 4 del artículo 28 LdS, que se recoge en su literalidad para formar los apartados 1 y 2 del artículo.

b) El artículo 211.3 TRLS92, que pasa a formar el apartado 3 del artículo y que también ha sido recogido en su literalidad.

El dictamen del Consejo de Estado no formuló observación a este artículo.

1. La ocupación de fincas o bienes y su inscripción en el Registro de la Propiedad (apdos. 1 y 2)

Se recogen en estos apartados las reglas que contenía hasta la LdS el artículo 39 LRSV, con algunas precisiones técnicas y las principales modificaciones siguientes:

1.ª Se suprime, por innecesaria en todo caso, la referencia a que la formulación del acta de ocupación debe producirse una vez efectuado el pago o la consignación. Para asegurar la integridad y efectividad de la regulación estatal de la expropiación forzosa basta, en efecto, con la prescripción de que la inscripción del acta sólo es posible si se acompaña del acta de pago o justificante de la consignación del precio correspondiente.

2.ª Se incluyen exigencias dirigidas a incrementar las garantías de la inscripción registral, concretamente y además de la ya aludida de acompañamiento del acta de pago o justificante de la consignación, las que se traducen en la obligatoria inclusión en el acta de ocupación de la descripción de la finca o el bien expropiado y de su identificación conforme a la legislación hipotecaria, su referencia catastral y su representación gráfica mediante un sistema de coordenadas (sustituibles, las dos últimas, es decir, la referencia catastral y la representación gráfica mediante coordenadas, por una certificación catastral descriptiva y gráfica del inmueble de que se trate).

De las reglas propiamente dichas, interesa resaltar:

a) La declaración del acta de ocupación (levantada con los requisitos indicados) como título inscribible en el Registro de la Propiedad.

b) La inscripción de la superficie objeto de la actuación pública (con aplicación de la expropiación) como una o varias fincas registrales.

No obsta a tal inscripción:

— La falta de inmatriculación de alguna de las fincas.

— La existencia de dudas fundadas (con ocasión de la inscripción) sobre la existencia, dentro de la superficie ocupada, de alguna finca registral no tenida en cuenta en el procedimiento expropiatorio. El surgimiento de estas dudas —se insiste: no cualesquiera, sino precisamente fundadas— da lugar a la comunicación de las mismas a la Administración competente por razón del procedimiento. Lo que significa, las cuestiones a que den lugar las referidas dudas no dejan de ser cuestiones jurídico-administrativas atinentes a la operación expropiatoria y a resolver, por tanto, por la referida Administración.

c) La obligatoria práctica en las fincas afectadas sólo en parte por la operación expropiatoria de nota identificativa de la porción expropiada, además y a continuación de la indicativa de que el asiento registral correspondiente procede de procedimiento expropiatorio.

2. Acceso al Registro de la Propiedad de la constitución, modificación o extinción por acto administrativo de servidumbres (apdo. 3)

Este apartado precisa ahora que incluso los actos administrativos de constitución, modificación o extinción forzosas (en aplicación de la expropiación) de servidumbres son inscribibles en el Registro de la Propiedad en la forma prevista para las actas de expropiación.

Artículo 32. *Adquisición libre de cargas.*

1. Finalizado el expediente expropiatorio, y una vez levantada el acta o actas de ocupación con los requisitos previstos en la legislación general de expropiación forzosa, se entenderá que la Administración ha adquirido, libre de cargas, la finca o fincas comprendidas en el expediente.

La Administración será mantenida en la posesión de las fincas, una vez inscrito su derecho, sin que quepa ejercitar ninguna acción real o interdictal contra la misma.

2. Si con posterioridad a la finalización del expediente, una vez levantada el acta de ocupación e inscritas las fincas o derechos en favor de la Administración, aparecieren terceros interesados no tenidos en cuenta en el expediente, éstos conservarán y podrán ejercitar cuantas acciones personales pudieren corresponderles para percibir el justiprecio o las indemnizaciones expropiatorias y discutir su cuantía.

3. En el supuesto de que, una vez finalizado totalmente el expediente, aparecieren fincas o derechos anteriormente inscritos no tenidos en cuenta, la Administración expropiante, de oficio o a instancia de parte interesada o del propio registrador, solicitará de éste que practique la cancelación correspondiente. Los titulares de tales fincas o derechos deberán ser compensados por la Administración expropiante, que formulará un expediente complementario con las correspondientes hojas de aprecio, tramitándose según el procedimiento que se haya seguido para el resto de las fincas, sin perjuicio de que tales titulares puedan ejercitar cualquier otro tipo de acción que pudiera corresponderles.

4. Si el justiprecio se hubiere pagado a quien apareciere en el expediente como titular registral, la acción de los terceros no podrá dirigirse contra la Administración expropiante si éstos no comparecieron durante la tramitación, en tiempo hábil.

Procedencia

Este artículo, que carece de correspondencia en la LdS, recoge el contenido dispositivo del artículo 224.1, 2, 3, 4 y 5 TRLS92 sin introducir en él alteración alguna (ni siquiera en cuanto a la rúbrica del precepto).

El dictamen del Consejo de Estado no formuló observación alguna en este punto.

Comentario

1. La regla principal: la presunción legal de adquisición libre de cargas como consecuencia de la expropiación y sus efectos (apdo. 1)

El acta o actas de ocupación de la o las fincas expropiadas, levantados con los requisitos previstos en la LEF tras la finalización del correspondiente expediente expropiatorio, determinan la presunción legal *iuris et de iure* (se entiende salvo anulación de la operación expropiatoria) de la adquisición por la Administración expropiante, libre de cargas, de la finca o fincas comprendidas en el expediente.

La inscripción en el Registro de la Propiedad del derecho así adquirido determina, por ello y además, i) el mandato del mantenimiento de la Administración, a partir de dicho momento, en la posesión de la o las fincas y ii) la prohibición de la admisión del ejercicio de acción alguna contra ella, sea real o meramente interdictal.

Nótese que las anteriores reglas no rigen respecto de cualesquiera derechos o bienes, sino sólo de la propiedad de fincas (y derechos reales limitados sobre ellas).

2. Las reglas derivadas referidas a la aparición de interesados o fincas o derechos no tenidos en cuenta (apdos. 2, 3 y 4)

De modo consecuente con la regla principal recogida en el apartado 1, los restantes están dirigidos a resolver los supuestos que pueden darse tras la finalización del expediente expropiatorio y, en su caso, el levantamiento del acta o actas de ocupación e inscripción registral: la aparición bien de terceros interesados, bien de fincas o derechos no tenidos en cuenta en el correspondiente expediente.

En el primer caso y teniendo por objeto el expediente expropiatorio de finca(s) o derecho(s) sobre ellas, el supuesto tiene como presupuesto no sólo la finalización de aquél y el levantamiento del acta o actas de ocupación, sino también la inscripción registral a favor de la Administración expropiante. La solución legal consiste aquí en la negación de toda posibilidad de ejercicio por los terceros interesados de cualesquiera acciones reales que pudieran derivar de sus derechos, de suerte que sólo conservan las de carácter personal que puedan corresponderles precisamente para cuestionar la cuantía del justiprecio o indemnización y percibir uno y otra. Estas acciones pueden dirigirse:

a) Incluso contra la Administración expropiante, si los terceros interesados comparecieron en el expediente expropiatorio y aquélla hubiera pagado el justiprecio a quien sólo acreditó la titularidad, pero no la inscripción registral de su derecho.

b) Exclusivamente contra el o los perceptores del justiprecio (no así contra la Administración), si los terceros interesados no comparecieron en el expediente expropiatorio y la Administración hubiera pagado aquél a quien constara en el expediente como titular registral.

En el segundo caso, es decir, de aparición de fincas o cualesquiera derechos anteriormente inscritos no tenidos en cuenta, basta con que el expediente expropiatorio haya finalizado y la solución consiste en la cancelación registral correspondiente y la indemnización de los titulares de las fincas o derechos objeto de la cancelación.

Esta última ha de ser solicitada por la Administración expropiante actuando tanto de oficio como a instancia de parte interesada o, incluso, del propio Registrador de la Propiedad.

A los efectos de la compensación de los titulares afectos, la Administración expropiante debe incoar el oportuno procedimiento (complementario del expropiatorio), que debe ser tramitado según el procedimiento seguido para el resto de las fincas y con formulación en él de las correspondientes hojas de aprecio. La incoación y tramitación de este expediente complementario no enerva la posibilidad del ejercicio independiente por dichos titulares de cualesquiera otras acciones que pudieran corresponderles.

Artículo 33. ***Modalidades de gestión de la expropiación.***

1. Las Entidades Locales podrán promover, para la gestión de las expropiaciones, las modalidades asociativas con otras Administraciones Públicas o particulares, de conformidad con la legislación de régimen local y urbanística.

2. Para el mejor cumplimiento de la finalidad expresada en el apartado anterior, podrán igualmente encomendar el ejercicio de la potestad expropiatoria a otras Administraciones Públicas.

3. Lo dispuesto en los apartados anteriores se entenderá sin perjuicio de las facultades reconocidas expresamente por ley a determinados entes públicos en materia expropiatoria.

Procedencia

Este artículo carece de correspondencia en la LdS y en él se recoge sin más, en su estricta literalidad y con la rúbrica bajo la que figura en el texto original, el artículo 213.1, 2 y 3 TRLS92.

El dictamen del Consejo de Estado no formuló observación alguna a este precepto.

Comentario

Único. La habilitación para la delegación del ejercicio de la potestad expropiatoria y del empleo de las modalidades asociativas de gestión autorizadas legalmente

El artículo agota su contenido prescriptivo en una habilitación general precisa y únicamente a las entidades locales, es decir, las reguladas por la legislación de régimen local. A pesar de la referencia de la rúbrica exclusivamente a la gestión, la habilitación no sólo se refiere a ésta, sino también a la delegación del ejercicio de la potestad expropiatoria. En todo caso no afecta ni incide, es decir, es independiente de las facultades que estén expresamente atribuidas por Ley a determinados entes públicos en materia expropiatoria.

La habilitación referida a la gestión comprende cualesquiera modalidades asociativas de ésta que estén previstas tanto en la legislación de régimen local (la estatal básica y la autonómica de desarrollo correspondiente), como en la autonómica de ordenación territorial y urbanística. Esta remisión lleva de la mano, en particular y por lo que hace a la LrBRL, a las Mancomunidades (art. 44 LrBRL) y a los Consorcios (art. 87 LrBRL).

A la habilitación anterior y para la mejor gestión de las expropiaciones, se añade la expresa autorización legal para «encomendar» a otras Administraciones Públicas el ejercicio de la potestad expropiatoria. A pesar del verbo empleado no hay aquí tanto una referencia a la técnica concreta de la encomienda regulada en el artículo 15 LRJPAC, a la que el TRLS92 del que procede el precepto difícilmente pudo aludir por razón temporal y que está estrictamente limitada a actividades de carácter material, técnico o de servicios, como más bien —y así se dice expresamente— a la delegación prevista en el artículo 13 de la propia LRJPAC y que está también prevista —a título de transferencia que requiere el voto favorable de la mayoría absoluta del número legal de miembros de la corporación— en el artículo 47.3 LrBRL.

Artículo 34. *Supuestos de reversión y de retasación.*

1. Si se alterara el uso que motivó la expropiación de suelo en virtud de modificación o revisión del instrumento de ordenación territorial y urbanística, procede la reversión salvo que concurra alguna de las siguientes circunstancias:

a) Que el uso dotacional público que hubiera motivado la expropiación hubiera sido efectivamente implantado y mantenido durante ocho años, o bien que el nuevo uso asignado al suelo sea igualmente dotacional público.

b) Haberse producido la expropiación para la formación o ampliación de un patrimonio público de suelo, siempre que el nuevo uso sea compatible con los fines de éste.

c) Haberse producido la expropiación para la ejecución de una actuación de urbanización.

d) Haberse producido la expropiación por incumplimiento de los deberes o no levantamiento de las cargas propias del régimen aplicable al suelo conforme a esta Ley.

e) Cualquiera de los restantes supuestos en que no proceda la reversión de acuerdo con la Ley de Expropiación Forzosa.

2. En los casos en que el suelo haya sido expropiado para ejecutar una actuación de urbanización:

a) Procede la reversión, cuando hayan transcurrido diez años desde la expropiación sin que la urbanización se haya concluido.

b) Procede la retasación cuando se alteren los usos o la edificabilidad del suelo, en virtud de una modificación del instrumento de ordenación territorial y urbanística que no se efectúe en el marco de un nuevo ejercicio pleno de la potestad de ordenación, y ello suponga un incremento de su valor conforme a los criterios aplicados en su expropiación. El nuevo valor se determinará mediante la aplicación de los mismos criterios de valoración a los nuevos usos y edificabilidades. Corresponderá al expropiado o sus causahabientes la diferencia entre dicho valor y el resultado de actualizar el justiprecio.

En lo no previsto por el párrafo anterior, será de aplicación al derecho de retasación lo dispuesto para el derecho de reversión, incluido su acceso al Registro de la Propiedad.

3. No procede la reversión cuando del suelo expropiado se segreguen su vuelo o subsuelo, conforme a lo previsto en el apartado 4 del artículo 17, siempre que se mantenga el uso dotacional público para el que fue expropiado o concurra alguna de las restantes circunstancias previstas en el apartado primero.

Procedencia

Este artículo se corresponde, en su literalidad, con el 29 LdS.

Como es lógico, el dictamen del Consejo de Estado no formuló observación alguna al mismo.

Comentario

1. Introducción

La nueva regulación que de los supuestos de reversión y retasación hizo la LdS y hace ahora este artículo no persigue tanto la innovación, cuanto:

— La supresión de una regla, cuya consignación expresa en esta sede sólo aparentemente era necesaria, y que, en realidad, además de ser innecesaria, recurría al empleo de conceptos alusivos a técnicas territorial-urbanísticas cuya previsión y, por tanto, existencia y juego están en la entera disposición del legislador autonómico (concretamente las de la clasificación del suelo y el planeamiento). Se trata de la que consignaba hasta la LdS el apartado 1 del artículo 40 LRSV, es decir, la de que los terrenos de cualquier clase expropiados por razón urbanística debían ser destinados al fin establecido en el plan correspondiente. Aunque la predeterminación de las soluciones técnicas de la legislación de ordenación territorial y urbanística, por poca que fuera, justifica ya por sí misma su desaparición, ha sido y es su estricta innecesariedad la razón determinante de ésta. Pues la doble vinculación del suelo al destino que para él deriva de: i) la ordenación territorial y urbanística, resulta del artículo 7.1 TRLdS08, y ii) la aplicación de la expropiación a la ejecución de dicha ordenación (a título de *causa expropiandi*), resulta sin más, a su vez, de la regulación por la LEF de la institución expropiatoria.

— La clarificación, sistematización y precisión técnicas (normalmente en sentido ampliatorio) de los supuestos de reversión, a la vista de las características de la acción pública en materia de ordenación territorial y urbanística. Todos y cada uno de los supuestos previstos ya en el artículo 40 LRSV aparecen recogidos, en efecto, en este artículo.

— La coordinación entre los supuestos de reversión específicos de dicha materia y los fijados con carácter general en la LEF tras la nueva redacción dada a sus artículos 54 y 55 por la disposición adicional quinta de la Ley 38/1999, de 5 de noviembre, de ordenación de la edificación.

Se introducen en el precepto, no obstante, dos importantes innovaciones, concretamente las consistentes en la introducción de sendos supuestos, de un lado, de exclusión de la reversión (como consecuencia de la tridimensionalidad otorgada al efecto de la división de las cosas según deban quedar bajo dominio privado o en régimen de dominio público, que es inherente al ejercicio de la potestad de ordenación territorial y urbanística) y, de otro lado, de retasación, el cual trae causa directamente, como inmediatamente se comprobará, de la actualización de la regulación de los de reversión y, por ello, no es en modo alguno interpretable fuera de tal contexto. No constituye esta previsión de retasación, por tanto, «rebaja» alguna de un hipotético e inexistente derecho de reversión. Teniendo en cuenta que el marco estatal reconoce (al haberlo hecho por primera vez la LdS) un contenido económico a la facultad de los propietarios de suelo de participar en la ejecución de las actuaciones de urbanización (el resultado de aplicar el mismo porcentaje que la legislación de ordenación territorial y urbanística para la participación de la comunidad en las plusvalías; art. 25.2 TRLdS08), representa propiamente una considerable mejora de la posición de los propietarios afectados por una de las referidas actuaciones y excluidos de su ejecución por razón expropiatoria.

2. Los supuestos de reversión [apdos. 1, 2.a) y 3]

Mantiene aquí el texto legal, por de pronto y con variaciones de pura redacción, la norma que —contenida hasta la LdS en el inciso inicial del art. 40.2 LRSV— traslada la lógica de la institución expropiatoria a la del juego de ésta en sus aplicaciones por razón de la ordenación territorial y urbanística. Norma ésta conforme con la regulación general de la LEF, según la cual la reversión es, por tanto, la regla que únicamente encuentra excepción en los supuestos —sobrevenidos a la operación expropiatoria concreta de que en cada caso se trate— determinados expresamente por la Ley y a los que ésta anude la exclusión del surgimiento o actualización del derecho a aquélla.

Procediendo con carácter general la reversión, lo decisivo es, pues, la determinación de los supuestos cuya concurrencia —el de cada uno de ellos— comporta la exclusión de la activación del derecho a la reversión. Estos supuestos son los siguientes:

1.º La atribución sobrevenida al suelo con un preciso destino dotacional público de cualquier otro uso diferente (incluido cualquier otro igualmente dotacional público) en virtud de una alteración (sea por modificación, sea por revisión) del instrumento de la ordenación territorial y urbanística cuya versión anterior (a dicha alteración) legitimó la operación expropiatoria para la obtención del suelo en cuestión. En tal caso, el cambio en el uso no determina el juego de la reversión, cualquiera que sea el nuevo uso asignado (incluso privado), siempre y cuando bajo la vigencia del instrumento de ordenación y al tiempo de producirse su alteración se cumplan dos condiciones: i) la implantación efectiva del uso dotacional público y ii) el mantenimiento de este uso durante como mínimo ocho años [apdo. 1, letra a)].

Coincide este supuesto (comprendiendo ambos) con los que preveían en su día y separadamente las letras a) y b) del artículo 40.2 LRSV.

La exclusión de la reversión en el caso de ser igualmente dotacional público el nuevo uso no precisa de mayor argumentación: su justificación es la misma que estaba en la base del artículo 40.2.a) LRSV, pues resulta ilógico posibilitar el juego de la reversión cuando el nuevo uso puede justificar una nueva aplicación de la institución expropiatoria. La única variación que aquí se produce es la supresión del requisito consistente en que el nuevo uso dotacional público esté igualmente justificado. Se trata de un requisito que ya era cuestionable, en cuanto a su utilidad real, bajo la vigencia del aludido precepto legal, pero que ahora, tras la LdS y la operación de refundición, carece de todo sentido, una vez que el artículo 3.1, párr. 2.º, TRLSdS08 exige expresamente que todo ejercicio de la potestad de ordenación territorial y urbanística debe ser motivado, con expresión de los intereses generales a los que sirve.

En el caso de ser distinto e, incluso privado, el nuevo uso, se conservan, para que opere la referida exclusión, los dos requisitos que ya se recogían en el citado artículo 40.2.b) LRSV —la implantación de uso dotacional y su mantenimiento por el tiempo mínimo de ocho años—, pero se precisa el supuesto cualificando como público el uso dotacional; cualificación que es congruente con la limitación del deber de entrega a la Administración de suelo previsto en el artículo 16.1.a) TRLdS08 y propio de la participación en actuaciones de transformación urbanística, al destinado justamente a dotaciones públicas (de lo que se sigue la restricción implícita de la aplicación de la expropiación al suelo con tal destino). La razón salta a la vista: el carácter simplemente dotacional del uso, al no justificar la referida aplicación de la expropiación (puesto que existen dotaciones de titularidad y explotación privadas), tampoco justifica —correlativamente— la operatividad de la reversión.

2.º La asignación, en virtud de una alteración (por modificación o revisión) del correspondiente instrumento de ordenación territorial y urbanística, de un nuevo y distinto uso al suelo expropiado en ejecución o aplicación de la versión anterior (objeto de la aludida alteración) del referido instrumento para su incorporación al patrimonio público de suelo (sea para su formación, sea para su ampliación), siempre que el nuevo uso sea compatible con los fines de dicho patrimonio [apdo. 1, letra b)].

Se corresponde este supuesto con el que (en redacción de lógica inversa o positiva, es decir, definitoria del supuesto de procedencia de la reversión) incluía el artículo 40.3 LRSV, si bien suprimiendo los concretos extremos referidos en él —como consecuencia de su carácter «reaccional» frente a determinadas prácticas urbanísticas indebidas— tanto a la forma de ejercicio de la potestad de ordenación territorial y urbanística (para excluir, *a contrario,* de la reversión el caso de ejercicio pleno de la misma, es decir, de revisión de la ordenación establecida), como al contenido y el alcance del cambio (para excluir igualmente de la reversión, también *a contrario,* la alteración de los usos, intensidades o aprovechamientos que no implique un incremento del valor de los terrenos de que se trate).

La nueva redacción no persigue tanto la restricción del supuesto implícito de exclusión de la reversión, cuanto su clarificación y actualización en función de la asimismo regulación legal básica de los patrimonios públicos de suelo (arts. 38 y ss.). Su objetivo puede resumirse, así, en una delimitación del supuesto paralela a la del referido al suelo dotacional público. Nada más pertinente, teniendo en cuenta que también los patrimonios públicos de suelo, en cuanto patrimonios separados, implican la sujeción de los bienes en ellos integrados a un régimen jurídico-público específico dirigido a asegurar la vinculación de los referidos bienes a los fines legales de los patrimonios. Por ello:

— Lo esencial es que el nuevo uso del bien —el asignado a éste por la alteración de la ordenación territorial y urbanística— sea compatible, al igual que el que justificó la incorporación, por expropiación, al correspondiente patrimonio, con los fines legales de este último. Pues, de ser así, es claro que, al igual que en el supuesto referido al uso dotacional público, sería ilógico que, permaneciendo causa legal suficiente para reincorporar el bien al patrimonio público de suelo de que se trate, no se excluyera el juego de la reversión. La clave radica, pues, en que el nuevo uso permita el cumplimiento de cualquiera de los destinos previstos en el artículo 39.1 TRLdS08: la construcción de viviendas sujetas a algún régimen de protección pública y la realización de aquellos usos de interés social que prevea la legislación autonómica de ordenación territorial y urbanística para fines urbanísticos admisibles o, en todo caso, los de protección o mejora de espacios naturales o de los bienes inmuebles del patrimonio cultural.

— Siendo así completamente indiferente, a efectos del juego de la reversión en otro caso, es decir, en el de no cumplimiento por el nuevo uso del requisito de compatibilidad anterior, que dicho nuevo uso comporte o no un incremento del valor del bien (por consecuencia de su consistencia en relación con las determinaciones de edificabilidad). No dándose el expresado requisito opera siempre, pues, la reversión.

3.º La alteración, en virtud de modificación o revisión de la ordenación territorial y urbanística, del uso que motivó la expropiación y haber transcurrido ya, al menos, diez años desde la expropiación, siempre que ésta se hubiera producido para la ejecución de una actuación de urbanización y que las obras de urbanización hayan concluido [apdo. 1, letra c), en relación con el apdo. 2, letra a)].

Sólo si no se tiene en cuenta que la completa definición del supuesto resulta de la obligada combinación de la letra c) del apartado 1, cuya perspectiva es negativa: cuando no procede la reversión, con la letra a) del apartado 2, cuya perspectiva es inversa o positiva:

cuando, no obstante, sí procede la reversión, es posible no sucumbir a la mera apariencia de innovación que deriva de estar exclusivamente a la primera de dichas normas.

No hay aquí innovación alguna, pues el supuesto coincide con el hasta la LdS determinado por el artículo 40.4 LRSV, al que, aun siendo tradicional en nuestro Derecho urbanístico, se ha prestado siempre escasa atención. Este hecho obedece a que también aquí procedía el legislador en sentido inverso, es decir, afirmando la procedencia, dándose determinada condición, de la reversión, pero determinando implícitamente la exclusión de ésta en caso de no cumplirse tal condición. Además de la «inversión» de la perspectiva en la redacción, las únicas alteraciones que se introducen en el supuesto consisten: i) directamente, en la supresión de todas las referencias que pudieran interpretarse como condicionantes —aunque sea en grado menor— de las opciones en la disposición, por razón de su competencia, del legislador de la ordenación territorial y urbanística, cual sucede con las que se hacían al «ámbito delimitado para... desarrollo» y al «sistema de expropiación», e ii) indirectamente, en la precisión del momento de conclusión de las obras de urbanización, clave para el cómputo del plazo de diez años, que resulta de la regulación que del inicio y la terminación de las actuaciones de urbanización hace el artículo 14.2 TRLdS08 y a cuyo comentario ahora se remite.

En consecuencia:

— Lo esencial es aquí también la concurrencia de una condición, aunque compuesta de los siguientes tres elementos: i) ser la ejecución de una actuación de transformación urbanística —precisa y únicamente en su variedad de actuación de urbanización— la causa de la operación expropiatoria; ii) estar ya terminada o concluida la urbanización, y iii) haber transcurrido al menos diez años desde la expropiación (al faltar toda precisión sobre la fase del complejo procedimiento expropiatorio aquí aludida, pero referirse la condición a la no ejecución de las obras de urbanización, parece que ha de estarse al momento a partir del cual el bien de que se trate quedó en la disposición del responsable de la ejecución de las obras, es decir, al de toma de posesión u ocupación conforme al art. 51 LEF).

— De suerte que, aún dándose el primero de los elementos de la condición expuesta, si no concurre alguno de los otros dos elementos (la conclusión de las obras de urbanización y el transcurso de diez o más años), tampoco lo hace la condición misma y no se está, por tanto, en el supuesto excepcional y entra en juego la regla de la procedencia de la reversión.

4.º La alteración del uso que motivó la expropiación en virtud de la modificación o revisión de la ordenación territorial y urbanística, habiéndose aplicado aquella expropiación por incumplimiento de los deberes o el no levantamiento de las cargas propias del régimen aplicable al suelo conforme a la propia Ley [apdo. 1, letra d)].

La correspondencia de este supuesto es con el que se regulaba, asimilándolo al de aplicación de la expropiación para la ejecución de la urbanización, en el artículo 40.5 LRSV. En este caso hay (por obra de la LdS) tanto modificaciones de redacción, como innovación importante.

El supuesto legal pasa a referirse, sin más, al incumplimiento de deberes o no levantamiento de cargas propios del régimen legal del suelo, con independencia de que se produzca o no en el contexto de la ejecución de una actuación de transformación urbanística y, concretamente, una de urbanización. Y por los deberes y las cargas propios del régimen aplicable al suelo deben entenderse en todo caso sólo los que lo sean de acuerdo con la Ley de suelo, es decir, los establecidos en los artículos 9 y 16 de ésta. Hay, pues, una ampliación del supuesto legal, con ocasión de la cual se prescinde de toda referencia a técnicas urbanísticas específicas (como la alusiva al «proceso de urbanización» que había en el art. 40.5 LRSV).

El aspecto más significativo de la reformulación del supuesto es su consecuente liberación tanto de la condición (conclusión de las obras de urbanización) y el plazo (transcurso de diez años o más desde la expropiación) de cuya concurrencia hacía depender la no operatividad de la reversión el artículo 40.5 LRSV. La supresión de una y otra es de todo punto lógica, pues, en primer lugar, el supuesto desborda ahora la hipótesis de la actuación de urbanización y, en segundo lugar, la relevancia constitucional (por su conexión con la función social de la propiedad: art. 33.2 CE) y, por tanto, la índole de la *causa expropiandi* parecen incompatibles con el juego de la reversión. Pues late en el supuesto un componente de expropiación- sanción que este juego eliminaría. La posible patología de la inactividad posterior de la Administración expropiante no debe resolverse, en efecto, tanto con una medida inversa (la reversión), cuanto con aplicación de los mecanismos que procedan para la realización efectiva del interés general.

5.º La segregación del vuelo o del subsuelo del suelo expropiado por razón de su destino dotacional público, para, en el contexto del correspondiente complejo inmobiliario, destinar las superficies así superpuestas a la edificación o uso privado y al dominio público, siempre que se cumpla al menos una de las siguientes circunstancias:

i) Mantenerse el destino dotacional público que motivó la expropiación en alguna o algunas de las superficies superpuestas, cualquiera que sea el tiempo transcurrido desde la expropiación; siendo indiferente en este concreto caso si la segregación se hace posible por una alteración de la ordenación territorial y urbanística o tiene lugar en aplicación aún de la ya vigente en el momento de la expropiación (por ser posible conforme a ella).

ii) Haber sobrevenido una nueva ordenación territorial y urbanística (como consecuencia de una modificación o revisión de la vigente a la expropiación) y darse una cualquiera de las circunstancias previstas en el apartado 1.º, es decir: a) haberse implantado efectivamente y mantenido durante al menos ocho años el uso dotacional público que motivó la expropiación, con independencia de que la extensión y el alcance de la superficie del complejo inmobiliario resultante se destine al dominio público y la afectación a que éste obedezca; b) destinarse todas las nuevas superficies superpuestas del referido complejo a usos dotacionales públicos, aunque sean distintos del inicial, cualquiera que sea el tiempo transcurrido desde la expropiación; c) haberse producido la expropiación para la formación o ampliación de un patrimonio público de suelo y ser el destino de la o la superficie que, en el complejo inmobiliario resultante, se destine al dominio público compatible con alguno de los destinos propios de los fines legales de los patrimonios públicos de suelo, con entera independencia del tiempo transcurrido desde la expropiación; d) haberse producido esta última para la ejecución de una actuación de urbanización aún no concluida y no haber transcurrido aún diez años desde la expropiación; e) haberse producido la expropiación, cualquiera que sea el tiempo transcurrido desde ella, por incumplimiento de los deberes o no levantamiento de las cargas propias del régimen aplicable al suelo, y f) darse cualquiera de los supuestos, distintos a los anteriores, a que los artículos 54 y 55 LEF conectan la exclusión de la reversión [apdo. 3, en relación con el apdo. 1].

Se trata, ciertamente, de un nuevo supuesto legal, pero su novedad es muy relativa. Trae causa de la consagración expresa en el artículo 17.4 TRLdS08 de la eficacia tridimensional de la potestad de ordenación territorial y urbanística a la hora de la división de los bienes inmuebles en apropiables en términos de propiedad privada y sujetos al régimen del dominio público y su traducción, bajo veste jurídico-civil, en complejo inmobiliario de características determinadas. Pues, en definitiva, no hace sino extraer las consecuencias lógicas de la proyección sobre esa innovación de los supuestos legales de exclusión de la reversión recogidos en el apartado 1.

El supuesto es, por ello, complejo y su contenido sólo resulta, en los términos que han quedado expuestos, de la puesta en relación del apartado 3 con el inciso inicial del apartado 1 y su complementación (dando lugar a las correspondientes variantes) en las diferentes letras de dicho apartado. La precisión que del supuesto ha quedado hecha supone, pues, una interpretación de la combinación de dichos preceptos legales. A ella ha de añadirse todavía, en cada caso, lo dicho al comentar cada una de las letras del apartado 1, a donde cumple ahora remitir sin más.

6.º La alteración del uso que motivó la expropiación del suelo en virtud de modificación o revisión de la ordenación territorial y urbanística y la concurrencia de cualquiera de los supuestos —distintos de los precedentes— en que no proceda la reversión de acuerdo con el artículo 54 LEF [letra e)].

Este supuesto tiene carácter residual y persigue la integración adecuada de la regulación del marco legal estatal de la ordenación territorial y urbanística con la general de la institución expropiatoria. Su introducción, que es una novedad, trae causa de la renovación que del régimen de la reversión y, por tanto, de los supuestos de exclusión de la misma, produjo —dando nueva redacción al art. 54 LEF— la disposición adicional quinta de la Ley 38/1999, de 5 de noviembre, de ordenación de la edificación.

La expresada integración se efectúa otorgando a los supuestos específicos de exclusión de la reversión directamente regulados por la Ley de suelo preferencia sobre los generales de la LEF. De ahí la cualificación de éstos como «restantes». Su aplicación a expropiaciones por razón de la ordenación territorial y urbanística depende, pues, de que el caso no sea subsumible en uno de aquellos supuestos específicos. No dándose los requisitos de ninguno de éstos, el caso puede ser aún subsumible, no obstante, en uno de los tipificados por el apartado 2 (en relación con el apartado 1) del citado artículo 54 LEF. De ser así, tampoco procede la reversión de acuerdo no ya con la LEF, sino tampoco con el TRLdS08.

3. El supuesto de retasación [apdo. 2, letra b)]

La introducción de este supuesto es desde luego una novedad en la legislación relevante para la ordenación territorial y urbanística, pero en modo alguno en la regulación general de la institución expropiatoria. En la nueva redacción que en 1999 ha recibido el artículo 54 LEF, éste incorpora —en el inciso final de la letra a) de su apartado 2— el derecho sustitutivo a solicitar la actualización del justiprecio en caso de no proceder la reversión por nueva afectación del bien y no haberse ejecutado la obra o establecido el servicio inicialmente previsto.

El supuesto de retasación que aquí se trata trae causa igualmente de uno de exclusión de la reversión, concretamente el consignado en la letra c) del apartado 1 y referido al cambio sobrevenido en la ordenación territorial y urbanística previsora de una actuación de urbanización cuya ejecución haya legitimado la expropiación. Ese cambio excluye ciertamente la reversión, pero no así la retasación, cuando en él concurran las siguientes tres circunstancias:

1.ª Ser resultado de un nuevo, pero no pleno, ejercicio de la potestad de ordenación conforme a la legislación de ordenación territorial y urbanística (modificación del planeamiento).

2.ª Implicar la alteración de los usos o de la edificabilidad del suelo.

3.ª Suponer la anterior alteración un incremento del valor del suelo conforme, precisa y únicamente, a los criterios aplicados en la expropiación de la que fue objeto.

No hay, pues, motivo para crítica alguna por razón de una supuesta e inexistente «degradación» en retasación de un supuesto de reversión. La lógica es aquí la misma que en la LEF.

Dándose todas y cada una de las apuntadas circunstancias, al expropiado en su día o sus causahabientes corresponde:

a) El derecho, no a la reversión, pero sí a la retasación, es decir, a la determinación del nuevo valor del suelo expropiado; determinación del nuevo valor que ha de tener lugar mediante la aplicación de los referidos criterios a los también nuevos usos y edificabilidades.

b) El derecho a percibir la diferencia entre el nuevo valor hallado y el importe (actualizado) del justiprecio.

El ejercicio del derecho de retasación en tales términos debe producirse conforme a lo dispuesto para la reversión (incluido el acceso al Registro de la Propiedad) en los artículos 54 y 55 LEF.

Artículo 35. *Supuestos indemnizatorios.*

Dan lugar en todo caso a derecho de indemnización las lesiones en los bienes y derechos que resulten de los siguientes supuestos:

a) La alteración de las condiciones de ejercicio de la ejecución de la urbanización, o de las condiciones de participación de los propietarios en ella, por cambio de la orde-

nación territorial o urbanística o del acto o negocio de la adjudicación de dicha actividad, siempre que se produzca antes de transcurrir los plazos previstos para su desarrollo o, transcurridos éstos, si la ejecución no se hubiere llevado a efecto por causas imputables a la Administración.

Las situaciones de fuera de ordenación producidas por los cambios en la ordenación territorial o urbanística no serán indemnizables, sin perjuicio de que pueda serlo la imposibilidad de usar y disfrutar lícitamente de la construcción o edificación incursa en dicha situación durante su vida útil.

b) Las vinculaciones y limitaciones singulares que excedan de los deberes legalmente establecidos respecto de construcciones y edificaciones, o lleven consigo una restricción de la edificabilidad o el uso que no sea susceptible de distribución equitativa.

c) La modificación o extinción de la eficacia de los títulos administrativos habilitantes de obras y actividades, determinadas por el cambio sobrevenido de la ordenación territorial o urbanística.

d) La anulación de los títulos administrativos habilitantes de obras y actividades, así como la demora injustificada en su otorgamiento y su denegación improcedente. En ningún caso habrá lugar a indemnización si existe dolo, culpa o negligencia graves imputables al perjudicado.

e) La ocupación de terrenos destinados por la ordenación territorial y urbanística a dotaciones públicas, por el período de tiempo que medie desde la ocupación de los mismos hasta la aprobación definitiva del instrumento por el que se le adjudiquen al propietario otros de valor equivalente. El derecho a la indemnización se fijará en los términos establecidos en el artículo 112 de la Ley de Expropiación Forzosa.

Transcurridos cuatro años desde la ocupación sin que se hubiera producido la aprobación definitiva del mencionado instrumento, los interesados podrán efectuar la advertencia a la Administración competente de su propósito de iniciar el expediente de justiprecio, quedando facultados para iniciar el mismo, mediante el envío a aquélla de la correspondiente hoja de aprecio, una vez transcurridos seis meses desde dicha advertencia.

Procedencia

Este artículo se forma añadiendo al contenido íntegro del artículo 30 de la versión original de la LdS una nueva letra e) final para incorporar los dos apartados del artículo 204 TRLS92. Esta incorporación se ha hecho con modificación de la redacción original del precepto para: i) armonizarla con la del precepto de la LdS en el que se integra, y ii) completarla a fin de dotarle todo su sentido superando las remisiones implícitas y explícitas a otras partes del TRLS92. La modificación —hecha con pleno respeto con el sentido y alcance originales del precepto— se mantiene con toda claridad dentro de los límites de la delegación legislativa y más bien representa un cumplimiento fiel y cabal de la misma desde el punto de vista del mandato de regularización, aclaración y armonización que incluye. De otro lado, la ubicación sistemática de la incorporación de las reglas del TRLS92 es inobjetable por ser la mejor de entre las posibles.

El dictamen del Consejo de Estado no formuló observación alguna a este artículo.

Comentario

En la regulación de los supuestos indemnizatorios no hay tanto propósito de innovación, cuanto de adecuación, en su caso, al nuevo marco establecido por la LdS, con sistematización, clarificación y mejora técnica de los establecidos tradicionalmente en nuestro Derecho urbanístico a título, tras la Constitución, de especificación para la materia de ordenación territorial y urbanística —dada su importancia— del sistema general de responsabilidad de las Administraciones Públicas.

Para comprobar que así es, basta un repaso de los diferentes supuestos que se establecen como excepción a la regla general del inciso final del apartado 1 del artículo 3 TRLdS08 —asimismo tradicional—, según la cual la determinación por la ordenación territorial y urbanística de las facultades y los deberes del derecho de propiedad del suelo conforme a su destino no confiere derecho a exigir indemnización, salvo justamente en los casos expresamente establecidos en las Leyes.

Los enumerados en el artículo ahora comentado son sin duda los centrales de entre los casos cuya determinación queda así remitida a la Ley. De acuerdo con el inciso inicial del precepto, se trata de supuestos cuya concurrencia requiere la producción de una lesión en el sentido exigido por el artículo 139.1 LRJPAC. Por ello, el daño debe serlo de bienes y derechos y ser —como precisa el art. 139.2 LRJPAC— efectivo, evaluable económicamente e individualizado con relación a una persona o grupo de personas.

Dándose estos requisitos y concurriendo, además, los elementos definitorios de los diferentes supuestos, todos y cada uno de éstos dan lugar, en todo caso, a derecho de indemnización.

Los supuestos son, en concreto, los siguientes:

1.º Los dos que se agrupan en función de un elemento común: el del cambio de la ordenación territorial y urbanística [letra a)], y sustituyeron en su día a los regulados en los apartados 1 y 2 del artículo 41 LRSV.

Mientras en el primero de ellos —el de alteración de las condiciones de ejecución o de participación en actuaciones de urbanización— ese elemento opera de forma plenamente concurrente con y alternativa a otro, en el segundo —el de las situaciones de fuera de ordenación— opera como único y necesario. En ambos, sin embargo, consiste en la alteración de la referida ordenación con motivo de un nuevo ejercicio de la potestad para su establecimiento, sea éste pleno (revisión) o no (simple modificación), aunque juega de modo diferente, como luego se precisará.

Sobre esta base común se diferencian en los siguientes términos:

1.1. El más importante es el de alteración de las condiciones bien de la ejecución de una actuación de urbanización, bien de la participación en dicha ejecución de los propietarios del suelo comprendido por ésta [letra a), párr. 1.º].

Por condiciones de la ejecución deben entenderse todas las que resulten de la ordenación de la actuación de urbanización (pues de una actuación de este tipo debe tratarse, dado que el texto legal se refiere a la urbanización) y determinen la actividad de ejecución de la urbanización y, desde luego, las sustantivas relativas a las reservas para dotaciones públicas, los usos y las edificabilidades y la entidad y el alcance de las obras de urbanización y de conexión a las redes generales.

Por condiciones de la participación de los propietarios en la actuación de urbanización deben entenderse todas las que hayan sido determinantes del ejercicio por dichos propietarios del derecho que les otorga el artículo 8.1, párr. 2.º, letra c), TRLdS08 y, en particular, las relativas al alcance de las cargas de la actuación de urbanización y los criterios de su distribución entre todos los afectados.

La alteración de unas u otras condiciones puede ser consecuencia de cualquiera de las dos circunstancias siguientes:

— El cambio de la ordenación territorial y urbanística (del contenido del instrumento o instrumentos que legitimen la actividad de ejecución).

— El cambio del acto o negocio por el que se haya adjudicado la actividad de ejecución de la actuación de urbanización.

Pero en uno y otro caso, el cambio ha de producirse antes de haber transcurrido los plazos previstos para el desarrollo de la actuación de urbanización o también transcurridos dichos plazos, si la ejecución no hubiera podido concluirse aún por causas imputables a la Administración.

Como se ve, pues, en la nueva definición del supuesto no hay regresión alguna en la garantía patrimonial a los responsables o participantes en la actividad de ejecución urbanística que implique la urbanización, sino todo lo contrario. Hay sí una redefinición de dicho supuesto para acomodarlo al nuevo marco legal derivado de la LdS y, concretamente, a su diferenciación del régimen urbanístico de la propiedad del suelo y el régimen de las actuaciones de transformación urbanística y, por tanto su distinción entre, de un lado, los deberes legales que incumben en todo caso a la promoción (en su fase de ejecución y según su naturaleza y alcance; art. 16.1 TRLdS08) de tales actuaciones y, de otro lado, las cargas a levantar por los propietarios que hayan ejercitado su derecho a participar en tales actuaciones en virtud de la afectación del suelo correspondiente, con el carácter de garantía real, al cumplimiento de los referidos deberes legales (arts. 9.3 y 16.2 TRLdS08).

1.2. La colocación de una construcción o un edificio en situación de fuera de ordenación por un cambio en la ordenación territorial o urbanística, cuando el régimen de dicha situación impida o haga imposible el uso y disfrute lícitos de la construcción o el edificio a lo largo de su vida útil [letra a), párr. 2.º].

Se corresponde este supuesto con el que recogía —antes de la LdS— el artículo 41.2 LRSV, pero la redacción actual lo independiza totalmente del anterior, otorgándole un contenido diferenciado propio. Hay aquí, pues, una ampliación evidente de la garantía patrimonial del propietario.

Con la expresión «situación de fuera de ordenación» se alude aquí no tanto a una técnica urbanística precisa, cuanto más simplemente a la situación específica en que, por razón de la disconformidad de su subsistencia con la vigencia de las correspondientes determinaciones, la ordenación territorial y urbanística coloque una construcción o un edificio determinados. Como quiera que el legislador estatal no es competente para determinar el régimen de tal situación, la compleción del supuesto requiere el complemento de la consecuencia que, caso de seguirse efectivamente del régimen prescrito por la referida ordenación territorial y urbanística, comporta para la Administración el deber de indemnizar: la referida imposibilidad de usar y disfrutar lícitamente de la construcción o el edificio durante su vida útil. Todo régimen urbanístico de la situación de fuera de ordenación que no comporte esa consecuencia, es decir, imponga limitaciones menores a la que ésta representa, no otorga, por tanto, derecho a indemnización alguna.

2.º Las vinculaciones o limitaciones singulares que: i) excedan de los deberes legalmente establecidos respecto de construcciones o edificaciones, o ii) lleven consigo una restricción de la edificabilidad o el uso que no sea susceptible de distribución equitativa [letra b)].

Este supuesto es idéntico al que establecía el artículo 43 LRSV, con las solas modificaciones precisas para la adecuación al nuevo marco legal.

Por de pronto, es evidente la innecesariedad del mantenimiento de la referencia a la ordenación territorial y urbanística, pues sólo la establecida por los correspondientes instrumentos previstos por la legislación autonómica en la materia es capaz de producir las vinculaciones o limitaciones singulares de que se trata. Estableciendo ahora el TRLdS08, en su artículo 9.1, párrs. 1.° y 3.°, una nueva regulación de los deberes de conservación, rehabilitación y mejora de construcciones y edificaciones en suelo que esté en cualquiera de las dos situaciones básicas de suelo rural o urbanizado y coincidiendo en ella el alcance de los de rehabilitación y mejora con el de conservación, ninguna razón existe para limitar el supuesto, como hacía el artículo 43 LRSV, a la conservación cuyo alcance exceda de los deberes legalmente establecidos. Por lo que hace a la otra característica posible de las vinculaciones o limitaciones singulares, la sustitución de la referencia al aprovechamiento urbanístico se explica no ya por la opción legal de prescindir de conceptos cuyo empleo pueda interpretarse como predeterminación de las técnicas en la disposición del legislador autonómico, sino por la utilización en el texto legal exclusivamente de los conceptos de uso y edificabilidad.

Así pues, concurre el supuesto desde que las vinculaciones o limitaciones singulares (derivadas, sobrevenidamente y por lo que hace a construcciones o edificaciones ya existentes):

a) Excedan de los deberes de conservación, rehabilitación y mejora.

b) Restrinjan la edificabilidad o el uso en términos que no sean susceptibles de distribución equitativa, es decir, supongan una lesión del derecho a la justa distribución de los beneficios y las cargas que resulten, para la propiedad del suelo, de la ordenación territorial y urbanística; derecho reconocido legalmente y sólo ejercitable realmente en el contexto de una actuación de transformación urbanística [arts. 8.1, párr. 2.°c), y 9.3 TRLdS08]. De ahí que el establecimiento por la ordenación territorial y urbanística de sus determinaciones en forma tal que, sin previsión de la correspondiente actuación en la que pueda satisfacerse el derecho aludido, de ellas resulten directamente, no obstante y para determinados inmuebles, vinculaciones o limitaciones singulares que supongan (comparativamente; por eso se califican las vinculaciones o limitaciones de singulares) una restricción de la edificabilidad o el uso, desencadene desde luego el deber de indemnización.

3.º La modificación o extinción de la eficacia de los títulos administrativos habilitantes de obras y actividades, determinadas por el cambio sobrevenido de la ordenación territorial y urbanística [letra c)].

Este supuesto, que se corresponde formalmente con el que regulaba el artículo 42 LRSV, no sólo incluye —bajo nueva redacción— el previsto por este último precepto, sino que amplía su radio de acción y mejora su formulación.

Continúa siendo presupuesto indispensable que, a la constitución del título administrativo habilitante que corresponda, sobrevenga una alteración de la ordenación territorial y urbanística aplicable al objeto de la habilitación, siendo indiferente que dicha alteración sea resultado de un ejercicio pleno (revisión) o no (modificación) del instrumento idóneo, conforme a la legislación de ordenación territorial y urbanística, para establecer o renovar aquella ordenación (razón por la que se suprimen las referencias concretas a la modificación y la revisión).

Pero ahora:

— Desaparece la restricción del supuesto a los actos de construcción o edificación, pues el supuesto se extiende, además, a los actos de tracto sucesivo consistente en el desarrollo de actividades. La ampliación que del supuesto así se efectúa tiene una gran trascendencia, tanto más cuanto que la anterior circunscripción a los actos de construcción o edificación no había sido cuestionada seriamente, a pesar de carecer de toda justificación razonable. Se produce, en efecto, una apreciable extensión de la garantía patrimonial de los promotores de actos y titulares de actividades.

— En congruencia con la anterior ampliación, ya no hay tampoco distinción entre dos situaciones: la de existencia del título administrativo legitimante sin haberse dado comienzo aún a las obras y la de ejecución de éstas al amparo de dicho título. El nuevo supuesto no distingue, comprendiendo sin más todas las situaciones posibles en el período que media desde el otorgamiento del título administrativo habilitante hasta: i) la conclusión de las obras de construcción o edificación, en el caso de actos que se consumen con su realización, o ii) el cese de la actividad (uso) correspondiente, estando vigente el aludido título.

—No se habla ya tampoco, lógicamente, de licencia y, menos aún, se califica ésta como de construcción. Se utiliza una expresión abstracta —la de título habilitante— para evitar, de nuevo aquí, todo condicionamiento, o siquiera apariencia de tal, de las opciones legítimas del legislador autonómico a la hora de articular el sistema de control preventivo de los actos de construcción y de implantación y desarrollo de usos.

— Desaparecen igualmente: i) las referencias a extremos de orden procedimental, tales como las que se hacían en la legislación anterior a la LdS a la «audiencia del interesado» y a la fijación de la indemnización en «el mismo expediente»; pues tales extremos no son necesarios para el cumplimiento de la función ordinamental propia del marco legal comentado y deben quedar referidos, por ello, a la lógica propia del juego entre la regulación estatal del procedimiento común y la autonómica de la ordenación territorial y urbanística (de la que el procedimiento constituye un componente accesorio), y ii) las previsiones que, con empleo de conceptos urbanísticos (como el de «aprovechamiento urbanístico»), procura evitar el legislador estatal, precisando la lesión indemnizable a título de daños (restricción del aludido aprovechamiento), que no así al de perjuicios (pues aquí el art. 42 LRSV se remitía, sin más e innecesaria e incorrectamente, a la legislación general de expropiación forzosa); y ello, porque, siendo la pretensión del legislador, en este punto, la de ofrecer la máxima garantía patrimonial, lo procedente es que este extremo quede remitido enteramente a los artículos 139 y ss LRJPAC, a los efectos de que pueda ser y sea indemnizable toda consecuencia dañosa o perjudicial que merezca la conceptuación de lesión conforme a dichos preceptos.

Teniendo en cuenta las aclaraciones precedentes, el elemento esencial del supuesto radica en la conexión del presupuesto antes aludido (la alteración sobrevenida de la ordenación territorial y urbanística) con un acto administrativo de gravamen (desde la perspectiva del destinatario del título habilitante), concretamente uno de los dos siguientes: i) el de modificación de dicho título (y, por tanto, de las condiciones en que sigue habilitando las obras o el uso) o ii) el de extinción de la eficacia del mismo (sin afectar a la validez, pues dicha extinción se produce por circunstancia sobrevenida). En este punto coinciden la vieja y derogada redacción (la del art. 42 LRSV, en sus dos apartados) y la nueva y vigente, salvo por lo que hace referencia a la revocación del título, que debe entenderse hoy no factible tras la redacción dada por la Ley 4/1999, de 13 de enero, al artículo 105.1 LRJPAC relativo a la revocación de los actos administrativos.

La conexión requerida entre el presupuesto legal aludido (la alteración de la ordenación aplicable) y la modificación o la extinción de la eficacia del título habilitante consiste, precisa y necesariamente, en que aquella alteración, es decir, la nueva ordenación territorial y urbanística sobrevenidamente aplicable, determine, es decir, provoque, bien la modificación, bien el completo cese de la eficacia habilitante del título de que se trate. De donde se sigue, a efectos de la procedencia de la indemnización, que entre la alteración de la ordenación y la modificación o la extinción de la eficacia del título administrativo y, por tanto, también la lesión que una u otra comporte, debe existir una relación directa y determinante de causa a efecto. Pues si la modificación o la extinción de la eficacia se funda en causa legal distinta, no se da el supuesto legal, ni siquiera concurriendo también una alteración de la ordenación aplicable que las hubieran podido igualmente justificar.

4.º La anulación de los títulos administrativos habilitantes de obras y actividades, así como la demora injustificada en su otorgamiento y su denegación improcedente, con exclusión, en todo caso, del deber de indemnización en caso de dolo, culpa o negligencia graves imputables al perjudicado [letra d)].

Este supuesto recoge el que definía el artículo 44.2 LRSV, si bien con ampliación y mejora paralelas a las efectuadas en el supuesto inmediatamente anterior. Comprende, por ello, no sólo los casos referidos a títulos administrativos habilitantes de actos de construcción o edificación, sino también de actos de desarrollo de usos o actividades. Y desaparece igualmente, por las mismas razones, cualquier referencia técnica concreta de control administrativo preventivo, en concreto la licencia.

Tal como ahora queda formulado:

a) Tiene como presupuesto necesario, pero no suficiente, la concurrencia de una de las siguientes circunstancias:

— La demora injustificada en el otorgamiento del título habilitante del acto de construcción o edificación o del desarrollo de actividad (uso) que se haya solicitado en debida forma. Su cumplimiento depende no sólo de la formulación de solicitud en debida forma (con acompañamiento de toda la documentación que sea preceptiva), sino de que lo solicitado sea conforme a Derecho, de tal manera que la resolución a adoptar por la Administración deba ser, en Derecho, la de otorgamiento del título y no, por el contrario, la de denegación de tal otorgamiento.

Por ello y teniendo en cuenta que la denegación improcedente puede también dar lugar a indemnización, este concreto presupuesto sólo se puede dar en la hipótesis de adopción (por así procedente en Derecho) y notificación extemporáneos de resolución de otorgamiento del título, es decir, una vez transcurrido el plazo máximo legal para cumplir la obligación que al efecto incumbe a la Administración (el plazo fijado por la legislación de ordenación territorial y urbanística o, en su defecto, el de tres meses establecido en el art. 42.3 LRJPAC). Y ello, aun cuando la referida legislación de ordenación territorial y urbanística otorgue al transcurso del plazo en cuestión el efecto estimatorio por silencio positivo. Pues la finalidad aquí perseguida es lograr el funcionamiento correcto de la Administración y, por tanto, el cumplimiento por ésta de sus obligaciones legales, en concreto la decisiva de pronunciamiento en plazo sobre las solicitudes referidas al ejercicio de un derecho subjetivo, como es el de edificar en las condiciones determinadas por la ordenación territorial y urbanística aplicable [art. 8.1, párr. 2.ºa) y b), TRLdS08]. Es, pues, el incumplimiento de esta última obligación la que integra el presupuesto. Pero sólo si concurre ese incumplimiento. No basta, pues, con que el procedimiento se haya alargado por un período de tiempo superior al teórico del plazo máximo legal para resolver. Es preciso, además, que tal alargamiento del tiempo real no sea debido bien al no levantamiento por el interesado de la carga de cumplir los requerimientos que legalmente le hayan sido practicados, bien a la pendencia de trámites acordados, y que produzcan, también legalmente, es decir, conforme al artículo 42.5 LRJPAC, la suspensión del transcurso del referido plazo máximo legal.

— La denegación improcedente del otorgamiento del título habilitante solicitado.

Para su cumplimiento basta con que la resolución denegatoria sea improcedente o, lo que es igual —dada la naturaleza reglada de la potestad de intervención previa en un acto de ejercicio de un derecho subjetivo— sea disconforme a Derecho. Aunque normalmente no quedará establecido hasta que, impugnada la denegación en vía administrativa (en su caso) o judicial, quede firme el pronunciamiento sobre tal disconformidad a Derecho. Pero no es necesario que, además, la denegación sea extemporánea, pues aquí el legislador pretende sencillamente evitar que del funcionamiento del servicio público —por emplear la terminología del art. 106.2 CE— se siga una lesión, anudando por ello expresamente a dicho funcionamiento, tempestivo pero anormal, el deber de indemnizar.

— La anulación del título que habilite el acto de construcción o edificación o de desarrollo de la actividad (uso) de que se trate.

Es lógica continuación éste del inmediatamente anterior y se cumple tanto si la anulación se produce en vía administrativa (confirmada en sede judicial y como consecuencia de cualesquiera de los mecanismos de revisión de los actos previstos en el Título VII LRJPAC, es decir, revisión de actos nulos, declaración de lesividad de actos nulos o estimación de recurso administrativo), como si tiene lugar directamente en sede judicial (en virtud de recurso contencioso-administrativo).

b) Son requisitos indispensables del surgimiento del deber de indemnización:

— La producción en el interesado, por la concurrencia del presupuesto anterior, de una lesión indemnizable en el sentido del artículo 139 LRJPAC.

En el texto legal ha desaparecido, en efecto y por evidentemente innecesaria, toda referencia a los requisitos de las normas reguladoras con carácter general de la responsabilidad de la Administración. Estas normas, en cuanto integrantes del sistema mismo de responsabilidad del conjunto de las Administraciones, entran en juego en todo lo no previsto por las del TRLdS08, en tanto que norma más específica ésta centrada en la modulación adaptativa de dicho sistema en función de las características de la materia de la ordenación territorial y urbanística.

— La no concurrencia de dolo, culpa o negligencia grave en el interesado, la cual excluye *ex lege* todo derecho a ser indemnizado; regla ésta ya recogida en el artículo 44.2 LRSV.

5.º La ocupación de terrenos destinados a dotaciones públicas por el tiempo que medie entre la ocupación y la aprobación del instrumento por el que se adjudique al propietario otros de valor equivalente [letra e)].

Este supuesto, que procede del TRLS92, tiene como presupuesto la utilización por la legislación autonómica de ordenación territorial y urbanística de la técnica de la «ocupación», avalada por la STC 61/1997, de 20 de marzo. Y para su concurrencia basta con la aplicación de dicha técnica.

El empleo de esta técnica es, pues, legítimo para la obtención por la Administración actuante —anticipada a la ejecución de la correspondiente actuación urbanística— de los terrenos que la ordenación dedique a dotaciones públicas, pero el propietario afectado conserva —como es obvio— su derecho a participar en la ejecución de aquella actuación justamente en régimen de equitativa distribución de beneficios y cargas. En consecuencia, la ocupación en cuestión constituye sólo un título legitimante hasta que tal distribución tenga efectivamente lugar y, en su contexto, el propietario afectado por ella reciba los terrenos resultantes que le correspondan en función de los ocupados. La causa del deber de indemnizar radica aquí, pues, en la privación del bien mientras dure la ocupación, es decir, entre la fecha en que tenga lugar la ocupación efectiva por la Administración y la de la aprobación administrativa definitiva por ésta (según el procedimiento regulado por la legislación autonómica correspondiente) del instrumento urbanístico en que se verifique la distribución de los beneficios y las cargas derivadas, para la actuación de que se trate, de la ordenación en ejecución, es decir, de aquél en que se contenga la adjudicación de terrenos resultantes de esta ejecución que correspondan al propietario afectado en función de su aportación a ella (los terrenos anticipadamente ocupados).

Dado el carácter temporal de la ocupación de que aquí se trata y la regulación por la LEF de las llamadas ocupaciones temporales, el importe de la indemnización ha de fijarse en los términos previstos por el artículo 112 LEF, lo que significa que ha de tratarse de una cantidad a tanto alzado y establecida, en principio, de mutuo acuerdo (con suscripción del pertinente convenio a tal fin) y sólo unilateralmente por la Administración en caso de rechazo expreso por el propietario de la oferta formulada por ésta. La exclusión del procedimiento permisivo de una valoración provisional inicial a reserva de la definitiva que proceda al término de la ocupación (previsto en el art. 114 LEF) trae causa de la conexión legal del transcurso de cuatro años desde dicha ocupación (sin haberse producido la aprobación definitiva del instrumento urbanístico de distribución de beneficios y cargas) con el derecho del propietario a: i) advertir a la Administración ocupante de su propósito de iniciar el expediente de justiprecio; y, en su caso y transcurridos —sin efecto— seis meses desde la advertencia, ii) iniciar efectivamente dicho expediente mediante la formulación y presentación de la pertinente hoja de aprecio. Lo que quiere decir que la ocupación urbanística tiene una duración máxima legal acotada (lo que posibilita su valoración a tanto alzado desde el principio), pues al término de ésta se convierte —caso de ejercicio de los derechos aludidos— en una operación expropiatoria en sentido estricto.

Una última y muy importante precisión: sólo formalmente (es decir, como objeto de previsión independiente) ha desaparecido el supuesto que, de forma redundante y, por ello, innecesaria, contemplaba el apartado 1.º del artículo 44 LRSV. Teniendo en cuenta que, en éste, se trataba de los gastos producidos por el cumplimiento de deberes inherentes al que se denominaba «proceso urbanizador» y que ahora es contemplado como ejecución de una actuación de transformación urbanística (en la variedad concreta de urbanización), en el TRLdS08 queda de suyo comprendido perfectamente en el supuesto, regulado en la letra a) del artículo ahora comentado, que ha quedado ya analizado en el punto 1.º, 1.1, anterior. Pues sólo en el contexto de la referida ejecución puede tener lugar la realización de los aludidos gastos indemnizables y la frustración de su utilidad. Despeja cualquier duda al respecto la regulación que de los criterios de valoración contiene el artículo 26 TRLdS08 a efectos de determinación de la indemnización de la iniciativa y la promoción de actuaciones de urbanización y, específicamente, cuando devengan inútiles los correspondientes gastos para quien haya incurrido en ellos por efecto de la disposición, del acto o del hecho que motive la valoración.

TÍTULO V
FUNCIÓN SOCIAL DE LA PROPIEDAD Y GESTIÓN DEL SUELO

CAPÍTULO I
VENTA Y SUSTITUCIÓN FORZOSAS

Artículo 36. ***Procedencia y alcance de la venta o sustitución forzosas.***

1. El incumplimiento de los deberes de edificación o rehabilitación previstos en esta Ley habilitará para la expropiación por incumplimiento de la función social de la propiedad o la aplicación del régimen de venta o sustitución forzosas, sin perjuicio de que la legislación sobre ordenación territorial y urbanística pueda establecer otras consecuencias.

2. La sustitución forzosa tiene por objeto la facultad de edificación, para imponer su ejercicio en régimen de propiedad horizontal con el propietario actual del suelo.

3. En los supuestos de expropiación, venta o sustitución forzosas previstos en este artículo, el contenido del derecho de propiedad del suelo nunca podrá ser minorado por la legislación reguladora de la ordenación territorial y urbanística en un porcentaje superior al 50% de su valor, correspondiendo la diferencia a la Administración.

Procedencia

Este artículo se corresponde literalmente con el 31 LdS, por lo que su contenido no ha experimentado variación alguna.

Como es lógico, el dictamen del Consejo de Estado no formuló en este punto observación alguna.

Comentario

1. La determinación directa del incumplimiento de la función social básica de la propiedad como *causa expropiandi* o, en su caso, de venta o sustitución forzosas (apdo. 1)

Como ha dejado establecido el Tribunal Constitucional en su STC 61/1997, de 20 de marzo, la determinación de las *causae expropiandi* no forma parte de la competencia estatal para regular (completamente) la institución de la expropiación forzosa en virtud de lo dispuesto en el artículo 149.1.18.ª CE, sino que es instrumental de la competencia relativa a cada una de las materias en cuya regulación quepa utilizar la potestad administrativa expropiatoria. En materia de suelo y urbanismo, en consecuencia, la competencia corresponde al legislador urbanístico, si bien con una salvedad: el legislador estatal puede habilitar la expropiación forzosa como reacción frente a la infracción de las condiciones básicas de la igualdad por él mismo establecidas.

Eso es justamente lo que hace este artículo: arbitra la expropiación forzosa frente al incumplimiento de los deberes de edificación y rehabilitación prescritos en el artículo 8 TRLdS08 (a título justamente de condiciones básicas). Ahora bien, también contempla como alternativas a la expropiación —que pueden resultar más eficaces para la Administración, por contar con la iniciativa y el concurso de la empresa privada, y menos onerosas para el propietario, que puede participar en ellas— las que denomina venta o sustitución forzosas. Por último, como también exige la jurisprudencia del Tribunal Constitucional, la Ley deja abierta la posibilidad de que la legislación urbanística arbitre otras consecuencias jurídicas frente a los incumplimientos de que aquí se trata.

La venta y la sustitución forzosas no son novedades radicales. Tienen su precedente en los Registros Municipales de Solares y el régimen de venta forzosa de los artículos 156 y ss. TRLS76, y ya son objeto de regulación por varias Leyes autonómicas en la materia.

2. La venta y la sustitución forzosas; sus diferencias y régimen (apdo. 2)

La causa de la aplicación de la venta y la sustitución forzosas es, pues, la misma: el incumplimiento de la función social básica de la propiedad, tal como ésta resulta del TRLdS08.

La diferencia entre una y otra técnica resulta, sin embargo, de lo dispuesto en el apartado segundo del artículo: la venta forzosa supone la transmisión imperativa de la entera propiedad del incumplidor, mientras que en la sustitución forzosa sólo se transmite imperativamente la facultad de edificar, esto es, la facultad que también es deber incumplido, manteniéndose el propietario incumplidor en su propiedad, de manera que él y el adjudicatario de la actuación por sustitución se distribuirán el inmueble resultante en régimen de propiedad horizontal y en proporción a sus respectivas aportaciones.

La regulación misma de una y otra técnicas corresponde, desde el escueto marco establecido en este precepto y en el siguiente, al legislador autonómico de la ordenación territorial y urbanística.

3. La garantía básica frente a la expropiación y sus alternativas de venta o sustitución forzosas (apdo. 3)

La STC 61/1997, de 20 de marzo, ha dejado asimismo sentado que el legislador autonómico puede establecer minoraciones en el contenido urbanístico patrimonializable de la propiedad y, por ende, en el valor del derecho expropiado (u objeto de venta o sustitución forzosas) por incumplimiento de la función social de la propiedad y de los deberes que le son inherentes (la conocida como expropiación-sanción), correspondiendo al Estado la posibilidad de fijar límites a esas reducciones como condición básica de la igualdad, de lo que se ocupa el apartado tercero del artículo. En el caso de que la legislación autonómica haga uso de esta posibilidad de minoración, se trata de una merma del valor del derecho y, por tanto, del precio a pagar al propietario que ha de corresponder a la Administración, pues de lo contrario se produciría una transferencia de rentas entre agentes privados, que no es el fin de la institución.

Artículo 37. ***Régimen de la venta o sustitución forzosas.***

1. La venta o sustitución forzosas se iniciará de oficio o a instancia de interesado y se adjudicará mediante procedimiento con publicidad y concurrencia.

2. Dictada resolución declaratoria del incumplimiento de deberes del régimen de la propiedad del suelo y acordada la aplicación del régimen de venta o sustitución forzosas, la Administración actuante remitirá al Registro de la Propiedad certificación del acto o actos correspondientes para su constancia por nota al margen de la última inscripción de dominio. La situación de venta o sustitución forzosas se consignará en las certificaciones registrales que de la finca se expidan.

3. Resuelto el procedimiento, la Administración actuante expedirá certificación de la adjudicación, que será título inscribible en el Registro de la Propiedad.

En la inscripción registral se harán constar las condiciones y los plazos de edificación a que quede obligado el adquiriente en calidad de resolutorias de la adquisición.

Procedencia

Este artículo se corresponde, en su literalidad —sin añadido, ni supresión algunos—, con el artículo 32 LdS. Es lógico, pues, que en el dictamen del Consejo de Estado no figure observación alguna al mismo.

Comentario

En cuanto hace al régimen de la venta o la sustitución forzosas, el TRLdS08 establece en este artículo un conjunto de reglas, de entre las cuales las fundamentales son las tres siguientes:

a) La aplicación de las técnicas de la venta y la sustitución forzosas tiene como presupuesto inexcusable la declaración del incumplimiento por el propietario correspondiente de alguno de los deberes del régimen urbanístico de la propiedad del suelo. Lo que significa que la resolución que disponga su aplicación debe ser anterior o cuando menos simultánea a la declaratoria del incumplimiento de los correspondientes deberes de la propiedad del suelo. Pues hay que recordar que aquí la iniciativa de terceros no viene atribuida de forma originaria, sino sólo subsidiaria de la iniciativa del propietario o, dicho de otro modo, que no procede si no es previa la constatación del incumplimiento de la facultad-deber de edificar o rehabilitar del propietario en un procedimiento en el que éste es interesado necesario [art. 31.1.b) LRJPAC], debiendo tener la posibilidad de alegar lo que más convenga a su derecho [arts. 35.e) y 84 LRJPAC].

b) El procedimiento para la aplicación de cualquiera de dichas técnicas puede iniciarse tanto de oficio como a instancia de persona interesada en obtener la adjudicación de la actuación edificatoria o rehabilitadora.

c) La adjudicación de esta actuación debe hacerse mediante procedimiento tramitado con publicidad y concurrencia.

El resto de reglas contenidas en el artículo se refieren al acceso al Registro de la Propiedad de la situación de venta o sustitución forzosas. La Ley estatal manda a la Administración remitir al Registro de la Propiedad certificación de la resolución por la que se constituya esta situación para su anotación marginal en la última inscripción de dominio y su consignación en las certificaciones que se expidan en lo sucesivo sobre la finca, como forma de publicidad que proteja a los terceros de buena fe.

Una vez terminado el procedimiento público y concurrencial de adjudicación de la actuación edificatoria o rehabilitadora, la resolución de su adjudicación (y, en su caso, venta forzosa de la propiedad al adjudicatario) debe ser asimismo objeto de certificación administrativa que se expida al Registro para su inscripción. En esta inscripción *«se harán constar las condiciones y los plazos de edificación a que quede obligado el adquiriente en calidad de resolutorias de la adquisición»*. Hay que recordar que el título del adquirente trae causa de un incumplimiento del derecho de propiedad. Dicho más directamente: adquiere no en interés propio, sino como beneficiario de una potestad administrativa al servicio del interés general, en virtud de un título administrativo y como ejecutor de la función social de la propiedad. En consecuencia, la eficacia de este título queda lógicamente condicionada al cumplimiento de los deberes que asume por sustitución del propietario original, como condición resolutoria.

Por lo demás, y en lo que no sea incompatible con lo aquí expuesto, debe estarse a lo dispuesto en los artículos 88 a 91 del Real Decreto 1093/1997, de 4 de julio, sobre inscripción en el Registro de la Propiedad de Actos de Naturaleza Urbanística.

CAPÍTULO II

PATRIMONIOS PÚBLICOS DE SUELO

Artículo 38. ***Noción y finalidad.***

1. Con la finalidad de regular el mercado de terrenos, obtener reservas de suelo para actuaciones de iniciativa pública y facilitar la ejecución de la ordenación territorial y urbanística, integran los patrimonios públicos de suelo los bienes, recursos y derechos que adquiera la Administración en virtud del deber a que se refiere la letra b) del apartado 1 del artículo 16, sin perjuicio de los demás que determine la legislación sobre ordenación territorial y urbanística.

2. Los bienes de los patrimonios públicos de suelo constituyen un patrimonio separado y los ingresos obtenidos mediante la enajenación de los terrenos que los integran o la sustitución por dinero a que se refiere la letra b) del apartado 1 del artículo 16, se destinarán a la conservación, administración y ampliación del mismo, siempre que sólo se financien gastos de capital y no se infrinja la legislación que les sea aplicable, o a los usos propios de su destino.

Procedencia

Este artículo se corresponde literalmente, sin alteración alguna, con el artículo 33 LdS, razón por la que el dictamen del Consejo de Estado no le hizo objeto de observación alguna.

Comentario

Este artículo sustituyó, en la LdS, a las reglas contenidas en el artículo 276 TRLS92, a la sazón aún vigente.

El precepto se refiere a los «patrimonios públicos de suelo» y ya no al «patrimonio municipal de suelo» por partir de ser perfectamente posible la constitución de estos patrimonios separados por otras Administraciones Públicas, singularmente las autonómicas. De hecho, sería probablemente inconstitucional que el Estado tratara de seguir prefigurando qué Administración o Administraciones pueden o deben constituir estos patrimonios, por su evidente incidencia sobre la distribución de las competencias ejecutivas en materia de suelo y urbanismo, que corresponde hacer al legislador autonómico dentro del marco básico general de lo dispuesto en el artículo 25 LrBRL.

El carácter de patrimonio separado, es decir, diferenciado del patrimonio general de la Administración de que se trate por estar destinado a concretas finalidades por imperio de la Ley, así como sus finalidades generales (regular el mercado de terrenos, obtener reservas de suelo para actuaciones de iniciativa pública y facilitar la ejecución de la ordenación) se mantienen tal y como estaban establecidos en la legislación anterior a la LdS.

Más novedosa es la aproximación que hace el precepto al tema de qué bienes integran estos patrimonios. Como es sabido, el Tribunal Constitucional declaró inconstitucional y nulo el artículo 277 TRLS92 por invadir las competencias autonómicas. De donde se extrae que el Estado no puede hacer una regulación completa y acabada, una «regulación detallada» como la entonces intentada por el legislador, de los bienes integrantes de estos patrimonios. Pero de eso no cabe inferir que nada pueda decir al respecto: si el Estado no tiene capacidad para establecer una determinación básica o de mínimos sobre la composición de estos patrimonios, entonces carece de todo sentido que pueda determinar de forma básica su destino —¿el destino de qué?, como también estableció la STC 61/1997, de 20 de marzo.

En consecuencia, parece razonable la solución arbitrada ahora en el TRLdS08: integran en todo caso los patrimonios públicos de suelo los bienes y recursos obtenidos gratuitamente por la Administración por imperio de la Ley en concepto de participación en las plusvalías. Los demás activos de estos patrimonios los determinarán las leyes urbanísticas con plena autonomía. De esta forma, la Ley establece una regla de conexión entre las tres instituciones básicas que contempla al servicio de la política de suelo para garantizar la oferta de vivienda asequible: la reserva del artículo 10 TRLdS08 (que establece un estándar objetivo de ordenación, con independencia de la titularidad pública o privada del suelo), la entrega del artículo 16 TRLdS08 (que asegura una oferta pública) y los patrimonios públicos del artículo 38 TRLdS08 (que garantiza el destino de esa oferta, evitando su desviación hacia otros fines).

Que la participación de la comunidad en las plusvalías se articule mediante una prestación patrimonial, consistente en la entrega de parte del suelo con aprovechamiento lucrativo de las actuaciones de urbanización y no mediante un tributo, sólo tiene sentido si esa masa patrimonial se destina a fines propios de la política de suelo y vivienda de la Administración, no a su financiación. Por eso, el TRLdS08 prescribe ya en su artículo 16 que estos terrenos integran los patrimonios públicos de suelo, y por eso destina estos patrimonios a determinados fines de interés general, singular y preferentemente la promoción de vivienda protegida. Por eso también prescribe que los suelos a entregar sean de los reservados por el planeamiento a vivienda protegida, cuando los halla en el ámbito de la actuación, cerrando el círculo de la conexión a que nos referíamos. Una conexión de mínimos, que deja entera libertad en lo demás al legislador autonómico: ya sea para ampliar la reserva o modularla por circunstancias objetivas en el artículo 10 TRLdS08, para prever la sustitución de la entrega de terrenos por dinero en el artículo 16 TRLdS08, o para disponer qué otros bienes o recursos integran los patrimonios públicos de suelo en el artículo 38 TRLdS08 y a qué otros fines complementarios de la vivienda protegida pueden destinarse en el artículo 39 TRLdS08.

El segundo aspecto en el que el texto legal introduce matices de relieve es en el de la gestión patrimonial de estos patrimonios separados. Y lo hace con el doble objeto de aumentar la flexibilidad, siempre que se respeten los fines propios de los patrimonios, y también clarificar los límites infranqueables. En consecuencia, a las posibilidades de utilización de los bienes y recursos de los patrimonios de que ahora se trata le añade su dedicación «a los usos propios de su destino», es decir y por ejemplo, a la construcción de vivienda protegida, para evitar la paradoja —bastante habitual, por desgracia— de que se disponga de suelo y no de financiación para la vivienda protegida, porque sí pueden dedicarse a ella los terrenos pero no los recursos dinerarios de los propios patrimonios. Asimismo, se añade la administración a la conservación y ampliación de los patrimonios, pero a su vez se le pone un doble límite: que no se infrinja la legislación aplicable (la legislación patrimonial y/o la urbanística pueden y suelen establecer otras reglas o exigencias) y «que sólo se financien gastos de capital». Esto es, los fondos obtenidos en sustitución o por venta de los terrenos nunca pueden dedicarse a gastos corrientes de su Administración titular.

Artículo 39. ***Destino.***

1. Los bienes y recursos que integran necesariamente los patrimonios públicos de suelo en virtud de lo dispuesto en el apartado 1 del artículo anterior, deberán ser destinados a la construcción de viviendas sujetas a algún régimen de protección pública. Podrán ser destinados también a otros usos de interés social, de acuerdo con lo que dispongan los instrumentos de ordenación urbanística, sólo cuando así lo prevea la legislación en la materia especificando los fines admisibles, que serán urbanísticos o de protección o mejora de espacios naturales o de los bienes inmuebles del patrimonio cultural.

2. Los terrenos adquiridos por una Administración en virtud del deber a que se refiere la letra b) del apartado 1 del artículo 16, que estén destinados a la construcción de viviendas sujetas a algún régimen de protección pública que permita tasar su precio máximo de venta, alquiler u otras formas de acceso a la vivienda, no podrán ser adjudicados, ni en dicha transmisión ni en las sucesivas, por un precio superior al valor máximo de repercusión del suelo sobre el tipo de vivienda de que se trate, conforme a su legislación reguladora. En el expediente administrativo y en el acto o contrato de la enajenación se hará constar esta limitación.

3. Las limitaciones, obligaciones, plazos o condiciones de destino de las fincas integrantes de un patrimonio público de suelo que se hagan constar en las enajenaciones de dichas fincas son inscribibles en el Registro de la Propiedad, no obstante lo dispuesto en el artículo 27 de la Ley Hipotecaria y sin perjuicio de que su incumplimiento pueda dar lugar a la resolución de la enajenación.

4. El acceso al Registro de la Propiedad de las limitaciones, obligaciones, plazos o condiciones a que se refiere el apartado anterior produce los siguientes efectos:

a) Cuando se hayan configurado como causa de resolución, ésta se inscribirá en virtud, bien del consentimiento del adquirente, bien del acto unilateral de la Administración titular del patrimonio público de suelo del que proceda la finca enajenada, siempre que dicho acto no sea ya susceptible de recurso ordinario alguno, administrativo o judicial.

Sin perjuicio de la resolución del contrato, la Administración enajenante podrá interesar la práctica de anotación preventiva de la pretensión de resolución en la forma prevista por la legislación hipotecaria para las anotaciones preventivas derivadas de la iniciación de procedimiento de disciplina urbanística.

b) En otro caso, la mención registral producirá los efectos propios de las notas marginales de condiciones impuestas sobre determinadas fincas.

Procedencia

Este artículo se corresponde con el 34 LdS sin variación alguna. El dictamen del Consejo de Estado no le formuló observación alguna.

Comentario

1. El destino básico y necesario y los destinos posibles y complementarios (apdo. 1)

El apartado primero de este artículo es heredero del artículo 280.1 TRLS92, en su momento derogado por el artículo 34 LdS y sustituido por un contenido prescriptivo que tiene su mismo espíritu, pero con una redacción menos críptica.

El apartado contiene dos reglas: una de aplicación directa y otra de remisión a la legislación de ordenación territorial y urbanística. La primera establece el que considera el destino principal o natural de los patrimonios públicos de suelo: la construcción de vivienda sujeta a algún régimen de protección pública. La segunda, permite habilitar otros destinos complementarios a estos patrimonios, pero no directamente a los planes, como en su día parecía permitir el TRLS92, pues exige que así lo prevean las Leyes en la materia, especificando dichos usos, los cuales, además, no podrán ser cualesquiera: deberán ser de interés general urbanístico, de mejora de los espacios naturales o de bienes inmuebles del patrimonio cultural. Es decir, esos eventuales destinos complementarios deberán ser en todo caso de mejora del medio físico, urbano o rural. Y es que, de no respetarse esta cautela básica, se podría ver defraudado el carácter mismo de patrimonio separado de estos patrimonios públicos.

2. Las garantías del destino básico (apdos. 2, 3 y 4)

El apartado segundo del artículo establece una regla adicional de salvaguarda del destino de los patrimonios públicos de suelo, cuyo ámbito objetivo de aplicación se ciñe —por las razones de sistemática y conexión interna del texto legal expuestas en el comentario al artículo anterior y para no invadir las competencias legislativas autonómicas— a los bienes adquiridos gratuitamente en virtud del deber legal de entregar la parte de suelo correspondiente a la Administración previsto en el artículo 16 TRLdS08. Cuando dichos bienes estén destinados a vivienda sujeta a un régimen de protección pública que establezca un precio máximo tasado —en virtud de las reservas que establezcan los planes o las Leyes de conformidad con lo dispuesto en el art. 10.b) TRLdS08—, no podrán ser subastados ni licitados al alza por un precio de remate superior al valor máximo de repercusión del suelo para dicho uso. Nada impide al legislador competente extender esta regla a todos los inmuebles de los patrimonios públicos de suelo destinados a vivienda sujeta a algún régimen de protección pública, aunque hayan sido adquiridos gratuitamente por otro título o incluso onerosamente. Pero, cuando menos, parece claro que su aplicación está justificada cuando la Administración adquiere esos terrenos de forma gratuita en virtud de un deber impuesto por imperio de la Ley a los propietarios y promotores.

En todo caso, el fin perseguido por el precepto es evidente: evitar que el negocio de enajenación defraude el destino de los terrenos, que no es otro que el de fomentar la promoción de vivienda protegida, ya que si el suelo se adjudica por un precio superior al comentado, o se va a incumplir el destino, o se va a defraudar su precio máximo o se va a resentir la calidad constructiva de las viviendas.

El valor máximo de repercusión de suelo para vivienda protegida suele contenerse en la normativa de vivienda protegida de las Comunidades Autónomas. Para aquellas que no lo tengan establecido, puede estarse supletoriamente a lo dispuesto en el artículo 2.D) del Real Decreto 3148/1978, de 10 de noviembre, por el que se desarrolla el Real Decreto-Ley 31/1978, de 31 de octubre, sobre Política de Vivienda, que cifra con carácter general ese valor máximo del suelo ya urbanizado en el 15% del precio final de la vivienda (20% si su superficie es tal que permite promover un mínimo de 500 viviendas).

En lo tocante a las competencias legislativas del Estado, la garantía del cumplimiento de estas reglas en la primera y sucesivas transacciones se confía a la anotación registral de la que se ocupan los apartados tercero y cuarto del artículo.

Hasta la LdS, el artículo 27 de la Ley Hipotecaria prohibía, de forma general y sin excepción, el acceso al Registro de la Propiedad de las limitaciones, obligaciones, plazos o condiciones de destino que pudiera imponer el transmitente. Esta prohibición puede tener sentido en el marco del tráfico jurídico mercantil o civil entre sujetos privados, ya que la función pública registral no debe estar al servicio de cualquier ocurrencia de la autonomía de la voluntad.

Sin embargo, cuando hablamos de gestión patrimonial de los entes públicos en general, y en particular de los patrimonios públicos de suelo, las limitaciones o condiciones de destino establecidas en los expedientes de enajenación no son ya un ejercicio de la autonomía de la voluntad sino expresión o manifestación de una política pública. En consecuencia, su anotación en el Registro es un instrumento de publicidad material y formal al servicio de la eficacia de esa política pública.

Lo expuesto no obsta, como el propio precepto legal advierte, para que el incumplimiento por el adquirente de las condiciones o limitaciones impuestas por el transmitente (sobre plazos máximos de ejecución, calidades mínimas, precios máximos, etc.) acarree la sanción contractual de la resolución de la enajenación.

CAPÍTULO III

DERECHO DE SUPERFICIE

Artículo 40. *Contenido, constitución y régimen.*

1. El derecho real de superficie atribuye al superficiario la facultad de realizar construcciones o edificaciones en la rasante y en el vuelo y el subsuelo de una finca ajena, manteniendo la propiedad temporal de las construcciones o edificaciones realizadas. También puede constituirse dicho derecho sobre construcciones o edificaciones ya realizadas o sobre viviendas, locales o elementos privativos de construcciones o edificaciones, atribuyendo al superficiario la propiedad temporal de las mismas, sin perjuicio de la propiedad separada del titular del suelo.

2. Para que el derecho de superficie quede válidamente constituido se requiere su formalización en escritura pública y la inscripción de ésta en el Registro de la Propiedad. En la escritura deberá fijarse necesariamente el plazo de duración del derecho de superficie, que no podrá exceder de noventa y nueve años.

El derecho de superficie sólo puede ser constituido por el propietario del suelo, sea público o privado.

3. El derecho de superficie puede constituirse a título oneroso o gratuito. En el primer caso, la contraprestación del superficiario podrá consistir en el pago de una suma alzada o de un canon periódico, o en la adjudicación de viviendas o locales o derechos de arrendamiento de unos u otros a favor del propietario del suelo, o en varias de estas modalidades a la vez, sin perjuicio de la reversión total de lo edificado al finalizar el plazo pactado al constituir el derecho de superficie.

4. El derecho de superficie se rige por las disposiciones de este Capítulo, por la legislación civil en lo no previsto por él y por el título constitutivo del derecho.

Procedencia

Este artículo se corresponde literalmente con el 35 LdS, no habiéndose formulado por el Consejo de Estado observación alguna a su incorporación, con nueva numeración, al texto refundido.

Comentario

1. La determinación del derecho de superficie (apdo. 1)

El derecho de superficie es un derecho real tradicional en nuestro Derecho civil, como puede verse en la lectura del artículo 1.611 del Código civil. La modulación de su régimen jurídico en la legislación especial sobre suelo y urbanismo ya es también tradicional (como hacían los arts. 171 a 174 TRLS76 y 287 a 290 TRLS92), por la potencialidad que tiene —hasta ahora, poco utilizada— para la gestión de las políticas de suelo. El derecho de superficie es una propiedad temporal constituida sobre bienes inmuebles ajenos que, a su vencimiento, revierte sobre el propietario superficiante, que es el único que puede constituirlo. En consecuencia, su régimen jurídico permite, de un lado, movilizar o «desamortizar» recursos pero, de otro, hacerlo sin despatrimonializar ni desapoderar plenamente al propietario original de los terrenos.

Las principales novedades introducidas respecto del tratamiento precedente del derecho de superficie —el contenido en los arts. 287 a 290 TRLS92, derogados en su momento por la LdS— son dos.

En primer lugar, se abre el objeto posible del derecho de superficie para fomentar y flexibilizar su utilización: además de constituirse sobre terrenos para que el superficiario construya o edifique en ellos, también puede constituirse sobre construcciones o edificaciones ya erigidas o sobre cualesquiera elementos privativos de las mismas (viviendas, locales u otros elementos).

En segundo lugar, se unifica el plazo máximo legal del derecho en el término de los noventa y nueve años, ya sea público o privado el propietario que constituye el derecho sobre su propiedad, cuando hasta la LdS regía ese mismo plazo para los particulares, pero las Administraciones estaban sujetas al de setenta y cinco años. Esta unificación del plazo máximo parece razonable, habida cuenta de que se trata de fomentar la constitución de este derecho real y que, al revertir la plena propiedad al superficiante, es importante que el plazo permita en todo caso la amortización de la inversión y la obtención de un beneficio razonable al superficiario: dado que las Administraciones Públicas previsiblemente lo constituirán para usos o destinos de interés social (vivienda protegida u otros), normalmente menos lucrativos que los de renta libre, parece desproporcionado sujetarlas a un plazo máximo más breve.

Pudiera aducirse en contra que la Ley 33/2003, de 3 de noviembre, del Patrimonio de las Administraciones Públicas, establece en su artículo 93.3 el plazo máximo de setenta y cinco años para las concesiones demaniales. Sin embargo, es preciso tener presente que no se trata aquí de bienes afectos a un régimen exorbitante por razón de su afectación al uso o servicio público, sino de bienes que están en el tráfico patrimonial ordinario y para los que la alternativa al derecho de superficie es su plena enajenación.

2. Constitución y régimen del derecho (apdos. 2 y 3)

La constitución del derecho de superficie puede producirse:

a) A título oneroso, en cuyo caso la contraprestación del superficiario puede consistir, indistintamente, en: i) el pago de una suma alzada o de un canon periódico; ii) la adjudicación de viviendas o locales o derechos de arrendamiento de unos u otros a favor del propietario del suelo, o iii) varias de las anteriores modalidades a la vez.

b) A título gratuito.

Cualquiera que sea el título constitutivo, la finalización del plazo pactado en él determina la reversión total de lo edificado.

En todo lo no previsto en el TRLdS08, el derecho de superficie se rige por la legislación civil y, en último término, el propio título constitutivo del derecho.

Artículo 41. *Transmisión, gravamen y extinción.*

1. El derecho de superficie es susceptible de transmisión y gravamen con las limitaciones fijadas al constituirlo.

2. Cuando las características de la construcción o edificación lo permitan, el superficiario podrá constituir la pro-

piedad superficiaria en régimen de propiedad horizontal con separación del terreno correspondiente al propietario, y podrá transmitir y gravar como fincas independientes las viviendas, los locales y los elementos privativos de la propiedad horizontal, durante el plazo del derecho de superficie, sin necesidad del consentimiento del propietario del suelo.

3. En la constitución del derecho de superficie se podrán incluir cláusulas y pactos relativos a derechos de tanteo, retracto y retroventa a favor del propietario del suelo, para los casos de las transmisiones del derecho o de los elementos a que se refieren, respectivamente, los dos apartados anteriores.

4. El propietario del suelo podrá transmitir y gravar su derecho con separación del derecho del superficiario y sin necesidad de consentimiento de éste. El subsuelo corresponderá al propietario del suelo y será objeto de transmisión y gravamen juntamente con éste, salvo que haya sido incluido en el derecho de superficie.

5. El derecho de superficie se extingue si no se edifica de conformidad con la ordenación territorial y urbanística en el plazo previsto en el título de constitución y, en todo caso, por el transcurso del plazo de duración del derecho.

A la extinción del derecho de superficie por el transcurso de su plazo de duración, el propietario del suelo hace suya la propiedad de lo edificado, sin que deba satisfacer indemnización alguna cualquiera que sea el título en virtud del cual se hubiera constituido el derecho. No obstante, podrán pactarse normas sobre la liquidación del régimen del derecho de superficie.

La extinción del derecho de superficie por el transcurso de su plazo de duración determina la de toda clase de derechos reales o personales impuestos por el superficiario.

Si por cualquier otra causa se reunieran los derechos de propiedad del suelo y los del superficiario, las cargas que recayeren sobre uno y otro derecho continuarán gravándolos separadamente hasta el transcurso del plazo del derecho de superficie.

Procedencia

Este artículo se corresponde, en su literalidad, con el 36 LdS, no habiendo suscitado su incorporación al texto refundido observación alguna del Consejo de Estado.

Comentario

Se contienen en este artículo la mayor parte de las reglas que, hasta la LdS, se recogían en el artículo 289 TRLS92 que, como ya se ha indicado en el comentario al artículo anterior, fue derogado por dicha Ley.

Las principales novedades introducidas son precisiones, aclaraciones y ampliaciones que persiguen aumentar el interés del derecho de superficie como forma de gestión patrimonial y su eficacia como herramienta de las políticas públicas de la Administración titular, en su caso, empezando por la de vivienda sujeta a algún régimen de protección pública.

Por eso, se permite al superficiario constituir su propiedad temporal en régimen de propiedad horizontal y transmitir y gravar como fincas independientes las viviendas, los locales u otros elementos privativos sin necesidad del consentimiento del propietario del suelo.

Ahora bien, también se prevé en el apartado tercero del artículo que puede pactarse el tanteo, el retracto o la retroventa a favor del propietario del suelo para los casos de las enajenaciones totales o parciales que pueda realizar el superficiario. Una previsión innecesaria pero quizá aclaratoria o pedagógica, ya que tal cosa era perfectamente posible ya antes de la LdS al amparo de la autonomía de la voluntad de las partes. De hecho, estas cláusulas o pactos ya eran utilizadas por las Administraciones, por ejemplo cuando han utilizado el derecho de superficie para la promoción privada de vivienda protegida, como instrumento de control de la debida ejecución de la política de vivienda y evitación de fraudes.

Simétricamente, el propietario de suelo puede también transmitir y gravar su derecho separadamente y sin necesidad del consentimiento del superficiario. Con una necesaria diferencia: mientras el propietario del suelo puede enajenar definitivamente su derecho, el superficiario sólo puede enajenarlo y gravarlo temporalmente, porque su propio derecho es de naturaleza temporal y, cuando se extinga por vencimiento del plazo pactado, se confunde de nuevo con la propiedad superficiante, que lo adquiere libre de todo derecho real o personal impuesto por el superficiario, como prevé el apartado quinto.

Respecto del objeto o alcance material de los derechos de uno y otro sujeto, el texto legal —en coherencia con la diferenciación y el tratamiento que hace de rasante, vuelo y subsuelo en su artículo 8.2, a cuyo comentario remitimos aquí— establece una regla de Derecho dispositivo, es decir, que admite pacto en contrario pero resuelve las dudas que puedan originarse en la interpretación de contratos que nada prevean al respecto: el subsuelo, salvo que se disponga otra cosa, pertenece al propietario del suelo y se transmite conjuntamente con éste. Es importante tenerlo presente pues, si se quiere que su aprovechamiento corresponda al superficiario durante la duración del contrato, deberá hacerse constar.

Por último, aparte de hacerlo a su término o vencimiento, el derecho de superficie puede extinguirse por otras causas pactadas entre las partes, en particular por el incumplimiento de las obligaciones asumidas por el superficiante en el contrato constitutivo (pagar un precio, edificar en un determinado plazo o destinar lo edificado a determinado uso, por ejemplo). De ellas, sólo una se impone desde la Ley como de Derecho necesario: el incumplimiento del deber de edificar de forma legal y dentro del plazo fijado para ello. Una regla similar ya se contenía en el apartado 289.1 TRLS92 y obedece a que edificar, más allá de una obligación contractual, es también un deber básico de la propiedad inmobiliaria al servicio de su función social, de conformidad con lo previsto en el artículo 9 TRLdS08.

TÍTULO VI
RÉGIMEN JURÍDICO

Procedencia y Comentario

Este título no figuraba en la LdS y se añade —como último— por el texto refundido. En él se recoge un conjunto de preceptos del TRLS92 (concretamente los arts. 274, 299, 300, 301, 302, 303, 304, 305, 306, 307, 308, 309 y 310). Todos ellos —salvo el art. 274— pertenecían al Título IX, «Régimen jurídico», del citado TRLS92. La denominación del título se toma igualmente de este último texto refundido, manteniéndose su división interna en Capítulos (incluso en lo que respecta a su denominación, aunque no en su numeración). Se exceptúa el Capítulo primero, que es nuevo (incluso en su denominación) y se introduce para dar nueva ubicación sistemática a la incorporación del artículo 274 TRLS92, que figuraba en el Título VII de este último.

CAPÍTULO I
ACTUACIONES CON EL MINISTERIO FISCAL

Artículo 42. *Infracciones constitutivas de delito o falta.*

Cuando con ocasión de los expedientes administrativos que se instruyan por infracción urbanística o contra la ordenación del territorio aparezcan indicios del carácter de delito o falta del propio hecho que motivó su incoación, el órgano competente para imponer la sanción lo pondrá en conocimiento del Ministerio Fiscal, a los efectos de exigencia de las responsabilidades de orden penal en que hayan podido incurrir los infractores, absteniéndose aquél de proseguir el procedimiento sancionador mientras la autoridad judicial no se haya pronunciado. La sanción penal excluirá la imposición de sanción administrativa sin perjuicio de la adopción de medidas de reposición a la situación anterior a la comisión de la infracción.

Procedencia

Este artículo recoge, sin alteración alguna de la redacción, el artículo 274 TRLS92. Su incorporación y ubicación no fueron objeto de observación alguna por parte del Consejo de Estado.

Comentario

Este precepto, cuyo presupuesto es la previsión por el legislador autonómico de la ordenación territorial y urbanística de un Derecho sancionador al servicio de la disciplina en la materia, se limita a extraer las consecuencias del principio de concurrencia imperfecta de sanciones o incompatibilidad de la doble punición penal y administrativa *(non bis in idem)*, tal como éste deriva de temprana doctrina del Tribunal Constitucional (la cual lo entiende implícito en el art. 25.1 CE). Conforme a esta doctrina, el contenido del principio incluye dos aspectos: de un lado, la no duplicidad de sanciones administrativas y penales siempre que se cumpla la triple identidad de sujeto, hecho y fundamento y, de otro, la imposibilidad de que, cuando exista la previsión legal de dos procedimientos punitivos en relación con los mismos hechos, estos últimos existan para unos órganos del Estado y no así para otros. Ello significa la admisión de la coexistencia de una doble perspectiva punitiva sobre idénticos hechos, pero en régimen de concurrencia imperfecta y con primacía en todo caso de la penal (supuesta la concurrencia de las condiciones para la aplicación del principio): sólo cuando la calificación penal de aquéllos no conduzca a la imposición de pena podría producirse —respetando el planteamiento fáctico penal— una sanción administrativa de los mismos (STC 77/1983, de 3 de octubre).

En cuanto derecho de defensa del ciudadano frente a una desproporcionada reacción represiva, el principio comporta que la preferencia de la jurisdicción penal sobre la potestad sancionadora administrativa ha de ser entendida como una garantía del ciudadano, complementaria de su derecho a no ser sancionado dos veces por unos mismos hechos (STC 177/1999, de 11 de octubre). La garantía que supone comprende, pues, la incluida en el ámbito de la tutela judicial efectiva y consistente en la interdicción de un doble proceso penal con el mismo objeto (por lo que esta interdicción no afecta a la coexistencia de doble procedimiento, penal y administrativo, que no ocasione doble sanción) (STC 2/2003, de 16 de enero). En consecuencia, el principio no impide la concurrencia de cualesquiera sanciones y procedimientos sancionadores, ni siquiera de los que tengan por objeto unos mismos hechos, siempre que no concurra el doble requisito de identidad de hecho y fundamento.

En su dimensión formal o procesal, el principio se concreta en la regla de la preferencia o precedencia de la autoridad judicial penal sobre la administrativa en los casos en que los hechos a sancionar puedan ser constitutivos de ilícito penal e infracción administrativa. De esta regla deriva una triple exigencia: i) el necesario control *a posteriori* por la autoridad judicial de los actos administrativos; ii) la imposibilidad de que la Administración lleve a cabo actuaciones sancionadoras en los supuestos en que los hechos puedan ser constitutivos de ilícito penal mientras la autoridad judicial no se pronuncie sobre éste, y iii) la necesidad de respetar la cosa juzgada.

El alcance así otorgado al principio coincide con el asignado al mismo por el artículo 14.7 del Pacto Internacional de Derechos

Civiles y Políticos de 19 de diciembre de 1966 y por el artículo 4 del Protocolo 7 del Convenio Europeo de Derechos Humanos (cuyo contenido constituye adecuado marco de referencia en cuanto expresivo de un modelo jurídico-constitucional común en nuestro entorno), tal como este último ha sido interpretado por las SsTEDH de 21 de febrero de 1984, asunto Öztürk/República Federal Alemana; 23 de octubre de 1995, asunto Gradinger/Austria; 29 de mayo de 2001, asunto Franz Fischer/Austria; 30 de mayo de 2002, asunto W.F/Austria; y 6 de junio de 2001, asunto Sallen/Austria).

El artículo 133 LRJPAC formaliza legalmente este principio en los términos resultantes de la expuesta doctrina constitucional, prohibiendo toda nueva sanción administrativa de hechos previamente sancionados penal o administrativamente, cuando concurra identidad de sujeto, hecho y fundamento. Completa esta disposición el artículo 137.2 del mismo texto legal, a tenor del cual los hechos declarados probados por resoluciones judiciales penales firmes vincularán a las Administraciones Públicas respecto de los procedimientos sancionadores que sustancien.

El precepto ahora comentado es plenamente consecuente con el principio analizado, en la medida en que:

a) Impone la suspensión de todo procedimiento administrativo que se instruya por la supuesta comisión de una infracción urbanística legalmente tipificada desde que en el mismo aparezcan indicios del carácter de delito o falta del hecho que haya motivado su incoación, así como la puesta en conocimiento del Ministerio Fiscal a los efectos de la exigencia de las responsabilidades de orden penal en que hayan podido incurrir el o los infractores; suspensión que ha de mantenerse hasta que la autoridad judicial se pronuncie.

b) La exclusión por la imposición por el pronunciamiento judicial de sanción penal de la imposición de sanción administrativa, pero no así de la adopción por la Administración de las medidas legales procedentes para la reposición a la situación anterior a la comisión de la infracción. Lo que significa que la no imposición judicial de sanción penal posibilita la conclusión del procedimiento administrativo, cuando proceda, mediante sanción administrativa.

CAPÍTULO II
PETICIONES, ACTOS Y ACUERDOS

Artículo 43. *Peticiones.*

Las Entidades locales y Organismos urbanísticos habrán de resolver las peticiones fundadas que se les dirijan.

Procedencia

Este artículo recoge, sin alteración alguna de la redacción, el artículo 299 TRLS92. Su incorporación y ubicación no fueron objeto de observación alguna por parte del Consejo de Estado.

Comentario

La regla que establece el precepto difícilmente puede entenderse como simple reproducción o recordatorio sectorial del deber de resolución de todo procedimiento que impone a la Administración el artículo 42 LRJPAC, tanto más cuanto el artículo 48 TRLdS08 recoge la acción pública para exigir el cumplimiento de la legislación de ordenación territorial y urbanística ante la propia Administración primero y los Tribunales después. El término empleado («petición» y no «solicitud»), la imposición a la gestión pública en la materia del deber de suscitar la participación de la iniciativa privada (art. 3.3 TRLdS08) y el reconocimiento a todos los ciudadanos de los derechos relativos a la utilización de las dotaciones públicas y los equipamientos colectivos, la información sobre la ordenación del territorio, la ordenación urbanística y su evaluación ambiental, así como sobre el régimen y las condiciones urbanísticas aplicables a una finca determinada, en los términos dispuestos por su legislación reguladora y la participación en los procedimientos de elaboración y aprobación de cualesquiera instrumentos de ordenación del territorio o de ordenación y ejecución urbanísticas y de su evaluación ambiental mediante la formulación de alegaciones, observaciones, propuestas, reclamaciones y quejas con derecho a obtener una respuesta motivada (art. 4 TRLdS08), abogan más bien por entender que aquí se está estableciendo el deber de dar una respuesta motivada a estrictas peticiones formuladas incluso en ejercicio del derecho previsto en el artículo 29.1 CE. La regla legal permite, a contrario, la inadmisión de las peticiones que estén manifiestamente infundadas.

Artículo 44. *Administración demandada en subrogación.*

Las decisiones que adoptaren los órganos autonómicos mediante subrogación se considerarán como actos del Ayuntamiento titular, a los solos efectos de los recursos admisibles.

Procedencia

Este artículo recoge, sin alteración alguna de la redacción, el artículo 300 TRLS92. Su incorporación y ubicación no fueron objeto de observación alguna por parte del Consejo de Estado.

Comentario

La regla que, a efectos impugnatorios y para la determinación de la Administración autora de los actos correspondientes, establece el precepto suscita el problema del empleo del término «subrogación», que —tomado en su verdadera significación y alcance técnicos— conduciría a la conclusión de la incorporación al texto refundido de un precepto inconstitucional. Y ello porque parece referirse al no ejercicio por los Municipios de sus competencias urbanísticas propias, es decir, la no adopción por ellos de acuerdos o actos legalmente de su competencia en la materia (de cualesquiera de ellos, incluso de los que no produzcan normas por no referirse a la aprobación de instrumentos de planeamiento).

La doctrina establecida por el Tribunal Constitucional a propósito de las consecuencias de la autonomía local en cuanto a los controles gubernativo-administrativos sobre las decisiones de las entidades locales (SsTC 27/1987, de 27 de febrero; 214/1989, de 21 de diciembre;

148/1991, de 4 de julio; 331/1993, de 12 de noviembre; 109/1998, de 21 de mayo; 172/1998, de 23 de julio; 175/1998, de 23 de julio; 11/1999, de 11 de febrero, y 233/1999, de 13 de diciembre) considera constitucionalmente ilegítima la formulación por los Gobiernos y Administraciones territoriales superiores de juicios sobre la validez o la eficacia del ejercicio que, bajo su propia responsabilidad y por acción u omisión, hagan las entidades locales de sus competencias propias y, por tanto, sobre los acuerdos y actos por tales entidades adoptados a tenor de éstas.

Ésta es cabalmente la razón de la completa judicialización por la LrBRL de las relaciones de conflicto entre las Administraciones Generales del Estado o de las Comunidades Autónomas, de un lado, y las Administraciones municipales o provinciales, de otro lado; judicialización que se plasma en los artículos 65 a 67 de dicha Ley básica. Por ello, el artículo 60 LrBRL únicamente contempla como posible —previo requerimiento además a la Administración municipal— la sustitución, en su caso, autonómica en la realización de las actuaciones omitidas (que no en el ejercicio de la competencia en sentido jurídico, ni siquiera por subrogación) por la entidad local y que sean imprescindibles para superar la afección que la omisión local implique para el ejercicio por la Comunidad Autónoma de sus competencias propias. Es decir, únicamente habilita para una actuación por así decirlo ejecutiva y sustitutiva a costa de la entidad local.

Por estas razones y en aras del agotamiento de su interpretación conforme con el orden constitucional, procede entender que el precepto se refiere aquí a actos adoptados no por subrogación, sino en virtud de la sustitución prevista por el artículo 60 LrBRL.

Artículo 45. *Ejecución forzosa y vía de apremio.*

1. Los Ayuntamientos podrán utilizar la ejecución forzosa y la vía de apremio para exigir el cumplimiento de sus deberes a los propietarios, individuales o asociados, y a los promotores de actuaciones de transformación urbanística.

2. Los procedimientos de ejecución y apremio se dirigirán ante todo contra los bienes de las personas que no

hubieren cumplido sus obligaciones, y sólo en caso de insolvencia, frente a la asociación administrativa de propietarios.

3. También podrán ejercer las mismas facultades, a solicitud de la asociación, contra los propietarios que incumplieren los compromisos contraídos con ella.

Procedencia

Este precepto reproduce el contenido del artículo 301 TRLS92, sin otra alteración que la —justificada— de sustitución de la expresión «empresas urbanizadoras» por la, más acorde con el texto de la LdS, «promotores de actuaciones de transformación urbanística».

El dictamen del Consejo de Estado no formuló observación alguna al precepto.

Comentario

El precepto concreta, en materia de ordenación urbanística, la atribución genérica que de la potestad de ejecución forzosa, incluso por medio del apremio, resulta para los Municipios (para su entera esfera competencial y en tanto que Administraciones territoriales) de la combinación del artículo 4.1.f) LrBRL con los artículos 95 y 96.1.a) LRJPAC. Lo cual pertenece, en sede del régimen jurídico básico de las Administraciones Públicas, al cometido del legislador general o estatal conforme al artículo 2.2 LrBRL.

La concreción se traduce en la triple determinación de:

a) La idoneidad del medio consistente en el apremio sobre el patrimonio por relación a un preciso fin: la exigencia del cumplimiento de los deberes de los propietarios de suelo y los promotores de actuaciones de transformación urbanística.

La causa legítima del ejercicio de la potestad puede ser, pues, de un lado, tanto el incumplimiento de un deber legal (bien del régimen de la propiedad del suelo, bien del régimen de las actuaciones de transformación urbanística), como de una obligación estatutaria, convencional o contractual, y, de otro lado, tanto frente a la Administración urbanística competente, como frente a la correspondiente asociación administrativa que agrupe, voluntaria o forzosamente, a los propietarios de suelo.

b) Los destinatarios del ejercicio de la potestad: los propietarios de suelo y los promotores de actuaciones de transformación incumplidores de los correspondientes deberes legales, sus obligaciones convencionales o contractuales y, además, las asociaciones administrativas de propietarios de suelo.

Dado el carácter y la finalidad del precepto legal, las asociaciones administrativas por él aludidas son todas las previstas por la legislación autonómica de ordenación territorial y urbanística en el contexto de la ejecución de esta ordenación y constituidas efectivamente conforme a la misma, con independencia de su carácter forzoso o voluntario.

En la medida en que estas asociaciones sólo son responsables subsidiariamente del cumplimiento individual de los correspondientes deberes u obligaciones por sus miembros, la vía de apremio únicamente puede dirigirse contra ellas en caso de insolvencia de los mismos.

c) Las mismas asociaciones administrativas, sin embargo, como beneficiarias del ejercicio de la potestad en caso de incumplimiento por sus miembros de las obligaciones estatutariamente asumidas. Este beneficio es clara contrapartida al papel de entidades colaboradoras en la ejecución de la ordenación territorial y urbanística que corresponde a estas entidades asociativas.

Artículo 46. *Revisión de oficio.*

Las Entidades locales podrán revisar de oficio sus actos y acuerdos en materia de urbanismo con arreglo a lo dispuesto en la legislación de régimen jurídico de las Administraciones Públicas.

Procedencia

Este artículo reproduce el artículo 302 TRLS92, si bien con la —justificada— sustitución de la concreta remisión a los artículos 109 y siguientes de la Ley de Procedimiento Administrativo por la genérica a los correspondientes preceptos de la vigente legislación de régimen jurídico de las Administraciones Públicas.

El dictamen del Consejo de Estado no formuló observación alguna a este precepto.

Comentario

Este precepto se limita ahora, tras su incorporación al texto refundido, a:

a) Concretar, para la materia de ordenación territorial y urbanística, la atribución genérica que de la potestad de revisión de oficio de los propios actos se hace a las entidades locales territoriales en el artículo 4.1.g) LrBRL; Ley que forma parte del bloque de la legislación de régimen jurídico de las Administraciones Públicas prevista en el artículo 149.1.18.ª CE.

b) Remitir justamente a esta legislación en cuanto hace al ejercicio de la aludida potestad, lo que significa en la actualidad: al Título VII, artículos 102 y ss. LRJPAC.

CAPÍTULO III
ACCIONES Y RECURSOS

Artículo 47. ***Carácter de los actos y convenios regulados en la legislación urbanística.***

Tendrán carácter jurídico administrativo todas las cuestiones que se suscitaren con ocasión o como consecuencia de los actos y convenios regulados en la legislación urbanística aplicable entre los órganos competentes de las Administraciones Públicas y los propietarios, individuales o asociados, o promotores de actuaciones de transformación urbanística, incluso las relativas a cesiones de terrenos para urbanizar o edificar.

Procedencia

Este artículo reproduce el contenido del artículo 303 TRLS92, sin otra alteración que la justificada de sustitución de la expresión «empresas urbanizadoras» por la, más acorde con el texto de la LdS, «promotores de actuaciones de transformación urbanística».

La rúbrica del precepto es nueva y obedece a sugerencia formulada por el dictamen del Consejo de Estado en tal sentido.

Comentario

La regla contenida en este precepto no es sino la consecuencia lógica de la administrativización de la ordenación territorial y urbanística en cuanto función pública (art. 3.1 TRLdS08).

El carácter jurídico-administrativo y su consecuencia, la comprensión de su conocimiento en el ámbito propio del orden jurisdiccional contencioso-administrativo, es de todo punto obligada, no sólo porque los convenios (cuya regulación general se encuentra en el art. 88 LRJPAC) son, en definitiva y aunque consensuales, actos administrativos, sino por la tradicional acotación legal del referido ámbito jurisdiccional, ampliada incluso en el actual artículo 1 LJCA. Precisamente esta ampliación a la entera actuación administrativa —que hace que el art. 29.1 LJCA aluda a las reclamaciones frente al incumplimiento de prestaciones establecidas en convenios administrativos— determina la perfecta sintonía entre la previsión legal ahora comentada y la vigente LJCA.

La declaración del expresado carácter se extiende a todas las cuestiones que se susciten con ocasión:

a) Desde luego de los actos administrativos unilaterales.

b) Pero también de los actos consensuales o convenios (sean preparatorios —vinculantes o no— o finalizadores de los correspondientes procedimientos, es decir, sustitutivos de las resoluciones unilaterales) suscritos, con ocasión de la actividad relativa a la ordenación territorial y urbanística, entre, de un lado, una Administración Pública y, de otro, bien los propietarios de suelo (individualmente o asociados), bien los promotores de actuaciones de transformación urbanística.

Y ello sin limitación o excepción alguna y con la precisión, por ello, de la inclusión incluso de las cuestiones relativas a la «cesión» de terrenos para urbanizar o edificar. Aquí se ha deslizado en el texto refundido una expresión «cesión» suprimida por la LdS y sustituida por ella con la de «entrega». Debe interpretarse, pues, que el precepto se refiere justamente a las entregas previstas en el artículo 16.1 TRLdS08.

Artículo 48. *Acción pública.*

1. Será pública la acción para exigir ante los órganos administrativos y los Tribunales Contencioso-Administrativos la observancia de la legislación y demás instrumentos de ordenación territorial y urbanística.

2. Si dicha acción está motivada por la ejecución de obras que se consideren ilegales, podrá ejercitarse durante la ejecución de las mismas y hasta el transcurso de los plazos establecidos para la adopción de las medidas de protección de la legalidad urbanística.

Procedencia

Este artículo reproduce el contenido del artículo 304 TRLS92 sin más variación que la de sustituir, acertadamente, la alusión a instrumentos concretos (Planes, Programas, Normas y Ordenanzas) por la genérica a los instrumentos de ordenación territorial y urbanística (lo que hace innecesario el calificativo «urbanística» para la legislación mencionada previamente).

El dictamen del Consejo de Estado no formuló observación alguna al precepto.

Comentario

La incorporación de este precepto del TRLS92 es plenamente consecuente con el reconocimiento por la LdS [actual art. 4.f) TRLdS08] del derecho de todo ciudadano a ejercer la acción pública. Añade, sin embargo, el precepto una precisión importante justamente para el ejercicio de la acción cuando éste esté motivado por la ejecución de obras reputadas ilegales: puede llevarse a cabo desde luego mientras dure la ejecución (es decir, no hayan concluido aquéllas, lo que remite a la importancia de la determinación de la finalización de las obras de urbanización, construcción y edificación), pero también —a pesar de la terminación de las obras— mientras aún corran los plazos establecidos por la legislación autonómica de ordenación territorial y urbanística correspondiente para la reacción por parte de la Administración competente frente a las obras y, en su caso, construcción o edificación mediante el ejercicio de la o las potestades que le estén atribuidas para la protección de la legalidad pertinente. El vencimiento de este plazo determina, pues, la caducidad del de ejercicio de la acción pública, por lo mismo que también ocasiona el desapoderamiento de la Administración responsable para la adopción ya de cualquier medida de restauración de la legalidad conculcada. Esta conclusión debe entenderse matizada, no obstante, con la excepción de los actos de urbanización, construcción o edificación sólo formalmente amparados por título administrativo habilitante en realidad nulo de pleno Derecho.

Artículo 49. *Acción ante Tribunales ordinarios.*

Los propietarios y titulares de derechos reales, además de lo previsto en el artículo anterior, podrán exigir ante los Tribunales ordinarios la demolición de las obras e instalaciones que vulneren lo dispuesto respecto a la distancia entre construcciones, pozos, cisternas, o fosas, comunidad de elementos constructivos u otros urbanos, así como las disposiciones relativas a usos incómodos, insalubres o peligrosos que estuvieren directamente encaminadas a tutelar el uso de las demás fincas.

Procedencia

Este artículo recoge el 305 TRLS92 sin otra alteración que la supresión del inciso «y en el artículo 266». La remisión a este último artículo debía tenerse ya por no puesta en tanto que el precepto había sido declarado inconstitucional por la STC 61/1997, de 20 de marzo (su supresión era, por tanto, obligada y fue, por ello, correcta).

El dictamen del Consejo de Estado no formuló a este precepto observación alguna.

Comentario

El mantenimiento, al incorporar el precepto al texto refundido, del inciso «además de lo previsto en el artículo anterior», es correcta y en modo alguno superflua o, incluso, perturbadora. Aunque el artículo anterior se refiere a acciones ejercitables ante la jurisdicción contencioso-administrativa y ante ésta puedan (los titulares de derechos que otorguen soporte suficiente para ello) ejercitarse desde luego la pretensión de demolición de obras, construcciones y edificaciones, dicho artículo está ceñido estrictamente al acceso a los órganos de tal orden jurisdiccional en ejercicio de la acción pública. Por ello, el supuesto al que se refiere no presenta zona de contacto o solape alguna con el previsto en el que ahora se comenta. Éste tiene por objeto dejar claro que la administrativización de las cuestiones relativas a la ordenación territorial y urbanística no enerva ni suprime las de índole civil planteables ante los Tribunales «ordinarios». Quizás el único elemento perturbador radica en la palabra «además», pues habría sido conveniente —en aras a la mayor claridad— su sustitución por un «sin perjuicio».

El precepto deja a salvo, pues y como es lógico, la competencia de los órganos del orden jurisdiccional civil para conocer, en el contexto de las llamadas relaciones de vecindad, de las acciones y consecuentes pretensiones que, basadas en el derecho de propiedad o la titularidad de derechos reales, tengan por objeto la integridad del contenido de los correspondientes derechos —en especial, el uso y disfrute de los bienes correspondientes— incluso y también en aplicación de las normas jurídico-administrativas (incluidas las urbanísticas) que sean aplicables.

Artículo 50. ***Recurso contencioso-administrativo.***

1. Los actos de las Entidades Locales, cualquiera que sea su objeto, que pongan fin a la vía administrativa serán recurribles directamente ante la jurisdicción contencioso-administrativa.

2. Los actos de aprobación definitiva de los instrumentos de ordenación territorial y de los de ordenación y ejecución urbanísticas, sin perjuicio de los recursos administrativos que puedan proceder, podrán ser impugnados ante la jurisdicción contencioso-administrativa, en los términos prevenidos por su legislación reguladora.

Procedencia

Este artículo incorpora el artículo 306 TRLS92, sin otra modificación que la doble consistente, de un lado, en la justificada (por razones evidentes y repetidamente expuestas en comentarios anteriores) sustitución de la referencia a «Planes de Ordenación y Proyectos de urbanización» por la relativa a «instrumentos de ordenación territorial y urbanística», y, de otro lado, la también lógica (en buena técnica legislativa) del reenvío a un precepto concreto de la LJCA por la remisión sin más a ésta.

El dictamen del Consejo de Estado no formuló en este punto observación alguna.

Comentario

El precepto contiene dos reglas (formuladas separadamente en sus dos apartados) relativas a la impugnación en sede contencioso-administrativa de los actos administrativos dictados en materia de ordenación territorial y urbanística. En gran medida pueden considerarse superfluas, al menos desde la perspectiva actual y teniendo en cuenta la regulación general que de la cuestión se contiene tanto en la LRJPAC (y la LrBRL) como en la LJCA. En todo caso, los términos en que se ha producido la incorporación al texto refundido —en especial la conversión de la referencia a los «proyectos de urbanización» en otra a los «instrumentos de ejecución» por razón de la adecuación al enfoque y terminología de la LdS— han determinado una apreciable alteración de la economía interna del precepto y, concretamente, del radio de acción de las dos reglas que contiene, con conversión de la primera en residual.

La regla del apartado segundo se ciñe a los actos de aprobación definitiva, locución que descansa en la experiencia legislativa de articulación compleja o en varias fases (desarrolladas ante Administraciones distintas) justamente de la aprobación de los correspondientes instrumentos. Excluye, por tanto, a los actos que en los correspondientes procedimientos siguen denominándose —en la legislación autonómica actual— de aprobación inicial y provisional, pero sin que ello pueda interpretarse en modo alguno como condicionante de la regulación autonómica de tales procedimientos y, por tanto, de la subsistencia de estas últimas aprobaciones.

La regla es, por ello y en todo caso, la que mayor sentido tiene de las dos. Estando referida en origen sólo a los planes de ordenación y los proyectos de urbanización, lo está ahora —por mor de la lógica del texto legal en el que se inserta— a todos los instrumentos, previstos por la legislación autonómica de ordenación territorial y urbanística, que:

a) Ultimen, en virtud de la Ley correspondiente, la ordenación del territorio (es decir, los instrumentos que tengan la condición legal de planes de tal ordenación).

b) Ultimen, en virtud asimismo de la Ley correspondiente, la ordenación urbanística (es decir, los instrumentos que tengan la consideración legal de planes de tal ordenación).

c) Tengan por objeto la ejecución de los instrumentos de la letra b) anterior; de todos ellos por tanto y con el sólo requisito de que la Ley autonómica los configure como tales (proyectos de delimitación de unidades de ejecución o actuación, proyectos de urbanización, proyectos de compensación, proyectos de reparcelación, y análogos).

La razón de ser de la singularización de esta regla respecto de la contenida en el apartado primero radicaba, en origen, en la tradicional previsión de la intervención —en la aprobación de los concretos instrumentos a que se refería: planes de ordenación y proyectos de urbanización— de la Administración General del Estado primero y de las Comunidades Autónomas después, es decir, ya en el Estado autonómico. De ahí la remisión concreta al artículo 29 de la Ley reguladora de la Jurisdicción Contencioso-Administrativa de 1956 que contenía. Esta razón de ser, de un lado, sólo parcialmente subsiste, concretamente respecto de los instrumentos de la ordenación urbanística que tengan la condición de planes, y, de otro lado, no puede operar ya (por razones obvias) respecto de los instrumentos de la ordenación territorial que tengan el carácter de planes (que se aprueban exclusivamente por las Administraciones autonómicas). Por ello debe considerarse plenamente acertada la sustitución de aquella concreta remisión por la genérica a la LJCA. Ésta permite, en todo caso, diferenciar el régimen de la impugnación de los instrumentos de compleja naturaleza a los que —como a los planes de ordenación— se atribuye, a tal efecto, la condición normativa, del de los restantes instrumentos.

Esta última precisión es importante, pues el precepto comentado deja a salvo los recursos administrativos que puedan proceder, siendo así que de acuerdo tanto con el artículo 107.3, párr. 1.º, LRJPAC como con los artículos 25.1 y 26.1 LJCA las disposiciones administrativas son impugnables directamente ante el orden jurisdiccional contencioso-administrativo. La salvedad debe entenderse referida, pues, exclusivamente, a los actos que no aprueben instrumentos de ordenación que, conforme a la legislación de ordenación territorial y urbanística, tengan la condición de normas administrativas.

La regla contenida en el apartado primero, que originalmente era la de carácter general (aunque ciertamente circunscrita a las entidades locales), ha pasado a ser —en la redacción actual— la residual. Pues comprende ya sólo cuantos actos administrativos sean dictados por las entidades locales y no queden comprendidos en la del apartado segundo.

La restricción en este caso a las entidades locales parte del supuesto de la tradicional atribución a las mismas (en especial a los Municipios), con carácter general, de todo lo referente a la ejecución de la ordenación urbanística. Es congruente, pues, con el mandato al legislador sectorial (estatal y autonómico) contenido en el artículo 25.2.d) LrBRL. Salvo por esta razón, puede considerarse innecesaria dados los términos del artículo 25.1 LJCA.

CAPÍTULO IV
REGISTRO DE LA PROPIEDAD

Artículo 51. *Actos inscribibles.*

Serán inscribibles en el Registro de la Propiedad:

1. Los actos firmes de aprobación de los expedientes de ejecución de la ordenación urbanística en cuanto supongan la modificación de las fincas registrales afectadas por el instrumento de ordenación, la atribución del dominio o de otros derechos reales sobre las mismas o el establecimiento de garantías reales de la obligación de ejecución o de conservación de la urbanización.

2. Las cesiones de terrenos con carácter obligatorio en los casos previstos por las leyes o como consecuencia de transferencias de aprovechamiento urbanístico.

3. La incoación de expediente sobre disciplina urbanística o de aquéllos que tengan por objeto el apremio administrativo para garantizar el cumplimiento de sanciones impuestas.

4. Las condiciones especiales a que se sujeten los actos de conformidad, aprobación o autorización administrativas, en los términos previstos por las leyes.

5. Los actos de transferencia y gravamen del aprovechamiento urbanístico.

6. La interposición de recurso contencioso-administrativo que pretenda la anulación de instrumentos de ordenación urbanística, de ejecución, o de actos administrativos de intervención.

7. Las sentencias firmes en que se declare la anulación a que se refiere el apartado anterior, cuando se concreten a fincas determinadas y haya participado su titular en el procedimiento.

8. Cualquier otro acto administrativo que, en desarrollo de los instrumentos de ordenación o ejecución urbanísticos modifique, desde luego o en el futuro, el dominio o cualquier otro derecho real sobre fincas determinadas o la descripción de éstas.

Procedencia

Este artículo reproduce, sin alteración alguna, el 307 TRLS92.

El dictamen del Consejo de Estado no formuló observación alguna a su incorporación.

Comentario

No hay novedad alguna en este precepto, que enumera los actos o negocios jurídicos que tienen acceso al Registro de la Propiedad, sin predeterminar, sin embargo, la forma de su constancia en éste, para lo cual ha de estarse al artículo 53 TRLdS08 y el Real Decreto 1093/1997, de 4 de julio, aprobatorio de normas complementarias al Reglamento para la ejecución de la Ley hipotecaria sobre inscripción en el Registro de la Propiedad de actos de naturaleza urbanística.

Esa falta de novedad, más concretamente la ausencia de toda adaptación a la LdS con ocasión de la operación de refundición, explica:

a) La restricción del precepto a la ordenación urbanística, a pesar de que el texto legal en el que se integra define el marco general o estatal no sólo de ella, sino también de la ordenación del territorio.

Dados los términos del desarrollo, en los ordenamientos autonómicos, de la ordenación territorial y su incidencia en la ordenación urbanística e, incluso, en la utilización directa del suelo, éste es un déficit claro del precepto y, por tanto, de la articulación entre la ordenación territorial y urbanística y el Registro de la Propiedad en la que, sin embargo, tanto se ha venido avanzando. Y ello, en términos objetivos, pues no era superable en la operación de refundición, dados los límites propios de ésta.

b) La permanencia de términos «urbanísticos» bien conscientemente sustituidos (como el «cesión») o evitados (como los de «aprovechamiento urbanístico» o «disciplina urbanística») por la LdS. El primero, tal como ya se ha señalado al comentar el artículo 47, debe entenderse en el sentido de «entrega». Y los otros dos como referidos genérica y respectivamente a: el contenido patrimonial resultante de la combinación de edificabilidad y uso y todo régimen establecido por la legislación de ordenación territorial y urbanística para la protección de la legalidad y la represión de las infracciones administrativas.

La norma comentada garantiza el acceso al Registro de la Propiedad de:

1.º Determinados actos o negocios típicos:

1.1. Los actos de entrega de terrenos, sea dicha entrega forzosa (por impuesta por la Ley), sea voluntaria [celebración de negocio jurídico de transferencia de la edificabilidad para determinado o determinados usos (aprovechamiento urbanístico) que corresponda a determinado propietario de suelo].

1.2. Los actos de transferencia o gravamen de la edificabilidad para determinado o determinados usos (aprovechamiento urbanístico) que corresponda a un propietario de suelo.

2.º Determinados actos administrativos, tanto de trámite, como definitivos (resoluciones):

2.1. La incoación de procedimientos de «disciplina urbanística».

2.2. Los actos dictados, en el contexto de la aplicación del apremio administrativo sobre bienes, para garantizar el cumplimiento de sanciones previamente impuestas.

2.3. Las aprobaciones administrativas —firmes, se entiende en la vía administrativa— de procedimientos, mecanismos o instrumentos de los que resulte la alteración o reorganización de la propiedad del suelo, así como cualquier otro acto administrativo que, en desarrollo de los instrumentos de ordenación o ejecución urbanísticos, modifique el dominio o cualquier otro derecho real sobre fincas determinadas o la descripción de éstas.

2.4. Las determinaciones accesorias a que, a título de condiciones especiales, se sujeten los actos administrativos de intervención (actos de conformidad, aprobación o autorización administrativas).

3.º Determinados actos de impugnación judicial y decisiones judiciales dictadas por razón de tal impugnación:

3.1. La interposición de recurso contencioso-administrativo para la anulación de i) instrumentos de ordenación urbanística, ii) instrumentos de ejecución de ésta, o iii) actos administrativos de intervención en aplicación de la misma.

3.2. Las Sentencias firmes anulatorias de los instrumentos o actos a que se refiere el punto anterior, siempre que se concreten a fincas determinadas y su titular haya sido parte en el proceso.

Artículo 52. *Certificación administrativa.*

Salvo en los casos que la legislación establezca otra cosa, los actos a que se refiere el artículo anterior podrán inscribirse en el Registro de la Propiedad mediante certificación administrativa expedida por órgano urbanístico actuante, en la que se harán constar en la forma exigida por la legislación hipotecaria las circunstancias relativas a las personas, los derechos y las fincas a que afecte el acuerdo.

Procedencia

Este precepto reproduce, sin alteración alguna, el artículo 308 TRLS92.

El dictamen del Consejo de Estado no formuló observación alguna a este precepto.

Comentario

De modo consecuente con el artículo anterior y para su efectividad, este precepto otorga a las certificaciones expedidas por la Administración urbanística actuante en cada caso la condición de título inscribible en el Registro de la Propiedad; otorgamiento que encuentra desarrollo en el artículo 2.2 del Real Decreto 1093/1997, de 4 de julio, aprobatorio de normas complementarias al Reglamento para la ejecución de la Ley hipotecaria sobre inscripción en el Registro de la Propiedad de actos de naturaleza urbanística. Para que estas certificaciones operen como tales, se exige, no obstante, que consten en ellas —en la forma exigida por la legislación hipotecaria— los siguientes datos:

a) Las circunstancias relativas a las personas.

b) Los derechos y las fincas a los que afecte el acto.

La regla anterior cede en todo caso ante cualquier disposición que requiera, para la inscripción registral, un título específico.

Artículo 53. ***Clases de asientos.***

1. Se harán constar mediante inscripción los actos y acuerdos a que se refieren los apartados 1, 2, 7 y 8 del artículo 51, así como la superficie ocupada a favor de la Administración, por tratarse de terrenos destinados a dotaciones públicas por la ordenación territorial y urbanística.

2. Se harán constar mediante anotación preventiva los actos de los apartados 3 y 6 del artículo 51. Tales anotaciones caducarán a los cuatro años y podrán ser prorrogadas a instancia del órgano urbanístico actuante o resolución del órgano jurisdiccional, respectivamente.

3. Se harán constar mediante nota marginal los demás actos y acuerdos a que se refiere el artículo 51. Salvo que otra cosa se establezca expresamente, las notas marginales tendrán vigencia indefinida, pero no producirán otro efecto que dar a conocer la situación urbanística en el momento a que se refiere el título que las originara.

Procedencia

Este precepto incorpora el artículo 309 TRLS92 con las únicas alteraciones consistentes en la actualización de la numeración del precepto al que en él se remite (ahora del texto refundido) y la supresión obligada de la remisión al supuesto previsto en el artículo 203.5 TRLS92, toda vez que éste precepto fue derogado en su momento por la LRSV.

El dictamen del Consejo de Estado no formuló observación alguna a este precepto.

Comentario

Así como en el artículo 51 se determinan los actos de naturaleza urbanística inscribibles en el Registro de la Propiedad, en éste y en el siguiente se precisan los tipos de asientos a que la inscripción, de producirse, da lugar; precisión ésta que encuentra su desarrollo en el Real Decreto 1093/1997, de 4 de julio, aprobatorio de normas complementarias al Reglamento para la ejecución de la Ley hipotecaria sobre inscripción en el Registro de la Propiedad de actos de naturaleza urbanística.

Tal precisión se acompaña, en su caso, del establecimiento de reglas relativas a los asientos correspondientes, en los siguientes términos:

a) Las notas marginales de los actos que dan lugar a ellas caducan a los cuatro años, aunque son susceptibles de prórroga a instancia de la Administración urbanística actuante o en virtud de resolución del órgano jurisdiccional, respectivamente.

b) Las notas marginales de los actos cuyo acceso se traduce en ellas, si bien tienen, por el contrario, vigencia indefinida, no producen otro efecto que dar a conocer la situación urbanística en el momento a que se refiera el título que las origine.

Artículo 54. *Expedientes de distribución de beneficios y cargas.*

1. La iniciación del expediente de distribución de beneficios y cargas que corresponda o la afección de los terrenos comprendidos en una actuación de transformación urbanística al cumplimiento de las obligaciones inherentes a la forma de gestión que proceda, se harán constar en el Registro por nota al margen de la última inscripción de dominio de las fincas correspondientes.

2. La nota marginal tendrá una duración de tres años y podrá ser prorrogada por otros tres años a instancia del órgano o agrupación de interés urbanístico que hubiera solicitado su práctica.

3. La inscripción de los títulos de distribución de beneficios y cargas podrá llevarse a cabo, bien mediante la cancelación directa de las inscripciones y demás asientos vigentes de las fincas originarias, con referencia al folio registral de las fincas resultantes del proyecto, bien mediante agrupación previa de la totalidad de la superficie comprendida en la actuación de transformación urbanística y su división en

todas y cada una de las fincas resultantes de las operaciones de distribución.

4. Tomada la nota a la que se refiere el apartado 1, se producirán los siguientes efectos:

a) Si el título adjudicare la finca resultante al titular registral de la finca originaria, la inscripción se practicará a favor de éste.

b) Si el título atribuyere la finca resultante al titular registral de la finca originaria según el contenido de la certificación que motivó la práctica de la nota, la inscripción se practicará a favor de dicho titular y se cancelarán simultáneamente las inscripciones de dominio o de derechos reales sobre la finca originaria que se hubieren practicado con posterioridad a la fecha de la nota.

c) En el caso a que se refiere la letra anterior, se hará constar al margen de la inscripción o inscripciones de las fincas de resultado, la existencia de los asientos posteriores que han sido objeto de cancelación, el título que los motivó y su respectiva fecha.

d) Para la práctica de la inscripción de la finca o fincas de resultado a favor de los adquirentes de la finca originaria bastará la presentación del título que motivó la práctica de asientos cancelados posteriores a la nota, con la rectificación que corresponda y en la que se hagan constar las circunstancias y descripción de la finca o fincas resultantes del proyecto, así como el consentimiento para tal rectificación del titular registral y de los titulares de los derechos cancelados conforme a la letra b). Mientras no se lleve a cabo la expresada rectificación, no podrá practicarse ningún asiento sobre las fincas objeto de la nota marginal a que se refiere la letra c).

5. El título en cuya virtud se inscribe el proyecto de distribución de beneficios y cargas será suficiente para la modificación de entidades hipotecarias, rectificación de descripciones registrales, inmatriculación de fincas o de excesos de cabida, reanudación del tracto sucesivo, y para la cancelación de derechos reales incompatibles, en la forma que reglamentariamente se determine.

Procedencia

Este precepto trae causa del artículo 310 TRLS92, el cual incorpora literalmente con la única y obligada salvedad de la sustitución de los términos alusivos a técnicas urbanísticas concretas por otros más acordes con el texto de la LdS: «proyecto de reparcelación o compensación», «reparcelación» o «compensación» por «instrumento(s) o expediente(s) de distribución de beneficios y cargas» u «operaciones de distribución»; «Junta» por «agrupación»; «sistema de compensación» por «forma de gestión», y «unidad de ejecución» por «actuación de transformación urbanística». Todas estas sustituciones están perfectamente justificadas por las razones repetidamente expuestas a lo largo de estos comentarios.

El dictamen del Consejo de Estado no hizo observación alguna sobre este precepto.

Comentario

Dada la importancia extraordinaria de la operación de distribución de los beneficios y las cargas derivados de una actuación de transformación urbanística y con ocasión de su ejecución, al punto de que —por excepción— la función pública urbanística es capaz, por sí misma y sin intervención del Juez ordinario, de reorganizar la propiedad del suelo en el ámbito de aquella actuación, este precepto establece reglas especiales —respecto de las generales contenidas en el artículo anterior— para la articulación entre la aludida operación y el Registro de la Propiedad.

Las reglas que contiene el precepto pueden agruparse en función del acto que tiene acceso al Registro de la Propiedad y el tipo de asiento que determina en éste: la iniciación del proceso de distribución de beneficios y cargas y la aprobación de esta distribución. Ello permite una completa coordinación del desarrollo del proceso de ejecución de una actuación de transformación urbanística con el Registro de la Propiedad, primero desde el inicio de aquél hasta su conclusión y luego, a su conclusión, para reflejar la situación de él resultante.

Los apartados 1 y 2 se refieren al primer acto, prescribiendo:

a) El acceso al Registro de la Propiedad del inicio de la compleja operación de distribución de beneficios y cargas (obviamente cuando ésta deba tener lugar por la forma de gestión de la actividad urbanística según la legislación autonómica aplicable).

A este efecto, la Ley general comentada entiende que se produce tal iniciación: i) desde luego con la incoación formal del expediente de distribución de beneficios y cargas que corresponda según la legislación urbanística autonómica, y, en todo caso, ii) desde la afectación de los terrenos comprendidos en una actuación de transformación urbanística al cumplimiento de las obligaciones inherentes a la forma de gestión que proceda, según igualmente aquella legislación urbanística.

b) La constancia registral de la iniciación mediante nota al margen de la última inscripción de dominio de las fincas correspondientes; nota que tiene una vigencia inicial de tres años (plazo que se entiende suficiente para la ultimación de la operación de distribución), pero que puede ser prorrogada por otros tres años a instancia siempre de la Administración urbanística actuante, pero también (cuando ella haya solicitado el acceso al Registro) de la agrupación de interés urbanístico que —de entre las de tipo asociativo previstas en la legislación urbanística y de conformidad con ella— haya podido constituirse a los efectos justamente de la ejecución de la correspondiente actuación de transformación urbanística.

Y los apartados 3, 4 y 5 tienen por objeto el segundo de los aludidos actos (el de aprobación de la operación de distribución), disponiendo:

1.º El acceso al Registro de la Propiedad mediante inscripción de los títulos de distribución de beneficios y cargas, debiendo entenderse por tales —en virtud de los arts. 51 y 52— los actos de aprobación definitiva de los correspondientes procedimientos o instrumentos (los previstos por la legislación autonómica) que sean ya firmes en vía administrativa.

2.º La suficiencia de los anteriores títulos para i) la modificación de entidades hipotecarias, rectificación de descripciones registrales, inmatriculación de fincas o de excesos de cabida y reanudación del tracto sucesivo, y ii) la cancelación de derechos reales incompatibles.

3.º La determinación, a los efectos de la práctica de la inscripción, de la opción entre i) la cancelación directa de las inscripciones y demás asientos vigentes de las fincas originarias (las aportadas a la operación de distribución y previas, por tanto, a ella), con referencia al folio registral de las fincas resultantes del proyecto, y ii) la agrupación previa de la totalidad de la superficie comprendida en la actuación de transformación urbanística y su división en todas y cada una de las fincas resultantes de la distribución.

4.º El establecimiento de los criterios a observar por el Registro de la Propiedad en la inscripción (y, por tanto, previamente por la operación de distribución de beneficios y cargas) desde la práctica de la nota marginal derivada de la iniciación de dicha operación, en función de que deba practicarse a favor de: a) directamente el beneficiario de la adjudicación de la finca de resultado (la resultante de la ejecución de la actuación urbanística) que sea el titular registral de la finca originaria sin más (en este supuesto sólo puede realizarse la inscripción); b) directamente el titular registral de la finca originaria según, además, la certificación que dio lugar a la pertinente nota marginal al tiempo de la iniciación de la operación de distribución (en este caso puede, además, de la inscripción, verificarse la simultánea cancelación de las inscripciones de dominio o de derechos reales posteriores a la fecha de la nota); o c) un tercer adquirente del beneficiario de la adjudicación (en virtud de transmisión efectuada al efecto), supuesto éste en el que —aun bastando la presentación del título que hubiera motivado los asientos cancelados posteriores a la nota— es precisa la rectificación que proceda haciendo constar las circunstancias y descripción de la finca o fincas resultantes de la distribución, así como el consentimiento del titular registral y de los titulares de los derechos cancelados. Pues mientras no se lleve a cabo la expresada rectificación, no es posible ningún asiento sobre las fincas objeto de la nota marginal derivada de la iniciación del proceso de distribución.

DISPOSICIONES ADICIONALES

Disposición adicional primera. ***Sistema de información urbana.***

Con el fin de promover la transparencia, la Administración General del Estado, en colaboración con las Comunidades Autónomas, definirá y promoverá la aplicación de aquellos criterios y principios básicos que posibiliten, desde la coordinación y complementación con las administraciones competentes en la materia, la formación y actualización permanente de un sistema público general e integrado de información sobre suelo y urbanismo, procurando, asimismo, la compatibilidad y coordinación con el resto de sistemas de información y, en particular, con el Catastro Inmobiliario.

Procedencia

Esta disposición adicional reproduce literalmente, sin modificación alguna, la correlativa de la LdS.

El dictamen del Consejo de Estado no formuló observación alguna a esta disposición.

Comentario

1. La conveniencia del sistema de información sobre suelo y urbanismo

Existe un déficit de información accesible al público sobre suelo y urbanismo, que es total por lo que se refiere a la existencia de fuentes de información de ámbito estatal, que sin embargo son necesarias si se tiene presente que el territorio peninsular es un continuo. Un sistema de información de estas características puede ser de utilidad a las propias Administraciones competentes en materia de ordenación territorial y urbanística, a los agentes económicos que invierten en suelo y a los ciudadanos, cuya participación efectiva en la toma de decisiones debe ser una participación informada.

Las nuevas tecnologías de la información y la comunicación ofrecen oportunidades para desarrollar un sistema de estas características que, en todo caso, no puede formarse de espaldas ni en competencia con los esfuerzos que ya están desplegando las Administraciones territoriales en el mismo sentido, sino desde la colaboración con ellas y sobre la base de su complementación, tal y como manda esta disposición adicional.

2. Las características del sistema de información sobre suelo y urbanismo

La disposición no crea directamente el sistema de información al que se refiere, pues establece sólo un mandato a la Administración General del Estado para, en colaboración con las Comunidades Autónomas (no así con los Municipios): i) definir y ii) promover los criterios y principios básicos que posibiliten la formación y el funcionamiento de dicho sistema, el cual, con la finalidad de hacer efectiva la transparencia, debe basarse en la coordinación y complementación de los propios de cada una de las Administraciones participantes y responder a las siguientes características:

— Naturaleza pública.

— Referencia a la información sobre el suelo y el urbanismo.

— Carácter general e integrado (por relación a los sistemas, con idéntico objeto, de las Administraciones Públicas participantes en el sistema).

— Compatibilidad y coordinación con los sistemas públicos de información distintos, pero relacionados por razón de su objeto, especialmente el Catastro Inmobiliario.

Se trata, pues, de un sistema integrador de los sistemas públicos de información específicos sobre el suelo y el urbanismo con finalidad de asegurar la transparencia de la actividad administrativa en dichas materias. Aunque así no se determine expresamente, esta finalidad comporta de suyo el acceso directo y general, es decir, del ciudadano sin otro título a la información que se incluya en el sistema.

Disposición adicional segunda. ***Bienes afectados a la Defensa Nacional, al Ministerio de Defensa o al uso de las fuerzas armadas.***

1. Los instrumentos de ordenación territorial y urbanística, cualquiera que sea su clase y denominación, que incidan sobre terrenos, edificaciones e instalaciones, incluidas sus zonas de protección, afectos a la Defensa Nacional deberán ser sometidos, respecto de esta incidencia, a informe vinculante de la Administración General del Estado con carácter previo a su aprobación.

2. No obstante lo dispuesto en esta Ley, los bienes afectados al Ministerio de Defensa o al uso de las Fuerzas Armadas y los puestos a disposición de los organismos públicos que dependan de aquél, están vinculados a los fines previstos en su legislación especial.

Procedencia

Esta disposición se corresponde, literalmente, con la correlativa de la LdS.

El dictamen del Consejo de Estado no formuló a esta disposición observación alguna.

Comentario

Los dos apartados de esta disposición se refieren, respectivamente, a los bienes inmuebles afectos a la Defensa Nacional y al resto de los bienes del patrimonio del Estado afectos al Ministerio de Defensa o al uso de las Fuerzas Armadas y los puestos a disposición de los organismos que dependan de aquél, como son la Gerencia de Infraestructuras y Equipamientos de la Defensa (GIED) o el Instituto de la Vivienda de las Fuerzas Armadas (INVIFAS).

En el primer caso, la Ley establece una regla de prelación entre intereses públicos a favor del interés de la defensa, que se plasma en un informe de la Administración General del Estado respecto de la incidencia que cualesquiera planes o instrumentos, sean de ordenación territorial, sean de ordenación urbanística, pueda tener sobre dichos bienes (incluida su zona de protección). Es una regla que ya se contenía, en su misma literalidad, en la disposición adicional primera LRSV. Informe que, por razón de la aludida prelación, es no sólo preceptivo, sino, además, vinculante sobre el indicado extremo.

En el segundo caso, no se trata ya de una regla de prelación ni de excepción, sino más bien de conciliación. Los bienes del patrimonio del Estado a que se refiere tienen una legislación especial que vincula su uso y gestión patrimonial a determinados fines. Ahora bien, el carácter especial de su Ley reguladora lo es respecto de la legislación patrimonial general, no respecto de la legislación de suelo o urbanística, por lo que normalmente habrá de poder ser cumplida con respeto para con este último bloque normativo. De ahí que la regla en cuestión se inicie con el inciso «no obstante lo dispuesto en esta Ley» que, lógicamente, también les es de aplicación. Es ésta una consecuencia de la regla de prevalencia del interés de la defensa nacional: la vinculación del suelo por la ordenación territorial y urbanística a determinados usos distintos del de la defensa nacional no puede por si sólo alterar la dinámica de la prestación del servicio a dicha defensa, de suerte que su realización efectiva precisa la desafectación de tal servicio del bien correspondiente.

Disposición adicional tercera. *Potestades de ordenación urbanística en Ceuta y Melilla.*

Las Ciudades de Ceuta y Melilla ejercerán sus potestades normativas reglamentarias dentro del marco de esta Ley y de las que el Estado promulgue al efecto.

En todo caso, corresponderá a la Administración General del Estado la aprobación definitiva del Plan General de Ordenación Urbana de estas Ciudades y de sus revisiones, así como de sus modificaciones que afecten a las determinaciones de carácter general, a los elementos fundamentales de la

estructura general y orgánica del territorio o a las determinaciones a que se refiere el apartado tercero de la disposición final primera de esta Ley.

La aprobación definitiva de los Planes Parciales y Especiales, y de sus modificaciones o revisiones, así como de las modificaciones del Plan General no comprendidas en el párrafo anterior, corresponderá a los órganos competentes de las Ciudades de Ceuta y Melilla, previo informe preceptivo de la Administración General del Estado, el cual será vinculante en lo relativo a cuestiones de legalidad o a la afectación a intereses generales de competencia estatal, deberá emitirse en el plazo de tres meses y se entenderá favorable si no se emitiera en dicho plazo.

Procedencia

Esta disposición reproduce literalmente la correlativa de la LdS.

El dictamen del Consejo de Estado no formuló en este punto observación alguna.

Comentario

Las Ciudades de Ceuta y Melilla gozan de un estatuto constitucional específico. De un lado, participan de la condición de Municipios, pero de otro están dotadas de Estatutos de Autonomía propios. Son «entes municipales dotados de un régimen de autonomía local singular, reforzado respecto del régimen general de los demás Municipios», en palabras del Tribunal Constitucional dictadas en la Sentencia que después se citará.

Sus Estatutos les atribuyen la potestad reglamentaria en el marco de lo que dispongan las Leyes del Estado. Desde la transferencia de competencias hasta 1999, las dos Ciudades gozaron de competencias plenas de ordenación urbanística. Sin embargo, en un contexto de turbulencias políticas después de que un determinado partido político (el GIL) empezara a gobernar en ellas, la Ley 55/1999, de 29 de diciembre, de medidas fiscales, administrativas y del orden social, modificó la disposición adicional tercera de la LRSV con el objeto de reservar a la Administración General del Estado la competencia de aprobación definitiva del PGOU y sus modificaciones y revisiones, así como la potestad de informar de forma preceptiva y vinculante la aprobación de los Planes Parciales, sus modificaciones o revisiones.

Conviene tener presente que el carácter bifásico de los procedimientos de aprobación del planeamiento urbanístico de mayor entidad es tradicional en nuestro país y prácticamente ninguna ciudad española, incluidas las de mayor población y régimen de autogobierno o las dotadas de estatutos especiales de capitalidad, goza de la capacidad de aprobar definitivamente su planeamiento urbanístico general, habida cuenta de la importante afectación que dicho planeamiento tiene sobre intereses supramunicipales. En todo caso, la constitucionalidad de esta solución legal ha sido plenamente confirmada por el Tribunal Constitucional en la STC 240/2006, de 20 de julio, según la cual, por un lado, la autonomía local no impone atribuir a la Administración local la aprobación definitiva de los planes, ya que las competencias relevantes y reconocibles que debe ostentar pueden ser las que ejerce en las fases de aprobación inicial y provisional y, por otro lado, la singular posición que ocupan estas Ciudades y la especial incidencia de intereses locales en ellas justifican la intervención de la Administración estatal en la actividad de planeamiento urbanístico en el territorio de estos municipios.

La disposición que comentamos retoma en su esencia el esquema y los criterios de la citada disposición adicional 3.ª LRSV, que sin embargo adapta a los criterios más flexibles y habituales de compartición de competencias de planeamiento en las Leyes urbanísticas y en la doctrina del Tribunal Supremo, lo que en líneas generales salvaguarda mejor la autonomía de estas Ciudades, que con la Ley anterior a la LdS.

Así, en primer lugar, mantiene la reserva a la Administración General del Estado de la aprobación del planeamiento general y de sus revisiones, pero ya no de cualesquiera modificaciones, sino sólo las de mayor entidad y alcance: las que afecten a «las determinaciones de carácter general, a los elementos fundamentales de la estructura general y orgánica del territorio o a las determinaciones a que se refiere el apartado tercero de la disposición final primera de esta Ley». Respecto de cuáles son las determinaciones de carácter general y los elementos fundamentales de la estructura general y orgánica del territorio, hay que estar a lo dispuesto en los artículos 10, 11 y 12 TRLS76 y correlativos del Reglamento de Planeamiento de 1978.

Respecto de las demás modificaciones del planeamiento general, así como de la aprobación, revisión o modificación del planeamiento especial o de desarrollo, la aprobación definitiva queda en manos de las Ciudades, si bien que previo informe preceptivo de la Administración General del Estado cuando se trate de planes generales, planes parciales o planes especiales. La adición aquí de los planes especiales es plenamente consecuente con la filosofía de esta norma: es bien sabido que la capacidad de innovación de los planes especiales es igual o superior a la de los planes parciales, por lo que no tiene sentido reservar al Estado la potestad de informar los últimos y no los primeros. Sin embargo, la Ley ya no afirma de plano que estos informes sean vinculantes, como hacía la anterior, sino que sólo lo serán «en lo relativo a cuestiones de legalidad o a la afectación a intereses generales de competencia estatal» porque en lo demás pretender vincular la voluntad de los órganos de autogobierno de la Ciudad podría violar la autonomía local.

Disposición adicional cuarta. ***Gestión de suelos del patrimonio del Estado.***

1. Será aplicable a los bienes inmuebles del patrimonio del Estado lo dispuesto en el artículo 39 de esta Ley sobre el acceso al Registro de la Propiedad de las limitaciones, obligaciones, plazos o condiciones de destino en las enajenaciones de fincas destinadas a la construcción de viviendas sujetas a algún régimen de protección pública que permita tasar su precio máximo de venta o alquiler.

2. Se añade un nuevo artículo 190 bis en la Ley 33/2003, de 3 de noviembre, del Patrimonio de las Administraciones Públicas, con la siguiente redacción:

«Artículo 190 bis. ***Régimen urbanístico de los inmuebles afectados.***

Cuando los instrumentos de ordenación territorial y urbanística incluyan en el ámbito de las actuaciones de

urbanización o adscriban a ellas terrenos afectados o destinados a usos o servicios públicos de competencia estatal, la Administración General del Estado o los organismos públicos titulares de los mismos que los hayan adquirido por expropiación u otra forma onerosa participarán en la equidistribución de beneficios y cargas en los términos que establezca la legislación sobre ordenación territorial y urbanística.»

3. Se modifica el apartado 5 de la disposición final segunda de la Ley 33/2003, de 3 de noviembre, del Patrimonio de las Administraciones Públicas, que queda redactado en los siguientes términos:

«5. Tienen el carácter de la legislación básica, de acuerdo con lo preceptuado en el artículo 149.1.18.ª de la Constitución, las siguientes disposiciones de esta Ley: artículo 1; artículo 2; artículo 3; artículo 6; artículo 8, apartado 1; artículo 27; artículo 28; artículo 29, apartado 2; artículo 32, apartados 1 y 4; artículo 36, apartado 1; artículo 41; artículo 42; artículo 44; artículo 45; artículo 50; artículo 55; artículo 58; artículo 61; artículo 62; artículo 84; artículo 91, apartado 4; artículo 92, apartados 1, 2, y 4; artículo 93, apartados 1, 2, 3 y 4; artículo 94; artículo 97; artículo 98; artículo 100; artículo 101, apartados 1, 3 y 4; artículo 102, apartados 2 y 3; artículo 103, apartados 1 y 3; artículo 106, apartado 1; artículo 107, apartado 1; artículo 109, apartado 3; artículo 121, apartado 4; artículo 183; artículo 184; artículo 189; artículo 190; artículo 190 bis; artículo 191; disposición transitoria primera, apartado 1; disposición transitoria quinta.»

4. Se añade una letra e) al apartado 2 del artículo 71 de la Ley 50/1998, de 30 de diciembre, de Medidas Fiscales, Administrativas y del Orden Social, con la siguiente redacción:

«e) Coadyuvar, con la gestión de los bienes inmuebles que sean puestos a su disposición, al desarrollo y ejecución de las distintas políticas públicas en vigor y, en particular, de la política de vivienda, en colaboración con las Administraciones competentes. A tal efecto, podrá suscribir con dichas Administraciones convenios, protocolos o acuerdos tendentes a favorecer la construcción de viviendas sujetas a algún régimen de protección que permita tasar su precio máximo en venta, alquiler u otras formas de acceso a la vivienda. Dichos acuerdos deberán ser autorizados por el Consejo Rector».

5. Se añade un ordinal 7.ª en el apartado 2 del artículo 53 de la Ley 14/2000, de 29 de diciembre, de Medidas Fiscales, Administrativas y del Orden Social, con la siguiente redacción:

«7.ª Coadyuvar, con la gestión de los bienes inmuebles que sean puestos a su disposición, al desarrollo y ejecución de las distintas políticas públicas en vigor y, en particular, de la política de vivienda, en colaboración con las Administraciones competentes. A tal efecto, podrá suscribir con dichas Administraciones convenios, protocolos o acuerdos tendentes a favorecer la construcción de viviendas sujetas a algún régimen de protección que permita tasar su precio máximo en venta, alquiler u otras formas de acceso a la vivienda.»

Procedencia

El contenido de esta disposición es idéntico a la correlativa de la LdS.

El dictamen del Consejo de Estado no le formuló observación alguna.

Comentario

Esta disposición introduce varias reformas de diverso calado en la legislación del patrimonio del Estado, que pueden agruparse en dos.

1. Colaboración del patrimonio del Estado con las políticas de vivienda (apdos. 1, 4 y 5)

Históricamente, la gestión patrimonial del Estado ha estado orientada fundamentalmente a fines financieros. Sin dejar de ser así, en los últimos años se ha tratado de conciliar esos fines de interés general con otros y, en particular, con la política de suelo para vivienda protegida. Ya la Ley 33/2003, de 3 de noviembre, del patrimonio de las Administraciones Públicas, ha introducido en su artículo 8.2 el principio según el cual «en todo caso, la gestión de los bienes patrimoniales deberá coadyuvar al desarrollo y ejecución de las distintas políticas públicas en vigor y, en particular, al de la política de vivienda, en coordinación con las Administraciones competentes».

Sin embargo, esta reorientación legal distaba de ser completa y efectiva. Por un lado, como ya se ha observado en el comentario al artículo 39 TRLdS08, la Ley hipotecaria impedía inscribir en el Registro de la Propiedad las limitaciones, obligaciones, plazos o condiciones de destino establecidas en los títulos de transmisión de los terrenos, lo que puede tener sentido en los negocios jurídicos entre privados presididos por la pura autonomía de la voluntad, pero no cuando dichos negocios, y más en particular las condiciones y limitaciones de destino de que hablamos, son expresión de una política pública. Entonces, nada se opone a que el Registro las rodee de sus garantías de publicidad, bien al contrario, esta posibilidad favorece la eficacia de esa política pública, al impedir que ese destino se defraude o incumpla en sucesivas transmisiones.

El apartado primero extiende a los terrenos del patrimonio del Estado esta novedad introducida en el artículo 34 para los patrimonios públicos de suelo porque, aunque aquellos terrenos no forman parte de ninguno de estos patrimonios separados vinculados *ex lege* a un concreto destino, sabemos ya que la Ley de patrimonio manda que su gestión colabore también con las políticas de vivienda. De esta forma, cuando el Estado enajene esos terrenos bajo la condición o limitación de que deben ser destinados a vivienda protegida, podrá inscribir en el Registro dicha condición o limitación, lo que contribuirá a que sea eficaz.

Por otro lado, la propia Ley de patrimonio de 2003 dejó fuera de su aplicación directa a dos importantes masas patrimoniales del Estado: las que pertenecen o están adscritas a la Gerencia de Infraestructuras y Equipamiento de la Defensa (GIED) y a la Gerencia de Infraestructuras y Equipamiento de la Seguridad del Estado (GIESE). Según lo dispuesto en las disposiciones adicionales séptima y octava de la Ley de patrimonio, la gestión patrimonial de estos organismos autónomos seguirá rigiéndose por su legislación especial durante quince años, durante los cuales la propia Ley de patrimonio sólo se les aplica supletoriamente. Es decir, se salvaguarda su singularidad, aunque sujetándola a término.

Pues bien, la Ley de suelo no extingue dichos regímenes especiales, pero sí introduce en ellos el mismo principio del artículo 8.2 de la

Ley de patrimonio, es decir, les atribuye también *ex lege* a estos entes la función de coadyuvar a las políticas de vivienda, rebajando en consecuencia su singularidad.

2. Participación del Estado en la equidistribución urbanística de beneficios y cargas (apdos. 2 y 3)

La Ley de patrimonio de las Administraciones Públicas prevé en su artículo 190.2 que «las cesiones y demás operaciones patrimoniales sobre bienes y derechos del Patrimonio del Estado que deriven de la ejecución del planeamiento se regirán por la legislación urbanística, con estricta aplicación del principio de equidistribución de beneficios y cargas». Quiere con ello decirse que el Estado, como titular de un patrimonio, no puede ser de peor derecho o condición que los restantes propietarios ni cabe que la legislación urbanística pretenda excluirle de la participación en la equidistribución de beneficios y cargas derivados del planeamiento.

La misma idea late detrás de la nueva regla básica que ahora se introduce mediante un nuevo artículo 190 bis, referida en particular a los bienes demaniales de las infraestructuras y los servicios estatales. Es notorio que muchas veces los ámbitos de los nuevos desarrollos urbanísticos se ordenan en torno a estas infraestructuras y servicios estatales, de los que sacan provecho. Sin embargo, también es habitual que el Estado costee la obtención del suelo y la ejecución de la infraestructura y no participe de la plusvalía urbanística generada gracias a ella en su entorno inmediato.

Algunas Leyes urbanísticas autonómicas ya abordan la cuestión de la participación en la equidistribución de las Administraciones titulares de los suelos demaniales, aunque de forma no coincidente. Así, por ejemplo, el Decreto Legislativo 1/2004, de 22 de abril, por el que se aprueba el texto refundido de las disposiciones legales vigentes en materia de ordenación del territorio y urbanismo del Principado de Asturias prevé en su artículo 157 que, cuando en un polígono o unidad de actuación existan bienes de dominio y uso público no obtenidos por cesión gratuita, el aprovechamiento urbanístico correspondiente a su superficie pertenecerá a su Administración titular. En términos similares se expresan el artículo 39.2.c) de la Ley 5/1999, de 8 de abril, de urbanismo de Castilla y León; el artículo 170.4 del Decreto Legislativo 1/2005, de 10 de junio, por el que se aprueba el texto refundido de la Ley del suelo de la Región de Murcia; el artículo 171.1 de la Ley 16/2005, de 30 de diciembre, urbanística de la Comunidad Valenciana; el artículo 127.3 del Decreto Legislativo 1/2004, de 28 de diciembre, por el que se aprueba el texto refundido de la Ley de ordenación del territorio y de la actividad urbanística de Castilla-La Mancha; el artículo 142.3 de la Ley 15/2001, de 14 de diciembre, del suelo y ordenación territorial de Extremadura —estos dos últimos referidos no a cualesquiera dotaciones sino a sistemas generales—, o el Decreto Legislativo 1/2005, de 26 de julio, por el que se aprueba el texto refundido de la Ley de urbanismo de Cataluña, que añade el supuesto de los bienes demaniales adquiridos gratuitamente en una actuación no urbanística. También la Ley 2/2001, de 25 de junio, de ordenación territorial y régimen urbanístico del suelo de Cantabria, pero sólo para los terrenos municipales.

La Ley estatal no impone —posiblemente no podría hacerlo por razones competenciales— la inclusión o adscripción en todo caso de los suelos de las infraestructuras de competencia estatal en los ámbitos de ordenación y gestión a los que preste servicio, a efectos de la ejecución del planeamiento y la distribución de los beneficios y cargas de él derivados. Pero sí exige que, si de conformidad con la legislación urbanística se produce dicha inclusión o adscripción y el Estado ya ha obtenido los terrenos por expropiación o de otra forma onerosa, deba entrar en la comunidad reparcelatoria o de equidistribución.

Disposición adicional quinta. ***Modificación del artículo 43 de la Ley de Expropiación Forzosa de 16 de diciembre de 1954.***

Se modifica el apartado 2 del artículo 43 de la Ley de Expropiación Forzosa de 16 de diciembre de 1954, que queda redactado en los términos siguientes:

«2. El régimen estimativo a que se refiere el párrafo anterior:

a) No será en ningún caso de aplicación a las expropiaciones de bienes inmuebles, para la fijación de cuyo justiprecio se estará exclusivamente al sistema de valoración previsto en la Ley que regule la valoración del suelo.

b) Sólo será de aplicación a las expropiaciones de bienes muebles cuando éstos no tengan criterio particular de valoración señalado por Leyes especiales.»

Procedencia

Esta disposición reproduce, en su literalidad, la correlativa de la LdS.

El dictamen del Consejo de Estado no formuló observación específica alguna a esta disposición.

Comentario

La efectividad de la regla que ya antes de la LdS recogía el artículo 23, párr. 1.º, LRSV para asegurar que la valoración del justiprecio de toda expropiación de suelo se llevará a cabo, con independencia de la legislación aplicada y la finalidad de aquélla, conforme a los criterios establecidos por la propia LRSV, ha venido padeciendo, por mor de la subsistencia —en relación nada clara con la referida regla— de la libertad estimativa final reconocida por el artículo 43.1 LEF para el caso de no conformidad del justiprecio obtenido por aplicación justamente de los criterios legales (de la propia LEF) con el precio real de los bienes y derechos, gracias a la jurisprudencia contencioso-administrativa atenida a las características de los casos concretos.

Al dar nueva redacción al apartado 2.º del artículo 43 LEF, esta disposición adicional pretende justamente acabar con dicha situación para lograr la plena efectividad de la expresada regla, sin por ello eliminar desde luego la libertad estimativa final cuando la valoración a efectuar no se refiera a uno de los objetos enumerados —a los efectos de la determinación del ámbito de aplicación de la repetida regla— en el artículo 21.1 del texto legal comentado.

Se aprovecha para ello la extensión que del sistema de libertad estimativa a los casos de expropiación de bienes muebles carentes de criterio particular de valoración en Leyes especiales, se hacía en el apartado a) que recibe nueva redacción. Y se aprovecha para, dejando subsistente tal extensión [letra b) del nuevo art. 43.2 LEF], dejar claramente sentado que el sistema estimativo previsto en el apartado 1 del citado artículo 43 LEF no es, en ningún caso, de aplicación a las expropiaciones de bienes inmuebles, por deber estarse siempre, de modo exclusivo, al sistema de valoración establecido en la Ley reguladora de la valoración del suelo, es decir, hoy al Título III TRLdS08 para la determinación del justiprecio correspondiente. Se cierra así, y en virtud de esta remisión de la LEF, cualquier espacio para una interpretación capaz de justificar el juego del sistema estimativo previsto en el artículo 43.1 LEF, incluso respecto de expropiaciones incluidas en el ámbito de aplicación que para el régimen de valoraciones del suelo, las instalaciones, construcciones y edificaciones y los derechos constituidos sobre o en relación con ellos fija el artículo 21.1 TRLdS08.

Disposición adicional sexta. ***Suelos forestales incendiados.***

1. Los terrenos forestales incendiados se mantendrán en la situación de suelo rural a los efectos de esta Ley y estarán destinados al uso forestal, al menos durante el plazo previsto en el artículo 50 de la Ley de Montes, con las excepciones en ella previstas.

2. La Administración forestal deberá comunicar al Registro de la Propiedad esta circunstancia, que será inscribible conforme a lo dispuesto por la legislación hipotecaria.

3. Será título para la inscripción la certificación emitida por la Administración forestal, que contendrá los datos catastrales identificadores de la finca o fincas de que se trate y se presentará acompañada del plano topográfico de los terrenos forestales incendiados, a escala apropiada.

La constancia de la certificación se hará mediante nota marginal que tendrá duración hasta el vencimiento del plazo a que se refiere el apartado primero. El plano topográfico se archivará conforme a lo previsto por el artículo 51.4 del

Reglamento Hipotecario, pudiendo acompañarse copia del mismo en soporte magnético u óptico.

Procedencia

Esta disposición reproduce el contenido literal de la correlativa de la LdS.

El dictamen del Consejo de Estado no le formuló observación alguna.

Comentario

Esta disposición es plenamente congruente con los valores, principios y criterios que, fijados en las disposiciones generales, presiden el marco definido por la Ley y explican la determinación de las situaciones básicas del suelo en el artículo 12, especialmente la del suelo rural. Y consecuente también con la función limitadora de la potestad de determinación del régimen de utilización del suelo inherente a la ordenación territorial y urbanística que la Ley otorga a la legislación sectorial protectora de valores naturales, cual sucede con la Ley 43/2003, de 21 de noviembre, de montes.

Trayendo al sistema de la propia Ley la medida adoptada previamente en el artículo 50 de dicha Ley de montes, impide que la degradación de las características naturales de los terrenos forestales producida por un incendio, pueda justificar —sin más, inmediatamente y conforme al art. 12.2— la previsión por la ordenación territorial y urbanística de su paso a la situación básica de suelo urbanizado o, al menos, la permisión de que tal paso tenga lugar. De ahí la congelación de la situación de los correspondientes terrenos, es decir, de su ubicación en el medio rural y de su destino anterior al incendio (el forestal), como regla general, por el plazo mínimo fijado al efecto por el artículo 50.1.a) de la Ley de montes, es decir, treinta años. Se traen a la Ley de suelo y se admite el juego, no obstante, de las excepciones que a esta regla general establece la propia Ley de montes, la cual —conforme a su art. 50.1, párr. 2.º— permite efectivamente a las Comunidades acordar, con carácter singular, dichas excepciones, siempre con anterioridad al incendio, el cambio del uso forestal estuviera ya previsto en: i) un instrumento de ordenación territorial y urbanística aprobado, o ii) en un tal instrumento pendiente de aprobación, pero que ya hubiera sido objeto bien de evaluación ambiental favorable, bien, de no ser ésta exigible, de información pública, o iii) en una directriz de política agroforestal que contemple el uso agrario o ganadero extensivo de montes no arbolados con especies autóctonas incultos o en estado de abandono.

Es claro que este mantenimiento, por el plazo mínimo indicado, de los terrenos en el medio rural y su acompañamiento por la permanencia de su destino forestal tiene por finalidad desalentar conductas que intenten defraudar la legislación protectora por la vía de la degradación (buscada o no evitada) del espacio forestal y procurar la recuperación (definitiva) de éste mediante su regeneración. Pero ello depende de la acción de la Administración forestal autonómica, que —conforme al repetido art. 50 de la Ley de montes— debe garantizar las condiciones para la restauración de los terrenos forestales incendiados, fijando las medidas encaminadas a la retirada de la madera quemada y a la recuperación de la cubierta vegetal afectada; medidas de recuperación que, en todo caso, deben incluir el acotamiento temporal de los aprovechamientos o las actividades incompatibles con la regeneración y, en particular, del pastoreo, por un plazo mínimo mayor de un año (salvo levantamiento del acotado por resolución expresa).

El incendio de unos terrenos forestales hace surgir, además, en la Administración forestal competente la obligación de comunicar al Registro de la Propiedad (presentando la pertinente certificación) la expresada congelación temporal para su inscripción conforme a la legislación hipotecaria. A este efecto:

— Vale como título inscribible la certificación que emita la Administración forestal especificando los datos catastrales identificadores de la finca o fincas afectadas, que debe ir acompañada de plano topográfico —extendido a escala apropiada— de los terrenos incendiados (puede acompañarse, además, copia de este plano en soporte magnético u óptico).

— El acceso al Registro tiene lugar en calidad de nota marginal (referida a la certificación anterior), cuya duración se extiende hasta el vencimiento del plazo de la congelación de la situación y el destino de los terrenos.

Disposición adicional séptima. ***Reglas para la capitalización de rentas en el suelo rural.***

1. Para la capitalización de la renta anual real o potencial de la explotación a que se refiere el apartado 1 del artículo 23, se utilizará como tipo de capitalización la última referencia publicada por el Banco de España del rendimiento de la deuda pública del Estado en mercados secundarios a tres años.

2. En la Ley de Presupuestos Generales del Estado se podrá modificar el tipo de capitalización establecido en el apartado anterior y fijar valores mínimos según tipos de cultivos y aprovechamientos de la tierra, cuando la evolución observada en los precios del suelo o en los tipos de interés arriesgue alejar de forma significativa el resultado de las valoraciones respecto de los precios de mercado del suelo rural sin consideración de expectativas urbanísticas.

Procedencia

Esta disposición reproduce literalmente la disposición correlativa de la LdS.

El dictamen del Consejo de Estado no formuló observación alguna en este punto.

Comentario

1. Consideraciones generales

Uno de los aspectos más controvertidos y, en consecuencia, que mayor inseguridad jurídica ofrecen en la metodología de valoración por capitalización de rentas, es la relativa a la determinación del tipo de interés al que se debe capitalizar la renta, real o potencial determinada. De hecho, la LRSV anteriormente vigente no lo establecía, lo que comportaba la adopción de soluciones paliativas no siempre dotadas de la motivación jurídica suficiente.

Así, en ocasiones se acudía a la metodología catastral apoyándose en la Ley 39/1988, de Haciendas locales, que en el apartado 1 de su disposición transitoria segunda (ya derogada por el RD 1/2004, por el que se aprobó el texto refundido de la Ley del Catastro), establecía un tipo del 3% como interés a aplicar a los efectos de la determinación de la contribución territorial rústica y ello hasta que se desarrollara reglamentariamente. Teniendo en cuenta que la Ley no ha sido reglamentada, se comprende la inseguridad que dicha ausencia de regulación normativa comportaba.

En otras ocasiones se acudía al artículo 141, también ya derogado, del viejo Reglamento de gestión urbanística aprobado por RD 3288/1978, que remitía al interés legal del dinero. En cualquier caso, disposiciones de elevada inseguridad jurídica que debilitaban sensiblemente el deseable rigor en la fijación del justiprecio correspondiente al responder, además, a un criterio que en nada recoge las oscilaciones reales del mercado de la tierra. Téngase en cuenta que cualquier pequeña variación cuantitativa en el tipo de capitalización produce importantes desviaciones en el valor final del suelo. Recuérdese la fórmula del cálculo para la capitalización a perpetuidad expresada en la explicación del artículo 23, en la que el tipo de interés ocupa el denominador de la razón (VR = RN/i%).

Por ello, debe ser bienvenida la regulación del TRLdS 08 al concretar un parámetro tan importante como es el tipo de capitalización para calcular el valor del suelo en situación básica de rural.

2. La capitalización de la renta anual (apdo. 1)

Se establece en este precepto que el tipo de capitalización será el publicado por el Banco de España en relación al rendimiento de la deuda pública del Estado en mercados secundarios a tres años.

La razón del establecimiento de esta referencia es obvia. El tipo relativo al mercado secundario a tres años se manifiesta mucho más estable en el tiempo y resulta ser más acomodado a la dinámica valorativa de los mercados de la tierra.

En este sentido, conviene saber que la deuda pública emitida por el Estado se corresponde a las letras, bonos y obligaciones del Estado. Dichos activos financieros se clasifican como renta fija, como consecuencia de que, desde el momento de su adquisición, es conocida la rentabilidad a obtener por los mismos (al contrario de lo que ocurre con los activos clasificados como de renta variable, como pueden ser las acciones de una sociedad que cotiza en bolsa). Mientras que las letras del tesoro son activos a corto plazo cuyo período de amortización (o período de recuperación del capital invertido) no supera los dieciocho meses, los bonos están comprendidos entre dos y cinco años, superándose este último plazo en el caso de las obligaciones.

Por ello, el mercado primario de deuda pública del Estado en anotaciones en cuenta (MDPAC) representa el sistema utilizado por el Estado para la primera emisión de sus títulos (generalmente mediante el sistema de subasta), con el fin de obtener financiación y como instrumento de política monetaria y control del sistema financiero, mientras que el mercado secundario de deuda pública del Estado en anotaciones en cuenta (MDPAC) representa la «plaza» donde los agentes económicos intervinientes pueden proceder a la compraventa de la deuda existente, sin necesidad de esperar a una nueva emisión en el Mercado Primario.

De acuerdo a ello, el Banco de España elabora periódicamente unas estadísticas con la rentabilidad media de la deuda en el mercado secundario a las que se debe acudir para su conocimiento.

3. El tipo de capitalización y los valores mínimos del suelo rural (apdo. 2)

No obstante lo anterior, puede ocurrir que en determinados escenarios o ciclos económicos se manifestara una disparidad sensible entre el tipo del mercado secundario a tres años y los valores detectados en las transacciones de tierras siempre que, obviamente, no hayan considerado expectativas urbanísticas algunas.

Pues bien, para estos casos la prudencia del legislador ha propiciado la habilitación al Gobierno para incluir en la correspondiente Ley de presupuestos generales un nuevo tipo de interés más acorde a los valores de los cultivos o usos de la tierra que un análisis de mercado de la misma permita justificar de manera técnicamente motivada. Con ello se disipa cualquier minusvaloración derivada de un escenario económico excesivamente fluctuante, aportando rigor técnico y jurídico a una determinación tan sensible como es la tasación del suelo rústico.

Disposición adicional octava. ***Participación del Estado en la ordenación territorial y urbanística.***

La Administración General del Estado podrá participar en los procedimientos de ordenación territorial y urbanística en la forma que determine la legislación en la materia. Cuando así lo prevea esta legislación, podrán participar representantes de la Administración General del Estado, designados por ella, en los órganos colegiados de carácter supramunicipal que tengan atribuidas competencias de aprobación de instrumentos de ordenación territorial y urbanística.

Procedencia

Esta disposición incorpora literalmente la correlativa de la LdS.

A esta incorporación ninguna observación formuló el dictamen del Consejo de Estado.

Comentario

El principio constitucional de lealtad institucional o de colaboración interadministrativa exige que las Administraciones Públicas hagan un ejercicio de sus competencias propias respetuoso para con las ajenas, lo que no impone sólo un deber pasivo de no injerencia, sino también uno activo de ponderación de los demás intereses generales concernidos, auxilio y cooperación en el ejercicio de las competencias ajenas y apertura a la participación de las demás Administraciones afectadas en los procesos de toma de decisiones que incidan sobre los intereses de su competencia. Estos deberes de colaboración encuentran su expresión legal básica y general en los artículos 55 a 62 LrBRL y 4 a 10 LRJPAC.

El Tribunal Constitucional, por su parte, ha afirmado reiteradamente el deber general de colaboración al que están sometidos recíprocamente el Estado y las Comunidades Autónomas (por todas, SsTC 96/1986, F.J. 3.º; 118/1996, F.J. 66.º) y ha extraído de él un deber específico de permitir la participación de todas las Administraciones afectadas en sus respectivas competencias, si bien es la Administración competente en cada caso la que deberá establecer los cauces concretos de dicha participación: «Este principio de cooperación impone que se arbitren mecanismos o cauces de colaboración mutua a fin de evitar interferencias y, en su caso, dispersión de esfuerzos e iniciativas perjudiciales para la finalidad prioritaria (SsTC 13/1988, F.J. 2.º, y 102/1995, F.J. 31.º), aunque, por lo general, «no prejuzga cuál debe ser la correcta técnica a través de cuya mediación dicha coparticipación se articule» (STC 68/1996, F.J. 10.º), si bien hemos entendido que el mismo puede satisfacerse generalmente, «ya dando entrada a representantes o comisionados de las Comunidades Autónomas en los órganos del Estado, ya integrando a las Comunidades Autónomas en el curso de los procedimientos públicos que ejecuten la legislación estatal» (F.J. 4.º). Así pues, este Tribunal ha venido reconociendo un margen de discrecionalidad en la determinación de los específicos mecanismos cooperativos, lo que no implica que dicho margen se conciba como un espacio totalmente inmune al control jurisdiccional, pues la, en principio, amplia esfera de libertad aludida «puede eventualmente comprimirse en función de la relevancia del ámbito de la política autonómica concernido en cada caso» (STC 68/1996, F.J. 10.º)» (STC 118/1998, de 4 de junio, F.J. 12.º).

Las materias de ordenación del territorio y urbanismo son de la exclusiva competencia autonómica y local, de conformidad con el bloque de la constitucionalidad. Sin embargo, el Estado tiene competencias que inciden muy directamente en la materia, y que asimismo se ven directamente afectadas por ella: son los casos, por ejemplo, de los aeropuertos, los puertos y, en general, las obras públicas de interés general, las costas, los ferrocarriles y las carreteras que transcurran por el territorio de más de una Comunidad Autónoma, etc. Pero es que, más allá de esta particular implicación de ciertas competencias estatales singulares, la ordenación del territorio es la cara física de la entera política económico-social y el urbanismo es la ordenación de los usos del suelo y, en general, de los inmuebles que sobre él se edifican, de manera que afecta muy directamente a las potestades patrimoniales en general del Estado, y en particular a la funcionalidad y servicio de los inmuebles del Estado afectados al uso o servicio público de su competencia (desde dependencias ministeriales y de la Administración periférica a centros penitenciarios, cuarteles, comisarías de policía, casas-cuartel, etc.). En consecuencia, una cosa es que el Estado no tenga ni ejerza competencia de ordenación territorial y urbanística y otra muy distinta que no pueda y deba participar en la formación de la voluntad de quienes sí la tienen.

Las formas que puede adoptar —y de hecho adopta— la participación estatal en el ejercicio autonómico y local de las competencias de ordenación territorial y urbanística son variadas: varias Leyes estatales sectoriales exigen el informe preceptivo de la Administración hidrológica, de costas o de carreteras, por ejemplo, exigencia que algunas Leyes urbanísticas autonómicas integran dentro de una fase de consultas interadministrativas del procedimiento de aprobación de los planes; en la mayoría de los casos se prevé además la participación de uno o varios representantes de la Administración General del Estado en las comisiones provinciales, insulares o regionales de urbanismo que suelen tener atribuidas competencias de aprobación definitiva de dichos planes.

La disposición adicional que aquí se comenta se limita, en consecuencia, a enunciar en su primer inciso el deber básico de dar participación a la Administración General del Estado en los procedimientos de aprobación de los instrumentos de ordenación territorial y urbanística «en la forma que determine la legislación en la materia», que podrá ser funcional (emisión de informes, participación en rondas de consultas, etc.) y/u orgánica (participación en órganos de deliberación o de aprobación). En el caso de que se opte por esta última alternativa, «cuando así lo prevea esta legislación» (la de ordenación territorial y urbanística), el representante de la Administración General del Estado deberá ser designado por ella, no por la Administración autonómica, como se ocupa de precisar el segundo inciso del precepto y resulta necesariamente de la autonomía autoorganizativa de cada Administración territorial: ese miembro, aunque se integre en un órgano autonómico, lo hace en representación de la Administración General del Estado y por tanto son los titulares de sus órganos directivos o superiores quienes deben designarlo.

Disposición adicional novena. ***Modificación de la Ley Reguladora de las Bases del Régimen Local.***

Se modifican los siguientes artículos y apartados de la Ley 7/1985, de 2 de abril, reguladora de las bases del Régimen Local, que quedan redactados en los términos siguientes:

1. Modificación del artículo 22.2.

«Corresponden, en todo caso, al Pleno municipal en los Ayuntamientos, y a la Asamblea vecinal en el régimen de Concejo Abierto, las siguientes atribuciones:

(...)

c) La aprobación inicial del planeamiento general y la aprobación que ponga fin a la tramitación municipal de los planes y demás instrumentos de ordenación previstos en la legislación urbanística, así como los convenios que tengan por objeto la alteración de cualesquiera de dichos instrumentos.

(...)

2. Adición de un nuevo artículo 70 ter.

«1. Las Administraciones públicas con competencias de ordenación territorial y urbanística deberán tener a disposición de los ciudadanos o ciudadanas que lo soliciten, copias

completas de los instrumentos de ordenación territorial y urbanística vigentes en su ámbito territorial, de los documentos de gestión y de los convenios urbanísticos.

2. Las Administraciones públicas con competencias en la materia, publicarán por medios telemáticos el contenido actualizado de los instrumentos de ordenación territorial y urbanística en vigor, del anuncio de su sometimiento a información pública y de cualesquiera actos de tramitación que sean relevantes para su aprobación o alteración.

En los municipios menores de 5.000 habitantes, esta publicación podrá realizarse a través de los entes supramunicipales que tengan atribuida la función de asistencia y cooperación técnica con ellos, que deberán prestarles dicha cooperación.

3. Cuando una alteración de la ordenación urbanística, que no se efectúe en el marco de un ejercicio pleno de la potestad de ordenación, incremente la edificabilidad o la densidad o modifique los usos del suelo, deberá hacerse constar en el expediente la identidad de todos los propietarios o titulares de otros derechos reales sobre las fincas afectadas durante los cinco años anteriores a su iniciación, según conste en el registro o instrumento utilizado a efectos de notificaciones a los interesados de conformidad con la legislación en la materia.»

3. Modificación del artículo 75.7.

«Los representantes locales, así como los miembros no electos de la Junta de Gobierno Local, formularán declaración sobre causas de posible incompatibilidad y sobre cualquier actividad que les proporcione o pueda proporcionar ingresos económicos.

Formularán asimismo declaración de sus bienes patrimoniales y de la participación en sociedades de todo tipo, con información de las sociedades por ellas participadas y de las liquidaciones de los impuestos sobre la Renta, Patrimonio y, en su caso, Sociedades.

Tales declaraciones, efectuadas en los modelos aprobados por los plenos respectivos, se llevarán a cabo antes de la toma de posesión, con ocasión del cese y al final del mandato, así como cuando se modifiquen las circunstancias de hecho.

Las declaraciones anuales de bienes y actividades serán publicadas con carácter anual, y en todo caso en el momen-

to de la finalización del mandato, en los términos que fije el Estatuto municipal.

Tales declaraciones se inscribirán en los siguientes Registros de intereses, que tendrán carácter público:

a) La declaración sobre causas de posible incompatibilidad y actividades que proporcionen o puedan proporcionar ingresos económicos, se inscribirá, en el Registro de Actividades constituido en cada Entidad local.

b) La declaración sobre bienes y derechos patrimoniales se inscribirá en el Registro de Bienes Patrimoniales de cada Entidad local, en los términos que establezca su respectivo estatuto.

Los representantes locales y miembros no electos de la Junta de Gobierno Local respecto a los que, en virtud de su cargo, resulte amenazada su seguridad personal o la de sus bienes o negocios, la de sus familiares, socios, empleados o personas con quienes tuvieran relación económica o profesional podrán realizar la declaración de sus bienes y derechos patrimoniales ante el Secretario o la Secretaria de la Diputación Provincial o, en su caso, ante el órgano competente de la Comunidad Autónoma correspondiente. Tales declaraciones se inscribirán en el Registro Especial de Bienes Patrimoniales, creado a estos efectos en aquellas instituciones.

En este supuesto, aportarán al Secretario o Secretaria de su respectiva entidad mera certificación simple y sucinta, acreditativa de haber cumplimentado sus declaraciones, y que éstas están inscritas en el Registro Especial de Intereses a que se refiere el párrafo anterior, que sea expedida por el funcionario encargado del mismo.»

4. Inclusión de un nuevo apartado 8 en el artículo 75.

«8. Durante los dos años siguientes a la finalización de su mandato, a los representantes locales a que se refiere el apartado primero de este artículo que hayan ostentado responsabilidades ejecutivas en las diferentes áreas en que se organice el gobierno local, les serán de aplicación en el ámbito territorial de su competencia las limitaciones al ejercicio de actividades privadas establecidas en el artículo 8 de la Ley 5/2006, de 10 de abril, de Regulación de los Conflictos de Intereses de los Miembros del Gobierno y de los Altos Cargos de la Administración General del Estado.

A estos efectos, los Ayuntamientos podrán contemplar una compensación económica durante ese periodo para aquéllos que, como consecuencia del régimen de incompati-

bilidades, no puedan desempeñar su actividad profesional, ni perciban retribuciones económicas por otras actividades.»

5. Inclusión de una nueva Disposición adicional Decimoquinta. «Régimen de incompatibilidades y declaraciones de actividades y bienes de los Directivos locales y otro personal al servicio de las Entidades locales».

1. Los titulares de los órganos directivos quedan sometidos al régimen de incompatibilidades establecido en la Ley 53/1984, de 26 de diciembre, de Incompatibilidades del Personal al Servicio de las Administraciones Públicas, y en otras normas estatales o autonómicas que resulten de aplicación.

No obstante, les serán de aplicación las limitaciones al ejercicio de actividades privadas establecidas en el artículo 8 de la Ley 5/2006, de 10 de abril, de Regulación de los Conflictos de Intereses de los miembros del Gobierno y de los Altos Cargos de la Administración General del Estado, en los términos en que establece el artículo 75.8 de esta Ley.

A estos efectos, tendrán la consideración de personal directivo los titulares de órganos que ejerzan funciones de gestión o ejecución de carácter superior, ajustándose a las directrices generales fijadas por el órgano de gobierno de la Corporación, adoptando al efecto las decisiones oportunas y disponiendo para ello de un margen de autonomía, dentro de esas directrices generales.

2. El régimen previsto en el artículo 75.7 de esta Ley será de aplicación al personal directivo local y a los funcionarios de las Corporaciones Locales con habilitación de carácter estatal que, conforme a lo previsto en el artículo 5.2 de la Disposición Adicional Segunda de la Ley 7/2007, de 12 de abril, del Estatuto Básico del Empleado Público, desempeñen en las Entidades locales puestos que hayan sido provistos mediante libre designación en atención al carácter directivo de sus funciones o a la especial responsabilidad que asuman.

Procedencia

Esta disposición se corresponde con la correlativa de la LdS, que reproduce.

El dictamen del Consejo de Estado no formuló observación específica alguna en este punto.

Comentario

1. Introducción: sentido y alcance de las modificaciones de la LrBRL

La modificación que lleva a cabo la disposición comentada no es desde luego la primera, pero tampoco la quinta o la décima, sino nada menos que la vigésima primera que sufre, en el período de su vigencia, la LrBRL. Las reformas que de ésta se han ido sucediendo, y que comenzaron ya —a los tres años de su entrada en vigor— con las muy concretas introducidas por una también disposición adicional de la Ley 39/1988, de 28 de diciembre, reguladora justamente de las Haciendas locales, son de muy diversa entidad, objeto y alcance. Y normalmente han tenido como nota común adaptar el régimen local básico bien a la evolución de legislación sectorial relevante (como, por ejemplo, la de contratación de las Administraciones Públicas —hoy del sector público— o la de la función pública), bien —las más importantes desde la lógica del gobierno y la administración locales— a las demandas de cambio en la organización y el funcionamiento de las entidades locales, principalmente de los Municipios, que han ido decantándose por razones no tanto estructurales, cuanto más bien de coyuntura. No por producirse en el contexto de la Ley de suelo (ahora incorporada al TRLdS08) deja la que ahora se analiza de inscribirse perfectamente en la serie de las precedentes. De un lado, el urbanismo es materia nuclear del gobierno y la administración locales y, de otro lado, el alarmante fenómeno de corrupción en la gestión pública que ha conmocionado recientemente a la opinión pública se ha manifestado principalmente con ocasión de la acción urbanística de las entidades locales. No es casual así que se centre en cuestiones que han sido objeto ya de atención por las habidas en la última década del pasado siglo. En efecto y siguiendo un orden cronológico:

— La Ley 9/1991, de 22 de marzo, dio nueva redacción al artículo 75 LrBRL, referido a las retribuciones e indemnizaciones de los miembros de las Corporaciones locales y sus declaraciones de bienes y actividades y ahora nuevamente afectado.

— La Ley 39/1994, de 30 de diciembre, modificó el artículo 70.2 LrBRL relativo a la notificación o publicación de los acuerdos, las Ordenanzas y, en especial, los acuerdos de aprobación y las normas (más concretamente: el articulado de las normas) de los planes urbanísticos; cuestión ésta de la publicidad y la publicación del contenido prescriptivo de los instrumentos de ordenación territorial y urbanística de la que vuelve a ocuparse ahora el legislador estatal.

— Y el Real Decreto-Ley 5/1996, de 7 de junio; la Ley 7/1997, de 14 de abril; la Ley 11/1999, de 21 de abril, y, por supuesto, la Ley 57/2003, de 16 de diciembre, sin perjuicio de haber abordado otras muchas cuestiones, incidieron sucesivamente (confirmando, en su caso, el sentido de las modificaciones precedentes) en la distribución interna por los artículos 21 y 22 LrBRL de las atribuciones en materia de ordenación y gestión urbanísticas entre los órganos superiores de gobierno y, concretamente, el Pleno municipal y el Alcalde, robusteciendo este último órgano unipersonal en aras del incremento de la eficacia de la gestión pública local. Y el resultado fue la reducción de la intervención decisoria del Pleno a la aprobación inicial del planeamiento general y la aprobación que pusiera fin a la tramitación municipal de los planes y demás instrumentos de ordenación previstos por la legislación urbanística, quedando en manos del Alcalde, así, las aprobaciones de los instrumentos de planeamiento de desarrollo del planeamiento general no expresamente atribuidas al Pleno, así como de la de los instrumentos de gestión urbanística y de los proyectos de urbanización. Sobre este extremo se vuelve ahora, en una nueva coyuntura y con ocasión de la renovación primero y refundición después del marco legal relevante en la materia de ordenación territorial y urbanística, en sentido justamente inverso, es decir, para reforzar las atribuciones del Pleno municipal como medida dirigida a prevenir toda desviación en la acción urbanística local.

2. La alteración de la distribución interna, en los Municipios, de las atribuciones en materia de ordenación territorial y urbanística y de enajenación de bienes municipales (modificación del art. 22.2 LrBRL)

La nueva redacción que se da al artículo 22.2 LrBRL supone la recuperación de la atribución tradicional del Pleno municipal (la Asamblea vecinal en el régimen de Concejo Abierto) cuando menos para las aprobaciones inicial y la final de cualesquiera instrumentos de ordenación previstos por la legislación de ordenación territorial y urbanística (sean planes u otros distintos).

Esta determinación de las atribuciones del máximo órgano colegiado de la administración y el gobierno municipales es posible por la sede legislativa en la que se efectúa. Es claro, sin embargo, que, si bien implica la procedencia de que las Leyes de ordenación territorial y urbanística no especifiquen el órgano al que deba corresponder, como atribución, la competencia municipal que prevean, no puede condicionar en ningún caso, sin embargo, la libertad de aquéllas a la hora de la configuración del procedimiento mismo de aprobación de los instrumentos de ordenación que regulen. Por ello, las aprobaciones inicial y final o que ponga fin a la tramitación municipal aludidas deben entenderse, respectivamente, como la de asunción por el Municipio del instrumento de que se trate, dando inicio al procedimiento y la de aprobación de dicho instrumento tras los trámites de información pública, consultas con otras Administraciones y evaluaciones de impacto ambiental y de sostenibilidad económica prescritos como preceptivos por el propio TRLdS08 (arts. 11.1 y 15), con independencia de que la segunda no ponga fin al procedimiento mismo y no sea, así, una aprobación «definitiva», es decir, no sea la que determina la entrada en vigor o la eficacia del instrumento aprobado.

3. La publicidad de determinados datos relativos al tráfico jurídico previo de los bienes afectados por una modificación de la ordenación territorial y urbanística a ellos aplicable y, en general, de los instrumentos de dicha ordenación (nuevo art. 70 ter)

La introducción del artículo 70 ter en la LrBRL, que se inserta sistemáticamente en el capítulo dedicado —en el contexto de las disposiciones comunes a todas las entidades locales— a la información y la participación ciudadanas prolonga, en sede del régimen local básico, la preocupación del legislador estatal sobre suelo por mejorar la información y revitalizar la participación del ciudadano en materia de ordenación territorial y urbanística, que se manifiesta tanto en el estatuto integrado por las condiciones básicas de la igualdad en los derechos y los deberes constitucionales [art. 4.c) y e) TRLdS08], como en las normas que sobre publicidad y eficacia en la gestión pública urbanística se contienen en el artículo 11 TRLdS08. En esa prolongación luce también la finalidad de incrementar el rigor en la determinación del interés general con ocasión del ejercicio de la potestad de ordenación territorial y urbanística.

Tres son las reglas que contiene el nuevo precepto de régimen básico local:

1.ª La primera y más novedosa exige la incorporación al proceso decisional sobre la ordenación territorial y urbanística de determinada información, cuando en aquel proceso se ejercite de forma no plena la potestad para alterar dicha ordenación, es decir, para simplemente modificarla (sin revisarla), con el objetivo de incrementar la edificabilidad o la densidad en el suelo afectado o de modificar los usos de que el mismo es susceptible (apdo. 3).

Se trata, pues, de una obligación que:

— Se impone a la Administración municipal, referida a determinados elementos informativos que debe proporcionar la documentación obrante en el expediente correspondiente.

— Exige, para su cumplimiento y, por tanto, la compleción de la documentación del expediente, la constancia en éste de la identidad de todos y cada uno de los propietarios o titulares de otros derechos reales sobre las fincas afectadas durante los cinco años anteriores a la iniciación del procedimiento; constancia que debe reflejar tal información a partir del registro o instrumento utilizado a efectos de notificaciones a los interesados de conformidad con la legislación en la materia.

2.ª La segunda, que está directamente dirigida a potenciar la publicidad de los instrumentos de ordenación territorial y urbanística, reafirma con carácter general y otorga mayor alcance, en sede de régimen local, a la obligación de publicidad de dichos instrumentos que para la Administración competente ya resultaba de la legislación de la referida ordenación territorial y urbanística (apdo. 1).

La obligación, que opera obviamente a partir de la aprobación y eficacia de los correspondientes instrumentos, comprende la disposición, precisamente para su puesta a disposición de los ciudadanos, de copias completas de:

— Todos los instrumentos de ordenación territorial y urbanística que, previstos por la legislación autonómica correspondiente, estén vigentes en su ámbito territorial.

— Todos los documentos de gestión de los aludidos instrumentos.

— Todos los convenios urbanísticos suscritos.

Aunque la obligación de disponer de copias completas deriva directamente de la Ley y debe ser cumplida de oficio, la actualización de la de puesta a disposición depende de la solicitud del ciudadano interesado.

3.ª La tercera, también novedosa, toma pie en el mandato de impulso de la publicidad telemática del contenido de los instrumentos de ordenación territorial y urbanística que efectúa el artículo 11.3 TRLdS08 para (apdo. 2):

— Imponer a todas las Administraciones Públicas competentes en la materia, la publicación telemática del aludido contenido, así como también —previamente— del anuncio de su sometimiento a información pública y de cualesquiera actos de tramitación que sean relevantes para su aprobación o alteración.

Aunque pueda aquí haber, quizá y tratándose de una norma del régimen local básico, un exceso en la determinación de las Administraciones destinatarias de la obligación, es claro que ésta rige desde luego para todos los Municipios y las Diputaciones provinciales y los Cabildos y Consejos insulares.

— Concretar, para facilitar y, al propio tiempo, garantizar, el cumplimiento, que, por lo que hace a la Administración local y, más concretamente a los Municipios de menos de 5.000 habitantes, esa publicación puede tener lugar a través de los entes supramunicipales que tengan atribuida la función de asistencia y cooperación técnica con los entes municipales; asistencia y cooperación que tales entes supramunicipales (en todo caso y *ex lege* las Diputaciones provinciales y Cabildos y Consejos insulares) tienen el deber de prestar.

4. Régimen de incompatibilidades y limitación en las actividades, así como declaración de bienes y actividades, de miembros de los órganos de gobierno y personal al servicio de las entidades locales (apdos. 7 —modificado— y 8 —nuevo— del art. 75 y nueva disp. ad. 5.ª)

Es claro que el conjunto de prescripciones que sobre incompatibilidades y declaración de bienes y actividades se introducen en la LrBRL constituye una respuesta directa a la preocupación por la extensión del fenómeno de la corrupción en la instancia básica local de la Administración pública y su manifestación principal, aunque no única, en el urbanismo.

Las prescripciones se refieren a los siguientes ámbitos de cuestiones:

1.º Incompatibilidades (disp. ad. 5.ª):

— Régimen: el dispuesto en la Ley 53/1984, de 26 de diciembre, de incompatibilidades del personal al servicio de las Administraciones Públicas y en las restantes normas estatales o autonómicas aplicables.

— Ámbito subjetivo de aplicación: Comprende a los titulares de órganos directivos.

En la disposición se hace luego una definición legal del personal directivo, entendiendo por tal el que sea titular de órganos que ejerzan funciones de gestión o ejecución de carácter superior, ajustándose a las directrices generales fijadas por el órgano de gobierno de la Corporación de que se trate, adoptando al efecto las decisiones oportunas y disponiendo para ello de un margen de autonomía dentro de esas directrices generales. Esta definición, lejos de proporcionar seguridad sobre el ámbito subjetivo de aplicación del régimen de incompatibilidades, puede provocar incertidumbre en tal extremo. Dados los términos taxativos en los que se formula la regla concreta sobre incompatibilidades y la referencia de la definición anterior no a titulares de órganos directivos, sino —con carácter menos específico— de órganos ejercientes de funciones de gestión o ejecución de carácter superior, debe entenderse que la aludida definición es pertinente sólo cuando de la aplicación de limitaciones al ejercicio de actividades se trate, pero no así en punto a incompatibilidades. Éstas se aplican a todos cuantos, pero únicamente a los que, sean titulares de órganos calificados como directivos, por el solo hecho de serlo.

2.º Limitaciones al ejercicio de actividades:

— Régimen: el contenido en el artículo 8 de la Ley 5/2006, de 10 de abril, de regulación de los conflictos de intereses de los miembros del Gobierno y de los altos cargos de la Administración General del Estado, con posibilidad de establecimiento por la correspondiente entidad local y percepción por el afectado, cuando se vea legalmente impedido de desempeñar su actividad profesional propia y no perciba retribuciones económicas por otras actividades, de una compensación económica durante el período de duración de las limitaciones.

— Ámbito subjetivo de aplicación:

Afecta a:

i) Los representantes locales, miembros de las correspondientes Corporaciones, que hayan ostentado responsabilidades ejecutivas en las diferentes áreas en que se organice el gobierno local.

ii) El personal directivo de las entidades locales, entendiéndose legalmente por tal, como ya se ha adelantado, el que sea titular de órganos que ejerzan funciones de gestión o ejecución de carácter superior, ajustándose a las directrices generales fijadas por el órgano de gobierno de la Corporación de que se trate, adoptando al efecto las decisiones oportunas y disponiendo para ello de un margen de autonomía dentro de esas directrices generales.

— Ámbito temporal de aplicación: Los dos años siguientes a la finalización del mandato o del cese en la titularidad del órgano.

3.º Declaraciones.

— Régimen: Obligación de efectuar, en los modelos aprobados por el Pleno de la entidad local correspondiente, declaración sobre:

a) Causas de posible incompatibilidad y cualquier actividad que proporcione o pueda proporcionar ingresos económicos, a formular antes de la toma de posesión, con ocasión del cese y al final del mandato o el ejercicio del cargo o la función, así en cuantas ocasiones se produzcan modificaciones en las circunstancias de hecho.

b) Bienes patrimoniales y participación en sociedades de todo tipo, con información sobre las sociedades por ellas participadas y de las liquidaciones de los impuestos sobre la renta, patrimonio y, en su caso, sociedades, de obligatoria formulación con carácter anual.

Estas declaraciones deben: i) inscribirse, en los términos que disponga cada estatuto local, en los correspondientes registros de carácter público que deben establecerse y llevarse en cada entidad local, concretamente en el de actividades las de la primera clase y en el de bienes patrimoniales las de la segunda clase; y, además, ii) publicarse anualmente, y en todo caso a la finalización del mandato, en los términos que establezca el estatuto municipal correspondiente.

No obstante, cuando concurra amenaza, en virtud del cargo, a la seguridad personal del declarante o la de sus bienes o negocios, la de sus familiares, socios, empleados o personas con las que tengan relación económica o profesional, la declaración de bienes y derechos patrimoniales puede, por excepción, i) hacerse ante el Secretario o la

Secretaria de la Diputación provincial o, en su caso (se entiende, de coexistir ésta), el órgano competente de la Comunidad Autónoma correspondiente; e ii) inscribirse en el registro especial que, al efecto, debe llevar aquella Secretaría local o este órgano autonómico. Una vez efectuada, ha de aportarse al Secretario o la Secretaria de la correspondiente entidad municipal certificación de haberse cumplimentado las correspondientes declaraciones y encontrarse éstas inscritas en el referido registro especial.

— Ámbito subjetivo de aplicación:

Afecta a:

i) Los representantes locales, miembros de las correspondientes Corporaciones locales.

ii) Los miembros no electos de las Juntas de Gobierno Local (en los entes que cuenten con este órgano).

iii) El personal directivo local antes ya definido.

iv) Los funcionarios de la Administración Local con habilitación nacional que desempeñen en las entidades locales puestos provistos mediante libre designación en atención al carácter directivo de sus funciones o la especial responsabilidad que asuman.

Disposición adicional décima. *Actos promovidos por la Administración General del Estado.*

1. Cuando la Administración General del Estado o sus Organismos Públicos promuevan actos sujetos a intervención municipal previa y razones de urgencia o excepcional interés público lo exijan, el Ministro competente por razón de la materia podrá acordar la remisión al Ayuntamiento correspondiente del proyecto de que se trate, para que en el plazo de un mes notifique la conformidad o disconformidad del mismo con la ordenación urbanística en vigor.

En caso de disconformidad, el expediente se remitirá por el Departamento interesado al Ministro de Vivienda, quien lo elevará al Consejo de Ministros, previo informe del órgano competente de la Comunidad Autónoma, que se deberá emitir en el plazo de un mes. El Consejo de Ministros deci-

dirá si procede ejecutar el proyecto, y en este caso, ordenará la iniciación del procedimiento de alteración de la ordenación urbanística que proceda, conforme a la tramitación establecida en la legislación reguladora.

2. El Ayuntamiento podrá en todo caso acordar la suspensión de las obras a que se refiere el apartado 1 de este artículo cuando se pretendiesen llevar a cabo en ausencia o en contradicción con la notificación, de conformidad con la ordenación urbanística y antes de la decisión de ejecutar la obra adoptada por el Consejo de Ministros, comunicando dicha suspensión al órgano redactor del proyecto y al Ministro de Vivienda, a los efectos prevenidos en el mismo.

3. Se exceptúan de esta facultad las obras que afecten directamente a la defensa nacional, para cuya suspensión deberá mediar acuerdo del Consejo de Ministros, a propuesta del Ministro de Vivienda, previa solicitud del Ayuntamiento competente e informe del Ministerio de Defensa.

Procedencia

Esta disposición incorpora al texto refundido el contenido de la parte aún subsistente (tras la STC 61/1997) del artículo 244 TRLS92 (sus apdos. 2, 3 y 4). La transformación en disposición adicional debe considerarse acertada, toda vez que —por el propio planteamiento de la LdS— el cuerpo prescriptivo de ésta carecía de regulación en la que tuviera encaje o lugar idóneo el objeto del artículo 244 TRLS92. La nueva disposición transcribe, de otro lado, el contenido de este precepto sin otras variaciones que las impuestas por los cambios organizativos y competenciales:

— Referencia al Ministerio actualmente competente: el de Vivienda.

— Supresión de la referencia a la Comisión Central del Territorio y Urbanismo; órgano ya inexistente (por suprimido en virtud de la derogación de la disposición adicional séptima TRLS92 por la LRSV).

— Y sustitución de «planeamiento» por «ordenación urbanística».

El dictamen del Consejo de Estado no formuló observación específica alguna a esta disposición.

Comentario

Todas las Administraciones Públicas han de realizar, al igual que los particulares, actos concretos de realización de obras, construcciones y edificaciones para el cumplimiento de sus tareas. Y en la ejecución de tales actos han de cumplir, al igual que los particulares, la ordenación territorial y urbanística aplicable en el caso. Con la incorporación en esta disposición de las previsiones que contenía el TRLS92 sobre comprobación de la conformidad o no de los actos de que se viene hablando promovidos por la Administración General del Estado (la de los promovidos por las Administraciones autonómicas ha de ser resuelta por la legislación de ordenación territorial y urbanística), se cubre una laguna en la regulación de la LdS que ésta, por su propio planteamiento, no pudo cubrir.

La disposición resuelve la cuestión excepcionando los actos aludidos del régimen general de intervención administrativa municipal a que están sometidos los actos promovidos por los particulares. El régimen sustitutivo de éste que establece se articula sobre las siguientes reglas:

— Su ámbito subjetivo de aplicación cubre a la propia Administración General del Estado y a los entes de naturaleza pública que dependan o estén vinculados a ella. Y el objetivo aquellos actos que estén sujetos a intervención administrativa previa municipal.

— Su aplicación depende de la apreciación por el Ministro competente por razón de la materia de la concurrencia efectiva de razones de urgencia o excepcional interés público en el correspondiente proyecto de obras concreto; razones que no sólo hagan conveniente, sino que literalmente exijan la ejecución de éste.

Se emplea aquí un concepto jurídico tan indeterminado que, más que otorgar un margen de apreciación, prácticamente concede discrecionalidad. Pero es claro que su aplicación resulta controlable en sede judicial, aunque sólo sea por la vía de la exclusión de la arbitrariedad.

— La apreciación del anterior requisito da lugar a un procedimiento que se sustancia entre el Ministerio responsable del proyecto y el Municipio correspondiente y que tiene por objeto la viabilidad o no del proyecto a la luz de la ordenación urbanística aplicable (a apreciar por el Municipio).

— La resolución municipal concluyendo la disconformidad con la ordenación aplicable pone fin al procedimiento interadministrativo así sustanciado, pero en modo alguno al asunto. Antes al contrario, abre la posibilidad para la instrucción por la Administración General del Estado de un procedimiento interno propio, cuya resolución final es capaz, en su caso, de otorgar cobertura a la ejecución del proyecto en contra de la ordenación urbanística de aplicación y de suscitar, así, un posible conflicto con el Municipio afectado (ya en sede judicial). Pues el Ministerio responsable del proyecto puede —desestimando las alternativas de renuncia al proyecto y de su modificación (para su acomodación a la ordenación aplicable)— remitirlo al Ministro de Vivienda, para que, previo informe de la Comunidad Autónoma correspondiente, lo eleve, en su caso, al Consejo de Ministros a fin de que decida si procede ejecutar el proyecto, ordenando, en caso positivo, la iniciación del procedimiento de alteración de la ordenación urbanística.

En el efecto legitimador de la ejecución del proyecto se trasluce el principio de prevalencia del interés general territorialmente más amplio sobre el territorialmente más acotado, así como, desde otra perspectiva, la improcedencia —ante la imposibilidad de la sincronización de la evolución de los intereses generales sectoriales y de la ordenación territorial y urbanística— de la afección por los ordenamientos autónomos (en este caso, el municipal) del que cabría también denominar «efecto útil» de los de orden superior (en este caso el estatal en sentido estricto). Y la obligada simultaneidad de la orden de iniciación de la alteración de la ordenación aún en vigor (que obstaba al proyecto), al propio tiempo que evita el peligro de la mera dispensa singular, sirve a la recuperación de la coordinación y, por tanto, la coherencia de los referidos ordenamientos territoriales.

Precisamente por lo que está en este caso en juego es lógico que la competencia decisoria última se reserve al órgano colegiado máximo del Gobierno: el Consejo de Ministros.

Como antes se ha advertido, la potestad que se otorga al órgano máximo de la Administración General del Estado (pues aquí el Consejo de Ministros adopta desde luego un acto administrativo) puede dar origen a un conflicto con el Municipio afectado; conflicto que podrá formalizarse por el Municipio y deberá sustanciarse en sede del orden jurisdiccional contencioso-administrativo. Porque en garantía de la lealtad institucional debida a la autonomía municipal, el precepto otorga al Municipio la facultad de acordar (sobre la base y en aplicación de la ordenación urbanística cuya eficacia no ha sido aún enervada) la suspensión de la ejecución del proyecto cuando éste pretenda llevarse a efecto sin que se haya solicitado la comprobación por el Municipio de la conformidad o no con la ordenación aplicable, se haya notificado su decisión al respecto o —habiéndose producido tal notificación— se haya producido la decisión del Consejo de Ministros. Lo que significa que la competencia para adoptar tal medida cesa desde el momento en que esta última decisión se produce.

Se exceptúan en todo caso de la comentada facultad municipal los proyectos de obras que afecten directamente a la defensa nacional, es decir, no de cualesquiera proyectos promovidos por el Ministerio de la Defensa, sino sólo de que aquellos que i) diseñen obras que, además, ii) afecten directamente a dicha defensa nacional. La ejecución de estos proyectos puede ser interesada ciertamente por el Municipio correspondiente, sólo puede ser suspendida por el Consejo de Ministros, a propuesta del Ministro de Vivienda, formulada previo informe del Ministerio de Defensa.

Disposición adicional undécima. ***Realojamiento y retorno.***

1. En la ejecución de las expropiaciones a que se refiere el apartado segundo del artículo 29, que requieran el desalojo de los ocupantes legales de inmuebles que constituyan su residencia habitual, la Administración expropiante o, en su caso, el beneficiario de la expropiación deberán garantizar el derecho de aquéllos al realojamiento, poniendo a su disposición viviendas en las condiciones de venta o alquiler vigentes para las sujetas a régimen de protección pública y super-

ficie adecuada a sus necesidades, dentro de los límites establecidos por la legislación protectora.

2. En las actuaciones aisladas no expropiatorias, los arrendatarios de las viviendas demolidas tendrán el derecho de retorno regulado en la legislación arrendaticia, ejercitable frente al dueño de la nueva edificación, cualquiera que sea éste. En estos casos, deberá garantizarse el alojamiento provisional de los inquilinos hasta que sea posible el retorno.

Procedencia

Esta disposición incorpora la también adicional cuarta del TRLS92, en los siguientes términos:

a) En el número 1 se recoge aquella parte de la norma (inciso inicial y regla 1.ª) que debía considerarse subsistente y compatible con la LdS, integrándola adecuadamente en el texto refundido mediante la remisión al precepto de éste que se refiere justamente al supuesto en el que opera el derecho de realojamiento objeto de regulación: ejecución mediante expropiación de instrumentos de ordenación territorial y urbanística (art. 29.2 TRLdS08).

b) Y en el número 2 se recoge, en su literalidad, la regla 3.ª de la disposición incorporada, que no se refiere ya a supuesto de ejecución de actuación urbanística integrada por expropiación.

El dictamen del Consejo de Estado no formuló observación alguna a esta incorporación.

Comentario

Se recogen en esta disposición las dos reglas del TRLS92 —subsistentes tras la STC 61/1997, de 20 de marzo— relativas a los derechos de realojamiento en actuaciones de transformación urbanística y retorno en actuaciones concretas o aisladas, es decir, verificadas en concretos solares, respectivamente.

El derecho de realojamiento surge sólo en el contexto de las actuaciones de transformación urbanística (las del art. 14 TRLdS08) previstas por el instrumento de ordenación pertinente conforme a la legislación de ordenación territorial y urbanística y que deban ejecutarse precisamente por expropiación, siendo indiferente que la gestión de dicha ejecución sea directa o por la propia Administración competente o indirecta mediante gestor interpuesto (beneficiario de la expropiación). Titular del derecho es todo ocupante, de forma legal y a título de residencia habitual, de inmueble comprendido en el ámbito de la correspondiente actuación constitutivo de residencia habitual; derecho que se corresponde con la obligación del responsable de la ejecución de garantizar el realojamiento. Y el contenido de la garantía (lo que quiere decir el contenido del derecho) consiste en la puesta a disposición de los titulares del derecho de viviendas en las condiciones de venta o alquiler vigentes para las sujetas a régimen de protección pública y superficie adecuada a sus necesidades, dentro de los límites establecidos por la legislación protectora correspondiente.

Por su parte el derecho de retorno opera en actuaciones de mera edificación que impliquen la sustitución de inmuebles existentes, sin que sea necesario que se dé el ejercicio por la Administración competente de su potestad expropiatoria. Titular del derecho es todo arrendatario de vivienda demolida para la realización de la nueva edificación. Ese derecho se corresponde con la obligación legal del dueño de la nueva edificación de garantizar el retorno, aunque no coincida con el de la demolida. El derecho mismo no es otro que el regulado en cada momento por la legislación de arrendamientos urbanos. A dicha garantía se añade aún la del alojamiento provisional de los inquilinos hasta que sea posible el retorno.

DISPOSICIONES TRANSITORIAS

Disposición transitoria primera. *Aplicación de la reserva de suelo para vivienda protegida.*

La reserva para vivienda protegida exigida en la letra b) del apartado primero del artículo 10 de esta Ley se aplicará a todos los cambios de ordenación cuyo procedimiento de aprobación se inicie con posterioridad a la entrada en vigor de la Ley 8/2007, de 28 de mayo, de Suelo, en la forma dispuesta por la legislación sobre ordenación territorial y urbanística. En aquellos casos en que las Comunidades Autónomas no hubieren establecido reservas iguales o superiores a la que se establece en la letra b) del apartado primero del artículo 10 de esta Ley, desde el 1 de julio de 2008 y hasta su adaptación a la misma, será directamente aplicable la reserva del 30 por ciento prevista en esta Ley con las siguientes precisiones:

a) Estarán exentos de su aplicación los instrumentos de ordenación de los Municipios de menos de 10.000 habitantes en los que, en los dos últimos años anteriores al del inicio de su procedimiento de aprobación, se hayan autorizado edificaciones residenciales para menos de 5 viviendas por cada mil habitantes y año, siempre y cuando dichos instrumentos no ordenen actuaciones residenciales para más de 100 nuevas viviendas; así como los que tengan por objeto actuaciones de reforma o mejora de la urbanización existente en las que el uso residencial no alcance las 200 viviendas.

b) Los instrumentos de ordenación podrán compensar motivadamente minoraciones del porcentaje en las actuaciones de nueva urbanización no dirigidas a atender la demanda de primera residencia prevista por ellos con incrementos en otras de la misma categoría de suelo.

Procedencia

Esta disposición se corresponde con la correlativa de la LdS sin otra alteración que la lógica sustitución del inciso «a la entrada en vigor de esta Ley» por el de «a la entrada en vigor de la Ley 8/2007, de 28 de mayo».

El dictamen del Consejo de Estado no formuló observación alguna a esta disposición.

Comentario

Como ya se ha expuesto en su momento al comentar la reserva de suelo para el uso de vivienda sujeta a algún régimen de protección pública prevista en el artículo 10.b) TRLdS08 y acredita justamente esta disposición transitoria, dicha reserva es, en todo caso y dado su carácter, de aplicación directa a los cambios de la ordenación territorial y urbanística que pretendan introducir los instrumentos de ordenación territorial y urbanística cuyo procedimiento de aprobación se inicie con posterioridad a la entrada en vigor de la LdS y hasta la *interpositio* (en su caso, mediante adaptación) de la legislación autonómica que contemple reserva igual o superior. La legislación que ya esté vigente en el momento de la entrada en vigor de la LdS cumple desde luego tal función y excluye, por tanto, dicha aplicación directa, siempre y cuando la reserva que establezca sea igual o superior a la prescrita en el citado artículo 10.b) TRLdS08. Quiere decirse, pues, que la reserva estatal se impone, en cuanto mínima, a la inferior que pueda prever la legislación autonómica en dicho momento. Y lo hace hasta que ésta se modifique, es decir, se adapte —hasta la entrada en vigor del TRLdS08— a la LdS y —desde dicho momento— a aquel texto refundido, incorporando una reserva igual o superior a la estatal. Este efecto es legítimo, pues operando el legislador estatal en su ámbito de competencia básica propio, sus determinaciones prevalecen desde luego sobre las autonómicas concurrentes (art. 149.3 CE). En otro caso, la legislación básica estatal carecería sencillamente de eficacia, lo que no es admisible.

De este modo, transcurrido un año desde la entrada en vigor de la LdS sin haberse producido —en su caso, mediante adaptación— la aludida *interpositio* de la legislación autonómica, la regulación transitoria ahora comentada suple, además y hasta que se colme adecuadamente, la lógica ausencia de toda previsión autonómica sobre la excepción al mínimo de la reserva (establecido como regla general) permite el citado artículo 10.b) TRLdS08. Y lo hace en términos de las siguientes precisiones a la regla general:

— No rige la reserva mínima, por estar los Municipios exentos de su aplicación en los correspondientes instrumentos, en los términos municipales con menos de 10.000 habitantes en los que se haya autorizado en los dos últimos años anteriores al del inicio del procedimiento de aprobación del correspondiente instrumento, edificaciones residenciales para menos de cinco viviendas por cada 1.000 habitantes y año, siempre y cuando el instrumento de que se trate i) no ordene actuaciones residenciales para más de 100 nuevas viviendas, o ii) tenga por objeto, en otro caso, actuación o actuaciones de reforma o mejora de la urbanización existente en las que el uso residencial no alcance las 200 viviendas.

— Es posible la compensación, por los instrumentos de ordenación y motivadamente, de i) minoraciones del porcentaje en las actuaciones de nueva urbanización no dirigidas a atender la demanda de primera residencia prevista por ellos, con ii) incrementos en otras de la misma categoría de suelo.

Disposición transitoria segunda. ***Deberes de las actuaciones de dotación.***

Los deberes previstos en esta Ley para las actuaciones de dotación serán de aplicación, en la forma prevista en la legislación sobre ordenación territorial y urbanística, a los cambios de la ordenación que prevean el incremento de edificabilidad o de densidad o el cambio de usos cuyo procedimiento de aprobación se inicie a partir de la entrada en vigor de la Ley 8/2007, de 28 de mayo, de Suelo. Si, transcurrido un año desde la entrada en vigor de la misma, dicha legislación no tiene establecidas las reglas precisas para su aplicación, desde dicho momento y hasta su adaptación a esta Ley serán aplicables las siguientes:

a) El instrumento de ordenación delimitará el ámbito de la actuación, ya sea continuo o discontinuo, en que se incluyen los incrementos de edificabilidad o densidad o los cambios de uso y las nuevas dotaciones a ellos correspon-

dientes y calculará el valor total de las cargas imputables a la actuación que corresponde a cada nuevo metro cuadrado de techo o a cada nueva vivienda, según corresponda.

b) Los propietarios podrán cumplir los deberes que consistan en la entrega de suelo, cuando no dispongan del necesario para ello, pagando su equivalente en dinero.

c) Los deberes se cumplirán en el momento del otorgamiento de la licencia o el acto administrativo de intervención que se requiera para la materialización de la mayor edificabilidad o densidad o el inicio del uso atribuido por la nueva ordenación.

Procedencia

Esta disposición se corresponde con la correlativa de la LdS, sin otra modificación que la misma sustitución que la verificada en la disposición transitoria inmediatamente anterior.

El dictamen del Consejo de Estado no formuló observación en este punto.

Comentario

Aplica esta disposición transitoria al régimen (en deberes) de las actuaciones de transformación urbanística, concretamente a las de la variedad de las actuaciones de dotación a que se refiere el artículo 14.1.b) TRLdS08, un tratamiento paralelo al que la disposición transitoria anterior hace objeto a la reserva de suelo para viviendas sujetas a algún régimen de protección pública.

El problema de cuya solución aquí se trata es, sin embargo, específico. Trae causa, en efecto, de la no precisión última por la LdS primero y el TRLdS08 ahora de los términos de cumplimiento de los deberes que, conforme al artículo 16.1 de este último, rigen en los diferentes tipos de las actuaciones de transformación urbanística. Como resulta del inciso «según su naturaleza y alcance» (de las actuaciones) del párrafo 1.º del referido precepto legal, esa precisión última queda remitida, en efecto y de acuerdo con el expresado criterio, a la legislación autonómica de ordenación territorial y urbanística. Es claro que la variedad de las actuaciones de urbanización no plantean dificultad apreciable, ya que la determinación misma de los deberes responde al modelo que ellas representan y la misma naturaleza y alcance de éstas implican los deberes legales y su aplicación, por ello, en principio y salvo justificación clara. Por su naturaleza y alcance peculiares, la variedad de las actuaciones de dotación presenta alguna mayor dificultad. Ésta no reside, sin embargo, tanto en la aplicabilidad misma de los deberes (que es indudable), cuanto en los precisos términos de su exigencia y cumplimiento (aunque el párrafo inicial del apartado 1 del art. 16 TRLdS08 contiene una clara directriz al respecto). De ahí que la disposición transitoria se centre en ella, viéndose obligado su inciso inicial a disponer la aplicación de los aludidos deberes «en la forma prevista en la legislación sobre ordenación territorial y urbanística». Bastaría, así, al legislador autonómico con no determinar esa forma de aplicación para entorpecer la aplicación expedita de los deberes ligados a la promoción de las actuaciones de dotación y, por tanto, la efectividad de su regulación estatal básica de los deberes. El precepto, por tanto, está dirigido a evitar tal situación, en la que la referida aplicación habría de hacerse exclusivamente sobre la base de una interpretación, de cada vez y en función del caso, de la directriz contenida en el artículo 16.1, párr. 1.º, TRLdS08 y a la que ya se ha hecho alusión.

Desde las consideraciones precedentes, se entiende:

a) La renuncia, por ausencia de una regulación concreta y sustantiva propia (al contrario lo que sucede en el caso de la reserva para viviendas sujetas a algún régimen de protección pública), a la fijación de la forma de la aplicación directa de los deberes legales enumerados en el artículo 16.1 TRLdS08 en las actuaciones de dotación.

b) El establecimiento, por tanto, de la aplicación directa del artículo 16.1 TRLdS08 en las referidas actuaciones, a partir de la entrada en vigor de la LdS, precisamente en la forma que esté ya prevista en la legislación autonómica de ordenación territorial y urbanística que esté en vigor y, en su defecto (así debe entenderse), en la estatal que sea de aplicación supletoria (por ejemplo, en la Comunidad de las Islas Baleares, aún el TRLS76). Aplicación directa que:

— Se circunscribe al supuesto de que el instrumento de ordenación territorial y urbanística que prevea una o varias actuaciones de dotación i) implique la modificación o suponga la revisión de la ordenación vigente, incrementando respecto de ésta la edificabilidad o la densidad o cambiando los usos en ella contemplados, y ii) el procedimiento para su aprobación se inicie a partir de la entrada en vigor de la LdS.

— Pero comporta, en función de la relación entre norma básica y norma de desarrollo y de contener la primera una directriz para la segunda, que la forma de aplicación de los deberes legales prevista en la legislación autonómica ha de interpretarse —sólo en el primer año de vigencia de la Ley estatal, por la razón que inmediatamente se dirá— de la manera más conforme posible con aquella directriz (la aplicación de los deberes según la naturaleza y el alcance de la actuación de dotación), sin que, por ello y en la hipótesis extrema, pueda consistir nunca en la no exigencia en dicho tipo de actuación de ninguno de los deberes fijados por el artículo 16.1 TRLdS08.

c) Y la fijación de una forma transitoria de aplicación de los deberes legales para que rija:

— A partir del momento en que haya transcurrido un año desde la entrada en vigor de la LdS.

— Hasta el establecimiento por la legislación de ordenación territorial y urbanística, en cada Comunidad Autónoma y *ex novo* o por adaptación de la previamente existente (pero disconforme con la estatal), de las reglas precisas para la aplicación de los deberes legales. Lo que significa para la legislación autonómica previamente existente y que ya se ha dicho que, durante el primer año de vigencia, es decir, antes de la eficacia plena de la forma transitoria de aplicación de que ahora se trata, ha de interpretarse de acuerdo con la directriz contenida en el inciso inicial del artículo 16.1 TRLdS08, la preceptividad de su interpretación —en el período que queda acotado— de conformidad ya con la referida forma transitoria de aplicación.

Esta forma transitoria se traduce en las siguientes reglas:

1.ª La preceptividad de que el instrumento de ordenación territorial y urbanística de que se trate i) delimite, de forma continua o discontinua, el ámbito de la actuación en el que se incluyan, de un lado, los incrementos de edificabilidad o densidad y/o los cambios de uso, y, de otro lado, las nuevas dotaciones a ellos correspondientes, y ii) calcule el valor total de las cargas imputables a la actuación que corresponde a cada metro cuadrado de techo o a cada nueva vivienda, según corresponda.

2.ª La posibilidad para los propietarios del suelo afectado, cuando no dispongan del necesario para cumplir los deberes de entrega de suelo, de cumplir éstos pagando su equivalente en dinero.

3.ª El cumplimiento necesario de los deberes precisamente en el momento del otorgamiento de la licencia o el acto administrativo de intervención requerido para la materialización de i) la mayor edificabilidad o densidad y ii) el inicio del uso atribuido por la nueva ordenación.

Al referirse aquí a la técnica concreta de la licencia incurre el legislador estatal en una inconsecuencia con su planteamiento general a este respecto, aunque sin consecuencias dignas de mención por la expresión utilizada.

Disposición transitoria tercera. ***Valoraciones.***

1. Las reglas de valoración contenidas en esta Ley serán aplicables en todos los expedientes incluidos en su ámbito material de aplicación que se inicien a partir de la entrada en vigor de la Ley 8/2007, de 28 de mayo, de Suelo.

2. Los terrenos que, a la entrada en vigor de aquélla, formen parte del suelo urbanizable incluido en ámbitos delimitados para los que el planeamiento haya establecido las condiciones para su desarrollo, se valorarán conforme a las reglas establecidas en la Ley 6/1998, de 13 de abril, sobre Régimen de Suelo y Valoraciones, tal y como quedaron redactadas por la Ley 10/2003, de 20 de mayo, siempre y cuando en el momento a que deba entenderse referida la valoración no hayan vencido los plazos para la ejecución del

planeamiento o, si han vencido, sea por causa imputable a la Administración o a terceros.

De no existir previsión expresa sobre plazos de ejecución en el planeamiento ni en la legislación de ordenación territorial y urbanística, se aplicará el de tres años contados desde la entrada en vigor de la Ley 8/2007, de 28 de mayo, de Suelo.

3. Mientras no se desarrolle reglamentariamente lo dispuesto en esta Ley sobre criterios y método de cálculo de la valoración y en lo que sea compatible con ella, se estará a lo dispuesto en el apartado 3 del artículo 137 del Reglamento de Gestión Urbanística aprobado por Real Decreto 3288/1978, de 25 de agosto, y a las normas de valoración de bienes inmuebles y de determinados derechos contenidas en la Orden ECO/805/2003, de 27 de marzo, o disposición que la sustituya.

Procedencia

Esta disposición se corresponde con la correlativa de la LdS, sin otra alteración que la misma sustitución realizada en la disposición transitoria primera.

El dictamen del Consejo de Estado no le formuló observación alguna.

Comentario

1. Consideraciones generales y antecedentes legislativos

La entrada en vigor de la LdS ha comportado la aplicación del nuevo régimen de valoraciones en ella establecido. Obviamente, las importantes innovaciones que la nueva Ley ha incorporado al instrumental urbanístico —ahora incorporadas al TRLdS08— y la aconsejable prudencia que debe adoptarse en la aplicación de dichas innovaciones, ha aconsejado al legislador estatal a establecer un «aterrizaje blando» en el escenario inmobiliario actual, con la finalidad de no producir efectos particulares no deseados que ni siquiera, en el mejor de los casos, estuvieran mínimamente balanceadas con beneficios razonables para el interés general.

Por otro lado, éste ha sido el criterio tradicional aplicado por el sistema urbanístico español, tanto en el marco legislativo como en el del planeamiento, escenario mucho más dinámico y cambiante.

Pues bien, sobre la base del mantenimiento de esta experiencia aplicativa por un lado y, por otro, por la consideración del principio de confianza legítima en la pervivencia de los efectos jurídicos (sobre todo para los plazos de vigencia derivados de la adopción de concretas disposiciones normativas en vigor cuando se autorizan), la LdS ha establecido un prudente régimen transitorio en la aplicación del nuevo sistema de valoraciones que, sin perjuicio que permita desplegar toda su operatividad publificadora, posibilite salvar aquellos casos que disponen de suficiente legitimidad jurídica, permitiéndoles culminar su tramitación administrativa de acuerdo al régimen vigente en el momento de su adopción.

2. Aplicación por razón del tiempo de las reglas de valoración (apdo. 1)

Se establece en este precepto el principio general de aplicación del nuevo régimen de valoraciones, prescribiendo, como ya es tradicional en el urbanismo español, que se adoptarán en aquellos expedientes cuya iniciación se produzca a partir de la entrada en vigor de la LdS.

En este sentido, habrá que estar a lo regulado en el apartado 2 del artículo 21 TRLdS08 a los efectos de establecer la referencia temporal aplicable al momento de iniciación de las diversas situaciones jurídico-urbanísticas de las que traiga causa la valoración.

Como consecuencia de ello, los expedientes que ya se encontraran iniciados a partir de la fecha de entrada en vigor de la LdS, continuarán tramitándose con arreglo al régimen vigente en el momento de su iniciación.

3. La valoración de los terrenos con condiciones de desarrollo fijadas a la entrada en vigor de la LdS (apdo. 3)

Es en este precepto en el que se dispone con mayor expresividad el régimen transitorio derivado del principio de confianza legítima ya señalado en las consideraciones generales. De hecho, es en el suelo urbanizable «activado» (tal como lo hemos denominado en la explicación de la valoración) en el que la diferencia de valor entre el anterior y el nuevo régimen resulta ser sustancialmente diferente, por lo que su aplicación «ciega» a cualquier suelo incurso en esa situación generará una disminución importante de las expectativas jurídico-económicas que su propietario tuviera determinadas.

Sin embargo, puede darse el caso de que esos suelos hubieran sido adquiridos cuando ya se encontraban reclasificados como urbanizables «activados» y que aún se encontraran dentro del plazo establecido para su ejecución en el momento de la expropiación. Obviamente, en este caso, la estrategia empresarial se vería «sorprendida» por la aplicación de un nuevo régimen de valoración que reduciría sensiblemente su valor de adquisición, pudiendo aducirse confrontación con el principio de confianza legítima que toda actuación administrativa debe conllevar.

Por ello, el régimen transitorio, para estos casos, mantiene el método de valoración establecido en la legislación vigente antes de la LdS, siempre que se encuentren dentro del plazo de ejecución urbanizadora establecido por el plan o por la Ley autonómica y si éste no estuviera establecido (como ocurre en la legislación valenciana, castellano-manchega, vasca, etc.), la nueva legislación dispone un plazo de tres años contados a partir de la entrada en vigor de la LdS. Con ello, por tanto, el nuevo régimen de valoraciones no produce perjuicio alguno a los proyectos empresariales realizados con respeto al régimen urbanístico anterior y despliega todas sus virtualidades no sólo para aquellos expedientes que se inicien a partir de su entrada en vigor, sino también a aquellos otros que hubieran incumplido los deberes y condiciones establecidos por el régimen anteriormente vigente.

4. Los criterios y método de cálculo de la valoración hasta el desarrollo reglamentario de la Ley (apdo. 3)

Se regulan en este precepto todos los aspectos instrumentales que comporta la aplicación pormenorizada del nuevo régimen de valoraciones hasta que se produzca su desarrollo reglamentario.

En este sentido, el precepto se remite a la regulación establecida en el apartado 3 del artículo 173 del viejo Reglamento de gestión aprobado por RD 3288/1978 con respecto a la determinación de las indemnizaciones por los arrendamientos rústicos y a la Orden del Ministerio de Economía 805/2003, de 27 de marzo, sobre normas de valoración de bienes inmuebles y de determinados derechos para ciertas finalidades financieras para aquellas determinaciones derivadas de las metodologías concretas de valoración, fijación de las primas de riesgo, etc. Con ello y hasta que se apruebe el desarrollo reglamentario del TRLdS08, se dispondrá de un marco instrumental que permita la aplicación solvente y completa de sus disposiciones normativas.

Disposición transitoria cuarta. ***Criterios mínimos de sostenibilidad.***

Si, trascurrido un año desde la entrada en vigor de la Ley 8/2007, de 28 de mayo, de Suelo, la legislación sobre ordenación territorial y urbanística no estableciera en qué casos el impacto de una actuación de urbanización obliga a ejercer de forma plena la potestad de ordenación, esta nueva ordenación o revisión será necesaria cuando la actuación conlleve, por sí misma o en unión de las aprobadas en los dos últimos años, un incremento superior al 20 por ciento de la población o de la superficie de suelo urbanizado del municipio o ámbito territorial.

Procedencia

Esta disposición se corresponde con la correlativa de la LdS, sin otra alteración que la sustitución verificada también en las disposiciones transitorias anteriores.

El dictamen del Consejo de Estado no formuló observación alguna a esta disposición.

Comentario

El contenido, sentido y alcance de esta disposición, en su juego sistemático con el artículo 15.6 TRLdS08, han quedado ya establecidos al comentar este último precepto legal. Procede ahora remitir sin más a lo allí dicho.

Disposición transitoria quinta. ***Edificaciones existentes.***

Las edificaciones existentes a la entrada en vigor de la Ley 8/1990, de 25 de julio, situadas en suelos urbanos o urbanizables, realizadas de conformidad con la ordenación urbanística aplicable o respecto de las que ya no proceda dictar medidas de restablecimiento de la legalidad urbanística que impliquen su demolición, se entenderán incorporadas al patrimonio de su titular.

Procedencia

Esta disposición se corresponde con la disposición transitoria quinta (apartado 1) del TRLS92.

A pesar de que no figuraba en el anteproyecto de texto refundido, se recogió finalmente en el proyecto aprobado a resultas de observación formulada por el dictamen del Consejo de Estado en el sentido de considerar no derogada la disposición en cuestión (véase lo dicho a este respecto al analizar la operación de refundición).

Comentario

El sentido de la permanencia de esta disposición no puede ser ya otro que el del mantenimiento de la cobertura legal de las edificaciones comprendidas en el supuesto que establece y que sigan subsistiendo en la actualidad. Pues el supuesto a que se refiere quedó «cerrado» a fecha fija: el día anterior a la entrada en vigor de la Ley 8/1990, de 25 de julio, de modo que no ha sido posible después y no es posible ahora la producción de nuevos supuestos de hecho subsumibles en el legal.

El efecto de «legitimación» *ex post* y como resultado de la «patrimonialización» *ex lege* que el precepto establece se refiere exclusivamente a las edificaciones ya existentes (como tales y no como meras obras aún no finalizadas) a la entrada en vigor nada menos que de la citada Ley 8/1990, de 25 de julio, que reformó el TRLS76, que, además:

— Hubieran sido ejecutadas sin la autorización previa preceptiva, pero de manera conforme, sustantivamente, con la ordenación urbanística aplicable en su momento. O

— Aún habiendo sido ejecutadas (con o sin autorización previa) con infracción de la ordenación urbanística aplicable en su momento, hubieran sido terminadas completamente en fecha que impidiera legalmente, a la entrada en vigor de la expresada Ley 8/1990, la adopción por la Administración competente de medidas de restablecimiento de la legalidad que implicaran la demolición de lo construido.

DISPOSICIONES FINALES

Disposición final primera. *Título competencial y ámbito de aplicación.*

1. Tienen el carácter de condiciones básicas de la igualdad en el ejercicio de los derechos y el cumplimiento de los correspondientes deberes constitucionales y, en su caso, de bases del régimen de las Administraciones Públicas, de la planificación general de la actividad económica y de protección del medio ambiente, dictadas en ejercicio de las competencias reservadas al legislador general en el artículo 149.1.1.ª, 13.ª, 18.ª, y 23.ª de la Constitución, los artículos 1; 2; 3; 4; 5; 6; 7; 8; 9; 10, apartados 1 y 2; 11, apartados 1, 2, 3, 4, 6 y 7; 12; 13; apartados 1, 2, 3, letra a) párrafo primero y letra b) y apartado 4; 14; 15; 16; 29, apartados 2, párrafo segundo y 3; 33; 36, apartado 3; 42; las disposiciones adicionales primera; sexta, apartados 1 y 2, y undécima, y las disposiciones transitorias primera; segunda; cuarta y quinta.

2. Los artículos 38 y 39, apartados 1 y 2, tienen el carácter de bases de la planificación general de la actividad económica dictadas en ejercicio de la competencia reservada al legislador estatal en el artículo 149.1.13.ª de la Constitución, sin perjuicio de las competencias exclusivas sobre suelo y urbanismo que tengan atribuidas las Comunidades Autónomas.

3. Tienen el carácter de disposiciones establecidas en ejercicio de la competencia reservada al legislador estatal por el artículo 149.1.4.ª, 8.ª y 18.ª sobre defensa, legislación civil, expropiación forzosa y sistema de responsabilidad de las Administraciones Públicas, los artículos 10, apartado 3; 11, apartado 5; 13, apartado 3, letra a), párrafo segundo; 17; 18; 19; 20; 21; 22; 23; 24; 25; 26; 27; 28; 29, apartados 1, 2 párrafo primero y 4; 30; 31; 32; 34; 35; 36, apartados 1 y 2; 37; 39, apartados 3 y 4; 40; 41; 43; 44; 45; 46; 47; 48; 49; 50; 51; 52; 53 y 54 y las disposiciones adicionales segunda; quinta; sexta, apartado 3; séptima y décima y la disposición transitoria tercera.

4. El contenido normativo íntegro de esta Ley es de aplicación directa en los territorios de las Ciudades de Ceuta y Melilla, con las siguientes precisiones:

a) La potestad que la letra b) del apartado primero del artículo 10 reconoce a la Ley para reducir el porcentaje de reserva de vivienda sometida a algún régimen de protección pública y la de determinar los posibles destinos del patrimonio público del suelo, de entre los previstos en el apartado 1 del artículo 39, podrán ser ejercidas directamente en el Plan General.

b) El porcentaje a que se refiere la letra b) del apartado 1 del artículo 16 será el del 15 por ciento, que el Plan General podrá incrementar motivada y proporcionadamente hasta el 20 por ciento en las actuaciones o ámbitos en los que el valor de los solares resultantes o de su incremento, en su caso, sea sensiblemente superior al medio de los incluidos en su misma clase de suelo.

5. Lo dispuesto en esta Ley se aplicará sin perjuicio de los regímenes civiles, forales o especiales, allí donde existen.

Procedencia

Esta disposición se corresponde con la correlativa de la LdS, sin otras alteraciones que las derivadas de la nueva numeración de los artículos integrantes del texto legal.

El dictamen del Consejo de Estado no le formuló observación alguna.

Comentario

Esta disposición da cumplimiento al deber que tiene el legislador estatal, según reiterada doctrina del Tribunal Constitucional, de declarar el alcance de los preceptos que promulga.

El cumplimiento de este deber se ha ordenado —al igual que ya hiciera la LRSV y la propia LdS— diferenciando en sendos apartados, por un lado los preceptos que tienen el alcance de condiciones básicas de la igualdad en el ejercicio de los derechos y el cumplimiento de los deberes constitucionales o bien de bases, y, por otro lado, los preceptos que tienen eficacia plena y directa por haber sido dictados al amparo de un título competencial asimismo pleno.

Sin duda, desde el punto de vista de técnica legislativa habría sido mejor distinguir qué título competencial concreto ampara o da cobertura a cada precepto o apartado. Sin embargo, eso era más que difícil en la LdS (y más aún en el TRLdS08), en parte gracias a la propia jurisprudencia competencial, que en varias ocasiones ya ha recurrido a varios títulos competenciales diversos para amparar o dar cobertura a un mismo precepto. Y donde el Alto Tribunal no distingue con claridad, tampoco parece que pueda exigirse al legislador que lo haga.

Así pues, los apartados primero y segundo de la disposición identifican los artículos o las disposiciones que constituyen condiciones básicas de la igualdad o bases, sin perjuicio de que el alcance de una y otra condición sean diversos, según afirmó el Tribunal Constitucional en su Sentencia 61/1997, de 20 de marzo.

Dentro del conjunto de los preceptos básicos, la disposición trata diferenciadamente a los relativos a los patrimonios públicos de suelo, es decir, al artículo 38 y a los apartados 1.º y 2.º del artículo 39, a los que dedica su apartado segundo. Este tratamiento diferenciado obedece a que algunos de los nuevos Estatutos de Autonomía han identificado de forma expresa y específica a los patrimonios públicos de suelo como un elemento de competencia autonómica exclusiva dentro del título genérico de suelo y urbanismo. Son los casos del artículo 149.5.d) de la Ley orgánica 6/2006, de 19 de julio, de Reforma del Estatuto de Autonomía de Cataluña, y del artículo 56.3 de la Ley orgánica 2/2007, de 19 de marzo, de Reforma del Estatuto de Autonomía de Andalucía. Sentado este nuevo marco, convenía aclarar el alcance que cabe dar a los nuevos preceptos estatales referidos a estos patrimonios.

Lo que hace el texto legal, en consecuencia, es reafirmar la condición básica de los preceptos que contiene al respecto, sin perjuicio de cuál sea el alcance de las competencias sectoriales asumidas en cada Estatuto. Y tal cosa es perfectamente posible porque el título competencial a que se acoge el Estado para legislar no es un título básico vertical o sectorial, que no existe en este caso, sino un título genérico u horizontal como el de las «bases de la planificación general de la actividad económica», a cuyo amparo pueden dictarse normas con incidencia en el sector económico de que se trata, siempre y cuando se ciñan al alcance material de lo básico, tal y como ya dejó sentado la STC 61/1997, de 20 de marzo, en su F.J. 36.º Es decir, la materia se reconoce como exclusiva de la competencia legislativa autonómica, por lo que no se ocupa, aunque sí se condiciona desde un título básico estatal exterior a ella.

El apartado 3.º de la disposición final que se comenta enuncia los preceptos cuya eficacia es plena, no necesitada ni susceptible de desarrollo o complemento del legislador autonómico, en virtud de los títulos competenciales estatales que les dan cobertura. Obviamente, este carácter habrá de ser interpretado con el alcance que le da la propia jurisprudencia constitucional a dichos títulos: así, por ejemplo, los preceptos sobre expropiación forzosa se refieren a ésta como garantía común de los expropiados, sin perjuicio de las reglas autonómicas que regulen las *causae expropiandi* u otros aspectos de la expropiación que son instrumentales de la regulación sectorial, en este caso urbanística; y los preceptos de legislación civil (como la regulación de fincas y parcelas contenida en el art. 17 TRLdS08, por ejemplo) deben entenderse aplicables sólo donde no exista un derecho civil especial o foral que los desplace, tal y como se ocupa de advertir el apartado 5.º de la disposición que se comenta.

El apartado 4.º, por último, dispone la aplicación «directa» del «contenido normativo íntegro de esta Ley... en los territorios de las Ciudades de Ceuta y Melilla». Dicho más sencillamente, la Ley se afirma como Ley urbanística para los territorios de Ceuta y Melilla. Es algo que puede hacer. Después de las dudas sembradas por la STC 61/1997, de 20 de marzo, así lo ha dejado por fin rotunda y definitivamente sentado el Tribunal Constitucional en su Sentencia 240/2006, de 20 de julio, donde se lee que «dado que la ciudad de Ceuta, como se ha repetido, no posee potestad legislativa; y dado que su territorio no está integrado en una Comunidad Autónoma, que sería la instancia competente para dictar la legislación urbanística, debe concluirse que esa competencia legislativa en materia de urbanismo en la ciudad de Ceuta sólo puede corresponder al Estado».

Tan rotunda conclusión reabre una cuestión importante: si el Estado es el legislador urbanístico en Ceuta y Melilla, ninguno de los preceptos de la Ley, aunque se revelaran estrictamente urbanísticos en un juicio de constitucionalidad, podrían ser ya declarados inconstitucionales y nulos, porque serían válidos como preceptos legales urbanísticos en Ceuta y Melilla. Todo lo más podría cuestionarse su aplicación directa en el resto del territorio español: es decir, podría cuestionarse la constitucionalidad de algún inciso de los apartados primero, segundo y tercero de la Ley, pero no de su articulado.

Ahora bien, buena parte de este articulado ha sido redactado y concebido con alcance sólo básico, es decir, que su aplicación en los planes y en la gestión requiere de la interposición de un desarrollo legislativo autonómico. En los casos de Ceuta y Melilla, donde esta colaboración de un legislador intermedio o de desarrollo no es posible, dicha función la suple todavía el Texto Refundido de la Ley sobre Régimen del Suelo y Ordenación Urbana de 1976. Pero claro, no la puede cumplir adecuadamente para los aspectos más novedosos de la Ley, como son la reserva para vivienda protegida o la participación de la comunidad en las plusvalías que, por su afectación al derecho constitucional de propiedad, están afectados por una reserva de Ley y, por tanto, sería dudoso que pudieran integrarse directamente por los planes urbanísticos. Por estas razones, la propia Ley articula las medidas de concreción o determinación necesarias y habilita directamente en lo demás a su desarrollo por los propios planes de estas dos Ciudades.

Disposición final segunda. ***Desarrollo.***

Se autoriza al Gobierno para proceder, en el marco de sus atribuciones, al desarrollo de esta Ley.

Procedencia

Esta disposición se corresponde con la disposición final tercera de la LdS.

El dictamen del Consejo de Estado no formuló observación de fondo alguna en este punto.

Comentario

Es habitual que las Leyes contengan una previsión genérica como ésta a favor del desarrollo reglamentario. Sin embargo, esta potestad está sujeta a un doble límite al que alude el inciso «en el marco de sus atribuciones»: Por un lado, el desarrollo reglamentario debe respetar el principio de legalidad, lo que quiere decir que ni puede ocupar materias reservadas a Ley sin que ésta previamente haya dado cumplimiento a la reserva, ni puede obviamente infringir o contradecir lo dispuesto por la Ley. Por otro lado, el desarrollo reglamentario de la Ley deberá ceñirse a la distribución competencial en la materia.

En materia de suelo, el límite competencial es especialmente importante, ya que buena parte de la Ley, como ha quedado dicho en el comentario a la disposición final primera, no se dicta en ejercicio de una competencia plena sino compartida, ya sea a título de condiciones básicas de la igualdad, ya de bases o legislación básica. En estos casos, el margen para el desarrollo reglamentario es estrecho. Como ha dejado sentado reiteradamente el Tribunal Constitucional, los títulos competenciales básicos tienen su expresión ordinaria en las Leyes, aunque no cabe excluir la posibilidad de bases meramente reglamentarias, cuando el carácter técnico o coyuntural de las mismas así lo haga necesario.

En todo caso, existen otras materias en las que la Ley sí ejerce un título competencial pleno y exclusivo, como son las de expropiación forzosa y valoraciones o las relativas a las escrituras públicas y la inscripción en el Registro de la Propiedad de actos urbanísticos o inmobiliarios, respecto de las cuales no existiría ningún límite o impedimento al desarrollo reglamentario, más allá del ya mencionado del respeto al principio de legalidad.